p. 67 : Obligo° passif investm^t

p. 78 Règle investisse^t passif

Benjamin Graham

L'INVESTISSEUR INTELLIGENT

UN LIVRE DE CONSEILS PRATIQUES POUR INVESTIR EN BOURSE

Préface et appendice de Warren E. Buffett, Président de Berkshire Hathaway
Traduit de l'américain par Antoine Dublanc

Edition originale « The Intelligent Investor », fourth revised édition.

Édition française : « L'investisseur intelligent »

80 bis avenue des Mimosas - 64700 Hendaye. Tél. 05 59 20 45 71

ISBN : 2-909356-10-8

L'INVESTISSEUR INTELLIGENT

Sommaire

Note de l'auteur

De nombreux amis m'ont aidé dans la préparation de cette cinquième édition de mon livre. D'abord mon collaborateur de toujours, Warren Buffett, dont les conseils et l'aide n'ont pas de prix. Alan et Thomas Kahn, de la société de Bourse Abraham & Co, qui ont fourni un travail précieux. Permettez-moi aussi de remercier un de mes anciens élèves et ami de toujours, Conrad Taff, et tous ceux qui, de près ou de loin, ont collaboré à cet ouvrage.

Préface

J'avais tout juste quinze ans quand j'ai lu la première version de ce livre. Je pensais à l'époque que c'était le meilleur livre qui ait jamais été écrit sur l'investissement. Je le pense encore aujourd'hui.

Pour rencontrer le succès dans les placements à long terme, il n'est pas indispensable d'avoir le Ql d'un génie, un grand sens des affaires ou de détenir une information d'initié. Ce qu'il faut, c'est acquérir le cadre intellectuel adéquat permettant de prendre les meilleures décisions et arriver à maîtriser ses émotions pour ne pas sortir de ce cadre. Et c'est précisément l'objet de ce livre, que de prescrire de façon lumineuse la bonne structure intellectuelle à acquérir... et à chacun de garder la discipline nécessaire pour dominer ses émotions.

Si vous suivez les principes, tant de comportement qu'intellectuel, dont Graham se fait l'avocat - si, en particulier, vous prenez grand soin de suivre les conseils qu'il nous donne dans les chapitres 8 et 20 - vous ne pourrez jamais vraiment vous tromper dans vos choix d'investissements (et c'est déjà beaucoup). Quant à obtenir des résultats supérieurs, cela dépendra autant des conditions des marchés pendant votre carrière d'investisseur, que de l'attitude intellectuelle que vous saurez leur appliquer. Plus les marchés seront irrationnels, et plus l'approche de Graham se révélera payante. Suivez la voie tracée par Graham et, au lieu de participer à la folie des marchés, vous en profiterez.

Pour moi, Ben Graham est bien plus qu'un auteur ou qu'un professeur. Plus que quiconque, excepté peut-être mon père, il a influencé ma vie. Peu de temps après la mort de Ben en 1976, j'ai écrit ce court article à sa mémoire dans le *Financial Analysts Journal.* En lisant ce livre, j'espère que vous retrouverez les qualités auxquelles je rends hommage dans ce papier.

Benjamin Graham
1894-1976

Il y a quelques années, alors qu'il était presque octogénaire, Ben Graham confia cette pensée à l'un de ses proches : il espérait, disait-il, faire chaque jour de sa vie, "quelque chose de fou, quelque chose de créatif et quelque chose de généreux". Sa première règle de vie reflète le côté fantasque et original de sa pensée qui traduit son aptitude à manier les idées avec une auto-dérision de bon aloi sans tomber dans les pièges d'un académisme sentencieux.

Malgré la force des idées qu'il maniait, il savait les rendre accessibles.

Les lecteurs n'ont nul besoin que je leur rappelle tout ce que nous lui devons. Rares sont les fondateurs d'une science comme l'analyse financière qui ne voient pas leur travail, un jour ou l'autre, éclipsé par celui de leurs disciples. Le fait est que plus de quarante ans après la première publication de ce livre qui tentait de construire une théorie cohérente dans un domaine, l'investissement, essentiellement gouverné par l'hétérogène et la confusion, je ne vois aucun candidat qui puisse prétendre au rôle de challenger. Dans cette discipline, où beaucoup d'idées exprimées même par les plus grands paraissent obsolètes, voire ridicules, avec le recul, tous les principes de Ben ont survécu à l'épreuve du temps. Leur valeur s'est avérée encore plus précieuse en périodes de marchés tumultueux, périodes pourtant fatales à bien d'autres belles théories. La grande sagesse de ses conseils apporta la fortune à ses fidèles disciples. Beaucoup d'entre eux avaient certainement moins d'aptitudes naturelles que d'autres qui ont pourtant échoué à trop vouloir suivre des conseils brillants sur le papier ou tout simplement à la mode.

Il est surprenant que Ben soit arrivé à dominer aussi fortement une discipline si vaste et si dense sans que cela ait monopolisé sa pensée. C'était là comme une simple émanation d'une pensée riche et curieuse de tout. Je n'ai jamais connu d'autres hommes ayant sa richesse d'esprit. À une mémoire infaillible et une fascination totale pour tout ce qui est nouveau, il alliait le don d'utiliser son agilité intellectuelle afin de découvrir sans cesse de nouvelles perspectives sur les sujets les plus divers. La discussion la plus anodine avec un tel homme était un pur délice pour les privilégiés qui l'ont connu.

Mais c'est pour moi dans la troisième règle guidant sa vie, la générosité, que sa réussite fut la plus éclatante. J'ai connu à la fois le professeur, l'employeur et l'ami. Dans chacun de ces rôles il eut la même ouverture d'esprit, la même générosité d'idées, la même disponibilité de tous les instants. Que ce soit pour vous aider à y voir clair ou pour vous prodiguer conseils et encouragements, il était toujours là.

Walter Lippmann parle de ces hommes qui plantent des arbres à l'ombre desquels d'autres s'épanouissent. Ben Graham était de ceux-là.

Warren Buffett

Tiré du *Financial Analysts Journal*, novembre/décembre 1976.

INTRODUCTION

QUEL EST LE BUT DE CE LIVRE ?

L'objectif de ce livre est de proposer dans une forme accessible au profane, une conduite l'aidant d'abord à choisir puis à mettre en application une saine politique d'investissement. Nous parlerons relativement peu des techniques d'analyse de titres et nous nous concentrerons surtout sur les grands principes et les attitudes que devront acquérir les investisseurs. Nous fournirons cependant un certain nombre d'exemples et de comparaisons de titres - essentiellement ceux tirés de la cote officielle du New York Stock Exchange - afin de montrer concrètement comment procéder.

Nous nous consacrerons essentiellement à l'étude de l'évolution historique des marchés financiers, revenant à l'occasion plusieurs décennies en arrière. Avant d'investir intelligemment sur les marchés, chacun devrait connaître au préalable les comportements historiques des différents types d'actions ou d'obligations sous l'influence de différentes conditions économiques, car nous pourrons les retrouver à l'avenir. Aucune affirmation n'est plus vraie à Wall Street que cette fameuse mise en garde de Santayana : "Ceux qui ne se rappellent pas le passé sont condamnés à le répéter."

Tout d'abord, ce livre est destiné aux investisseurs et non aux spéculateurs. Il ne s'agit pas de vous expliquer comment faire un million en bourse et tomber dans les pièges de promesses trop optimistes mais plutôt de vous démontrer que des résultats positifs peuvent être réalisés en investissant régulièrement sur des titres de qualité, quelle que soit la situation boursière du moment.

De plus, nous aurons l'occasion d'illustrer combien les théories populaires peuvent être fallacieuses. Les approches graphiques ou mathématiques ouvrent rarement les voies du succès dans la durée. Peu d'investisseurs ont gagné de l'argent en allant "dans le sens du marché".
Depuis sa première édition en 1949, des révisions de ce texte ont été faites à peu près tous les cinq ans. Cette dernière mise à jour nous amène à intégrer un certain nombre d'évolutions apparues depuis 1965. Cela concerne :

1. Une hausse des taux d'intérêt sans équivalence historique sur les obligations de première catégorie.
2. Une chute en Bourse de près de 35% pour les valeurs vedettes entre 1965 et mai 1970. (Un très grand nombre de valeurs secondaires ont perdu beaucoup plus.)
3. Une inflation persistante sur les prix de gros et de détail, qui ne fit que s'accentuer, malgré la baisse de l'activité, en 1970.
4. La multiplication rapide des conglomérats, des opérations de franchise, et d'autres nouveautés dans le domaine des affaires et de la finance. (Y compris un certain nombre de produits pièges comme les stock-options warrants).
5. La faillite de nos principales compagnies de chemins de fer, un endettement excessif à court et long termes de nos plus belles entreprises, et même des problèmes de solvabilité rencontrés par certains grands noms de la finance.
6. L'arrivée en vogue de la performance dans l'évaluation de la gestion collective des fonds ayant abouti à des résultats inquiétants.

Ces nouveaux phénomènes sont à prendre en compte dans l'analyse. Si les principes de base qui guident nos investissements ne doivent pas changer d'une décennie à l'autre, l'application de ces principes devra, par contre, évoluer en fonction des transformations significatives affectant tant les mécanismes des marchés que le climat financier.
Ce dernier point a été mis à l'épreuve pendant la rédaction de la présente édition dont le premier jet a été rédigé en janvier 1971. À l'époque le Dow remontait de ses plus bas de 1970 à 632 et allait vers ses hauts de 1971 à 951, le tout dans l'optimisme général. À la fin de la dernière relecture en novembre 71, le marché était de nouveau pris dans les affres d'une spirale baissière ramenant l'indice à 797 dans un climat psychologique maussade. Nous

n'avons pas voulu que ces fluctuations affectent notre attitude de base en ce qui concerne la définition d'une saine politique d'investissement. Celle-ci demeure dans ses grandes lignes très proche de celle que nous exposions lors de notre première édition en 1949.

L'étendue de la baisse en 1969-1970 aurait dû aider à dissiper une illusion qui avait progressivement pris corps au cours des vingt dernières années. À savoir, de faire croire que les valeurs vedettes pouvaient être acquises n'importe quand et à n'importe quel prix, avec l'assurance non seulement de réaliser une plus-value au bout du compte, mais aussi que toute perte potentielle serait vite comblée grâce à une nouvelle avancée du marché vers de nouveaux records. C'était trop beau pour être vrai. Finalement le marché a remis les pendules à l'heure. Tout cela veut dire que tant pour l'investisseur que pour le spéculateur, il faut s'attendre à subir parfois des pertes significatives et de longue durée.

Dans le cas des valeurs secondaires (1) et des titres de sociétés nouvellement introduites en Bourse, les dégâts provoqués par la chute du marché furent bien plus catastrophiques. Rien de plus normal (c'est bien ce qui s'était déjà produit lors de la baisse de 1961-62) mais l'élément nouveau était cette fois-ci que certains fonds de gestion collective, parmi les plus importants, étaient fortement investis sur des valeurs à l'évidence spéculatives et surévaluées. Peut-être faut-il rappeler, et malheureusement pas seulement au néophyte, qu'en Bourse trop d'enthousiasme mène généralement au désastre.

L'un des points importants est la forte hausse des taux sur les obligations de première catégorie. Depuis fin 1967, les investisseurs pouvaient toucher deux fois plus sur ces obligations que sur les dividendes versés aux actionnaires. Début 1972, la rentabilité des titres de première catégorie atteignait 7,19% alors que les actions ne rapportaient que 2,76% (ces chiffres sont à comparer aux 4,40% et 2,92% servis respectivement aux obligations et aux actions en fin 1964). Il est maintenant difficile de réaliser qu'à l'époque de la première parution de ce livre, en 1949, les chiffres étaient inversés : les obligations rapportaient seulement 2,66% alors que les actions avaient un rendement de 6,82% (2). Lors des éditions précédentes, une constante fut d'encourager l'investisseur prudent à détenir au moins 25% de son portefeuille en actions. Nous privilégions d'ailleurs une répartition équitable à 50-50 entre les deux types de placements. Il nous faut maintenant intégrer l'avantage comparatif qu'ont les obligations sur les actions en termes de rendement, afin de décider si cela seul ne justifierait pas une politique de placement exclusif en obligations. Ceci au moins jusqu'à ce que les ratios de rendement reviennent à des niveaux plus normaux. À l'évidence, la question de la persistance de l'inflation devra être aussi prise en compte.

Dans le passé, nous avons toujours fait la distinction entre les deux types d'investisseurs à qui nous adressons ce livre : l'investisseur défensif et l'investisseur entreprenant. L'investisseur défensif ou passif cherchera avant tout à éviter toute erreur ou perte importante. Son deuxième objectif sera d'éviter l'effort, la contrainte et le besoin de prendre des décisions fréquentes. Le trait caractéristique de l'investisseur entreprenant (ou actif, ou agressif) est sa volonté d'allouer temps et attention à la sélection de titres qui sont à la fois sûrs et plus intéressants que la moyenne. Sur le long terme, l'investisseur entreprenant peut s'attendre à être récompensé pour l'effort et les aptitudes déployés. Cette récompense prendra la forme d'une meilleure rentabilité que celle qu'aurait enregistrée l'investisseur passif. Nous doutons que les conditions actuelles des marchés permettent à l'investisseur entreprenant de toucher cette juste récompense. Ceci étant, les conditions peuvent évoluer et nous continuerons, en conséquence, à porter attention aux possibilités offertes par l'investissement actif.

Une opinion répandue dit que tout l'art de la réussite dans les placements repose d'abord sur la capacité de choisir les secteurs économiques les plus prometteurs en termes de croissance, puis à identifier les meilleures entreprises de ces secteurs. Par exemple, les investisseurs intelligents ou leurs bons conseillers, auraient depuis longtemps reconnu le grand potentiel de croissance de l'industrie informatique en général et de International Business Machines (IBM) en particulier. Et il en est de même pour bien d'autres industries et entreprises de croissance.

Mais la chose n'est jamais aussi facile qu'elle peut le paraître rétrospectivement. Pour revenir dès à présent sur ce point je citerais le paragraphe suivant tiré de la première édition de ce livre (1949).

"Tel investisseur peut par exemple être acquéreur de titres de compagnies de transports aériens car il pense que leur avenir sera encore plus brillant que ce qui est reflété dans leurs cours. Pour ce type d'investisseurs l'intérêt du livre sera essentiellement de les mettre en garde contre les pièges d'un tel raisonnement."

Ces pièges se sont avérés particulièrement dangereux justement dans le secteur des transports aériens. Il était bien sûr facile de prévoir l'explosion du trafic aérien. C'est la raison pour laquelle les titres de ce secteur furent si convoités par les investisseurs institutionnels. Mais malgré l'accroissement des volumes d'affaires à un rythme plus fort encore que dans l'informatique, le double problème de l'obsolescence technologique et de la surcapacité entraîna une grande volatilité et même une chute de la rentabilité économique de cette industrie. En 1970, malgré des records de trafic, l'industrie de l'air perdit plus de 200 millions de dollars (comme ce fut déjà le cas en 1945 et en 1961). Cette année-là, les titres des compagnies aériennes chutèrent bien plus fortement que le marché dans son ensemble. Et l'histoire retiendra que les professionnels qui gèrent les fonds collectifs se sont complètement trompés sur les perspectives de cette industrie pourtant essentielle et peu spécialisée.

À l'opposé, bien que les fonds collectifs aient enregistré des gains substantiels sur IBM, le fait que le titre leur paraisse "surpayé" ainsi que la difficulté de prévoir avec certitude son taux de croissance, les ont rendu frileux au point de n'investir disons que 3% de leurs portefeuilles sur le titre. Et pour tout aggraver, les autres investissements dans cette industrie, dans leur grande majorité, furent perdants. À partir de ces deux exemples nous pouvons tirer deux enseignements :

1. Des perspectives de croissance pratiquement sûres dans un secteur économique ne se traduisent pas en profits sûrs pour les investisseurs.
2. Les experts n'ont pas de moyens de sélection assez fiables pour leur permettre de se concentrer sur les meilleures entreprises des meilleurs secteurs.

L'auteur n'a jamais suivi cette approche dans sa carrière de gestionnaire et, il ne saurait offrir de conseils à ceux qui envisageraient de s'engager sur cette voie.

Qu'allons-nous donc tenter de faire ? Notre objectif principal sera de guider le lecteur à l'écart des zones dangereuses où l'erreur est coûteuse et de l'aider à développer des politiques d'investissement au sein desquelles il se sentira à l'aise. Nous parlerons beaucoup de la psychologie des investisseurs. Car, en effet, le principal problème de l'investisseur, et même son pire ennemi, n'est autre que lui-même ("La faute, cher investisseur, n'est pas aux étoiles ni aux marchés, mais en vous-même..."). Cela s'est confirmé ces dernières années alors qu'il devint plus nécessaire pour l'investisseur conservateur d'acheter des actions et ainsi de s'exposer, qu'il le veuille ou non, aux sensations et aux tentations des marchés boursiers. Au moyen d'arguments, d'exemples, voire d'exhortations nous espérons aider nos contemporains à développer les attitudes mentales correctes pour prendre leurs décisions d'investissement. On a vu beaucoup plus d'argent gagné, et conservé, par des gens ordinaires qui avaient le bon tempérament psychologique ou le bon réflexe que par d'autres qui avaient peut-être une meilleure compétence de la finance et des marchés mais à qui manquaient ces qualités essentielles.

De plus nous espérons implanter chez le lecteur l'habitude de mesurer et de quantifier en termes de valeur. Dans 99% des cas, nous devrions être en mesure de dire à quel prix un titre est assez bon marché pour justifier un achat, et à quel prix il est trop cher et à vendre. L'habitude de toujours lier ce qui est offert au prix de l'offre est un trait essentiel du bon investisseur. Dans un article paru dans un magazine féminin il y a des années, nous conseillions à nos lectrices d'acquérir des actions comme si elles faisaient leurs courses, en s'assurant qu'elles en avaient pour leur argent, et pas comme si elles achetaient un parfum. Les pertes énormes enregistrées ces dernières années (et bien d'autres fois dans l'histoire) ont été le fait de ces titres trop convoités, qui avaient été achetés sans que jamais personne ne se pose la question "Combien cela vaut-il ?".

En juin 1970 à la question "Combien ça vaut ?" appliquée aux obligations, nous aurions répondu par le chiffre magique 9,40% (le rendement offert sur les émissions d'obligataires des sociétés distributrices d'électricité de première catégorie). Ces obligations sont maintenant tombées à 7,3%, et à ce prix nous sommes tentés de nous demander "Dois-je changer ma réponse ?". Il y a d'autres réponses possibles et nous devons les considérer avec attention. De plus nous répétons que nous devons nous préparer à l'émergence de conditions bien différentes dans la période 1973-1977.

Nous allons par conséquent vous exposer en détail un programme pour vous aider à investir dans des actions. Il sera, pour partie, de portée générale et s'adressera aux deux classes d'investisseurs. Peut-être trouverez-vous étrange qu'une de nos premières exigences soit que nos lecteurs limitent toujours leur choix à des titres dont les prix ne se sont pas trop éloignés de la valeur nette comptable (ou actif net) (3).

La raison de ce conseil qui paraît démodé, est à la fois pratique et psychologique. L'expérience nous a appris que, bien qu'il y ait nombre de valeurs de croissance qui se paient plusieurs fois leur actif net, ceux qui achètent à ces niveaux seront extrêmement exposés aux caprices et fluctuations des marchés boursiers. Par contraste, les investisseurs de titres de sociétés de distribution électrique par exemple ("electric utilities") qui s'échangent traditionnellement à des cours proches de leur valeur comptable nette, peuvent se considérer propriétaires d'intérêts dans une industrie saine et en expansion. Ces investissements ont été faits à des prix raisonnables, et ce indépendamment de l'évaluation qu'en fera la Bourse dans le futur. Le résultat d'une politique conservatrice comme celle-ci a toutes les chances d'être bien meilleur que l'aventure dans le domaine tentant mais dangereux des investissements dans les industries dites de croissance (anticipée).

L'art d'investir a une caractéristique qui est rarement reconnue. Un résultat honorable, sans être spectaculaire, peut être réalisé par un néophyte qui n'y consacrera qu'un minimum de temps ou de compétence. Par contre, améliorer ce niveau de résultat aisément accessible exigera beaucoup d'énergie et plus qu'un zeste de sagesse. Si vous essayez de n'apporter à votre programme d'investissement qu'un petit plus de savoir et d'intelligence, vous réaliserez vite que votre résultat, au lieu d'être un peu meilleur que la moyenne, sera bien pire !

Puisque tout un chacun par le simple fait de l'achat/conservation d'un échantillon de titres représentatifs pourra égaler la performance des indices de marché, il paraît simple, à première vue, de faire mieux et de battre les indices. De fait, le nombre de gens intelligents qui se sont essayés sans succès à cette tâche est suffisamment grand pour démentir cette première impression. La grande majorité des fonds de gestion collective avec leur personnel expérimenté n'a pas réussi, l'histoire financière le démontre, à faire aussi bien que le marché dans son ensemble. De même, la majorité des avis autorisés sur l'évolution des Bourses publiés par les grandes maisons de courtage s'est avérée être moins fiable qu'un simple pile ou face.

Tout au long de ce livre nous vous rappellerons les dangers de ce piège. Les vertus d'une politique d'investissement simple - achat d'obligations de première catégorie et d'une liste diversifiée d'actions de qualité - qu'un investisseur peut appliquer avec peu d'assistance technique vous seront démontrées. Par contre le voyage au-delà de cet espace de sécurité entraînera l'investisseur sur un terrain miné, où sa propre psychologie ne sera pas le moindre des dangers. Avant de se lancer dans une telle aventure l'investisseur fera bien de s'assurer de ses propres capacités et de celles de ses conseillers. Il veillera, en particulier, à vérifier que ces derniers font bien la différence entre investissement et spéculation, entre prix et valeur sous-jacente.

Une approche volontariste de l'investissement toute orientée à respecter le principe de la marge de sécurité, pourra porter de très beaux fruits.

Permettez-moi une dernière pensée rétrospective. Quand, jeune auteur, je découvris Wall Street en 1914, personne ne soupçonnait ce que nous réserverait le demi-siècle qui suivit. La Bourse était loin de se douter qu'une guerre mondiale allait éclater deux mois plus tard, ce qui provoquerait la fermeture du New York Stock Exchange. Aujourd'hui, en 1972, nous sommes devenus le pays le plus riche et le plus puissant de la planète, mais, assaillis par toutes sortes de graves problèmes, nous avons peur de l'avenir. Et pourtant, si nous nous confinons dans l'expérience de ce dernier demi-siècle en termes d'investissement, nous pourrions trouver quelques réconforts. Malgré toutes sortes de vicissitudes et d'accidents, il demeure que les principes simples d'investissement dont nous vous parlons, ont dans l'ensemble produit des résultats tout à fait honorables. Supposons donc que cela continuera à être vrai.

Note au lecteur : ce livre ne traite pas d'une politique générale d'épargne ou de placement; mais d'une politique de placement en titres négociables soit en actions, soit en obligations. Par conséquent nous ne parlerons pas des produits d'épargne suivants : dépôts à vue ou à terme, plans d'épargne logement, assurance-vie, crédit ou propriété immobilière.

Le lecteur devra se rappeler qu'à chaque fois qu'il trouvera dans ce texte le mot maintenant ou un équivalent nous ferons référence à la période fin 1971-début 1972.

(1) NDE : valeurs de moindre notoriété, autrement dit des titres à faible capitalisation boursière, peu suivis et souvent cotés dans les marchés boursiers de second ordre.

(2) Ces chiffres sont tirés des statistiques de Moody's sur les obligations "triple A" et les actions des valeurs industrielles.

(3) NDE : la valeur nette comptable, équivalent au "book value", "net worth" ou "net asset value" est la valeur nette de dette de l'ensemble des actifs calculés à leurs coûts moins les amortissements. Ici ne sont pris que les actifs tangibles, autrement dit les biens ayant une existence physique (liquide, bâtiments, machines..).

CHAPITRE 1

INVESTISSEMENT OU SPÉCULATION ? À QUOI PEUT-ON S'ATTENDRE ?

Ce chapitre dressera dans ses grandes lignes les idées maîtresses de ce livre et notre conception de ce que nous appellerons une saine politique de gestion de portefeuille pour un investisseur privé.

Investissement ou spéculation ?

Qu'entendons-nous par investissement ?
"Une opération d'investissement est de celles qui, après analyse approfondie, promettent une bonne garantie sur le principal ainsi qu'une rentabilité adéquate. Les opérations ne satisfaisant pas à ces critères seront considérées comme spéculatives." (1)
Alors que nous nous sommes toujours tenus à cette définition et ce depuis 38 ans, il nous faut souligner le changement radical de la perception de ce que le grand public considère comme un investissement depuis cette époque. D'abord, après la débâcle des années 1929-1932 toutes les actions furent considérées comme spéculatives par nature. Une autorité morale du pays affirma tout bonnement que seules les obligations pouvaient être considérées

comme des achats d'investissement (2). Nous devions alors défendre notre définition face à ceux qui nous reprochaient de lui donner trop d'étendue. Maintenant c'est l'opposé. Nous devons empêcher nos lecteurs d'accepter l'usage courant qui est fait du terme d'investisseur, qualifiant ainsi tous ceux qui s'intéressent à la Bourse. Dans notre précédente édition, nous citions le titre suivant apparu en page de couverture d'un grand titre de la finance en juin 1962 :

Petits investisseurs pessimistes, ils vendent à découvert

En octobre 1970 le même journal publiait un éditorial critiquant ces investisseurs téméraires qui alors achetaient tout et n'importe quoi.

Ces citations illustrent bien la confusion qui, depuis des années, existe dans l'utilisation des mots. Imprégnez-vous de la définition de l'investissement que nous suggérions et comparez-la à une vente à découvert passée par un néophyte. Ce dernier n'a même pas la propriété de ce qu'il vend, et il est psychologiquement convaincu qu'il pourra le racheter à moindre prix. (Ce n'est d'ailleurs pas un hasard si en 1962, quand l'article que nous citons fut publié, le marché sortait d'une longue période de baisse et s'apprêtait à repartir à la hausse. C'était, autrement dit, le plus mauvais moment pour se placer à découvert). Au sens large l'expression "d'investisseur téméraire" porte en elle une contradiction amusante. C'est un peu comme si l'on parlait d'un avare généreux. La confusion des termes cependant paraît moins nuisible dans ce cas que dans l'exemple précédent.

Ce journal a utilisé le mot d'investisseur dans les deux cas car dans le langage boursier commun, quiconque achète ou vend des actions est devenu aujourd'hui un investisseur. Peu importe ce qu'il achète, à quel prix et sous quelles conditions (comptant ou à terme). Comparez ceci avec l'attitude du grand public envers les actions en 1948, époque où plus de 90% des gens étaient opposés à l'achat de toute action (3). Pour moitié d'entre eux, la raison qu'ils invoquaient était "C'est risqué, c'est du casino" et pour l'autre "J'y connais rien alors je préfère rester à l'écart". Il est, bien sûr, ironique (mais pas surprenant) que les achats d'actions de toutes sortes aient été considérés comme fortement spéculatifs ou risqués aux époques où les actions étaient moins chères en termes de valeur. À l'opposé le seul fait que les actions aient

Voc :

- obligati de 1ère catégorie
- obligaº municipale
- blue chips
- franchise d'impôt
- prdt obligataires
- investism⁺ obligataire

en d'autres temps atteint des niveaux qui paraissent immanquablement dangereux (comme le permet d'en juger l'expérience passée) poussait à considérer leur acquisition comme un investissement ! À de tels moments, l'ensemble des joueurs de Bourse deviennent des investisseurs.

La distinction entre investissement et spéculation pour différents placements en actions est en soi salutaire, et sa disparition une cause d'inquiétude. Nous avons souvent dit que l'institution Wall Street aurait grand intérêt à rétablir cette distinction et à la faire passer dans le grand public, faute de quoi, les sociétés de Bourses risquent un jour d'être tenues responsables d'énormes pertes spéculatives dont n'auraient pas été suffisamment avertis ceux-là mêmes qui les subirent. Autre ironie de l'histoire, beaucoup des problèmes financiers auxquels se trouvent confrontées bien des sociétés de courtage, résultent du fait qu'elles aient intégré des titres spéculatifs dans leurs fonds propres. Nous pensons que le lecteur saura être plus clairvoyant quant aux risques inhérents à tout placement en actions. Ces risques doivent être séparés des opportunités de profits offerts. Les deux parties de l'équation devront être pondérées dans les évaluations de potentiel qu'en feront les investisseurs.

Ce que nous venons de dire indique bien qu'il n'existe peut-être plus d'authentique politique d'investissement incluant des actions car, dans l'absolu, les cours n'atteindront jamais un tel plancher qu'il mettrait l'investisseur à l'abri du risque marché ou risque de cotation. La plupart du temps l'investisseur doit se rendre compte qu'il y a bel et bien un facteur spéculatif dans tout achat d'actions. Sa tâche sera de minimiser ce facteur, tout en se préparant financièrement et psychologiquement à enregistrer des résultats adverses sur des durées plus ou moins longues.

Deux paragraphes distincts seront consacrés à la spéculation pure et non à la composante spéculative inhérente à tout placement de Bourse. La spéculation en soi n'est ni illégale, ni immorale, mais dans la majorité des cas elle ne nous enrichira pas. Bien sûr un peu de spéculation est nécessaire, voire inévitable, si tant est que tout placement en actions est risqué et ce risque doit bien être assumé par l'actionnaire. Il y a de la bonne et de la mauvaise spéculation. La mauvaise spéculation consiste par exemple :

1) à spéculer alors qu'on pense investir,

2) à spéculer sérieusement alors qu'on n'a ni les connaissances ni les aptitudes pour le faire,
3) à risquer plus d'argent sur un placement spéculatif qu'on ne peut se permettre d'en perdre.

Si nous revenons à notre définition conservatrice, tout non-professionnel qui place à terme devrait reconnaître qu'il devient un spéculateur et c'est du devoir de son broker de l'en avertir. De même tous ceux qui achètent une valeur dite travaillée ou une situation spéciale sont, soit en train de spéculer, soit de jouer au casino. La spéculation est toujours attirante, et peut être excitante pour qui s'y aventure. Si vous voulez vous y essayer, placez une portion limitée de votre capital (la plus petite possible) dans un fonds séparé dédié à ce but. N'ajoutez jamais de capital sur ce compte sous prétexte que le marché est monté et que les profits tombent. (C'est plutôt le temps de songer à réaliser vos gains.) Ne mélangez jamais vos opérations d'investissement avec vos opérations de spéculation, que ce soit sur un même compte ou dans votre tête.

Résultats auxquels peut s'attendre l'investisseur défensif

Nous avons déjà défini l'investisseur défensif comme celui qui cherche essentiellement la sécurité et à se dégager des embêtements et des contraintes liés à ses choix de placement. Quelle méthodologie devrait être la sienne et quelle rentabilité peut-il espérer dans des conditions normales de marchés, si tant est que ces conditions existent bien ? Pour répondre à ces questions nous devons d'abord considérer ce que nous écrivions à ce sujet, il y a sept ans, puis apprécier quels sont les changements significatifs qui ont eu lieu depuis cette époque. Enfin, nous définirons le comportement et les espérances de l'investisseur à l'heure actuelle (début 1972).

1. Ce que nous avons dit il y a sept ans

Nous recommandions à l'investisseur de diviser ses placements entre, d'une part des obligations de première catégorie et, d'autre part des actions de fond de portefeuille, la part des obligations devant représenter entre 25% et 75% du total. Le plus simple était de choisir une répartition équilibrée de 50-50 et de prévoir des ajustements entre les deux types de placement quand les développements de marché l'exigeaient (déséquilibre de plus de 5%). Une politique alternative était, soit de réduire la composante actions à 25% si le marché avait atteint des niveaux trop extrêmes, soit à l'opposé de l'augmenter à 75%, si la baisse des cours des actions les avaient rendues d'autant plus attractives.

En 1965 l'investisseur pouvait gagner 4,5% sur des obligations de première catégorie et 3,5% sur des obligations non taxables. Les rendements des dividendes d'actions de qualité (avec un Dow Jones à 892) étaient seulement de 3,2%. Ce chiffre extrêmement bas à lui seul suggérait une attitude prudente. Nous laissions entendre qu'à des niveaux normaux de marché, l'investisseur pouvait obtenir un rendement sur les actions compris entre 3,5% et 4,5% pour les seuls dividendes auxquels il fallait ajouter une appréciation du capital qui amenait la rentabilité totale à 7,5% l'an. La répartition à 50-50 entre actions et obligations devait permettre d'obtenir une rentabilité de 6% avant impôts. Nous précisions en outre que la composante en actions avait la qualité d'amortisseur contre une baisse du pouvoir d'achat provoquée par l'inflation.

Nous devrions préciser que nos calculs étaient basés sur une hypothèse de hausse des marchés bien inférieure à la moyenne historique de la période 1949-1964. La hausse annuelle des cours, sur cette période, fut en moyenne supérieure à 10%, et beaucoup pensaient que ce taux était, en quelque sorte, garanti dans l'avenir. Peu de gens ne voyaient en ce taux anormalement haut que le résultat de cours trop élevés et donc que les superbes résultats depuis 1949 laissaient présager non pas de très beaux résultats pour l'avenir, mais le contraire. (4)

2. Que s'est-il passé depuis 1964 ?

L'évolution déterminante a été la hausse des taux d'intérêt à des niveaux inconnus jusqu'alors bien que les niveaux les plus récents soient retombés quelque peu par rapport à 1970. La rentabilité offerte sur du papier de qualité se situe aujourd'hui à près de 7,5% contre 4,5% seulement en 1964. Dans le même temps, les rendements des valeurs du Dow Jones ont augmenté parallèlement à la chute des Bourses en 1969-70. Au moment où nous écrivons ces lignes (avec un Dow à 900) les actions rapportent 3,5% au lieu de 3,2% en 1964. La hausse des taux d'intérêt a dans le même temps entraîné une dépréciation de 38% de la valeur cotée des obligations de maturité moyenne (disons 20 ans).

Ces évolutions ont un aspect paradoxal. En 1964, nous mettions en garde contre les niveaux trop élevés atteints par les cours des actions, ce qui les rendait vulnérables à une chute, mais nous avions passé sous silence ce même risque pour les obligations (et nous n'étions pas les seuls). Tout juste, avertissions-nous nos lecteurs que "les obligations à maturité longue pouvaient voir leurs cours fortement varier en réponse aux évolutions des taux d'intérêt". Au vue des développements récents, nous reconnaissons bien volontiers que cet avertissement n'était pas assez appuyé. Le fait est que si l'investisseur avait investi sur le Dow fin 1964 (DJIA à 874) il se retrouverait légèrement gagnant aujourd'hui (fin 1971). Même au plus bas de 1970 (Dow à 631) sa perte aurait été inférieure à celle qu'il aurait subie en investissant sur des obligations de qualité. Ceci étant, s'il avait opté dans sa composante obligations pour des obligations à court terme ou des dépôts d'épargne rémunérés, il n'aurait subi aucune perte sur le principal et aurait touché des revenus annuels bien supérieurs aux rendements des actions. Il s'avéra, par conséquent, que les vrais équivalents cashs (produits monétaires) représentaient le meilleur investissement possible pendant la période 1964-1971. Ceci, malgré la théorie bien ancrée qui prétendait que l'inflation devait nécessairement favoriser les actions sur le cash. La baisse des cours obligataires résultait de changements structurels qui avaient affecté les marchés monétaires lesquels, jusqu'alors, n'avaient eu que peu d'influence sur les politiques d'investissement des individus.

Ne voyez là qu'un exemple de plus montrant bien que l'avenir n'est jamais prévisible. L'histoire nous apprend que les obligations fluctuent beaucoup moins que les actions et, par conséquent, que les investisseurs peuvent acheter les titres obligataires sans se préoccuper de leur valeur. Cette règle souffre quelques exceptions, la période 1964-1971 en est manifestement une. Nous reviendrons sur ce point dans un chapitre suivant.

3. Prévisions et politique d'investissement pour la période fin 1971 début 1972

Fin 1971, les obligations de maturité moyenne offraient un rendement de 8% et les obligations municipales (5) en franchise d'impôt du 5,7%. D'autre part, l'investisseur pouvait gagner 5% sur les bons d'État à 5 ans. Ce dernier produit ne portait pas de risque réel de dépréciation puisque le remboursement du principal et des intérêts est garanti par l'État. Le Dow Jones Industrial Average (DJIA), à 900 en 1971, ne rapportait quant à lui que 3,5%.

Partons de l'hypothèse déjà exposée, à savoir que toute décision d'investissement consiste à arbitrer ses fonds entre un portefeuille d'obligations de première catégorie (ou les produits dits équivalents cash) et un portefeuille d'actions de qualité composé de blue chips. Quelle devrait être l'attitude de l'investisseur dans cette situation, alors que rien ne nous permet de prévoir de changements majeurs ? Disons que sans évolution adverse, l'investisseur défensif peut s'attendre à recevoir un rendement de 3,5% sur son portefeuille d'actions, plus une plus-value annuelle moyenne proche de 4%. Comme nous vous l'expliquerons plus loin, cette appréciation est essentiellement dérivée du réinvestissement des profits non distribués aux actionnaires. Avant impôt, la rentabilité moyenne combinée d'un investissement en actions est donc proche de 7,5% soit un peu moins que la valeur du coupon sur les obligations de première catégorie. Après impôt, la rentabilité des actions devrait tomber autour de 5,3% (6). Soit à peu de choses près ce que rapportent les obligations municipales en franchise d'impôt.

Ces prévisions sont comparativement bien moins favorables aux actions qu'aux produits obligataires par rapport à l'analyse que nous faisions en 1964. Ceci parce que les rendements obligataires se sont bien plus appréciés que les rendements des actions depuis lors. Il ne faut pas perdre de vue que le remboursement du principal et des intérêts sur les obligations de première catégorie jouit d'une bien meilleure protection que les distributions de dividendes et les plus-values des cours des actions. Tout cela nous mène à la conclusion qu'à ce jour, fin 71, nous ne pouvons qu'encourager l'investisseur défensif à placer tous ses fonds sur des produits obligataires et de ne repenser sa répartition que si le différentiel de rentabilité revenait en faveur des actions. Mais, bien sûr, nous ne pouvons être certains que les obligations vont faire mieux que les actions. Le lecteur pourra objecter, à juste titre d'ailleurs, que l'inflation peut changer les termes de l'équation. Nous aurons l'occasion dans le prochain chapitre de revenir sur ce point. Nous montrerons que l'expérience que nous avons de l'inflation dans ce pays depuis un siècle ne saurait, au niveau actuel du différentiel de rentabilité, qu'infléchir notre jugement en faveur de l'investissement obligataire. Ceci étant, la possibilité même éloignée d'une accélération de l'inflation qui favoriserait les actions sur les produits obligataires remboursés en dollars constants, ne peut être négligée. Il existe un scénario alternatif que nous considérons comme également peu probable où l'économie US atteindrait un tel niveau de prospérité, sans reprise de l'inflation, que les titres de sociétés ne pourraient que fortement s'apprécier. Et finalement, il y a la possibilité, plus familière hélas, de voir une nouvelle hausse importante des marchés boursiers sans de vrais fondements au niveau des valeurs sous-jacentes des entreprises. Chacun de ces scénarios, et ils ne sont pas mutuellement exclusifs, favoriserait l'investissement en actions.

Par conséquent, après cette évocation succincte de tout ce qui peut influencer vos choix d'investissement, nous en arrivons à énoncer de nouveau une politique de compromis destinée à l'investisseur défensif, à savoir : placer une partie importante de ses économies sur des titres de type obligataire et une autre partie non moins importante sur des actions. La vérité d'hier (placement à 50-50) tient toujours aujourd'hui sous réserve d'une marge de manœuvre qui suivant le jugement de chacun permettra de détenir entre 25% et 75% du total sur chacune des deux classes. Nous vous donnerons avec plus de détails notre avis sur ces politiques alternatives dans un prochain chapitre.

Étant donné qu'à présent la rentabilité des actions est pratiquement à niveau avec celle des obligations, la rentabilité totale attendue aujourd'hui (y compris le potentiel d'appréciation du capital) ne devrait que peu varier, quelle que soit l'option retenue. La rentabilité en agrégat attendue est pour les deux classes, comme nous l'avons calculée précédemment, de 7,5% soit 5,5% en net. Un tel rapport est substantiellement meilleur que les niveaux historiques même si cela peut paraître bien peu par rapport aux 14% enregistrés par les Bourses entre 1949 et 1969. Encore faut-il rappeler que de 1949 à 1969 la valeur du Dow Jones a été multipliée par cinq tandis que le rendement des actions (dividendes versés aux actionnaires) n'a fait que doubler. On voit là que ces records sont à mettre sur le compte du changement d'attitude des investisseurs sur la valorisation boursière des entreprises, plutôt que sur l'évolution de leur valeur économique. C'est pourquoi il serait plus juste de dire que l'équilibre est précaire.

Dans notre propos sur la composante en actions du portefeuille de l'investisseur défensif nous traitions exclusivement des titres de fond de portefeuille soit les 30 valeurs qui composent le Dow Jones Industrial Average. C'est par souci de simplicité que nous avons pris exemple sur ces titres, cela ne veut pas dire que l'investisseur devrait s'en tenir à ces valeurs à l'exclusion de toutes les autres. Il y a, fort heureusement, de nombreuses entreprises de qualité équivalente ou meilleure que celles qui constituent l'indice du Dow Jones. C'est, par exemple, le cas de la majorité des "electric utilities" (7) qui composent le Dow Jones Utilities Average. Il faut comprendre que le résultat pour l'investisseur défensif variera peu d'une liste diversifiée de titres à une autre, ou, plus exactement, que ni son conseiller ni lui-même ne pourront, a priori, prévoir quels seront les meilleurs portefeuilles. Il est vrai que tout l'art de l'investissement est supposé reposer sur le pouvoir de sélectionner les titres qui ont le plus fort potentiel. Pour des raisons que nous étudierons plus loin, nous ne pensons pas, sur ce plan, que l'investisseur défensif puisse avoir sur le long terme des résultats supérieurs à la moyenne et nous pensons qu'il en est de même pour les professionnels de la gestion collective.

Permettez-nous d'illustrer ce point par un exemple qui, de prime abord, semble prouver le contraire. De décembre 1960 à décembre 1970 le DJIA passa de 616 à 839 soit une hausse de 36%. Dans le même temps l'indice Standard & Poor's (beaucoup plus large puisqu'il est composé de 500 valeurs) s'apprécia de 58% passant de 58,11 à 92,15. À l'évidence ce deuxième indice fit bien mieux que le Dow Jones. Mais, qui aurait été assez téméraire pour prévoir en 1960 qu'un assortiment hétérogène de titres aurait fait mieux que l'aristocratie de la Bourse, les "trente tyrans" du Dow Jones. Ceci prouve bien que ce n'est qu'exceptionnellement qu'un investisseur peut se flatter de faire des prévisions fiables sur les évolutions des cours, tant relatives qu'absolues.

Nul besoin d'excuses pour que nous répétions, car vous ne serez jamais trop mis en garde : c'est se leurrer que d'espérer faire mieux que la moyenne en limitant par exemple ses achats aux nouvelles introductions ou aux situations spéciales chaudement recommandées pour gagner vite beaucoup d'argent. À long terme, vous pourrez être assurés du contraire. L'investisseur défensif doit se concentrer sur les titres des grandes entreprises qui sont financièrement saines (tout bon analyste boursier peut vous faire la liste de telles valeurs). Les investisseurs agressifs pourront s'aventurer sur d'autres catégories de titres,

mais ils prendront soin de faire leurs choix sur des bases solides qui ne peuvent être que l'aboutissement d'une analyse approfondie et intelligente.
Pour conclure cette section, laissez-nous vous présenter de façon succincte deux autres alternatives, ou pratiques, utiles à l'investisseur passif. La première alternative est l'achat de parts de fonds de gestion collective de qualité plutôt que l'achat d'actions en direct. La deuxième alternative c'est la pratique de la stratégie dite du "dollar cost averaging". Il s'agit tout simplement d'investir un même montant en dollars à intervalles réguliers (tous les mois ou tous les trimestres). L'intérêt de cette méthode est de contraindre l'investisseur à acheter plus d'actions quand le marché est bas que lorsqu'il est haut. Il a ainsi de meilleures chances de payer un prix moyen correct pour son portefeuille. Cette stratégie est l'application étroite d'une stratégie dénommée investissement à la formule. Nous y avons fait allusion lorsque nous suggérions une formule vous donnant la flexibilité de faire varier votre part en actions dans une fourchette de 25% à 75% du total en fonction inverse du comportement des marchés. Tous ces principes ont de nombreux mérites que nous vous présenterons dans le détail dans les prochains chapitres.

Résultats auxquels peut s'attendre l'investisseur agressif

Notre acquéreur entreprenant cherchera, à l'évidence, à obtenir des résultats supérieurs à ceux dont se contente l'investisseur passif. Il lui faut d'abord s'assurer que ses résultats ne seront pas pires ! La sueur et la souffrance ne garantissent pas le succès en matière d'investissement, loin s'en faut. Les vertus du travail, si elles sont mal utilisées deviennent vite des handicaps. Il est donc essentiel que l'investisseur entreprenant commence par comprendre quelles sont les méthodes décisionnelles qui offrent des chances raisonnables de réussite et quelles sont celles qui mènent à l'échec.
Voyons d'abord les moyens que tant d'investisseurs et de spéculateurs utilisent pour réussir. On trouvera pêle-mêle :

1. FAIRE DU TRADING DANS LE SENS DU MARCHÉ. C'est acquérir des actions quand le marché avance et vendre après qu'il se soit retourné. Les titres choisis sont généralement ceux qui ont eu un parcours meilleur que le marché. Quelques professionnels se lancent aussi dans la vente à découvert.

Dans ce cas, ils vendront des titres qui ne leur appartiennent pas et qu'ils emprunteront au travers de mécanismes propres à la Bourse. Leur objectif est de profiter de la chute anticipée des cours de ces titres ce qui leur permettra de les racheter moins cher qu'ils ne les ont vendus et de rembourser leurs prêteurs. (Comme notre citation du *Wall Street Journal* à la page 26 l'indique, même les "petits investisseurs" - oublions ce terme ! - s'essaient maladroitement à la vente à découvert.)
2. SÉLECTIVITÉ À COURT TERME. Il s'agit d'acheter les titres d'entreprises qui annoncent ou sont supposées annoncer des bénéfices à la hausse, ou sur lesquels on prévoit de bonnes nouvelles.
3. SÉLECTIVITÉ À LONG TERME. Ici on met l'accent sur les performances excellentes de croissance passée qui sont supposées se poursuivre dans l'avenir. Dans certains cas l'investisseur peut choisir des sociétés qui n'ont pas encore montré de résultats impressionnants, mais semblent avoir le potentiel de générer de meilleures capacités bénéficiaires dans le futur (situation de retournement). Ces entreprises évoluent souvent dans des secteurs de haute technologie - ordinateurs, pharmacie, électronique - et développent de nouveaux procédés ou de nouveaux produits paraissant très prometteurs.

Nous avons déjà exprimé nos doutes quant aux chances de gains laissées aux investisseurs qui s'aventureraient sur ces voies-là. La première stratégie a déjà été écartée tant pour des raisons théoriques que pratiques. Le trading d'actions n'est pas le genre d'opérations qui après une analyse approfondie promettent une garantie suffisante sur le principal ainsi qu'une rentabilité adéquate. Nous développerons ce point dans le cours du chapitre.
Quant à l'investisseur qui déploie maints efforts pour sélectionner les titres les plus prometteurs aussi bien à court qu'à long terme, il est confronté à deux types d'obstacles : le premier découle de raison, il se peut aussi que les cours aient déjà complètement intégré ces anticipations. Dans le domaine de la sélection à court terme par exemple, les résultats de l'année courante sont généralement connus de tous; quant à ceux de l'année suivante, si tant est qu'ils puissent être prévisibles, ils ont déjà été dûment pris en compte par le marché. Il en découle que l'investisseur qui sélectionne des titres sur les bases des performances de l'année en cours ou de la suivante a toutes les chances de voir bien d'autres que lui avoir fait la même chose pour les mêmes raisons que lui.

Quant à ceux qui fondent leurs choix sur des perspectives à plus long terme, ils se trouveront confrontés aux mêmes lourds handicaps. La possibilité d'erreur pure et simple dans leurs prévisions, évoquée dans notre exemple des compagnies aériennes au chapitre précédent, est, à l'évidence, d'autant plus grande qu'ils extrapolent à long terme. Le fait que les experts se trompent souvent quand ils s'engagent dans de telles prévisions, pourrait, d'un point de vue théorique, laisser penser que l'investisseur astucieux qui sait faire des prévisions correctes, saurait en tirer parti. Mais ce n'est qu'un vœu pieux. Combien sont-ils, ces investisseurs dotés d'assez d'intelligence de marché, de sagacité analytique ou d'intuition, pour régulièrement battre les analystes professionnels à leur propre jeu (l'estimation des bénéfices futurs) ?

Tout cela nous mène droit à une conclusion peut-être pessimiste mais néanmoins logique : pour avoir une chance raisonnable de délivrer avec constance et dans la durée des résultats supérieurs à la moyenne, l'investisseur doit s'en tenir à des stratégies qui se sont avérées d'abord solides et prometteuses et qui, en outre, ne sont pas en vogue dans les cercles de professionnels.

Est-ce que ces stratégies existent ? La réponse théorique est là encore positive. Nous avons d'amples raisons nous permettant de penser que la réponse devrait aussi être affirmative dans la pratique. Chacun sait que les mouvements de cours engendrés par la spéculation vont toujours trop loin dans un sens ou dans l'autre. Les sur-réactions sont fréquentes sur les indices de marché et encore plus fréquentes sur les valeurs individuelles. Qui plus est, un titre peut être sous-évalué parce qu'il n'est pas suivi ou parce qu'il est mal compris par la place. N'oublions pas que dans la grande majorité des transactions sur titres la plupart de ceux qui les engagent n'arrivent pas, pour rester polis, à distinguer les “différentes parties de leur anatomie”. Nous relèverons dans ce livre de très nombreux exemples où des contradictions flagrantes sont apparues entre la valeur marché (le cours) et la valeur objective ou intrinsèque d'une action. Il semble donc possible, pour quelqu'un d'intelligent qui sait manier les chiffres, de faire une cueillette fructueuse aux dépens de la folie des autres. Attention, rien n'est plus difficile dans la pratique que de tirer profit des excès des marchés ! Acheter un titre négligé des investisseurs, et donc sous-évalué, pour faire une plus-value est une expérience qui peut trainer en longueur et mettre vos finances et votre patience à rude épreuve. De même, vendre à découvert un titre trop à la mode,

et donc surévalué, est un test non seulement de courage et de résistance mais aussi de votre pouvoir financier. La stratégie est saine dans son principe, son application réussie n'est pas impossible, mais c'est un art difficile à maîtriser.
Il y a aussi nombre de situations spéciales qui bon an mal an peuvent générer une rentabilité de 20% à qui sait les exploiter. Ce sont soit des opérations d'arbitrage entre titres, soit des opérations dites couvertes. Le cas le plus typique est celui d'un projet de fusion ou d'acquisition qui permettrait de revendre certaines classes de titres à des prix supérieurs à leurs cours. Le nombre de telles transactions s'est multiplié ces dernières années. Mais avec la multiplication des avis de fusions sont apparus de nouveaux obstacles : nombre de projets de fusions, par exemple, ne se sont pas concrétisés, laissant le joueur collé à du papier sans valeur. Après l'époque dorée où tout réussissait, ces stratégies de situations spéciales se sont révélées de plus en plus délicates à jouer. En règle générale, la rentabilité en agrégat de telles opérations d'arbitrage diminue d'autant qu'augmentent le nombre d'opérateurs arrivant sur cette arène.
La baisse de la rentabilité globale de ces situations spéciales est la manifestation d'une sorte de processus d'autodestruction qui n'a fait que s'accélérer pendant la rédaction de ce livre. Voici un autre exemple de stratégie profitable à l'origine mais qui s'autodétruit. En 1949, nous présentions une étude sur les fluctuations des Bourses au cours des 75 dernières années, qui permettait d'établir, à partir d'une formule basée sur les bénéfices et les taux d'intérêt courants, les niveaux d'achat du Dow au-dessous d'une valeur centrale ou intrinsèque et de vente au-dessus de ces niveaux. Ce n'était là qu'une application de la fameuse maxime des Rothschild : « Achetez bas et vendez haut ». Cette formule offrait l'avantage de prendre à contre-courant la philosophie dominante qui consistait à acheter à la hausse et vendre à la baisse. Hélas, après 1949 cette formule n'a plus marché. Une autre illustration du danger que portent en elles les formules toutes faites c'est la fameuse Théorie de Dow sur les mouvements des marchés. Si les performances enregistrées de 1897 à 1933 furent impressionnantes, elles furent bien décevantes ensuite.

Examinons un dernier exemple sur ces opportunités en or d'antan qui n'existent plus aujourd'hui. Beaucoup de nos propres opérations de Bourse se concentraient sur la recherche des bonnes affaires (ou bonnes occasions). Nous appelons ainsi ces titres dont les cours étaient inférieurs à leur fonds de roulement net (8). À l'évidence ces titres se vendaient à un prix bien inférieur à la valeur marchande privée de l'entreprise. Aucun propriétaire ou actionnaire majoritaire de tels biens industriels ne songerait un instant à les brader aux prix reflétés par les cours. Aussi bizarre que cela puisse paraître, il fut un temps où de telles anomalies n'étaient pas si rares que cela. Nous avons publié en 1957 une liste de 200 titres qui offraient de telles caractéristiques. D'une façon ou d'une autre, toutes ces bonnes occasions ont tenu leurs promesses et la rentabilité annuelle que nous en avons tirée fut très supérieure à ce que nous pouvions trouver sur des formes plus courantes d'investissements. Hélas, ces occasions ont disparu en dix ans et, avec elles, la possibilité d'investir intelligemment et à peu de risque. Ceci étant, aux bas de 1970 de telles situations réapparurent. Aujourd'hui encore, malgré la reprise du marché, de telles occasions peuvent être trouvées en nombre suffisant pour composer un portefeuille bien diversifié.

L'investisseur entreprenant confronté aux conditions actuelles des marchés a encore, à sa disposition, différentes possibilités pour arriver à dégager une rentabilité supérieure. La très longue liste des valeurs cotées inclut forcément un certain nombre de titres qui peuvent être identifiés comme sous-évalués au moyen de critères de valeur raisonnablement fiables. Ces titres devraient rapporter plus en moyenne que le Dow Jones ou un autre indice boursier représentatif. À notre avis, la recherche à engager n'est rentable pour l'investisseur que s'il peut espérer au moins une prime de 5% avant impôt sur la rentabilité annuelle moyenne de la portion actions de son portefeuille. Nous allons tâcher de développer quelques approches de sélection de titres que l'investisseur actif pourra utiliser.

(1) Tiré de "Security Analysis" de Benjamin Graham, David L.Dodd, Sidney Cottle, et Charles Tatham, McGraw-Hill, 4ème éd., 1962.

(2) Citation tirée de "Investment and Spéculation" de Lawrence Chamberlain, 1931.

(3) Tiré d'une étude publiée par la Fédéral Reserve Board.

(4) Edition de 1965, P 8.

CHAPITRE 2

L'INVESTISSEUR ET L'INFLATION

L'inflation et les moyens de lutter contre ce fléau ont fait l'actualité ces dernières années. L'érosion du pouvoir d'achat et plus spécialement la peur (ou l'espoir chez le spéculateur) de la poursuite de cette tendance ont exercé une influence déterminante sur le comportement de Wall Street. À l'évidence, ceux d'entre nous qui ont des revenus fixes ne peuvent que pâtir de la hausse des prix, et c'est la même chose pour ceux qui ont des paiements fixes sur leurs investissements. Les détenteurs d'actions ont, par contre, la possibilité de voir la baisse de leur pouvoir d'achat balancée par les hausses des dividendes et des cours.

Se basant sur ces faits indiscutables les autorités financières ont conclu que les produits obligataires sont à éviter et que, par conséquent, les actions deviennent le choix à privilégier. Nous avons appris que les nouvelles règles de gestion prudentielles ont encouragé certaines sociétés d'investissement à délaisser complètement les obligations au profit des actions. C'est un tournant à 180 degrés par rapport à la sagesse d'antan où les institutions conservatrices avaient l'obligation légale de ne détenir que des obligations de première catégorie (1) et quelques actions de premier choix.

Nos lecteurs doivent avoir l'intelligence de reconnaître que même les actions de premier choix ne peuvent systématiquement être considérées comme une alternative préférable aux obligations. Tout dépend des conditions de marché, des niveaux atteints par les cours de Bourse ou encore du rapport entre les rendements boursiers et les rendements obligataires. Une telle affirmation serait aussi absurde que son contraire pourtant trop souvent entendu il y a quelques années. Nous chercherons dans ce chapitre à intégrer le facteur inflation dans notre équation afin de savoir dans quelle mesure l'investisseur devrait voir son raisonnement influencé par ses projections des niveaux d'inflation dans l'avenir.

Dans ce domaine, tout comme dans bien d'autres en finance, nous ne pouvons baser nos projections que sur les enseignements que nous tirons du passé. Est-ce que l'inflation est un phénomène nouveau dans ce pays au moins dans sa forme actuelle ? Si nous avons connu une inflation aussi forte dans le passé, quelles leçons peut-on en tirer ? Commençons par nous pencher sur le tableau 2-1 qui nous donne sur des périodes de mêmes durées les niveaux généraux des prix et les évolutions correspondantes des résultats des entreprises et des marchés boursiers. Nos statistiques débutent en 1915 et couvrent 55 années coupées en intervalles de cinq ans. (Nous avons pris 1946 au lieu de 1945 pour éviter d'utiliser une année avec contrôle des prix pour cause de guerre).

La première chose que nous voyons, c'est que l'inflation n'est pas un phénomène nouveau. Les plus forts niveaux historiques d'inflation concernent la période 1915-1920, période pendant laquelle les prix ont pratiquement doublé. On peut rapprocher ce chiffre des 15% enregistrés de 1965 à 1970. Entre ces deux époques, nous avons eu droit à trois périodes de déflation (baisse des prix) et six de hausse à des degrés divers avec parfois une inflation voisine de zéro. Tout cela montre que l'investisseur peut s'attendre à voir resurgir l'inflation dans l'avenir.

Peut-on pour autant dire quel sera le taux d'inflation probable ? Aucune réponse simple n'est suggérée par ce tableau car on y voit des taux de toutes amplitudes. Il semble sensé cependant de prendre exemple sur les niveaux de ces vingt dernières années. Le taux moyen de hausse des prix à la consommation (CPI ou Consumer Price Index) a été de 2,5% pour la période. Puis de 4,5% en moyenne entre 1965 et 1970, et 5,4% pour la seule année 70. La politique officielle du gouvernement a été de lutter contre cette inflation, et nous pouvons prévoir que les politiques de la Banque de Réserve Fédérale (2) seront plus efficaces dans l'avenir qu'elles ne l'ont été par le passé. Nous pensons donc qu'il est raisonnable pour un investisseur de tabler sur un taux d'inflation probable (pas certain) de 3% l'an sur les prochaines années. (À comparer à un taux annuel de 2,5% pour la période 1915-1970) (3).

Tableau 2-1. Niveaux des prix, bénéfices et cours des titres par intervalles de cinq ans, de 1915 à 1970

An	Prix (a) de gros	consomt	S & P 500 (b) bénéf/Act	cours	prix de gros	prix à la consomt	bénéf par act	cours
1915	38.0	35.4		8.31				
1920	84.5	69.8		7.98	+96.0	+96.8		- 4%
1925	56.6	61.1	1.24	11.15	-33.3	-12.4		+41.5
1930	47.3	58.2	0.97	21.63	-16.5	- 4.7	-21.9	+88.0
1935	43.8	47.8	0.76	15.47	- 7.4	-18.0	-21.6	-26.0
1940	43.0	48.8	1.05	11.02	- 0.2	+ 2.1	+33.1	-28.8
1946 (c)	66.1	68.0	1.06	17.08	+53.7	+40.0	+ 1.0	+55.0
1950	86.8	83.8	2.84	18.40	+31.5	+23.1	+168.0	+21.4
1955	97.2	93.3	3.62	40.49	+ 6.2	+11.4	+ 27.4	+121
1960	100.7	103.1	3.27	55.85	+ 9.2	+10.5	- 9.7	+38.0
1965	102.5	109.9	5.19	88.17	+ 1.8	+ 6.6	+58.8	+57.
1970	117.5	134.0	5.36	92.15	+14.6	+21.9	+ 3.3	+ 4.4

(a) En moyennes annuelles. Les indices des prix sont initialisés avec une base à 100 en 1957.
(b) Moyenne en 1941-1943=10.
(c) 1946 pris au lieu de 1945 pour éviter le contrôle des prix.

Quelles seraient les implications d'un tel scénario ? L'investisseur perdrait en pouvoir d'achat près de la moitié des revenus servis sur les produits obligataires défiscalisés de maturité moyenne (ou les taux après taxes servis par les obligations de première catégorie). Cela ne voudrait pas dire pour autant que le pouvoir d'achat qui reviendrait à l'investisseur baisserait puisqu'il enregistrerait tout de même une rentabilité nette après inflation de 3% sur ses placements.

La question que nous devons maintenant nous poser est la suivante : "Est-ce que l'investisseur peut être raisonnablement assuré de ne pas faire mieux en détenant autre chose que des titres de première catégorie, même aux taux exceptionnels disponibles en 1970-71 ? Est-ce qu'un programme de placement entièrement en action ne ferait pas mieux qu'un programme à 50/50 ? N'est-il pas vrai que les actions ont en elles une protection contre l'inflation et ne sont-elles donc pas, presque certainement, un meilleur investissement que les obligations ? N'est-il pas vrai que les actions ont rapporté plus à l'investisseur au cours des ans que les obligations ?

La réponse à ces questions n'est pas simple. Il est vrai que les actions ont fait mieux que les obligations sur une longue période. La hausse du Dow passé de 77 en 1915 à 753 en 1970 représente une rentabilité annuelle composée de 4% à laquelle il faut ajouter 4% de dividendes distribués. (Les chiffres sur le Standard & Poor's Composite sont proches de ceux-là.) Ce chiffre combiné de 8% par an est, bien sûr, supérieur aux rendements obligataires sur ces 55 dernières années. Mais ils n'est pas supérieur aux rendements offerts par les produits obligataires actuels. Ce qui nous mène à la question suivante : existe-t-il une raison valable de croire que les titres de Bourse feront substantiellement mieux dans les prochaines années que pendant ces 55 dernières années ?

Notre réponse à cette question est tout simplement non. Les actions pourront offrir un meilleur rapport dans l'avenir que dans le passé mais rien ne nous permet de le dire. Il faut ici tenir compte de deux horizons de temps pour juger des résultats d'investissements. Le premier couvre l'avenir à long terme, disons les 25 prochaines années. Le second concerne ce qui peut survenir pour l'investisseur tant financièrement que psychologiquement sur le court-moyen terme, disons à horizon 5 ans. Son cadre psychologique formé d'espoirs et de craintes, de plaisirs et d'insatisfactions, au travers duquel il filtre les décisions qu'il a prises et, plus encore, celles qu'il sera amené à prendre, n'est pas déterminé rétrospectivement sur la durée d'une vie mais est formé par son expérience récente et varie d'année en année.

Nous pouvons être catégoriques sur le dernier point. Il n'y a pas de corrélations fortes entre des conditions inflationnistes (ou déflationnistes) et les évolutions des résultats financiers des entreprises ou de leurs cours en Bourse. L'exemple évident est la période 1966-1970. Le coût de la vie a augmenté de 22%, le plus mauvais résultat après la période 1946-1950. Et pourtant aussi bien les revenus par action que les cours des actions ont baissé en dollars constants pendant cette période. Les mêmes contradictions apparaissent sur la période 1960-1965.

L'inflation et les résultats des entreprises

Une autre approche importante du sujet consiste à étudier le taux de rentabilité du capital investi par les entreprises américaines. Ces taux de rentabilité de l'investissement ont bien évidemment fluctué en relation avec les taux globaux de croissance de l'économie, mais ils n'ont pas démontré de tendance à suivre les taux des prix de gros ou du coût de la vie. En fait le taux de rentabilité de l'investissement industriel a eu tendance à se dégrader fortement sur ces vingt dernières années malgré une forte inflation pendant cette période. Ce déclin est en partie imputable à une évolution des règles comptables permettant d'accélérer les amortissements. Voir tableau 2-2. Nos études fouillées nous ont mené à la conclusion suivante : l'investisseur ne doit pas trop compter sur l'amélioration du retour sur investissement enregistré par les 30 entreprises qui composent le DJIA ces 5 dernières années (soit quelque 10% sur l'actif net comptable par action) (4). En effet, étant donné que les cours de ces titres sont nettement supérieurs à leur actif net par action - comme, par exemple un Dow Jones à 900 et un actif net à 560 pour 1971 - la rentabilité ramenée aux cours et non aux actifs tombe à 6 1/4%.(Ce rapport est plus souvent exprimé par son inverse le PER, le rapport cours/bénéfice. Autrement dit, un niveau du DJIA à 900, équivaut à un multiple de 18 fois les revenus des 12 mois calendaires de juillet 1970 à juin 1971.)

Ces calculs ne sont pas trop éloignés de l'hypothèse émise au chapitre précédent qui, rappelons-le, supposait un rendement moyen de 3,6% et une appréciation moyenne annuelle des cours de 4% résultant des bénéfices courants réinvestis. (Gardez en mémoire que tout dollar ajouté à l'actif net est supposé correspondre à une appréciation du cours de 1,60 dollar.)

Le lecteur pourra objecter qu'en fin de compte nos calculs n'incluent pas l'incidence d'une inflation de 3% sur nos projections de croissance des bénéfices et des cours des titres. La raison est que nous n'avons pu tirer de l'étude précédente aucune influence directe des taux d'inflation sur les bénéfices reportés par les entreprises. Les chiffres bruts démontrent au contraire que tous les gains importants enregistrés sur les bénéfices par action des valeurs du Dow au cours des 20 dernières années étaient seulement imputables à une croissance proportionnelle des taux d'investissement interne, autrement dit des dépenses d'investissement financées par les bénéfices réinvestis. Si l'inflation avait été un facteur positif indépendant, son effet aurait été d'accroître la valeur monétaire du capital pré-éxistant, ce qui aurait accru mécaniquement le taux de rentabilité de ce capital pré-éxistant et par conséquent la profitabilité combinée du nouveau capital et de l'ancien. Mais aucune évidence chiffrée ne nous permet de donner crédit à cette thèse malgré une avancée des prix de gros de 40%. (Les revenus des entreprises devraient en effet être plus influencés par l'inflation des prix de gros que par celle des prix à la consommation). Le seul moyen pour l'inflation d'influer sur la valeur des titres serait d'avoir un impact sur le taux de rentabilité du capital investi. Or, au vu des statistiques historiques à notre disposition, cela n'a jamais été le cas.

Sur les cycles économiques du passé, l'expansion des affaires a été accompagnée d'une reprise de l'inflation et la contraction économique par la déflation. On a très longtemps considéré qu'un peu d'inflation était bénéfique pour l'économie et les revenus des entreprises. Cette vue des choses n'est pas contredite par l'histoire récente (1950-1970), qui révèle bien que la prospérité économique a été accompagnée d'inflation. Mais les chiffres indiquent aussi que l'effet net de l'inflation sur la rentabilité du capital des entreprises a été très limité. En fait, l'inflation n'a même pas permis de préserver le taux de rentabilité des investissements exprimé en dollars constants. À l'évidence, l'inflation a eu des influences négatives qui n'ont pas permis une amélioration de la rentabilité des entreprises américaines. Les influences négatives les plus importantes ont été un accroissement des salaires supérieur aux gains de productivité et la nécessité d'augmenter les dépenses de capital pour le renouvellement des actifs immobilisés. Ces éléments ont contribué à abaisser le ratio des ventes sur capital utilisé.

Les chiffres du tableau 2-2 montrent que l'inflation, loin d'avoir profité aux entreprises et à leurs actionnaires, leur a été nuisible. Les chiffres les plus surprenants sont ceux qui reprennent le taux de croissance faramineux de l'endettement des entreprises de 1950 à 1969. Il peut paraître étonnant que ni les économistes, ni Wall Street, ne se soient inquiétés de ces développements. La dette de l'Entreprise Amérique a été multipliée par 5 alors que dans le même temps les bénéfices avant impôts ont tout juste doublé. Si on ajoute la hausse considérable des frais financiers pendant la période, il est évident que la dette globale des entreprises représente aujourd'hui un facteur très nuisible pour l'économie du pays et un problème insurmontable pour nombre d'entreprises. (Remarquez qu'en 1950 les bénéfices nets après frais financiers et avant impôts se montaient à 30% de l'endettement alors que ce ratio est

Tableau 2-2. Endettement des sociétés, bénéfices, et revenus du capital, 1950-1969

		Bénéfices des Sociétés		Revenus du Capital (en %)	
Année	Endettement Net (en milliards de$)	Avant Impôts (en millions)	Après Impôts (en millions)	S & P (a)	Autres (b)
1950	$140.2	$42.6	$17.8	18.3%	15%
1955	212.1	48.6	27.0	18.3	12.9
1960	302.8	49.7	26.7	10.4	9.1
1965	453.3	77.8	46.5	10.8	11.8
1969	692.9	91.2	48.5	11.8	11.3

(a) Revenus du Standard & Poor's Industrial Index divisés par sa capitalisation boursière annuelle moyenne.

(b) Statistiques de 1950 à 1955 fournies par Cottle et Whitman, et celles de 1960-1969 tirées de *Fortune*.

tombé à 13,2% en 1969. Quant aux chiffres pour 1970 on peut s'attendre à ce qu'ils soient pires encore). Pour résumer, il apparaît qu'une grande partie des 11% de rentabilité dégagée par le capital des entreprises est due à un recours abusif à l'endettement qui coûte à l'entreprise 4% après crédit d'impôt. Si nos entreprises n'avaient pas augmenté leur niveau d'endettement depuis 1950, leur taux de rentabilité sur capitaux propres aurait baissé encore plus, malgré l'inflation.

Le marché a considéré que les sociétés de distribution électrique, prises en tenaille entre la hausse des coûts de la dette et les difficultés de faire passer ces hausses aux utilisateurs à cause de contraintes régulatrices, ont été les premières victimes de l'inflation. Mais il faut peut-être faire remarquer que les tarifs d'électricité, de gaz et des communications téléphoniques ont augmenté bien moins que l'indice général des prix ce qui permet de prévoir un potentiel de rattrapage pour l'avenir (5). La loi les autorise à fixer des tarifs leur permettant de dégager un taux de rentabilité du capital investi adéquat. Ce rattrapage va probablement protéger leurs actionnaires dans l'avenir comme lors d'autres périodes inflationnistes du passé.

Tout ce qui vient d'être dit nous ramène à la conclusion que l'investisseur ne peut espérer recevoir mieux qu'une rentabilité moyenne, disons de 8% l'an, sur un portefeuille de type DJIA à partir des niveaux actuels de la Bourse. Mais même si ces estimations s'avèrent être substantiellement sous-évaluées, cela n'impliquerait pas pour autant qu'il serait judicieux de se positionner à 100% en actions. Si une chose est sûre pour l'avenir, c'est que ni les bénéfices des entreprises, ni l'évolution des cours d'un portefeuille d'actions, ne s'accroîtra à un taux uniforme de 4% l'an ou à un tout autre taux. Pour paraphraser J.P Morgan : "Les cours vont fluctuer". Ce qui veut dire d'abord que l'acquéreur de titres aux prix actuels, ou à ceux de demain, est obligé de prendre le risque d'avoir des résultats décevants pendant des périodes plus ou moins longues. Il fallut 25 années à General Electric (et au DJIA lui-même) pour rattraper le terrain perdu pendant la débâcle de 1929-1932. De plus, si l'investisseur concentre ses investissements sur un portefeuille pur d'actions, il a toutes les chances de se laisser influencer, soit par des hausses qui le rendront trop optimiste, soit par de fortes baisses qui lui feront perdre espoir. Ce ne sera que plus vrai si son raisonnement est appuyé sur révolution de l'inflation. Car alors, si un nouveau marché haussier pointe son nez, l'investisseur prendra la hausse non pas comme le signal d'un danger imminent, non comme une chance de réaliser de belles plus-values, mais plutôt comme une justification de la belle hypothèse qui prétend que l'inflation dope les marchés. Il ne trouvera que plus de raisons pour poursuivre ses achats quel que soit le niveau de surévaluation auquel se trouve le marché, en fin de compte pour son plus grand malheur.

Alternatives aux portefeuilles en actions, pour se protéger contre l'inflation

La politique classique de tous ceux qui ont perdu confiance en leur monnaie a été, de tout temps, d'acheter de l'or. Ce type d'investissement a été interdit aux Américains depuis 1935 pour leur plus grand bien. Sur les 35 dernières années le prix de l'or est passé de 35 dollars l'once à 48 dollars en 1972, soit une hausse de 35% seulement (6). Pendant tout ce temps le détenteur d'or métal n'a lui reçu aucun revenu sur son capital et a même dû dépenser de l'argent pour frais de stockage. À l'évidence un livret d'épargne lui aurait rapporté bien plus, et cela malgré l'inflation !

L'incapacité de l'or métal à nous protéger contre l'inflation nous fait douter de la vérité du cliché courant laissant entendre que seuls les biens matériels protègent de l'inflation. Certains types d'objets de valeur ont effectivement eu de fort belles envolées de prix sur quelques années (tels les diamants, les peintures de grands maîtres, les éditions originales de livres, les timbres rares, les pièces de monnaie et j'en passe). Dans beaucoup de ces cas, il y a quelque chose d'artificiel, voire carrément d'irréaliste dans les prix qui ont été donnés par les marchés. Comment croire que payer 67.500 dollars pour une pièce d'un dollar argent datée de 1804 (mais pas frappée cette année-là) est une opération d'investissement (7) ? Nous reconnaissons bien volontiers être hors de notre champ de compétence dans ces domaines-là.

L'acquisition de biens immobiliers a, pendant longtemps, été considérée comme une forme saine d'investissement à long terme nous immunisant contre l'inflation. Malheureusement, les valeurs des biens immobiliers sont, elles aussi, soumises à d'énormes fluctuations. On peut se tromper sur les emplacements, les prix payés, etc... et autres bombes à retardement placées par des vendeurs trop rusés. En fin de compte, trop de diversification n'est pas pratique pour les investisseurs aux moyens modérés, excepté au travers d'investissements collectifs qui leur feront prendre des risques proches de ceux qu'on a vus sur les actions. Nous ne sommes pas là non plus dans notre champ de compétence. Tout ce que nous pouvons dire à l'investisseur c'est : assurez-vous que vous comprenez les tenants et aboutissants de ces placements avant de vous engager sur ces voies-là.

Conclusion

Naturellement, nous revenons à la politique que nous avons préconisée au chapitre précédent. Ne serait-ce que parce que le futur est plein d'incertitudes, l'investisseur ne peut se permettre de placer tous ses fonds dans un même panier : que ce soit le panier obligataire, malgré les rendements sans précédents que les obligations nous offrent depuis quelques temps, ou le panier des actions, même avec en tête des perspectives de poursuite de l'inflation.

Plus l'investisseur est dépendant de son portefeuille de titres et des revenus qu'il en tire, plus il lui est indispensable de se mettre à l'écart de l'inattendu et de l'imprévisible. Il est évident que l'investisseur conservateur doit chercher à minimiser ses risques. On pense toujours, avec grande conviction, que les risques pris quand on achète disons une obligation de compagnie de téléphone qui rapporte du 7 1/2% sont bien moins forts que ceux qu'impliquent l'achat du DJIA à 900 (ou toute autre liste équivalente d'actions). Mais le potentiel d'une très forte inflation demeure, et l'investisseur doit s'assurer partiellement contre ce risque. Rien ne dit avec certitude qu'une composante en actions vous garantira convenablement contre l'inflation, mais elle devrait offrir plus de protection que la composante en obligations.

Voilà ce que nous disions à ce sujet dans notre édition de 1965, et on écrirait la même chose aujourd'hui :

"Le lecteur comprendra que nous ne sommes pas des inconditionnels de l'achat d'actions aux niveaux actuels (892 pour le DJIA). Pour des raisons que nous avons déjà invoquées il nous semble pourtant que l'investisseur passif ne peut se permettre de rester à l'écart des actions ne serait-ce que parce qu'un investissement exclusif en obligations serait un mal bien plus grand encore".

(1) NDE : "High Grade Bonds", ensemble des obligations notées "triple A" ou "double A" par les organismes de rating comme Standard & Poor's ou Moody's.

(2) NDE : c'est le nom du réseau des 12 banques composant le Système de Réserve Fédérale (ou Fed) autrement dit le réseau U.S de Banque Centrale qui émet et contrôle la monnaie.

(3) Ce passage a été rédigé avant que le président Nixon ne gèle les prix et les salaires en août 1971, mesures suivies de la phase 2 de son plan de contrôle de prix. Ces décisions importantes ne peuvent que confirmer les vues précédemment énoncées.

(4) Le taux de rentabilité de l'indice Standard & Poor's des 425 valeurs industrielles était quant à lui de 11 1/2% de l'actif. Ce meilleur taux est dû partiellement à la présence de la société IBM dans cet indice (alors qu'elle n'était pas encore inclue au DJIA en 1971).

(5) Un graphe publié par American Telephone & Telegraph en 1971 montre que les tarifs appliqués sur les communications téléphoniques privées étaient en 1975 inférieurs à ceux pratiqués en 1970.

(6) NDE : le même calcul sur 35 ans donnerait aujourd'hui un résultat tout à fait comparable.

(7) Paru dans le *Wall Street Journal*, octobre 1970.

CHAPITRE 3

UN SIÈCLE D'HISTOIRE DES BOURSES : LE NIVEAU DES MARCHÉS AU DÉBUT DE 1972

Le portefeuille actions de l'investisseur pourrait n'être constitué que d'un petit échantillon de cette formidable institution qu'est la bourse. La prudence et le bon sens nous font penser qu'il nous faut d'abord essayer de bien connaître l'histoire des marchés boursiers, et connaître, en particulier, le développement des principales phases de hausses et de baisses ainsi que l'évolution des relations entre les niveaux des cours et ceux des bénéfices et des dividendes distribués. Maîtrisant le fond, nous pourrons porter un jugement plus objectif sur les opportunités ou les dangers que représentent les marchés suivant les époques. Les statistiques boursières à notre disposition remontent à 1871. La qualité de ces statistiques s'est améliorée au cours des ans mais même les plus anciennes nous seront ici utiles. Nous consacrerons ce chapitre à la présentation des chiffres sous une forme condensée en ayant deux objectifs à l'esprit. Le premier est de comprendre comment les grands mouvements de marché se sont développés de façon cyclique sur ce siècle. Le second sera de casser cette vue d'ensemble en périodes de dix années non seulement pour les cours mais aussi les capacités bénéficiaires des entreprises et leurs politiques de distribution des dividendes, afin de déceler l'évolution des relations entre

ces trois facteurs. À partir de ces informations, nous essaierons de construire une stratégie d'investissement (début 1972).
L'histoire à long terme de la Bourse est résumée par deux tableaux et un graphique. Le tableau 3-1 nous donne les hauts et bas des 19 cycles haussiers (bull) et baissiers (bear) qui se sont déroulés en cent ans.

Tableau 3-1. Fluctuations des marchés de 1871 à 1971

	Cowles-Standard 500 Composite			Dow Jones Industrial Average		
Année	Haut	Bas	Déclin	Haut	Bas	Déclin
1871		4.64				
1881	6.58					
1885		4.24	28%			
1887	5.90					
1893		4.08	31			
1897					38.5	
1899				77.6		
1900					53.5	31%
1901	8.50			78.3		
1903		6.26	26		43.2	45
1906	10.03			103.0		
1907		6.25	38		53.0	48
1909	10.30			100.5		
1914		7.35	29		53.2	47
1916-18	10.21			110.2		
1917		6.80	33		73.4	33
1919	9.51			119.6		
1921		6.45	32		63.9	47
1929	31.92			381.0		
1932		4.40	86		41.2	89
1937	18.68			197.4		
1938		8.50	55		99.0	50
1939	13.23			158.0		
1942		7.47	44		92.9	41
1946	19.25			212.5		
1949		13.55	30		161.2	24
1952	26.60			292.0		
1952-53		22.70	15		256.0	13
1956	49.70			521.0		
1957		39.00	24		420.0	20
1961	76.70			735.0		
1962		54.80	29		536.0	27
1966-68	108.40			995.0		
1970		69.30	36		631.0	37
début 1972	100			900		

Nous avons utilisé deux indices de marché. Le premier indice combine celui de la Commission Cowles qui remonte à 1870 que nous avons retraité pour être cohérent avec le fameux Standard & Poor's Composite des 500 valeurs. Le second n'est autre que le Dow Jones Industrial Average (ou DJIA ou encore Dow) qui remonte à 1897. Il est composé de 30 valeurs dont American Telephone & Telegraphe, les 29 autres étant de grandes entreprises industrielles (1).
Le graphe 1 de Standard & Poor's décrit les fluctuations de l'indice des 425 valeurs industrielles de 1900 à 1970. (Le graphe correspondant du Dow en serait très proche). Le lecteur pourra distinguer trois phases distinctes. La première s'étend de 1900 à 1924, on y voit une série de cycles sur trois à cinq ans. La hausse moyenne annuelle pour la période est de 3%. Puis on passe au marché haussier de la "Nouvelle Ère" qui culmina en 1929, et fut suivi de terribles effondrements pour se terminer par des oscillations irrégulières qui nous ont menés jusqu'en 1949. Si nous rapportons le niveau moyen de 1949 à celui de 1924, la rentabilité moyenne annuelle n'est plus que de 1 1/2%. On ne saurait être surpris que cette "Nouvelle Ère" s'acheva par un profond désintérêt du grand public pour tout ce qui a trait à la Bourse. Le marché était alors mûr pour lancer la plus forte hausse de son histoire (voir partie droite de

Graphe 1

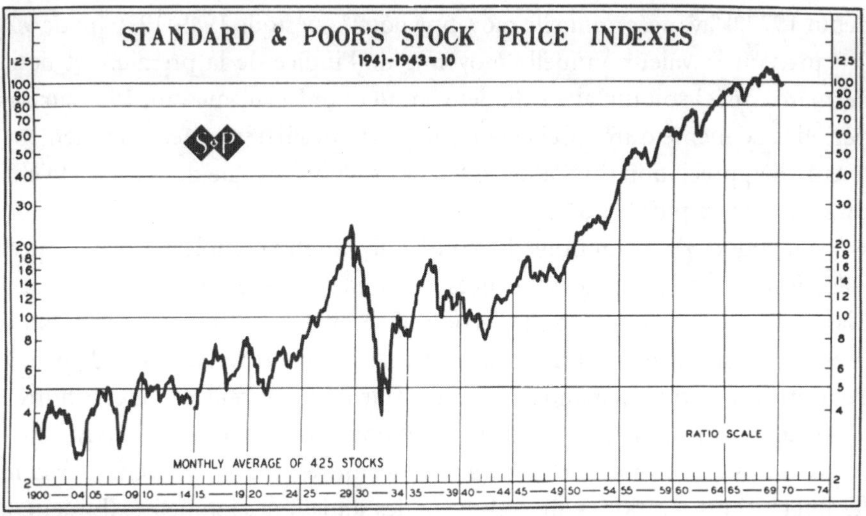

notre graphique). Ce marché culmina en décembre 1968 sur un Standard & Poor's 425 des industrielles à 118 (et le Standard & Poor's 500 Composite à 108). Comme nous pouvons le voir sur le tableau 3-1, d'importantes corrections cassèrent cette avancée entre 1949 et 1968 (surtout en 1956-57 puis en 1961-62). Le marché récupéra à chaque fois si facilement que ces baisses furent qualifiées de corrections de cycle haussier et non de cycles baissiers. Du bas du marché à 162 pour le Dow à la mi-1949 à un haut à 995 en début 1966, l'avancée permit de gagner plus de 600% en 17 années. Soit une rentabilité moyenne par an de 11% à laquelle il faut ajouter les dividendes versés soit 3 1/2% de plus. (L'avancée du Standard & Poor's Composite Index fut même supérieure à celle du Dow puisque l'indice passa de 14 à 96.)

Ces taux de 14% furent montés en épingle par une étude (2) datant de 1963. Wall Street se laissa aller à quelque peu d'autosatisfaction ce qui, comme à l'accoutumée, aboutit au sentiment dominant que l'avenir promettait d'aussi beaux résultats. Il ne vint à l'idée de personne que la performance exceptionnelle enregistrée pouvait traduire une exagération. La chute qui suivit entre 1968 et 1970 fit perdre 36% au Standard & Poor's Composite (et 37% au Dow) et leurs illusions aux investisseurs. Ce fut la plus forte baisse depuis la chute de 44% de 1939-1942 qui suivit Pearl Harbor. Le cycle maniaco-dépressif de Wall Street se traduisit ensuite par une violente reprise des deux grands indices portant le Standard & Poor's à un plus haut historique début 1972. L'avancée annuelle moyenne pour la période 1949-1970 fut de 9% (en prenant la valeur annuelle moyenne de l'indice de la première et de la dernière année) soit un taux supérieur à tout ce qui a été vu avant 1950 sur des périodes de même durée. Ceci étant, sur les 10 dernières années uniquement, le taux d'appréciation du Standard & Poor's n'est plus que de 5 1/4% et celui du Dow encore plus bas à 3%.

Les statistiques des évolutions des cours doivent être complétées par d'autres statistiques concernant les bénéfices des entreprises et les dividendes afin d'avoir une vision complète sur l'économie boursière de cette décennie. Nous présentons une vue synoptique de la situation sur notre tableau 3-2 (p. 54). Peut-être est-ce trop demander au lecteur que de se concentrer sur ces chiffres. Ceux qui en auront le courage trouveront pourtant l'analyse instructive.

Nous ferons les commentaires suivants : les chiffres de ces 13 décennies lissent les fluctuations erratiques qui sont le lot des statistiques annuelles. Ils mettent en évidence l'élément dominant : la persistance de la croissance. Sur les 10 premières décennies, seules deux enregistrèrent une baisse nette des cours et des bénéfices (1891-1900, 1931-1940), et aucune période postérieure à 1900 n'a vu une baisse des dividendes distribués. Par contre, les taux de croissance de ces trois catégories sont fort différents suivant l'époque considérée. En résumé, les performances semblent meilleures après la deuxième guerre; par contre, les résultats des années soixante sont inférieurs à ceux de la décennie précédente. L'investisseur ne peut extrapoler de ces performances ce que les dix prochaines années lui réservent tant sur les taux de croissance des revenus des entreprises, que sur ceux des cours des actions. Cette étude historique lui fournit, somme toute, assez d'éléments encourageants pour qu'il saisisse l'intérêt de développer une politique constante d'investissement en Bourse.

Il faudrait soulever cependant un point qui n'apparaît pas sur les tableaux. L'année 1970 fut marquée par une très nette détérioration de la capacité bénéficiaire des entreprises. Le taux de rentabilité du capital investi tomba à ses plus bas niveaux depuis la guerre. Autre point troublant, un nombre record d'entreprises ont dû reporter des pertes sur ce dernier exercice. Bon nombre ont eu des problèmes financiers graves et, pour la première fois depuis trente ans, certaines grandes entreprises ont été mises en liquidation. Ces faits ont largement contribué au jugement que nous avons exprimé précédemment, à savoir que le grand boom de l'après-guerre s'est peut-être bien achevé en 1969-70.

La caractéristique la plus surprenante du tableau 3-2 c'est l'évolution du ratio cours/bénéfice (ou PER, Price Earning Ratio) depuis la Seconde Guerre Mondiale. En juin 1949 le Standard & Poor's Composite s'échangeait à 6 fois les bénéfices des 12 derniers mois; en mars 1961, le multiple était de 22,9. En parallèle le rendement des dividendes sur l'indice S & P était tombé de plus de 7% en 1949 à 3% seulement en 1961 alors que les taux servis sur les obligations de première catégorie sont passés de 2,6% à 4,5%. C'est pour le moins un remarquable et sans précédent changement d'appréciation des investisseurs quant aux mérites comparés des obligations et des actions.

Pour ceux qui ont une longue expérience des marchés et une sagesse innée, un tel revirement est un signe annonciateur de troubles pour les marchés boursiers. Cela ne peut que rappeler le scénario dramatique qui s'est déroulé de 1926 à 1929 et qui déboucha sur l'effondrement que l'on connaît. Il est

Tableau 3-2. Vision historique des performances du marché : 1871-1970 (a)

Période	Prix Moyen	Bénéf Moyen	PER Moyen	Divid Moyen	Rendmt Moye	Tx de dis Moyen	Taux de Croissance Bénéf	Dividendes
1871-80	3.58	0.32	11.3	0.21	6.0%	67%	—	—
1881-90	5.00	0.32	15.6	0.24	4.7	75	-0.64%	-0.66%
1891-00	4.65	0.30	15.5	0.19	4.0	64	-1.04	-2.23
1901-10	8.32	0.63	13.1	0.35	4.2	58	+6.91	+5.33
1911-20	8.62	0.86	10.0	0.50	5.8	58	+3.85	+3.94
1921-30	13.89	1.05	13.3	0.71	5.1	68	+2.84	+2.29
1931-40	11.55	0.68	17.0	0.78	5.1	85	-2.15	-0.23
1941-50	13.90	1.46	9.5	0.87	6.3	60	+10.60	+3.25
1951-60	39.20	3.00	13.1	1.63	4.2	54	+6.74	+5.90
1961-70	82.50	4.83	17.1	2.68	3.2	55	+5.80(c)	+5.40(c)
1954-56	38.19	2.56	15.1	1.64	4.3	65	+2.40(d)	+7.80(d)
1961-63	66.10	3.66	18.1	2.14	3.2	58	+5.15(d)	+4.42(d)
1968-70	93.25	5.60	16.7	3.13	3.3	56	+6.30(d)	+5.60(d)

(a) Les statistiques suivantes sont tirées de l'article de N. Molodovsky "Stock Values and Stock Prices", *Financial Analyst Journal*, mai 1960. Ces dernières statistiques provenant du livre de la commission Cowle *Common Stock Indexes* pour les années antérieures à 1926 et du Standard & Poor's 500-stock Composite index pour les années suivantes.

(b) Les chiffres de croissance annuels ont été calculés par Molodovsky et couvrent des périodes successives de 21 ans se terminant en 1890,1900 etc.

(c) Taux de croissance 1968-70 sur 1958-60.

(d) Taux de croissance pour 1954-56 sur 1947-49, 1961-63 sur 1954-56, et pour 1968-70 sur 1958-60.

pourtant vrai que le cours de clôture du Dow Jones en 1970 était égal à celui de 1962, et les fameuses années soixante ne furent qu'une succession d'avancées et de reflux. Mais nous n'avons rien connu de comparable, tant pour l'économie réelle que pour les marchés, à l'effondrement boursier et la dépression économique de 1929-1932.

Le niveau de la Bourse début 1972

Avec cette vue d'ensemble sur un siècle de fluctuations des cours, des bénéfices et des dividendes, essayons de tirer quelques conclusions sur ce niveau du DJIA à 900 et du S & P à 100 (en janvier 1972).

Dans chacune de nos précédentes éditions nous avons consacré une section à l'étude précise des niveaux courants des marchés, et tenté de savoir si ces niveaux étaient trop élevés pour conseiller l'achat à un investisseur prudent. Le lecteur peut pendre plaisir à relire les conclusions que nous avions tirées à différentes époques. Ce n'est pas un simple exercice d'autopunition. Cette étude nous donnera le ciment qui lie les différents épisodes de l'histoire des marchés sur ces vingt dernières années. C'est aussi une vision pratique et sans concession des difficultés auxquelles tout investisseur est confronté lorsqu'il tente de formuler un jugement objectif sur les conditions de marché à un moment donné. Reprenons d'abord le résumé de nos analyses de 1948, de 1953 et de 1959 que nous donnions déjà dans notre édition de 1965 :

En 1948 nous avons choisi des normes prudentes pour jauger le niveau du Dow de l'époque à 180. Nous tirions alors la conclusion que *"le niveau n'était pas trop élevé par rapport à la valeur sous-jacente des titres"*. Quand nous nous sommes posé la même question en 1953 le Dow était alors à 275 ce qui représentait une hausse de 50% en cinq ans. *"Est-ce qu'à ces niveaux records, le Dow était devenu trop cher pour être toujours considéré comme un bon investissement ?"*. A posteriori, en connaissant l'avancée spectaculaire qui suivit, vous serez surpris d'apprendre qu'il nous fut très difficile, alors, de formuler une conclusion définitive sur l'intérêt relatif des actions. Nous disions, et nous étions assez dans le vrai, que *"d'un point de vue d'indicateur de valeur, les cours de 1953 étaient favorables."* Mais nous étions inquiets car les indices avaient eu des avancées qui, en durée, dépassaient les avancées des autres marchés haussiers du passé. De plus les indices étaient à des plus hauts historiques. Pondérant notre premier jugement positif par ces facteurs troublants nous préconisions une solution de compromis. La suite nous a montré que nos conseils auraient pu être meilleurs. Tout bon prophète aurait vu que le marché ne pouvait que doubler sur les cinq années qui ont suivi. Peut-être devrions nous ajouter, à notre décharge, que ceux dont le métier est de faire des prévisions de marchés (ce que nous ne faisons pas) n'ont pas plus que nous soupçonné ce qui arriva ensuite.

Ensuite début 1959, nous retrouvions le DJIA à un plus haut historique de 584. Notre longue analyse qui testa plusieurs hypothèses pourrait être résumée ainsi (tiré de la page 59 de l'édition de 1959) : *"Globalement, nous nous sentons obligé d'exprimer la conclusion que les niveaux actuels des marchés sont dangereux.*

L'investissement est périlleux car les cours sont déjà bien trop hauts. Et même si nous nous trompions, la volonté de hausse (momentum) du marché est si forte qu'on peut anticiper que les cours seront, de toute façon, portés à des niveaux injustifiables. Très franchement, on ne peut imaginer que ce marché dans l'avenir ne subisse pas, à un moment ou à un autre, des pertes substantielles. Conclusion : les profits sont loin d'être garantis pour l'investisseur prudent."

La mise en garde de 1959 fut plus justifiée par la suite des événements que celle de 1954. Ceci étant, elle n'était pas exempte de tout reproche. Le DJIA monta jusqu'à 685 en 1961, puis retomba marginalement au-dessous de notre niveau de 584 (à 566) en milieu d'année, remonta à 735 en fin 1961 et chuta dans un mouvement de panique à 536 en mai 1962, enregistrant une perte de 27% sur à peine 6 mois. En même temps la chute des valeurs de croissance, populaires à l'époque, fut bien pire encore. L'indiscutable leader du groupe, IBM, chuta d'un haut de 607$ en décembre 1961 à un bas de 300$ en juin 1962.

Cette époque vit la débâcle des titres récemment introduits en Bourse, ceux que Wall Street appelle les "titres brûlants" et qui avaient été offerts au public à des prix d'introduction ridiculement élevés. Comme si cela ne suffisait pas, ils furent poussés par une spéculation irresponsable à des niveaux encore plus irréels. Beaucoup de ces valeurs perdirent 90% et plus en quelques mois à peine.

Cet effondrement des marchés, début 1962, troubla beaucoup ceux qui se disaient spéculateurs, alors que dire des imprudents qui se prenaient pour des investisseurs ! De même, la reprise qui se produisit en fin d'année arriva à la surprise générale. Les indices de marché reprirent leur marche en avant comme on le voit ci-dessous.

	DJIA	Standard & Poor's 500-Stock Composite
décembre 1961	735	72,64
juin 1962	536	52,32
novembre 1964	892	86,28

La forte ascension des cours fut impressionnante et provoqua un nouveau changement de sentiment à Wall Street. Si au plus bas du marché en juin 1962 les prévisions pessimistes étaient dominantes, le sentiment fut plus partagé après la première reprise avec toutefois encore une majorité de sceptiques. Puis, à l'horizon 1964, l'optimisme naturel des maisons de titres de Wall Street reprit le dessus; pratiquement tous les pronostics étaient roses. Cet optimisme ne fit que se nourrir des avancées successives des marchés cette année-là.

Il nous fallait maintenant évaluer les niveaux de novembre 1964 (892 pour le DJIA). Les radiographies que nous avons faites sous différents angles nous ont amené à trois conclusions mutuellement exclusives. La première était que *"les mesures historiques de valeur n'étaient plus applicables, de nouvelles mesures devaient maintenant être testées."*

La deuxième était que l'investisseur *"devait décompter dans sa nouvelle stratégie l'existence d'incertitudes majeures. L'élargissement du champ des possibles nous obligeait à donner un égal crédit à des scénarios opposés : soit une poursuite de la hausse disons de 50% encore (objectif de 1350 pour le DJIA), soit un effondrement surprise d'une magnitude comparable ramenant les indices autour de 450"*. La troisième était exprimée sans équivoque. Nous disions : *"Pour parler franc, si le niveau actuel (1964) n'est pas trop élevé alors autant dire qu 'aucun niveau de prix ne le sera jamais"*.

Le chapitre se terminait ainsi :

Que doit-on faire ?

"Les investisseurs ne doivent pas conclure que le niveau des cours en 1964 est dangereux pour la simple raison qu'ils l'ont lu dans ce livre. Ils doivent pondérer ce raisonnement avec celui qu'ils entendront des plus beaux esprits de Wall Street et qui est aux antipodes de nos convictions. C'est à chacun de prendre ses responsabilités. Nous suggérons tout de même à l'investisseur, s'il doute de ses convictions, de choisir la voie de la prudence. Les principes de l'investissement qui sont les nôtres en appellent à la poursuite de la politique suivante, soit par ordre de priorité :

1. N'acheter ni ne conserver de titres achetés à crédit.
2. Ne pas augmenter la part des fonds placés en actions.
3. Réduire ses placements en actions si nécessaire pour les ramener à un maximum de 50% du total des placements. Une fois les impôts sur les plus-values payés de

bonne grâce, les fonds ainsi libérés seront placés en obligations de première catégorie ou sur des comptes de dépôt rémunérés.

Les investisseurs qui se sont engagés dans un plan de Dollar Cost Averaging peuvent opter pour la poursuite de ce plan ou suspendre leurs achats jusqu'à ce que le marché leur paraisse moins dangereux. Nous déconseillons cependant fortement d'initier un tel plan aux niveaux actuels des marchés car nous savons que peu d'investisseurs auront la résistance morale nécessaire à la poursuite du plan, face à des résultats adverses les touchant juste après sa mise en application. "

Là, nous pouvons dire que les faits ont justifié notre prudence. Le DJIA gagna 11% de plus (à 995) puis tomba par paliers jusqu'à un bas de 632 en 1970, et finit l'année à 839. La débâcle habituelle, comme en 1961-62, se produisit sur les valeurs brûlantes : baisses allant jusqu'à 90%. Et, comme souligné dans l'introduction, la psychologie ambiante se transforma radicalement, l'inquiétude remplaçant l'enthousiasme. Un simple fait résume bien la situation : le DJIA termina l'année 1970 à un niveau inférieur à celui de 1964. C'est la première fois que cela arrivait depuis 1944 !
Voilà les efforts que nous avons déployés pour apprécier les niveaux des marchés. Y a-t-il un enseignement à tirer de tout cela pour le lecteur ? On jugea le marché à un niveau favorable en 1948 et en 1953 (sans doute avec trop de prudence cette année-là), dangereux en 1959 (à 584 pour le DJIA), et trop haut (à 892) en 1964. Nous pourrions défendre sans mal chacun de ces jugements aujourd'hui avec quelques arguments adroits. Ce n'est pas notre propos car nous doutons que ces jugements soient aussi utiles que l'explication de notre méthode qui consiste à favoriser une stratégie d'investissement en actions contrôlée et cohérente. Et à se tenir à l'écart de toutes tentatives cherchant à faire mieux que le marché ou de tirer le gros lot. Nous pensons quand même que le lecteur trouvera quelque bénéfice à réévaluer de temps en temps le niveau atteint par les indices boursiers - cette fois-ci fin 1971 - même si ce que nous pouvons en dire est souvent plus indicatif que concluant. Il y a un fort beau passage dans "Éthique à Nicomaque d'Aristote". qui nous dit : "*N'est-ce pas la marque d'un lettré de n'attendre dans chaque domaine de connaissances que le niveau d'exactitude rendu possible par la nature même du domaine étudié. Il n'est pas plus raisonnable*

d'accepter des conclusions subjectives de la part d'un mathématicien que d'exiger une démonstration stricte d'un orateur". La nature du travail d'un analyste financier tombe quelque part entre celle du mathématicien et de l'orateur. Plusieurs fois au cours de l'année 1971, le DJIA a atteint le niveau de 892, le même niveau qu'en 1964 soit celui que nous avions étudié dans notre précédente édition. Pour l'étude suivante nous avons choisi le Standard & Poor's Composite Index (ou S & P 500) qui nous paraît plus représentatif de l'ensemble du marché que le DJIA. Notre cadre historique reprendra les niveaux charnières de fin 1948, 1953, 1958, 1963 et 1968 que nous avions utilisés lors de nos précédentes éditions. Quant aux niveaux courants, nous prendrons 100, chiffre pratique, atteint plusieurs fois par l'indice en 1971 et début 1972. Les statistiques les plus marquantes sont reprises sur le tableau 3-3. Quant aux statistiques de bénéfices, nous reprendrons les données de l'année écoulée et la moyenne des trois dernières années. Pour les dividendes

Tableau 3-3. Données liées au Standard & Poor's Composite Index sur différentes années

Année	1948	1953	1958	1963	1968	1971
Cours de clôture	15.20	24.81	55.21	75.02	103.9	100 d
Bénéfices de l'année	2.24	2.51	2.89	4.02	5.76	5.23
Bénéfices moyens sur 3 ans	1.65	2.44	2.22	3.63	5.37	5.53
Dividendes de l'année	.93	1.48	1.75	2.28	2.99	3.10
Rendement obligations 1 ère catg (a)	2.77%	3.08%	4.12%	4.36%	6.51%	7.58%
Indice des prix de gros	87.9	92.7	100.4	105.0	108.7	114.3
Ratios:						
Prix/bénéfices année précédente	6.3 X	9.9 X	18.4 X	18.6 X	18.0 X	19.2 X
Prix/bénéfices 3 dernières années	9.2 X	10.2 X	17.6 X	20.7 X	19.5 X	18.1 X
Rentabilité moyenne sur 3 ans (c)	10.9%	9.8%	5.8%	4.8%	5.15%	5.53 %
Rendement des dividendes	5.6 %	5.5 %	3.3 %	3.04%	2.87%	3.11%
Rentabilité actions/rentb obligations	3.96 X	3.20 X	1.41 X	1.10 X	.80 X	.72 X
Rendt actions/rentb obligations	2.1 X	1.8 X	.80 X	.70 X	.44 X	.41 X
Bénéfices/val nette d'actif (e)	11.2%	11.8%	12.8%	10.5%	11.5%	11.5%

(a) Rendement des obligations AAA

(b) Années calendaires pour 1948 à 1968 et fin juin pour 1971.

(c) Rentabilité, autrement dit bénéfices divisés par le cours, en %.

(e)Valeur en octobre 1971, équivaut à 900 pour le DJIA.

de 1971 nous utiliserons les chiffres des 12 derniers mois. Enfin pour les taux obligataires et les prix de gros, nous reprendrons les statistiques d'août 1971.

Le price/earning ratio ou multiple du marché, en moyenne sur trois ans, était inférieur en octobre 1971 à ceux de fin 1963 et de fin 1968. Il était proche de celui de 1958 mais bien supérieur à celui des premières années de ce long marché haussier dont les origines remontent à 1949. Cet indicateur important n'explique pas, loin s'en faut, pourquoi nous considérions pourtant le marché comme particulièrement surévalué en janvier 1972.

Mais une fois que les rendements obligataires sont ajoutés à l'équation, on trouve matière à plus de prudence. Le lecteur remarquera à la lecture de ce tableau que le ratio des rentabilités des actions (revenus/cours) sur celles des obligations n'a fait que se détériorer pendant cette période.

Ainsi les données de janvier 1972 sur ce seul critère défavorisent les actions par rapport aux années antérieures. Une fois que les rendements des actions (dividendes/cours) sont comparés à ceux des obligations (coupons/cours), il apparaît que l'avantage comparatif au profit des actions en début de période s'est complètement inversé par la suite. En début de période les actions rapportaient deux fois plus que les obligations, maintenant c'est l'inverse.

Finalement, nous en déduisons que l'amélioration du PER (en moyenne sur trois ans) en 1971 ne suffit pas à rééquilibrer l'équation au profit des actions face à cette dégradation des ratios de rendements comparatifs. Ainsi, nous pensons que le marché boursier de 1972 est comparable à celui d'il y a sept ans : inintéressant pour l'investisseur conservateur. (Cette opinion s'applique à pratiquement tous les niveaux de marché enregistrés en 1971 soit de 800 à 950 points sur le DJIA.)

Si nous replaçons les évolutions de l'année dans une perspective historique, nous dirons que la Bourse nous a donné l'image d'une reprise irrégulière après la baisse profonde de 1969-1970. Dans le passé, de telles reprises ont annoncé de nouvelles avancées dans le cadre de ce marché haussier irréductible qui débuta en 1949. (Cette opinion optimiste était bien sûr dominante à Wall Street en 1971).

Après l'expérience traumatisante vécue par les acquéreurs des titres nouvellement introduits en 1968-1969, le marché de 1971 n'était pas encore prêt à absorber une avalanche de nouvelles introductions. Donc ce signe annonciateur de désastre particulièrement fiable n'était pas présent en 1971 contrairement à novembre 1964 (Dow à 892) lors de notre précédente édition. Les perspectives purement techniques de marché semblent favoriser le scénario rose d'une avancée du DJIA au-dessus des 900 avant retournement. Mais nous sommes mal à l'aise avec ce scénario. Pour nous, le fait que le marché de 1971 dans sa psychologie oublie l'expérience traumatisante vieille de moins d'un an ne contribue qu'à renforcer notre inquiétude. Une telle insouciance ne risque-t-elle pas d'être punie ? Il nous semble que l'investisseur doit se préparer à des temps difficiles qui prendront peut-être la forme d'un "remake" du recul de 1969-1970, ou peut-être celle d'un emballement à la hausse suivi d'un effondrement d'autant plus douloureux (3).

Quel plan d'action choisir ?

Revenez sur ce que nous disions lors de la précédente édition que nous avons reproduit. Notre opinion sur le marché de 1972 est la même que celle que nous exprimions sur celui de 1964 alors que le DJIA était approximativement aux mêmes niveaux (900).

(1) Dow Jones et Standard & Poor's calculent des indices distincts pour les sociétés de production-distribution de gaz et d'électricité et les sociétés de transport (essentiellement les chemins de fer). Depuis 1965, le New York Stock Exchange établit un indice prenant en compte tous les titres ordinaires inscrits sur cette Bourse.

(2) Etude du Centre de Recherche sur les Prix des Titres de l'Université de Chicago financée par la fondation Charles E. Merrill.

(3) Ces lignes ont été rédigées début 1971 avec le DJIA à 940. L'opinion dominante à Wall Street qui allait à l'encontre de la nôtre était parfaitement exprimée par une étude largement diffusée anticipant un DJIA à 1520 avant 1975; ce qui équivalait à quelque chose comme 1200 (après actualisation) à la mi-71. En mars 1972 le Dow était toujours à 940 après avoir chuté à 798 dans l'intervalle.

CHAPITRE 4

POLITIQUE DE GESTION DE PORTEFEUILLE : L'INVESTISSEUR DÉFENSIF

Les caractéristiques de base des portefeuilles d'investissement dépendent tant de la position financière que du tempérament de l'investisseur. À une extrémité du spectre, nous trouvons les compagnies d'assurance-vie et les fonds de gestion défensifs. Il y a tout juste une génération, leurs investissements étaient limités par la loi de plusieurs États à la détention d'obligations de première catégorie et à certaines actions préférentielles. À l'autre extrémité, nous trouvons l'homme d'affaires expérimenté qui s'intéressera à toutes formes de titres obligataires ou de Bourse tant qu'il considérera leurs achats intéressants.

Un vieux principe d'investissement nous dit que ceux qui ne peuvent se permettre de prendre des risques devraient se contenter de recevoir une faible rentabilité sur leurs fonds investis. Il en découle que le taux de rentabilité que l'investisseur devrait rechercher est plus ou moins proportionnel au niveau de risque qu'il est prêt à assumer. Nous ne sommes pas d'accord. Le taux de rentabilité recherché devrait dépendre, plutôt, du niveau et de la qualité des efforts intelligents que l'investisseur est capable de fournir. La rentabilité minimum ira à l'investisseur passif qui recherche à la fois sécurité et tranquillité. La rentabilité maximum sera réalisée par l'investisseur entreprenant qui pourra amener un maximum d'intelligence et d'aptitudes dans ses choix d'investissement. Nous ajoutions en 1965 que : "*Dans bien des cas il y a certainement moins de risque objectif à acheter une bonne occasion offrant l'opportunité de réaliser de beaux profits que de détenir un titre obligataire classique ne rapportant que 4 1/2%.*" Cette affirmation est, me semble-t-il, plus vraie aujourd'hui qu'on ne le pensait alors, tant dans les années qui ont suivi, la hausse des taux d'intérêt a porté un grave préjudice aux titres obligataires de grande qualité.

Le problème crucial de l'allocation correcte entre actions et obligations

Nous avons déjà esquissé brièvement quelle devrait être une saine politique de gestion de portefeuille pour l'investisseur défensif. Il devrait partager ses fonds entre des actions et des obligations de première catégorie.

Nous avons suggéré comme règle générale que l'investisseur ne place jamais moins de 25% ni plus de 75% de ses fonds dans l'une ou l'autre de ces deux formes d'investissement. Il en découle que la combinaison d'équilibre est de 50/50. La seule bonne raison pouvant nous encourager à augmenter la composante actions c'est que la Bourse soit très bon marché à la suite d'un long marché baissier. À l'opposé, une politique saine sera de limiter la composante actions à moins de 50% quand l'investisseur juge que le marché a atteint des niveaux dangereux d'évaluation.

Ces belles maximes sont plus faciles à énoncer qu'à respecter car elles vont à contre-courant de la nature humaine qui est la cause même des excès boursiers. Il y a même un côté contradictoire à suggérer que la politique à suivre pour l'investisseur moyen consiste à alléger la composante actions de son portefeuille quand les marchés avancent au-delà d'un certain niveau, et de la gonfler quand ils retombent sous ces niveaux. En effet c'est bien parce que l'investisseur moyen agit à l'opposé, que l'histoire des Bourses regorge de ces excès dans l'expansion et dans la contraction des cours. À notre avis, ces excès se reproduiront dans l'avenir.

Si la distinction entre opération d'investissement et opération spéculative était aussi claire aujourd'hui qu'hier, nous pourrions assimiler les investisseurs à un groupe d'individus expérimentés et subtils qui vendraient aux spéculateurs insouciants et malchanceux quand les cours auraient atteint des niveaux trop élevés et rachèteraient le papier à des prix dépréciés. Cette façon de voir les choses a pu avoir quelque vérité dans le passé, mais il est difficile d'accorder crédit à ce scénario depuis 1949. Rien n'indique que les comportements attendus de professionnels comme les gérants de fonds de gestion collective se soient accordés à ces principes. Il s'avère par exemple, que le pourcentage des portefeuilles placés en actions par les deux principaux types de fonds d'investissement (fonds équilibré et fonds en actions) ont été très stables au cours des ans. Le principal souci des gestionnaires se limitant, semble-t-il, à ne vendre une ligne de titres que pour la remplacer par une position équivalente sur un titre qu'ils jugeraient plus prometteur.

Si, comme nous l'avons longtemps cru, les marchés boursiers ont perdu contact avec les bornes d'hier et si les nouvelles bornes n'ont pas encore été établies, alors, nous ne pouvons donner à l'investisseur aucune règle fiable pour qu'il décide de son allocation d'actifs. On ne peut que l'exhorter, de manière générale, à ne jamais détenir plus de la moitié de ses fonds en titres de Bourse à moins qu'il ait bâti une conviction profonde quant à la qualité des actions qu'il détient. Une conviction assez solide pour lui permettre de ne pas perdre son sang-froid en cas de mauvaises conditions sur les marchés comme en 1969-1970. Nous n'arrivons pas à comprendre comment un tel niveau de conviction peut exister dans les conditions actuelles (1972). Nous conseillons donc une allocation actions inférieure à 50%. Ceci étant, et pour des raisons complémentaires, il est tout aussi difficile d'encourager une allocation actions nettement inférieure à 50%. Seule exception : que l'investisseur soit suffisamment négatif sur les perspectives de marché, pour être prêt à laisser tomber des gains potentiels importants s'il se trompe. Dans ce cas une allocation de 25% seulement en actions est justifiée.

Tout cela nous mène à reprendre pour la majorité de nos lecteurs la formule qui peut paraître simpliste d'une allocation à 50/50 entre actions et obligations. Dans le cadre d'un tel plan, la règle qui gouvernera les investisseurs sera de préserver autant que possible cette répartition. Si l'évolution de la Bourse entraîne l'augmentation de la part des actions disons à 55%, l'équilibre sera restauré par la vente de 1/11ième du portefeuille d'actions et l'utilisation de ces produits pour l'achat d'obligations. À l'opposé, une chute de la part des actions au-dessous de 45% entraînera la liquidation de 1/11ième du portefeuille obligataire et l'achat correspondant d'actions.

L'Université de Yale a suivi un plan d'investissement proche de celui-ci des années durant depuis 1937, quoiqu'il fût orienté vers une allocation normale d'actions de 35%. Au début des années cinquante, Yale a semble-t-il abandonné cette formule. En 1969, l'Université détenait 61% de son portefeuille en titres boursiers (y compris quelques convertibles). À cette époque les fonds de donation (endowment funds) de 71 institutions de ce type représentaient 7,6 milliards de dollars placés à 60,3% sur les marchés des actions. L'exemple de Yale illustre bien l'effet mortel qu'aura toute avancée puissante des Bourses sur l'approche dite de la formule que nous préconisons. Nous sommes convaincus que notre formule des 50/50 garde pourtant tous ses mérites pour l'investisseur défensif. Elle est extrêmement simple, elle tire l'investisseur dans la bonne direction et elle donne à celui qui la respecte la satisfaction de ne pas être complètement inactif en se réajustant en fonction des nouveaux développements des marchés. Enfin, plus important que tout le reste, elle l'empêchera de trop glisser vers les marchés boursiers au moment où ceux-ci prendront trop de hauteur.

Un investisseur conservateur se montrera satisfait d'enregistrer des plus-values sur la moitié de son portefeuille quand les Bourses monteront. En phase de chute, il se consolera de ses pertes bien maigres par rapport à celles que d'autres, plus imprudents, devront absorber.

Alors que notre allocation à 50/50 est sans doute le programme d'investissement le plus simple à mettre en place, il n'est pas forcément le plus intéressant en termes de résultats obtenus. (Bien sûr, aucune approche, ne peut donner l'assurance de faire mieux que les autres.) Le rendement bien meilleur que nous offrent aujourd'hui les obligations par rapport aux actions, est un fort argument en faveur de la composante obligations. Le choix de l'investisseur entre 50% ou moins en actions dépend en fin de compte de son tempérament et de ses attitudes plus que de tout élément objectif. S'il peut agir de sang froid et pondérer ses chances, il optera sans doute pour une allocation minimale de 25% en actions pour l'instant en attendant de voir revenir le rendement des actions à disons deux tiers de celui des obligations pour remonter à 50% sa composante en actions. Si nous prenons un point de départ de 900$ pour le Dow avec 36$ de dividendes servis, la condition précédente exige soit un reflux des rendements obligataires de 7,5% à 5.5% avec une stabilité des rendements actions, soit une chute du Dow à 660 sans changement des rendements obligataires ni augmentation des dividendes distribués, une combinaison de ces deux scénarios pouvant générer le même point d'achat. Un tel programme n'est pas particulièrement compliqué; le plus dur, c'est de l'adopter et de s'en tenir à ses règles, même si les faits démontrent que moins de prudence aurait été plus payante.

La composante en obligations (1)

Le choix des titres obligataires qui constitueront la composante en obligations se résume à deux questions :

1) doit-on acquérir des obligations dont les revenus sont imposables ou pas ?
2) doit-on opter pour des obligations à maturité longue ou courte ?

La décision fiscale appropriée qui répond à la première question est donnée par des calculs de simple arithmétique permettant à l'investisseur de déterminer le rendement net des obligations en fonction de sa tranche d'imposition. Par exemple en janvier 1972 les obligations industrielles Aa à 20 ans offraient du 7,5% tandis que les obligations municipales (émises par les États et comtés en franchise d'impôt) rapportaient du 5,3%. Dans cet exemple la perte de rendement était de 30% sur les municipales. En conséquence si le taux marginal d'imposition de l'investisseur est supérieur à 30%, il aura intérêt à choisir les municipales et vice versa.

Le choix de la maturité dépend de la réponse que donnera l'investisseur à la question suivante. Veut-il s'assurer contre une baisse des taux et accepter, pour ce faire, un rendement annuel moins élevé et la perte du potentiel de plus-value qui découlerait de l'appréciation du principal si les taux montaient ? Nous répondrons à cette question au chapitre 8 : l'Investisseur et les Fluctuations des Marchés.

Pendant très longtemps, les seuls achats obligataires sensés pour les individus étaient les titres émis par le gouvernement U.S. Leur risque crédit (de non remboursement) était, et est toujours, nul. Ils offraient aussi un meilleur rendement que d'autres investissements obligataires de même qualité. Le détenteur de ces titres pouvait, à tout moment, exercer une option de remboursement anticipé ce qui, entre autres privilèges, les rendait plus intéressants encore.

Ces obligations d'État possèdent aujourd'hui encore certains mérites uniques. Pour celui qui a un capital modeste, disons pas plus de 10,000$ à placer en obligations, nous pensons qu'elles représentent toujours le meilleur choix. Ceux qui ont plus d'argent à placer trouveront d'autres produits plus intéressants.

Faisons la liste de ces produits obligataires et voyons leurs caractéristiques de sécurité (remboursement du capital), de rendement (coupon/prix), de prix, de traitement fiscal et autres caractéristiques de risque.

1. U.S SAVING BONDS, SÉRIES E ET H. Nous allons d'abord résumer leurs clauses d'émission et ensuite résumer les avantages qu'elles offrent aux investisseurs. Les obligations de série H paient des intérêts biannuels comme beaucoup d'autres. Le taux est de 4,29% en année 1 puis 5,10% sur les neuf années suivantes avant maturité. Les intérêts des obligations de série E ne sont pas payés mais capitalisés et remboursés in fine. Ces obligations sont donc vendues à 75% de leur valeur faciale (ou de remboursement) et sont remboursées à 100%, 5 ans et 10 mois après l'achat. Leur taux de rendement actuariel est donc de 5% capitalisé bi-annuellement (autrement dit, les intérêts des 6 derniers mois seront eux-mêmes productifs d'intérêt en fin de chaque semestre). Si elles sont remboursées par anticipation, le taux annuel passe de 4,01% en année 1 à 5,20% sur les 4 ans et 10 mois suivants.

Les intérêts de ces obligations sont soumis à l'impôt fédéral sur le revenu mais sont exempts des impôts d'État. L'impôt dû sur les séries E pourra au choix du détenteur être payé soit annuellement, soit à échéance, soit à la revente de l'obligation.

Les détenteurs des séries E pourront demander leur remboursement à tout moment à leur cours de remboursement courant. Les détenteurs des séries H ont la possibilité d'obtenir leur remboursement à tout moment au pair. Les séries E peuvent être converties en série H avec des avantages fiscaux. Les certificats perdus ou volés peuvent être remplacés sans frais. Les montants des achats annuels sont limités, mais des clauses généreuses de propriété commune entre membres d'une même famille rendent ces limites théoriques. Commentaire, il n'y a pas d'autres investissements combinant :

1) une assurance absolue de paiement du principal et des intérêts,
2) un droit de remboursement permanent,
3) une garantie d'une rentabilité minimum de 5% pour au moins 10 ans.

Le délai de paiement de l'impôt (crédit d'impôt) sur de longues périodes est aussi une caractéristique très intéressante. Nous avons calculé que cette caractéristique améliorait la rentabilité nette de ces produits de 33%. En parallèle, la possibilité d'exiger un remboursement avant maturité permet à l'investisseur de se protéger en cas de hausse des taux contre une baisse de la valeur du principal. Il lui suffit de remplacer les séries anciennement émises par les séries nouvelles plus rémunératrices au même prix grâce à l'option de remboursement anticipé au pair.
À notre avis ces énormes avantages font plus que compenser la perte de rendement servi par rapport à d'autres titres d'État.

2. AUTRES OBLIGATIONS D'ÉTAT FÉDÉRAL. Il y a pléthore de titres du gouvernement U.S offrant un grand choix de taux et de maturités. Tous ont la garantie fédérale quant au versement des intérêts et au remboursement du principal. Ils sont soumis aux impôts fédéraux mais exempts des impôts d'État. Fin 1971, les titres à maturité longue (supérieure à 10 ans) offraient un taux actuariel de 6,09%, les maturités moyennes (3 à 5 ans) du 6,35% et les plus courtes du 6,03%.
En 1970 il était possible d'acquérir des séries anciennes avec un beau rabais sur leur valeur faciale. Certaines étaient pourtant acceptées au pair pour le paiement de certains droits de mutation. Exemple : les séries du Trésor US 3 1/2% dues en 1990 coûtaient 60$ mais étaient échangées à 70$ par le Trésor. Il est intéressant de remarquer que les obligations avec garantie indirecte du gouvernement U.S rapportaient plus que les obligations directes de même maturité. Au moment où nous écrivons ces lignes, il y a une émission de certificats à 7,05% ayant "La garantie du Secrétaire d'État au Transport du Département du Transport des États-Unis d'Amérique." Le taux est de 1% de

plus que sur les obligations directement garanties par l'État U.S. arrivant elles aussi à maturité en 1986. Ces certificats sont en fait émis pour le compte de la Penn Central Transportation Co mais avec la confirmation par l'Attorney General que cette garantie "revient à être une obligation des États-Unis d'Amérique". Un certain nombre d'obligations indirectes comme celle-ci sont pleinement assumées par l'État, toutes ces garanties ont jusqu'à présent été scrupuleusement honorées.

Le lecteur peut rire de ces contorsions impliquant apparemment la garantie personnelle du Secrétaire d'État au Transport mais revenant en définitive à faire supporter ces coûts par le contribuable. La raison de l'émission d'obligations assortie de la garantie indirecte du Trésor, est qu'elles permettent de passer au travers du plafond que le Congrès impose sur la dette de l'État américain. Apparemment, les garanties indirectes du gouvernement U.S ne sont pas assimilées à des dettes, question de sémantique, bien sûr. L'avantage de cette sémantique est peut-être plus fort encore sur les obligations du Département au Logement (Housing Authority) qui jouissent de l'équivalent d'une garantie fédérale, ce qui en fait la seule forme d'obligation non imposable équivalente à une obligation émise par le Trésor U.S.. Un autre type d'émission cautionnée par le gouvernement est la New Community Debenture offerte à un taux de 7,60% en septembre 1971.

3. OBLIGATIONS DES ÉTATS DE L'UNION ET OBLIGATIONS MUNICIPALES. Les obligations municipales sont exemptes de l'impôt fédéral sur les revenus. Elles sont aussi exemptes des impôts sur le revenu dans leurs États d'émission (donc un résident Californien a tout intérêt à acheter des obligations municipales de l'État de Californie plutôt que de l'État de New York). Ce sont soit des obligations émises directement par l'un des cinquante États soit par certains de leurs départements, soit enfin des obligations qui reposent sur des concessions d'exploitation comme un pont à péage par exemple. Toutes ses obligations n'offrent pas suffisamment de protection pour être acquises sans discernement par l'investisseur défensif. On peut vérifier la qualité de leurs signatures auprès d'un service d'évaluation de crédit (crédit rating) comme Moody's ou Standard & Poor's. Chacun des trois meilleurs niveaux de qualité Aaa (AAA), Aa (AA), ou A devrait impliquer une protection suffisante contre tout risque de défaut. Les taux servis sur ces

obligations seront fonction, à la fois, de la qualité de l'émission et de sa maturité; les maturités les plus courtes servant les taux les moins élevés. En fin 1971 les titres qui composaient l'indice Standard & Poor's des Obligations de qualité AA à 20 ans servaient un taux de 5,78%.

4. LES OBLIGATIONS INDUSTRIELLES. Ces obligations sont assujetties à la fois aux taxes fédérales et à celles des États. Fin 1972, les émissions de meilleure qualité avaient un taux de 7,19% pour une maturité de 25 ans, d'après l'indice Moody's des Obligations Industrielles Aaa. Les émissions de niveau Baa offraient du 8,23% sur 25 ans. Dans chaque classe de qualité, la rentabilité tombait avec la maturité.

Commentaires. Le résumé précédent montre que l'investisseur moyen a un grand choix d'obligations dites de qualité ou de première catégorie à sa disposition. Ceux qui sont fortement imposés ont intérêt à s'orienter vers des émissions non imposables. Quant aux autres, la fourchette des taux offerts début 1972 va de 5% sur les U.S Saving Bonds avec leurs caractéristiques très intéressantes à 7 1/2% pour les obligations d'entreprises de première catégorie (triple A).

INVESTISSEMENTS OBLIGATAIRES À TAUX ÉLEVÉS

L'investisseur qui est prêt à sacrifier la qualité peut en échange obtenir des produits plus rémunérateurs. Une longue expérience nous permet de dire que l'investisseur privé est souvent mieux avisé de se tenir à l'écart de ces obligations à taux élevés, bien qu'en agrégat, elles puissent générer une meilleure rentabilité que les titres de première qualité car elles exposent leurs détenteurs à trop de risques en cas de malchance. Ce risque peut aller de la baisse de leurs valeurs en Bourse au non remboursement (défaut) pur et simple. Il est vrai que parmi ces émissions de faible qualité il y a de bonnes occasions mais les déceler et les exploiter exige beaucoup de travail et de compétence (2).

Peut-être pouvons-nous ajouter que les limitations imposées par le Congrès quant à l'émission directe d'obligations par le gouvernement U.S ont donné naissance à au moins deux types d'opportunités exploitables par l'investisseur. L'une a déjà été donnée, ce sont les obligations du Département du Logement

("New Housing" issues), et l'autre est un produit nouvellement créé les "New Community debentures". L'émission de titres du "New Housing" de juillet 1971 a été placée à un taux de 5,8% net d'impôts fédéraux et locaux alors que les "New Community debentures" vendues en septembre 1971 rapportaient du 7,60% avant impôt. Chacune de ces émissions jouit du plein crédit du gouvernement U.S et elles servent un bien meilleur rapport que les Obligations Fédérales classiques.

COMPTES D'ÉPARGNE RÉMUNÉRÉS AU LIEU D'OBLIGATIONS

Un investisseur peut aujourd'hui toucher autant d'intérêts sur un compte rémunéré dans une banque commerciale (ou un certificat de dépôt bancaire) que sur une obligation de première catégorie et de maturité courte. Les taux servis sur ces comptes pourront baisser dans l'avenir mais pour l'instant ils offrent des alternatives tout à fait valables à des investissements en obligations courtes.

LES TITRES CONVERTIBLES

On les étudiera au chapitre 16. La volatilité des prix des obligations sera étudiée au chapitre 8.

LES PROVISIONS DE REMBOURSEMENT ANTICIPÉ

Dans le plus courant des cas, les obligations sont dotées d'une clause de remboursement anticipé sur décision de l'émetteur. En général ces remboursements se font moyennant une prime dérisoire au-dessus du pair : environ 5%. Cela revient à dire qu'en période de forte volatilité des taux, l'investisseur doit assumer le risque de mouvements lui étant défavorables (hausse des taux) tout en étant privé (moyennant une maigre compensation) des mouvements lui étant favorables (baisse des taux).
EXEMPLE : prenons l'exemple typique de l'obligation American Gaz & Electric à 5% et 100 ans de maturité, vendue aux investisseurs à 100$ (3) en 1928. Quatre ans après, pendant la panique de la grande dépression, les prix avaient chuté à 62,5$ et le rendement atteignait 8%. En 1946, renversement

complet de la situation, les taux s'effondrent à 3% ce qui nous donne un prix théorique de cette obligation à 160$. Théorique car la société émettrice profitant des provisions de remboursement anticipé retira le papier à 106$. La provision de rachat sur ces titres revenait à un pile ou face inégal du type pile je gagne, face tu perds. En fin de compte, les institutions financières se chargeant du placement de ces titres ont dénoncé cet accord injuste. Ces dernières années, la majorité des émissions de maturité longue et servant un coupon élevé sont protégées contre tout remboursement anticipé dans les dix premières années après la date d'émission. Cette protection limite quand même leur potentiel de hausse mais de façon un peu plus équitable.

Dans la pratique, notre conseil est que l'investisseur a intérêt à sacrifier un peu sur le rendement pour obtenir l'assurance de n'avoir pas de provision de remboursement anticipé, disons, sur les 20 à 25 premières années. De même, il aura avantage à acheter une obligation à coupon faible vendue à discount plutôt qu'une obligation à coupon élevé s'échangeant près du pair mais remboursable sur décision de l'émetteur quelques années plus tard. En effet le discount (ex : obligation servant un coupon de 3 1/2% sur pair vendue à 63 1/2 pour un rendement de 7,85%) dissuadera l'émetteur d'exercer son option de remboursement anticipé.

Actions préférentielles ordinaires (non convertibles) (4)

Ce sujet exige, avant d'aller plus loin, une discussion d'ordre général. Des actions préférentielles de qualité peuvent être trouvées mais ce sera malgré, dirons-nous, leurs défauts de conception. Le détenteur de tels titres est à la merci de la volonté ou du pouvoir de l'entreprise de payer des dividendes sur ses actions simples. Car, une fois les versements des dividendes sur actions simples suspendus, ou tout simplement risquant de l'être, le détenteur d'actions préférentielles est dans une situation inconfortable. Dans ce cas, en effet, l'entreprise émettrice n'a plus aucune obligation à lui verser des dividendes. À l'opposé, si tout se passe bien, l'action préférentielle n'a aucun droit sur le partage des bénéfices au-delà du taux fixé à l'émission. Par conséquent, le détenteur d'actions préférentielles n'a ni la protection du créancier (le détenteur d'obligations classiques) ni les opportunités de profits de l'actionnaire.

L'investisseur en actions préférentielles est confronté à ces problèmes de protection des dividendes de façon récurrente : en général à l'arrivée des récessions. Seules les plus solides de ces émissions préférentielles garderont la qualité d'investissement face à l'adversité. L'expérience nous montre que le meilleur moment pour acheter de tels titres, c'est justement quand leurs prix sont injustement attaqués en période de troubles économiques. Dans ce cas elles peuvent offrir de belles opportunités aux investisseurs agressifs mais pas aux investisseurs défensifs.

En d'autres mots, elles ne devraient être achetées que lorsqu'elles deviennent de bonnes occasions en termes de prix. On reparlera par la suite des convertibles et d'autres titres privilégiés dont les caractéristiques particulières pourront représenter certaines opportunités de profits. Elle ne sont pas adéquates pour être intégrées dans des portefeuilles défensifs.

Un autre trait afférant à ces titres mérite notre attention. Ils ont un traitement fiscal plus intéressant pour les sociétés que pour les personnes privées. Si les entreprises ne paient l'impôt que sur 15% des revenus perçus en dividendes préférentiels, elles sont imposables, par contre, sur l'ensemble de leurs produits financiers ordinaires. Étant donné que l'impôt sur les bénéfices des entreprises est de 48%, cela revient à dire que 100 dollars de dividendes perçus sur ces titres donneront lieu à un impôt minimal de 7,20$ alors que 100 dollars de coupons reçus sur des obligations classiques seront taxés au taux normal de 48$. Par contre les personnes physiques n'auront pas droit à ce traitement préférentiel, par conséquent les préférentiels non convertibles ne devraient intéresser que les sociétés.

Les différentes formes de titres

Les obligations et les actions préférentielles sont des instruments financiers relativement simples et aux caractéristiques comprises par tous. Un détenteur d'obligations a le droit de recevoir intérêts et remboursement du principal à des échéances connues d'avance. Le détenteur d'actions préférentielles a droit à un dividende fixe, rien de plus, dividende qui doit être payé avant tout versement aux détenteurs d'actions simples. Le principal ne lui est pas remboursé à une date déterminée à l'avance. Suivant les clauses spécifiques à

chaque émission, les dividendes pourront être cumulatifs ou pas, il pourra avoir un droit de vote ou pas.
Voilà pour les provisions classiques attachées à ces titres, ceci étant, les exceptions sont légions. Il y a l'exemple des obligations à revenus (income bonds). Pour ce produit, les intérêts ne seront versés à leurs détenteurs que si les bénéfices de l'entreprise le permettent. En cas de non paiement sur un ou plusieurs exercices ils devront être payés par prélèvement sur les bénéfices futurs (la période de cumul étant souvent limitée à trois exercices).
Les entreprises hésitent, à tort d'après nous, à émettre de tels produits à cause, essentiellement, d'une expérience passée malheureuse. Ces obligations à revenus ont été émises en grand nombre pour financer la réorganisation des chemins de fer U.S et donc, ont été associées dès leur origine aux déconvenues de ce secteur. Ces produits ont pourtant dans leur forme de nombreux avantages par rapport aux actions préférentielles convertibles. D'abord les intérêts versés sont déductibles des revenus imposables de l'entreprise, ce qui en pratique, baisse leurs coûts de moitié. Quant à l'investisseur il a tout intérêt à se porter vers ces income bonds qui :

1) lui fournissent un droit inconditionnel de recevoir ses intérêts s'ils sont effectivement gagnés par l'entreprise,
2) lui ouvrent d'autres formes de recours que la mise en règlement judiciaire dans le cas d'un non versement de ces intérêts.

Les clauses sur ce type de produit peuvent être découpées dans l'intérêt mutuel des parties. (On peut prévoir d'y associer des privilèges de conversion). L'acceptation par tout le monde de produits défectueux dans leur conception (comme des actions préférentielles) et le rejet de produits intéressants (comme les obligations à revenus) est un exemple de la pesanteur des habitudes qui existent à Wall Street. À chaque vague d'optimisme ou de pessimisme, chacun est prêt à oublier les leçons du passé, par contre chacun s'accroche par habitude à de mauvais produits malgré le préjudice porté à tous.

(1) NDE : ce chapitre décrit les différentes catégories de titres obligataires offerts à l'investisseur américain du début des années soixante-dix. Bien qu'il ne soit pas d'actualité ni indispensable à la compréhension des

chapitres suivants, nous avons jugé bon de le conserver car la méthodologie d'analyse expliquée par Benjamin Graham est à la fois universelle et de toutes les époques.

(2) NDE : ce papier est maintenant connu sous le nom de junk-bond et les risques de défaut ont été amplement commentés par la presse financière à la suite de la faillite de Drexel Burnham Lambert et de l'effondrement des marchés secondaires de junk-bonds en 1990, ainsi que de la disparition du marché primaire.

(3) NDE : aux États-Unis comme en France, les obligations sont cotées en pourcentage ce qui rend les comparaisons plus faciles. Elles sont en général émises à un prix proche du pair et remboursées au pair.

(4) NDE : ces titres se rapprochent dans leurs caractéristiques des Actions à Dividende Prioritaire.

CHAPITRE 5

L'INVESTISSEUR DÉFENSIF ET LES ACTIONS SIMPLES

Les mérites des actions simples

Dans notre première édition, nous avions jugé nécessaire d'exposer pourquoi nous estimions indispensable de posséder une part non négligeable du capital investi en actions dans tout portefeuille bien équilibré. L'opinion la plus répandue était alors de considérer les actions simples comme une forme d'investissement très spéculative et donc risquée : n'avaient-elles pas fortement baissé depuis leurs hauts de 1946 ? Cette chute, au lieu d'encourager les investisseurs à se reporter sur ces produits dès lors dépréciés avait eu l'effet inverse. Nous ne reviendrons pas sur le scénario opposé qui s'est déroulé sur les vingt années suivantes et qui a aboutit à faire croire à l'investisseur que les actions étaient des produits sûrs et rémunérateurs au moment où les indices boursiers étaient à leur plus haut.

Notre raisonnement de 1949, qui encourageait l'achat d'actions, reposait sur deux appréciations. La première insistait sur la protection contre une dépréciation du pouvoir d'achat qu'offraient les actions à l'opposé des obligations. Le deuxième avantage des actions découle de leur plus forte rentabilité historique. La meilleure rémunération des actions était due à leurs rendements (dividendes versés) supérieurs aux rendements (coupon) offerts

par des obligations de première qualité et à la tendance historique à voir leurs valeurs augmenter grâce au réinvestissement des bénéfices non distribués.
Bien que ces deux avantages soient déterminants, et qu'ils aient permis aux actions d'enregistrer de meilleures performances historiques que les obligations, nous n'avons pas manqué d'avertir l'investisseur combien ces avantages devenaient dérisoires s'il payait trop cher ses titres. C'était bien le cas en 1929, il fallut vingt-cinq ans à la Bourse pour remonter de l'abîme dans lequel elle s'était enfoncée entre 1929 et 1932. Depuis 1957, les actions ont une fois de plus, à cause de leurs cours élevés, perdu beaucoup de leurs avantages comparatifs. Reste à savoir si les répercussions de l'inflation et de la croissance économique pourront balancer dans les prochaines années leurs handicaps actuels.
Le lecteur comprendra que nous n'avons aucun enthousiasme particulier pour les actions à leurs cours actuels (900 sur le Dow en fin 1971). Cependant, pour les raisons déjà invoquées, nous pensons que l'investisseur défensif ne peut se passer d'en détenir car elles représentent un moindre mal face à l'autre option consistant à n'investir que sur des obligations.

Règles à respecter pour choisir sa composante actions

La sélection du portefeuille titres de l'investisseur défensif devrait être relativement aisée. Nous vous suggérons ici cinq règles à suivre :

1. Il faut avoir une bonne diversification sans tomber dans l'excès. En clair, nous conseillons la détention de 10 à 30 lignes maximum.

2. Tous les titres sélectionnés devraient appartenir à de "grandes entreprises prééminentes et financées prudemment". Aussi imprécis que puissent paraître ces adjectifs, leur sens général est facile à comprendre. Nous y reviendrons à la fin de ce chapitre.

3. Chaque société sélectionnée devrait avoir un historique de paiement continu de dividendes. Tous les titres composant le Dow Jones Industrial Average se seraient qualifiés sur ce critère fin 1971. Pour être plus précis, nous rechercherons nos titres parmi les sociétés ayant versé tous les ans des dividendes à leurs actionnaires depuis au moins 1950.

4. L'investisseur devrait se fixer un prix maximum pour ses titres. Cette limite est calculée en fonction des revenus annuels moyens enregistrés sur disons les sept dernières années. Nous proposons une limite à 25 fois ces revenus moyens, et pas plus de 20 fois les revenus des 12 derniers mois. Malheureusement, une restriction aussi contraignante élimine quasiment toutes les entreprises les plus populaires de notre portefeuille. Les valeurs de croissance, qui ont été les favorites des spéculateurs et des institutionnels ces dernières années, seront par exemple systématiquement exclues. Nous allons vous expliquer les raisons de ce choix qui peut paraître excessif.

Les valeurs de croissance et l'investisseur défensif

Le terme de valeur de croissance est utilisé pour le titre ayant un taux de croissance historique (et prévisionnel) des bénéfices bien supérieur à celui du marché. Certains prétendent qu'une vraie valeur de croissance devrait, au moins, voir doubler ses bénéfices par action tous les dix ans, autrement dit les voir augmenter à un taux composé supérieur à 7,1% l'an. À l'évidence de telles perles rares sont désirables, à condition que leurs prix ne soient pas excessifs. Et c'est là que se repose le problème puisque nous savons d'expérience que les valeurs de croissance ne peuvent être acquises qu'à des prix très élevés par rapport à leurs revenus courants. Autrement dit, à un multiple (de leurs bénéfices moyens passés) très élevé. Cette caractéristique introduit un fort élément de spéculation dans la détention de tels titres rendant les possibilités de gains très aléatoires.

Une valeur de croissance exemplaire a été pendant très longtemps IBM. Le titre rapporta des profits phénoménaux à tous ceux qui l'ont détenu depuis longtemps. Mais nous avons déjà dit que le plus beau titre de la cote a pourtant perdu 50% de sa valeur pendant la chute des marchés de 1962-63 et pratiquement autant en 1969-70. De nombreuses autres valeurs de croissance se sont montrées bien plus vulnérables encore aux mauvais comportements des marchés. Dans certains cas, non seulement leurs cours se sont effondrés, mais également leurs revenus, provoquant ainsi d'autant plus de peine à leurs détenteurs. Un cas d'école est Texas Instruments qui en six ans explosa de 5 à 256 dollars, sans payer aucun dividende, alors que les bénéfices par action passaient de 40 cents à 2,56 dollars. Vous remarquerez que les cours se sont appréciés cinq fois plus vite que les bénéfices et c'est là une caractéristique commune à toutes les valeurs de croissance en vogue. Malheureusement il ne fallut pas deux ans pour que les revenus baissent de 50%, et que les cours perdent les quatre cinquièmes de leur valeur pour redescendre à 49$.

À la lecture de tels exemples, chacun comprend pourquoi nous considérons les valeurs de croissance comme des véhicules d'investissement inadéquats pour l'investisseur défensif. Bien sûr, une bonne sélection et un bon timing peuvent accomplir des miracles. Pour l'investisseur moyen, de tels espoirs ne sont pas plus réalistes que de s'attendre à voir pousser de l'argent sur les branches des arbres. Par contre, nous sommes convaincus que les grandes entreprises délaissées par les masses et acquises à des multiples modérés offrent un bien meilleur potentiel pour le grand public. Nous reviendrons sur ce concept dans notre chapitre consacré à la sélection du portefeuille.

Les changements dans la composition des portefeuilles

La pratique établie consiste à réévaluer périodiquement son portefeuille afin de voir comment en améliorer la qualité. C'est à cela que servent les conseillers en investissements. La majorité des maisons de titres sont prêtes à fournir à l'investisseur des suggestions d'achats ou de ventes car elles escomptent en retirer des commissions de courtage (certaines, cependant, préfèrent facturer leurs conseils).

En conséquence, tout investisseur défensif devrait recevoir, au moins une fois par an, le même niveau de conseil pour l'ajustement de son portefeuille que celui qu'il reçut à sa création. Étant donné qu'il ne sera pas doté d'un niveau d'expertise suffisant pour faire seul ses choix, il est essentiel qu'il n'accorde sa confiance qu'aux établissements financiers ayant la meilleure réputation. Autrement, il risque fort de tomber entre des mains incompétentes ou sans scrupule. Dans tous les cas de figure, il est déterminant qu'il fasse savoir à son conseiller qu'il désire adhérer scrupuleusement aux quatre règles de sélection que nous avons énoncées. À ce propos, si la première sélection a été correctement menée, il ne sera pas utile de faire des changements fréquents et importants.

Le plan d'investissement par mensualités constantes (Dollar-Cost Averaging)

Le New York Stock Exchange a tenté avec force moyens de populariser les plans d'achats mensuels consistant à encourager l'investisseur à acheter le même montant de titres tous les mois (sur une ou plusieurs valeurs). C'est une application particulière de ce que nous appelons un plan d'investissement par la formule connue sous le nom de *dollar-cost averaging.* En périodes de hausse des Bourses, comme celle que nous avons connue depuis 1949, c'est un procédé d'investissement particulièrement satisfaisant. Cela tient au fait que l'investisseur est ainsi empêché de concentrer ses achats sur les périodes de surévaluation.

Dans l'ouvrage que Lucile Tomlinson consacre aux plans d'investissement suivant une formule (1), est présenté l'ensemble des rentabilités enregistrées par les investisseurs ayant investi exclusivement sur les valeurs du Dow. Elle testa 23 périodes mobiles de 10 ans chacune débutant entre 1929 et 1952. Pour chacune de ces périodes l'investisseur aurait toujours dégagé des plus-values soit à la clôture de la période, soit au plus tard cinq années après le versement de la dernière mensualité. La plus-value moyenne sur ces 23 périodes aurait été de 21,5% sans tenir compte des dividendes distribués. Il est inutile de préciser qu'à certaines époques, des pertes papier substantielles auraient été enregistrées. Miss Tomlinson conclut son étude par cette phrase surprenante : "Personne n'a découvert, à ce jour, d'autres formules d'investissement qui puissent être utilisées avec autant de confiance, et ce, quelle que soit l'évolution des Bourses, qu'un plan à mensualités constantes".

Nous pouvons objecter que le plan d'investissement par mensualités constantes, bien que sain dans ses principes, est dans la pratique peu réaliste car rares sont les gens dont la situation financière permet d'investir le même montant mois après mois pendant vingt années. Cette objection a perdu de sa force ces dernières années. En effet les actions sont de plus en plus acceptées comme une composante indispensable à tout plan d'épargne équilibré. Ainsi l'achat systématique et uniforme d'actions ne représente pas plus de difficultés, tant financières que psychologiques que, dirons-nous, des achats d'obligations d'État ou des versements correspondants sur un plan d'assurance-vie. Toutes ces formules d'investissement sont au demeurant, plus complémentaires que mutuellement exclusives. Les montants des versements mensuels peuvent d'ailleurs être modérés et pourtant représenter, au bout de vingt ans, un capital non négligeable pour l'épargnant.

La situation personnelle de l'investisseur

Au début de ce chapitre, nous avons fait allusion à la situation personnelle de l'investisseur. Revenons-y un instant à la lumière des considérations suivantes. Jusqu'à quel point la nature du portefeuille détenu par l'investisseur devrait varier en fonction des circonstances et de considérations individuelles ? Pour répondre à cette question nous prendrons différents exemples concrets représentant des situations fort différentes. Nous aurons :

1) une veuve héritant d'un capital de 200.000$ (1 million de francs) sur lequel elle doit vivre;
2) un médecin établi ayant une épargne disponible de 100.000$ (500.000 francs) et une capacité d'épargne annuelle de 10.000$,
3) un jeune homme gagnant 200$ par semaine et économisant 1.000$ chaque année.

Pour la veuve, le problème est de devoir vivre sur les revenus de son capital, ce qui n'est pas évident. Qui plus est, elle ne peut se permettre de prendre des risques. La division équitable de ses fonds, entre des obligations d'État et des actions de première qualité, est un compromis entre ces objectifs et reprend nos principes gouvernant l'investissement défensif. La composante en actions peut être portée à 75% si cette dernière est préparée psychologiquement à accepter un risque supérieur, et si elle est pratiquement sûre de ne pas acheter le marché à des prix trop élevés. Nous n'excluons pas la possibilité qu'une veuve puisse être qualifiée d'investisseur entreprenant, auquel cas ses objectifs et ses méthodes seront différentes. La seule chose qu'elle évitera de faire sera de prendre des risques spéculatifs pour gagner des revenus supplémentaires. Nous voulons dire par là : tenter la plus-value ou le revenu supérieur sans avoir le bagage indispensable pour garantir le succès final. Mieux vaut consommer chaque année, pour joindre les deux bouts, 2,000$ prélevés sur son capital plutôt que de risquer la moitié de ce capital sur des projets aventureux.

Le médecin prospère n'a pas de telles exigences, et pourtant nous pensons que les choix qui lui sont offerts sont pratiquement les mêmes. A-t-il envie de s'investir personnellement dans la gestion de ses actifs financiers ? S'il manque de flair ou de motivation alors, il vaut mieux qu'il revête lui aussi l'habit de l'investisseur défensif. La ventilation de son portefeuille devrait alors être proche de celle de la veuve typique, avec la même marge personnelle, pour fixer le montant de sa composante en actions. Le placement de ses revenus devrait avoir la même répartition que ses fonds d'épargne. Le médecin typique sera plus enclin que la veuve à choisir de devenir un investisseur entreprenant, et peut-être est-il aussi mieux doté pour réussir dans cette tâche. Il a pourtant un fort handicap : une moins grande disponibilité de temps à consacrer à son éducation et à l'administration de ses fonds. Le fait est que dans le passé les professionnels de la médecine ont été, en général, de biens piètres investisseurs. La raison tient à ce qu'ils accordent trop de crédit à leur propre valeur et qu'ils désirent trop ardemment gagner de I'argent. Ils ne réalisent pas que pour réussir dans l'investissement, il faut y consacrer énormément de temps ainsi que bien maîtriser l'approche des professionnels (savoir comment évaluer la valeur intrinsèque des biens financiers).

Enfin, le jeune homme qui réussit à économiser 1.000$ par an et escompte faire mieux les années suivantes, se retrouve confronté aux mêmes choix que nos groupes précédents, mais pour des raisons là encore différentes. Une partie de son épargne sera directement placée sur des obligations d'État de série E. Le solde sera alors trop insignifiant pour justifier le temps nécessaire pour développer chez lui la compétence et la discipline mentale nécessaires à faire de lui un investisseur agressif. Ainsi le recours à notre programme standard pour le jeune homme défensif est le choix le plus logique. Il ne faut pourtant pas sous-estimer la nature humaine. La finance exerce une grande fascination sur de nombreux jeunes gens brillants. Ils seront naturellement enclins à rechercher des placements qui soient à la fois intelligents et agressifs même si les revenus qu'ils peuvent espérer dégager sont bien moins importants que leurs salaires. Et, après tout, cette attitude est positive car le jeune capitaliste tirera d'énormes avantages à commencer tôt son éducation et son expérience financière. S'il choisit de fonctionner comme un investisseur entreprenant, il peut être assuré de faire des fautes qui lui coûteront de l'argent. La jeunesse peut absorber de tels échecs et en tirer profit. Nous ne

pouvons que pousser le néophyte à ne pas perdre son énergie et son argent en tentant de faire mieux que le marché. Qu'il tâche d'étudier les méthodes d'évaluation de titres et ensuite qu'il teste donc son jugement (sur le différentiel prix-valeur) à moindre coût.
Voilà, la boucle est bouclée et nous pouvons reprendre l'affirmation du début de ce chapitre. Nous prétendions que la nature des titres à acheter et la rentabilité escomptée devaient non pas dépendre des ressources financières de l'investisseur, mais de son bagage intellectuel en termes de savoir, d'expérience et de tempérament.

Une remarque sur le concept de risque

II est maintenant dans les mœurs de considérer les obligations de qualité comme moins risquées que les actions préférentielles, elles-mêmes jugées moins risquées que les actions simples. De là provient le préjugé des gens envers les actions qu'ils qualifient de peu sûres d'après le sondage fait en 1948 par la Banque de Réserve Fédérale. Nous aimerions préciser que les termes de risque et de sécurité sont appliqués pour des titres dans deux sens très différents, ce qui ajoute à la confusion du sujet.
On considère qu'une obligation n'est pas sûre car l'émetteur risque de ne plus pouvoir, soit payer les intérêts, soit rembourser le principal. De même pour une action préférentielle, voire pour une action simple acquise dans le but de recevoir un certain rendement dividende, le danger résultera du risque de réduction ou d'omission des versements de dividendes. Une autre signification du terme de risque a trait à la possibilité d'être contraint de vendre un titre à un moment où son prix sera inférieur à son prix d'achat.
Cette dernière définition est souvent élargie à toute baisse possible de la valeur cotée des titres. Cela même si cette baisse est de nature cyclique et temporaire et que le détenteur n'est pas acculé à la vente. Ces accidents sont inhérents à la détention de toutes valeurs mobilières. Ils sont plus courants sur les actions que sur les obligations. Nous pensons pourtant que ce qui est impliqué ici n'est pas un vrai risque dans le sens qui nous intéresse. Celui qui a un crédit hypothécaire sur un immeuble aurait peut-être à subir des pertes s'il était acculé à vendre cet immeuble à un mauvais moment. Ceci étant, cet élément de risque n'est pas pris en compte dans l'analyse des risques ou de la sécurité

des titres hypothécaires (real estate mortgage) en sa possession. Le seul critère retenu est la sécurité de recevoir les remboursements (intérêt et principal) au moment où ils doivent l'être. De même, le risque normal afférent à une affaire quelconque, est celui de perdre de l'argent dans le cours de son exploitation normale, et non de perdre de l'argent en cas de vente forcée.

Nous exposerons au chapitre 8 notre conviction qu'un investisseur de bonne foi ne perd pas de l'argent pour la simple raison que la valeur cotée de ses placements baisse. Par extension, le fait qu'une baisse puisse arriver ne signifie pas qu'il encoure un véritable risque de perte. Si un groupe d'actions simples convenablement sélectionné rapporte annuellement suffisamment (en termes de rentabilité mesurée sur un certain nombre d'années), alors il sera prouvé que cet investissement de groupe est sûr. Au cours des ans sa valeur de marché va forcément fluctuer. Il se peut même que ses cours courants passent au-dessous des cours d'achat. Si cette seule caractéristique rend un investissement risqué alors, par extension, tout investissement est à la fois risqué et sûr. Nous parviendrons à éviter cette confusion si nous utilisons le concept de risque en cas de perte de valeur, que cette perte de valeur soit dérivée d'une vente effective sur le marché, qu'elle provienne d'une détérioration des activités de l'entreprise ou, ce qui est plus probable, qu'elle résulte d'un achat à un prix excessif par rapport à la valeur intrinsèque de l'entreprise (2).

De nombreuses actions ordinaires portent en elles le risque de telles détériorations. Mais la thèse que nous défendons, c'est qu'un investissement correctement exécuté dans un groupe d'actions n'a pas énormément de risque, pas suffisamment en tout cas pour qualifier l'investissement de risqué par le simple fait que les cours sont amenés à fluctuer. Mais un tel risque existera bel et bien si le prix payé paraît démesurément élevé par rapport aux normes objectives de valeur.

Remarque concernant la catégorie des "grandes entreprises, prééminentes et financées prudemment"

La phrase entre guillemets de notre entête est celle que nous avons utilisée au début du chapitre pour qualifier le type d'actions sur lesquelles l'investisseur défensif devrait concentrer ses achats. À condition toutefois, que de telles entreprises aient versé de façon continue des dividendes à leurs actionnaires des années durant. Tout critère qualifié par des adjectifs est ambigu. Où placer la ligne de démarcation des critères tels que "grandes", "prééminentes" et "financées prudemment" ? Sur le dernier point, nous pouvons suggérer une mesure précise qui, quoique arbitraire, est partagée par la communauté des analystes financiers. Le financement des entreprises est considéré comme conservateur ou sain si l'actif net réévalué (après déduction des dettes) vaut au moins la moitié de la capitalisation boursière de l'entreprise (3). (Pour les chemins de fer ou les sociétés de production d'électricité, ce ratio est ramené à 30% au moins.)

Les qualificatifs de "grandes" et "prééminentes" sont associés à la taille absolue de l'entreprise et à sa position relative de leader dans un secteur donné. De telles sociétés sont souvent dites de première catégorie. Tous les autres titres, à l'exception peut-être des valeurs de croissance représentant une catégorie à part, seront classés comme des valeurs secondaires ou de deuxième catégorie. Pour ajouter un élément plus concret, nous pouvons suggérer qu'en 1971, une grande entreprise devait avoir des actifs supérieurs ou égaux à 50 millions de dollars (et idem pour son chiffre d'affaires) (4). De même pour être qualifiée de "prééminente" elle devait se classer dans le premier tiers ou le premier quart des valeurs du secteur en termes de parts de marché.

Il ne faut pas pour autant accorder trop d'importance à des critères si arbitraires. Ils ne sont que des guides pour ceux qui en ont besoin. Toute règle personnelle fixée par l'investisseur et qui n'est pas en contradiction avec la signification normalement donnée à "grande" et à "prééminente" sera acceptable. En conséquence, la subjectivité de chacun fera qu'un grand nombre de titres seront qualifiés d'investissement défensif pour les uns et rejetés comme spéculatifs pour les autres. Cette diversité d'opinions n'est pas gênante. C'est même salutaire pour le marché car elle permet une transition ou différenciation graduelle entre les catégories de titres dits primaires (ou de première catégorie) et secondaires (ou de deuxième catégorie).

(1) "Formules Utiles Pour Réussir en Investissement", Wilfred Funk, 1953.

(2) Les approches mathématiques courantes ramènent la notion standard du risque pour un investissement à une mesure des variations moyennes de prix ou une mesure de "volatilité". C'est ce que fait, par exemple, Richard A.Brearley dans "Une Introduction au Risque et à la Rentabilité", M.I.T Press, 1969. Pour nous, une

telle utilisation du terme de “risque” fait plus de mal que de bien en matière d'aide à la décision boursière. En effet, ces définitions donnent trop d'importance aux fluctuations de marché.

(3) Toutes les valeurs du Dow Jones satisfaisaient ces exigences en 1971. NDE : en juin 1991, alors que le “price to book” du Dow est supérieur à 2, ces conditions ne sont plus vérifiées que sur une minorité de titres.

(4) NDE : 250 millions de dollars 91.

CHAPITRE 6

POLITIQUE DE GESTION DE PORTEFEUILLE POUR L'INVESTISSEUR ENTREPRENANT : LA MAUVAISE APPROCHE

L'investisseur agressif devrait commencer comme l'investisseur défensif par répartir ses fonds entre actions et obligations de première catégorie acquises à des prix raisonnables. Il devrait aussi être prêt à se brancher sur des investissements moins conservateurs, ceci étant, ces écarts ne sauraient être basés que sur un raisonnement approfondi. Il est impossible d'exposer ce sujet de façon ordonnée car il n'existe pas d'unité ni d'homogénéité entre les différentes formes d'opérations agressives possibles. Le champ d'étude est vaste : la sélection ne reposant pas uniquement sur le bagage ou la compétence individuelle mais aussi sur les préférences et les intérêts de chacun.

Les généralisations les plus utiles à ce sujet pour l'investisseur entreprenant sont basées sur l'exclusion. Qu'il laisse par exemple aux trésoriers d'entreprises les actions préférentielles de premières catégories. Qu'il évite aussi les catégories obligataires inférieures et les actions préférentielles à moins de pouvoir toucher ces produits à des niveaux où ils deviennent de bonnes occasions. C'est-à-dire d'ordinaire à des prix au moins 30% au-dessous du pair pour les obligations à fort coupon, et encore plus bas pour le papier à coupon réduit. Il laissera à d'autres le soin d'investir sur des émissions étrangères quand bien même leur rendement actuariel pourrait paraître intéressant. Il prendra garde aussi aux émissions nouvelles, aux obligations convertibles et préférentielles ayant l'air intéressantes ainsi qu'aux titres d'entreprises aux bénéfices courants prometteurs (mais non confirmés par un historique long).

Pour un investissement obligataire de type classique, l'investisseur agressif devrait suivre le processus de prise de décision conseillé à son alter ego, l'homme prudent. Autrement dit, qu'il concentre son choix sur les titres ordinaires de première catégorie qui rapportent aujourd'hui autour de 7,25% sinon plus, et sur les obligations non taxées, offrant du 5,30% sur les maturités longues.

Les obligations de deuxième catégorie et les actions préférentielles

Étant donné que fin 1971 il était possible de trouver des obligations de première catégorie rapportant jusqu'à 7,25% et plus, il était dès lors inutile de se porter sur des émissions de moindre qualité uniquement sur la base de leur meilleure rémunération comparative. De ce fait, les entreprises ayant un mauvais crédit, ont pratiquement été exclues du marché des émissions obligataires classiques (non convertibles) depuis deux ans(1). Par conséquent, leurs recours aux marchés financiers se sont effectués au travers de la vente d'obligations convertibles (ou d'obligations à warrants) ce qui les classe dans une catégorie à part. Nous nous retrouvons donc dans la situation où les seules obligations classiques de deuxième catégorie existantes ont été émises il y a longtemps, et s'échangent avec un fort discount par rapport au pair. Elles offrent ainsi le potentiel de plus-values substantielles sur le principal, sous de bonnes conditions de marché (c'est-à-dire une amélioration de la qualité de crédit de la société émettrice et une baisse des taux).

Même si on se place au niveau des discounts et des espoirs de plus-values que cela engendre, ces titres sont concurrencés par de meilleures opportunités encore sur d'autres produits. C'est, par exemple, le cas des anciennes obligations à taux réduit (2 1/2 à 4%) vendues 50 cents pour un dollar (à moitié du pair) comme l'American Telegraph & Telephone 2 5/8% de 1986 vendue à 51$, Atchinson Topeka & Santa Fe RR 4s de 1995 aussi à 51$; la McGraw-Hill 3 7/8% de 1992 à 50 1/2$.

Dans l'environnement financier du moment (fin 1971), l'investisseur entreprenant peut donc trouver sur des obligations de première catégorie à fort discount le même potentiel (au niveau du coupon et de la plus-value espérée) que sur des titres de moindre qualité.

Tout au long de ce livre nous rappellerons que toute situation de marché connue dans le passé pourra se reproduire dans le futur. Par conséquent, nous devons nous attacher à considérer les choix qui s'offriraient à l'investisseur entreprenant dans le secteur obligataire si des conditions plus normales prévalaient sur les marchés du crédit (taux moins élevés). C'est pourquoi nous reproduisons ci-dessous les observations que nous avions formulées à ce sujet en 1965 quand les obligations de première catégorie ne rapportaient que du 4 1/2%.

Il est temps de parler des obligations de moindre qualité qui peuvent rapporter jusqu'à 8% et plus. La principale différence entre les titres obligataires de première et de deuxième catégorie réside dans le degré de couverture des intérêts fournis par leurs bénéfices actuels. Exemple : début 1964 l'émission obligataire de (l'autoroute à péage) Chicago, Milwaukee, St.Paul and Pacific à 5% qui valait 68 rapportait du 7,35%. Mais la charge d'intérêt globale avant impôts n'était couverte qu'à 150% (1,5 fois) par les revenus contre la norme que nous avions fixée à 5 fois pour les obligations de chemins de fer, ce qui nous permettait de les qualifier de bien protégées (2).

Beaucoup d'investisseurs se reportent sur de tels papiers parce qu'ils ont besoin des revenus et ne peuvent se satisfaire des taux servis sur le papier bien protégé. L'expérience démontre clairement qu'il est imprudent d'acquérir une obligation ou une action préférentielle manquant de sécurité tout simplement parce que leurs taux sont plus élevés. (Dans ce cas, l'expression “tout simplement” implique que le titre ne s'échange pas avec un fort discount sur le pair et n'offre donc pas le potentiel de plus-value sur le principal.) Quand ces titres sont acquis autour du pair (autour de 100), le détenteur court le risque de les voir bien baisser ensuite. En effet, lorsque les affaires (de l'émetteur) périclitent, ou tout simplement sont dans un marché mal orienté, les titres risquent fort de couler. Il n'est pas rare de voir la suspension des paiements de coupons. D'ailleurs souvent les cours baisseront dans un environnement économique maussade, même si les conditions d'exploitation des émetteurs ne sont pas touchées.

Pour illustrer ce trait commun à toutes les obligations de deuxième catégorie, nous résumerons le comportement de marché d'un groupe de 10 obligations de chemins de fer entre 1946 et 1947. Le groupe inclut tous les titres vendus autour du pair (96 et plus) en 1946 avec un prix moyen de 102 1/2. Un an après, ce groupe de titres s'échangeait à un prix moyen de 68, soit une perte de 33% de leur valeur. Et pourtant, les chemins de fer avaient obtenu de bien meilleurs résultats en 1947 qu'en 1946. Ainsi, l'effondrement des prix était le reflet d'une vague de ventes sur les marchés et allait à rencontre des perspectives économiques propres au secteur qui étaient en amélioration. Il est utile de rappeler que la chute des prix de ces produits fut plus sévère que celle des actions du Dow Jones qui ne perdirent que 23%. Et pourtant, le détenteur de ce papier n'escompte pas, en cas de hausse des marchés, pouvoir partager le potentiel de hausse des actions. La seule caractéristique intéressante de ces titres était leur rendement à 4,25% (contre 2,5% pour les obligations de première catégorie soit une prime annuelle de 1,75%). Les préjudices qu'ils ont dû subir ont montré très vite et de façon exemplaire que l'avantage du différentiel de taux était loin de rémunérer correctement les risques supplémentaires pris.

L'exemple que nous venons de citer nous permet de tirer notre révérence à une illusion courante sur ces investissements d'hommes d'affaires. Ce concept fallacieux prétend que l'achat d'un titre risqué (de mauvaise qualité) est compensé par une meilleure rémunération. Il est ridicule d'accepter de risquer une perte sur son principal pour un supplément de rémunération de 1 ou 2%. Si vous acceptez ce risque, alors, il faudrait que vous ayez l'assurance de faire de belles plus-values, si tout se passe bien. Et ce n'est pas avec un titre rapportant peut-être du 5,5 ou 6% mais qui s'échange au pair que vous serez comblés. Le même titre à 70$ offrirait plus d'intérêt, et si vous êtes patient, il est probable que vous aurez un jour la chance de l'acheter à ce prix.

Les obligations de deuxième catégorie et les actions préférentielles ont deux attributs contradictoires. D'un côté, en cas de tempête boursière, ces titres vont presque sûrement dégringoler, et d'un autre la grande majorité récupérera ses pertes une fois qu'un climat plus clément reviendra. A terme tout reviendra à la normale. C'est même vrai pour les actions préférentielles (cumulatives) qui ne paient pas de dividende pendant de nombreuses années. Nous avons eu beaucoup de cas de cette sorte au début des années quarante à cause de la grande dépression des années trente. Pendant le boom d'après-guerre de 1945 à 1947, la majorité des dividendes ou coupons en retard furent payés soit en liquide soit en nouveaux titres, et le principal fut aussi fréquemment remboursé. En conséquence, des profits énormes ont pu être enregistrés par ceux qui ont su acquérir ce papier au bon moment, à des prix dépréciés (3).

Il est peut-être exact globalement et d'un strict point de vue comptable que le différentiel de taux positif qui existe sur les obligations de deuxième catégorie en agrégat équilibrera les pertes en principal. En d'autres termes, il n'est pas inconcevable de penser que l'investisseur qui aurait acquis tous ces titres à leur valeur d'émission pourrait faire aussi bien, voire mieux, sur le long terme que celui qui aurait circonscrit ses investissements à des titres de première catégorie (4).

Mais dans la pratique la question n'a pas d'intérêt. Quel que soit le résultat final, l'acquéreur de titres de deuxième catégorie au pair ne pourra être qu'inquiété par la baisse précipitée des cours. Qui plus est, il ne pourra pas acheter assez de titres différents pour lisser ses résultats vers la moyenne, pas plus qu'il ne sera capable de balancer ses pertes sur le principal par ses gains sur le différentiel de rendement. Finalement, le simple bon sens implique que l'on s'abstienne d'acquérir des titres à 100 si une longue expérience indique qu'ils peuvent être acquis à 70 ou moins sur un marché malade.

Les obligations d'État étrangères

Tout investisseur sait que cette classe de titres a enregistré de bien mauvaises performances depuis 1914. C'était inévitable au vu de deux guerres mondiales et d'une dépression d'une ampleur inégalée. Ceci étant, il est des époques où les conditions de marché sont assez favorables pour permettre le placement de certaines obligations internationales à des prix proches du pair. Ce seul phénomène nous en dit d'ailleurs beaucoup sur la façon de penser de l'investisseur moyen, et pas seulement dans le domaine des obligations.

Nous n'avons aucune raison objective d'attirer l'attention du lecteur sur les risques des émissions étrangères de qualité portant la signature de gouvernements comme ceux de l'Australie ou de la Norvège. Mais nous devons lui rappeler que lorsqu'il y a un problème, le détenteur de titres internationaux n'a que peu de moyens légaux pour faire respecter ses droits (5). Ceux qui se sont aventurés à acheter des titres comme l'émission obligataire du gouvernement de Cuba à 41/2% qui cota jusqu'à 117 en 1953 ont dû faire face à l'annulation du versement du coupon qui entraîna l'effondrement du titre à 20 cents en 1963. Nous trouvions cette même année sur la cote officielle du New York Stock Exchange une émission du Congo Belge à 5 1/4% qui ne cotait plus que 36 cents, une autre de la Grèce à 7% ne valant plus que 30 cents et plusieurs titres obligataires de Pologne s'échangeant à 7 cents seulement. Quels sont les lecteurs qui sont au courant des vicissitudes des obligations tchèques à 8% après leur introduction dans ce pays en 1922 à 96 1/2$? Elles sont montées à 112$ en 1928, puis retombées à 67 3/4$ en 1932, se sont rétablies à 106$ en 1936, puis effondrées à 6$ en 1939 pour récupérer à 117$ en 1946, tomber une fois encore à 35$ en 1948 et s'écraser jusqu'à 8$ en 1970 !

Il y a des années, certains n'hésitaient pas à penser qu'il était du devoir d'une nation riche comme la nôtre de prêter à l'étranger. Le temps a bien pris sa revanche puisque nous nous retrouvons aujourd'hui avec une balance des paiements structurellement déficitaire dont on peut justement retrouver l'origine dans ces achats massifs de titres étrangers par les résidents américains. Il y a longtemps que nous nous interrogions sur ce que pouvaient apporter ces investissements à l'acquéreur américain, nous pouvons maintenant aussi nous interroger sur ce qu'ils ont apporté au pays.

Les nouvelles emissions en général

Il peut paraître imprudent de porter un jugement global sur les obligations nouvelles (marché primaire) tant elles recouvrent un large spectre de qualité. Même si toute règle a ses exceptions, nous n'hésitons pas cependant à encourager l'investisseur à se méfier au plus haut point des nouvelles émissions. Ou du moins, nous lui suggérons de les soumettre à un examen détaillé et de leur faire passer des tests sévères avant d'envisager leur achat.

Deux raisons dictent cette mise en garde. La première est que toute nouvelle émission est placée grâce à d'énormes efforts commerciaux qui invitent, en contrepartie, à une forte résistance à l'achat de la part de l'investisseur intéressé. La deuxième tient à ce que la majorité de ces introductions nouvelles sont placées uniquement lorsque les conditions de marché sont favorables, entendez favorables pour le vendeur et donc défavorables à l'acquéreur.

Les conséquences de ces considérations sont d'autant plus importantes qu'on descend l'échelle de qualité des titres : passant des obligations de qualité primaire aux obligations de qualité secondaire, puis au bas de l'échelle aux actions simples.

Un volume énorme de refinancement, c'est-à-dire le remboursement anticipé d'obligations anciennes et leurs remplacements par de nouvelles émissions à coupon plus bas, a été fait dans le passé. Ce fut essentiellement vrai dans les catégories obligataires de première qualité et celle des actions préférentielles. Les acquéreurs étaient essentiellement des institutions financières amplement qualifiées pour protéger leurs intérêts. Ainsi ces nouvelles émissions étaient-elles introduites à des prix convenables, c'est-à-dire comparables aux cours de titres de qualité équivalente sur le marché secondaire. Le marketing intense qui accompagnait leur placement n'avait dès lors que peu de prise sur le résultat. Et pourtant, alors que les taux ont baissé, les prix de ces nouveaux titres ont fortement décliné par la suite sur les marchés secondaires. Ne voyez là qu'une conséquence bénigne de cette tendance générale qui consiste à introduire du nouveau papier lorsque les conditions des marchés sont les plus favorables pour les émetteurs. Les conséquences sur les prix de titres de moindre qualité seront bien plus dramatiques.

Étudions, pour illustrer ce dernier point, les obligations de deuxième catégorie et les actions préférentielles introduites au cours des deux périodes suivantes : 1945-46 et 1960-61. Dans ces exemples, les effets de l'agressivité commerciale furent plus désastreux car le papier fut placé auprès d'investisseurs particuliers souvent inexpérimentés. Une caractéristique commune à la majorité de ces placements nouveaux est qu'à leurs cours d'introduction, ils ne peuvent satisfaire nos seuils minima de protection une fois que leurs coûts sont rapportés aux performances à long terme des entreprises émettrices. Par contre, les paiements de coupons paraissaient convenablement protégés si nous nous contentions de projeter les revenus courants dans l'avenir et excluions des contre-performances majeures. Les banques d'investissements chargées du placement de ces émissions acceptaient complaisamment ce scénario rose et leurs vendeurs n'avaient dès lors aucune difficulté à convaincre leurs clients d'acheter ce papier. Nous affirmons qu'une telle approche de l'investissement est mauvaise et a toutes les chances d'être très dommageable aux intérêts de l'investisseur.

Les marchés haussiers sont souvent accompagnés d'introductions en Bourse de titres d'entreprises qui étaient auparavant entre des mains privées. Ce fut le cas en 1945-46 puis de nouveau à partir de 1960. Ce processus s'amplifia énormément ensuite avant de stopper brusquement et tragiquement avec l'effondrement des marchés en 1962. Après une "gueule de bois" qui dura plusieurs années, la tragi-comédie se répéta étape par étape entre 1967 et 1969.

Les introductions nouvelles d'actions

Nous reproduisons textuellement les paragraphes suivants tirés de l'édition de 1959 :

"Le financement d'une entreprise par l'émission d'actions peut prendre deux formes différentes. Dans le cas de compagnies déjà cotées, de nouvelles actions sont offertes aux anciens actionnaires au prorata de leurs droits. Le prix d'émission est fixé au-dessous des cours courants, et les droits de souscription ont donc une valeur monétaire initiale. La vente des actions nouvelles est en général confiée à des banques d'investissement qui comptent placer facilement le papier par le seul exercice des droits de souscription. Ainsi une augmentation de capital par souscription d'actions nouvelles ne nécessite pas d'efforts de marketing importants.

Le second type de placement concerne les nouvelles introductions de titres de sociétés auparavant non cotées. Ces titres sont souscrits sur le compte des propriétaires privés qui peuvent ainsi vendre partie de leurs intérêts de contrôle sous de bonnes conditions de marché. (À l'opposé si l'argent est levé pour le compte de l'entreprise cela s'effectuera sous la forme d'émission d'actions préférentielles comme nous l'avons déjà vu). Ce type de placements donne lieu à un scénario connu qui de par la nature des marchés boursiers est systématiquement au détriment des intérêts des investisseurs. Le biais négatif vient d'une part de la nature des entreprises ainsi financées et d'autre part des conditions mêmes des marchés qui rendent ce type de financement possible.

Au début de ce siècle, c'est par ces moyens que beaucoup de nos grandes entreprises ont été vendues au public. Mais plus le temps passe et plus le nombre d'entreprises de premier rang, entre des mains privées se font rares. Par conséquent, les nouvelles introductions sont de plus en plus le fait d'entreprises petites ou moyennes. En parallèle, le grand public des investisseurs a développé une forte préférence pour les grandes entreprises. Cette préférence est moins marquée aujourd'hui. C'est la raison pour laquelle d'autres biais ont été développés par les marchés, au fur et à mesure que les marchés haussiers ont pris de l'ampleur. L'espérance de plus-values faciles et rapides a la propriété d'endormir l'esprit critique du public et de développer son instinct d'achat. Ensuite, pendant ces périodes fastes, il n'est guère difficile de trouver nombre de petites entreprises privées accumulant des résultats prometteurs même si ces résultats ne survivent pas à l'épreuve du temps (si on les reprenait sur une période de dix ans par exemple).

Le cumul de ces différents facteurs facilite l'émergence du scénario suivant : quelque part vers le milieu d'une phase de hausse, nous voyons apparaître une recrudescence des nouvelles introductions. Au début les prix d'introduction sont intéressants et de belles plus-values peuvent être réalisées par les premiers acquéreurs. Au fur et à mesure que les marchés poursuivent leurs phases haussières, cette forme de financement prend de l'ampleur et, alors que la qualité des nouvelles introductions se dégrade, les prix exigés deviennent de plus en plus exorbitants. Un signe assez fiable nous avertissant de la fin prochaine d'un marché haussier c'est lorsque les prix d'introduction demandés pour des entreprises petites et difficiles à comprendre, deviennent supérieurs aux cours de sociétés moyennes pour lesquelles nous avons un long historique de marchés. (En ce point, on remarque aussi que le placement de ces nouveaux titres est de plus en plus le fait de banques d'investissement de seconde zone et de faible réputation.)

Cette insouciance du grand public confrontée au manque de scrupules de certaines banques d'investissements mène tout droit à l'effondrement des prix. Dans bien des cas, ces nouveaux titres perdent 75% et plus sur leurs cours d'introduction. Cette situation est encore aggravée par le fait déjà mentionné qu'au creux de la vague le grand public développe une forte aversion contre les mêmes titres dont il s'était épris dans ses périodes d'insouciance. Beaucoup de ces titres tomberont d'autant plus bas par rapport à leurs valeurs objectives en phase dépressive, qu'ils étaient montés trop haut pendant leurs phases d'euphorie.

Il est indispensable que l'investisseur intelligent puisse résister aux sirènes des plus-values sans risques que ne manqueront pas de lui chanter les marchands d'argent facile et tous ceux qui cherchent à placer telle ou telle nouvelle introduction. Même

si une ou deux de ces nouvelles émissions arrivent à passer nos tests sévères de qualité et de valeur, il vaut mieux rester à l'écart de ce type d'investissements. Le marchand d'argent facile se fera un plaisir de vous rappeler le beau parcours qu'ont eu certains de ces titres souvent au soir même de leur introduction. Tout cela fait partie de l'atmosphère d'hyper-spéculation qui règne à certaines époques. Sachez qu'à ce jeu, vous serez heureux si vous ne perdez, pour tout dollar que vous aurez gagné ainsi, que le double en retour du bâton.
Ceci étant, certains de ces titres feront des achats excellents quelques années après alors que plus personne ne voudra les toucher et qu'ils ne s'échangeront qu'à une fraction de leur valeur intrinsèque.

Dans notre édition de 1965 nous prolongions l'évocation du sujet en disant :

"Alors que le comportement général des marchés depuis 1949 ne se prêtait guère à une analyse basée sur les comportements historiques antérieurs, le scénario précédemment décrit sur les nouvelles émissions de titres s'est développé comme attendu. Je ne pense pas que nous ayons jamais connu autant de nouvelles introductions de titres de si basse qualité et suivies d'un effondrement aussi profond que pendant la période 1960-1962 (6). La capacité de résilience dont a fait preuve le marché dans son ensemble pour absorber rapidement ce désastre mérite d'être soulignée. Elle rappelle par bien des points les souvenirs d'une même invulnérabilité qu'il montra après l'effondrement immobilier de Floride en 1925.
Y aura-t-il un retour de la folie d'achats spéculatifs avant le terme du marché haussier courant ? Qui le sait ? Mais nous savons qu'un investisseur intelligent n'oubliera pas de si tôt ce qui s'est passé en 1962 et laissera à d'autres le soin d'en prendre les risques".

Nous poursuivions alors (édition de 1965) en citant un exemple terrible, celui de l'introduction d'Aetena Maintenance Co. à 9 dollars en novembre 1961. Suivant le scénario habituel, le titre s'apprécia rapidement pour atteindre 15$ et retomba à 2 3/4$ en 1963 pour finalement se stabiliser à 7/8 de dollar en 1964 ! L'histoire, plus récente, de cette entreprise est édifiante et illustre parfaitement les métamorphoses surprenantes auxquelles nous ont accoutumées les entreprises U.S petites ou grandes ces dernières années. Vous découvrirez l'histoire de cette entreprise en appendice 3.

Il n'est en aucun cas difficile de trouver des exemples encore plus édifiants entre 1967 et 1970 car c'est toujours la même histoire !. AAA Entreprises, première société apparaissant dans le Stock Guide de Standard & Poor's, et pour cause, conforte nos propos. Les actions émises à 14$ en 1968, montèrent à 28$ pour refluer à 25 cents en 1971. Même ce prix représentait une énorme surévaluation de l'entreprise puisqu'elle déposait alors son bilan dans un état désespéré. Il y a tellement d'enseignements à tirer de cet exemple que nous leur avons réservé un traitement de faveur au chapitre 17.

(1) La situation est pratiquement identique aujourd'hui (début 1991). S'il n'y a pas eu plus de 15 nouvelles émissions obligataires classées "triple A" par Standard & Poors dans l'année, les émissions de junk-bonds se sont quant à elles complètement taries.

(2) En 1965 la société d'exploitation de l'autoroute enregistra un fort déficit. Le paiement des intérêts fut suspendu sur les titres obligataires dont les prix chutèrent de 68 à 10 dollars.

(3) Par exemple, l'action préférentielle City Service à 6$ de dividende, s'échangea à un bas de 15$ en 1937 et à 27$ en 1943 alors que le cumul des retards atteignait 60$ par action. En 1947 le titre fut retiré par échange contre une obligation à 3% d'intérêt et 196.5$ de nominal qui valait 186$ sur le marché secondaire.

(4) Une étude très complète à ce sujet qui fut supervisée par le National Bureau of Economie Research démontre que ce fut bien le cas.

(5) NDE : la situation s'est complètement transformée en vingt ans avec, entre autres, l'apparition des Euro Dollars et la globalisation des marchés.

(6) Un échantillon représentatif de 41 introductions nouvelles tiré du *Stock Guide* de Standard & Poor's montre que 5 d'entre elles ont perdu 90% de leur valeur ou plus, 30 ont perdu plus de 50%, et le groupe en moyenne près des deux tiers. Les très nombreuses nouvelles introductions qui n'apparaissent même pas sur le *Stock Guide* ont dû enregistrer des résultats pires encore.

CHAPITRE 7

POLITIQUE DE GESTION DE PORTEFEUILLE DÉSTINÉE À L'INVESTISSEUR ENTREPRENANT : LA BONNE APPROCHE

L'investisseur entreprenant, par définition, pourra consacrer beaucoup de temps, d'efforts et d'attention avec l'objectif de dégager des performances supérieures à celles d'une gestion de père de famille. Dans notre discussion portant sur la politique d'investissement en général, nous avions fait quelques suggestions au sujet de l'investissement obligataire destiné à l'investisseur entreprenant. Les opportunités de types citées ci-après devraient l'intéresser :

1) Obligations non imposables de la New Housing Authority avec garantie effective du Gouvernement des États-Unis d'Amérique.
2) Obligations à fort coupon du New Community, garanties aussi par le Gouvernement des États-Unis.
3) Obligations Industrielles défiscalisées émises par les municipalités mais servies au moyen de loyers payés par des entreprises financièrement saines.

Nous avons traité au chapitre 4 de ces émissions atypiques.
À l'autre extrémité du spectre, nous pourrons trouver des obligations de seconde catégorie mais accessibles à des prix tellement dépréciés qu'elles

constituent de belles occasions. Ces dernières appartiennent à la catégorie des situations spéciales pour laquelle il est difficile d'établir une distinction entre actions et obligations.

Opérations en actions

Les activités de l'investisseur entreprenant peuvent être décomposées en quatre catégories :

1. Acheter sur des marchés bas et vendre sur des marchés hauts.
2. Acheter des valeurs de croissance choisies avec attention.
3. Acheter de bonnes occasions de natures diverses.
4. Acheter des situations spéciales.

Politique générale de marché et formules de timing

Nous consacrerons le chapitre suivant à traiter des possibilités et des limites de toute politique cherchant à se porter sur un marché quand il est déprimé et à en sortir avant que la bulle n'explose. Pendant très longtemps, beaucoup ont cru que cette stratégie simple était jouable. Nous avons déjà déploré que vu l'évolution des bourses depuis 20 ans, de telles stratégies fondées sur des formules mathématiques simples ne pouvaient fonctionner correctement. Les fluctuations qui se sont développées, et qui par leurs seules ampleurs paraissent jouables, auraient nécessité, pour être mises à profit, un certain talent ou "feeling" du marché. C'est une qualité de nature fort différente à de l'intelligence dont nous faisons crédit au lecteur, c'est pourquoi nous excluons ces opérations de notre champ de références.
Le plan à 50-50, que nous suggérions à l'investisseur défensif, et que nous avons décrit p.59, est la formule la plus spécifique ou automatique qui puisse être recommandée à tous les investisseurs au vu des conditions des marchés connues en 1972. Mais nous nous sommes octroyé une marge importante allant de 25% à 75% pour la composante actions, afin de tenir compte du jugement que peuvent développer les investisseurs sur le degré d'intérêt relatif du marché des actions. Il y a vingt ans, nous aurions pu voir dans le détail un certain nombre de formules d'investissement permettant de faire varier le

pourcentage de notre composante en actions, formules qui historiquement auraient pu être assez fiables (1).

Ces temps bénis semblent révolus, et il y aurait peu d'intérêt à essayer de déterminer de nouveaux niveaux d'achat ou de vente en fonction des dessins tracés par les marchés après 1949. La période est trop courte pour fournir des clefs utiles pour l'avenir.

L'approche des valeurs de croissance

Tout un chacun aimerait savoir sélectionner les titres de ces sociétés qui auront des résultats supérieurs sur le long terme. Une valeur de croissance devrait satisfaire à la définition suivante : une action qui a enregistré dans le passé et est escomptée avoir dans l'avenir des résultats supérieurs (2). Il semble donc logique que l'investisseur intelligent se consacre à la sélection de ces valeurs de croissance. Malheureusement comme nous allons essayer de vous le montrer, rien n'est moins simple que cela.

L'identification des entreprises ayant battu le marché dans le passé peut être effectuée par simple traitement statistique. Tout investisseur peut facilement obtenir chez son broker, une liste de 50-100 titres satisfaisant à ce critère. Pourquoi donc ne pas retenir 15 à 20 noms de cette liste et le tour est joué !

Il y a deux leurres, au moins, dans une décision de ce type qu'il est difficile d'éviter. D'abord, c'est que les actions ayant de bonnes statistiques de résultat et de bonnes perspectives futures se vendent à des prix reflétant déjà cet état. L'investisseur peut donc évaluer correctement les perspectives de ces entreprises sans pour autant enregistrer des résultats supérieurs tout simplement parce qu'il aura payé à son juste prix (peut-être même surpayé) la prospérité attendue. Le second leurre, c'est que son appréciation de l'avenir peut s'avérer inexacte. Une croissance particulièrement forte aura du mal à ne pas s'essouffler. Une fois qu'une entreprise a enregistré une croissance brillante, et par le seul fait de sa taille, elle aura du mal à répéter sa performance. Il arrivera un point où sa courbe de croissance s'aplatira, et très souvent se retournera.

Il est évident que si on se confine à quelques exemples choisis judicieusement et a posteriori, on pourra démontrer que des fortunes peuvent soit être gagnées soit être perdues avec de telles stratégies. Comment peut-on porter un jugement plus objectif sur les résultats qui peuvent être obtenus dans ce domaine ? Nous pensons pouvoir tirer des conclusions relativement fiables à partir de l'étude des performances de fonds d'investissements qui se sont spécialisés sur les valeurs de croissance. La bible de référence est *Investment Companies*, un ouvrage édité tous les ans par Arthur Wiesenberger & Company (société membre du New York Stock Exchange) qui calcule les performances annuelles de 126 fonds de croissance et reprend leurs résultats antérieurs. Nous avons retenu les 45 fonds dont les performances ont pu être recueillies sur 10 ans au moins. La rentabilité totale moyenne de ces fonds, sans pondération en fonction de leurs tailles respectives, s'avère être de 108% pour la décennie allant de 1961 à 1970. Ce chiffre est à rapporter aux 103% du S & P composite et aux 83% du DJIA (3). Au cours des deux dernières années, 1969 et 1970, ces 126 fonds de croissance ont enregistré en majorité des performances inférieures à celles des indices généraux de marchés. Nos études antérieures nous ont donné des résultats semblables. Ces résultats impliquent que nous ne saurions nous attendre à tirer des performances supérieures en n'investissant que sur des valeurs de croissance.

Rien ne nous permet de penser que l'investisseur intelligent même s'il y consacre des efforts importants, pourra dériver d'une telle stratégie de meilleures performances que les fonds de gestion collective spécialisés dans ce type d'investissements. On peut même penser que ces institutions ont plus de cerveaux et de moyens matériels à leur disposition que vous n'en aurez jamais. Par conséquent, nous conseillons à l'investisseur entreprenant de se tenir à l'écart d'une politique d'investissement basée sur les valeurs de croissance. C'est un domaine où les perspectives excellentes sont pleinement prises en compte par les marchés et reflétées par les ratios de cours-bénéfices courants (12 derniers mois connus) qui sont, disons, supérieurs à 20. (Pour l'investisseur défensif nous avons suggéré une limite supérieure d'achat à 25 fois les bénéfices moyens des sept dernières années. Les deux critères devraient être équivalents dans la majorité des cas.)

Un fait étonnant au sujet des valeurs de croissance en tant que classe d'investissement, est la tendance qu'ont les cours de tels titres à fortement fluctuer. C'est vrai des plus grands et plus anciens titres - les General Electric et les International Business Machines - c'est encore plus vrai des titres de sociétés plus récentes et moins grandes. Cette caractéristique conforte bien notre thèse qui soutient que la principale évolution des marchés, depuis 1949, fut l'injection d'un élément fortement spéculatif dans les actions de ces entreprises qui ont enregistré les succès les plus retentissants. Leurs performances auraient justifié de leur accorder un classement d'investissement de qualité. (Elles ont les meilleures signatures et paient les meilleurs taux sur leurs emprunts.) Quand bien même le calibre d'investissement resterait au meilleur niveau, leurs performances boursières seront tributaires des marchés boursiers. Plus elles seront choyées par le grand public, plus leurs évaluations par le marché seront généreuses une fois rapportées à leurs performances, et plus ces titres seront risqués.

Tableau 7-1. Performances moyennes des "Fonds de Croissance" 1961-1970 (a)

	1 an 1970	5 ans 1966-70	10 ans 1961-70	1970 Rendmt
17 grands "fonds de croissance"	- 7.5%	+23.2%	+121.1%	2.3%
106 petits "fonds de croissance" groupe A	-17.7	+20.3	+102.1	1.6
38 petits "fonds de croissance"-groupe B	- 4.7	+23.2	+106.7	1.4
15 fonds avec "croissance" ds leurs noms	-14.2	+13.8	+ 97.4	1.7
Standard & Poor's Composite	+ 3.5	+16.1	+104.7	3.4
Dow-Jones Industrial Average	+ 8.7	+ 2.9	+ 83.0	3.7

(a) Ces statistiques sont fournies par Wiesenberger Financial Services.

Mais n'est-il pas vrai, pourrait-on objecter, que de grandes fortunes boursières ont été le fait de ceux qui se sont engagés tôt sur une entreprise en laquelle ils croyaient, et qui ont su lui garder une confiance inébranlable alors que ses cours ont été multipliés par 100 ou plus ? La réponse est oui, bien entendu. Mais ces fortunes immenses faites sur un seul investissement sont le lot presque exclusif d'individus qui ont une relation très étroite avec l'entreprise en question : soit parce qu'ils y travaillent, soit par contacts familiaux, etc... C'est pourquoi ils y placent une partie importante de leurs ressources et s'en tiennent à cet engagement quelle que soit l'allure du marché et malgré la tentation de prendre ses profits en cours de route. Un investisseur qui n'aurait pas ce rapport d'intimité étroit serait sans cesse confronté à la question de savoir s'il n'est pas trop risqué de détenir une si importante position sur un seul titre. Tout déclin, aussi court soit-il, ne ferait qu'accentuer le dilemme car d'intenses pressions externes ou internes l'encourageront à prendre ses profits (4) bien avant d'avoir tiré le vrai gros lot.

Trois domaines suggérés pour l'investisseur entreprenant

Obtenir des résultats supérieurs à la moyenne sur le long terme exige que nous développions une politique de sélection ayant un double mérite :

1) nous devons définir des tests objectifs ou rationnels de qualité;
2) cette politique doit se différencier de celles qui sont suivies par la majorité des investisseurs ou des spéculateurs.

Notre expérience et nos études nous mènent à recommander trois approches à l'investissement qui satisfont à ces critères. Elles sont très différentes les unes des autres et chacune d'elle exige un savoir-faire et des dispositions d'esprit particulières.

LA GRANDE ENTREPRISE RELATIVEMENT PEU POPULAIRE

Si on prend pour acquis qu'il est habituel pour les marchés de sur-évaluer les titres d'entreprises ayant montré une croissance excellente ou qui sont à la mode pour une toute autre raison, on peut logiquement s'attendre à ce que l'on sous-évalue, ou du moins relativement, les entreprises qui sont délaissées, voire défavorisées, à cause d'évolutions négatives de nature temporaire. Nous avons là ce qui peut être considéré comme une loi fondamentale des Bourses qui nous suggère une approche à la fois prometteuse et prudente mettant à profit cette anomalie.

Il faut donc que l'investisseur entreprenant se concentre sur les grandes entreprises qui sont devenues momentanément impopulaires. Bien que de petites entreprises puissent aussi être sous-évaluées pour les mêmes raisons, et que cela aboutisse souvent à une hausse de leurs revenus et de leurs prix, elles nous font courir le risque d'une perte irréversible de leur capacité bénéficiaire ou celui d'un désintérêt prolongé du marché même après un retournement de leurs résultats. Les grandes entreprises ont un double avantage. D'abord, elles ont les ressources financières et humaines leur permettant de faire face à l'adversité et de reconstruire leurs marges et leurs profits, ensuite, le marché répondra probablement rapidement à une amélioration de leurs affaires. Une démonstration édifiante sur la véracité de cette thèse est donnée par des études suivant les évolutions relatives des titres impopulaires du Dow Jones Industrial Average. L'hypothèse est de faire un investissement fictif chaque année sur les 8 à 10 valeurs du Dow ayant les plus bas multiples sur leurs revenus courants (et ceux de l'année précédente). Ces titres peuvent être considérés comme les meilleurs marchés de l'indice, et leurs prix dépréciés traduisent leur relative impopularité auprès des traders et des investisseurs. Nous faisons en outre l'hypothèse de vendre systématiquement tous ces titres à la fin d'une période de détention allant de un à cinq ans. Les résultats de ces investissements sont ensuite comparés à ceux du Dow Jones dans son intégralité et à ceux des titres du DJ aux multiples les plus élevés (autrement dit les plus populaires du groupe). Le tableau suivant reprend les résultats annuels sur les 53 dernières années (5). Au cours de la période la plus ancienne, 1917-1933, l'approche privilégiant les titres impopulaires s'est avérée ne pas marcher. Par contre, depuis 1933 la méthode a démontré son intérêt. Sur les 34 tests faits par Drexel & Company (devenu Drexel Firestone puis Drexel, Burnham Lambert) représentant 34 investissements d'une année allant de 1937 à 1969, les titres bon marché firent moins bien que l'indice dans seulement trois cas. Les résultats des deux groupes furent pratiquement identiques dans 6 cas et les titres bon marché dépassèrent l'indice 25 fois. La consistance de la performance relative supérieure des titres à bas multiple est aussi démontrée (tableau 7-2) par leurs résultats sur des périodes de cinq

Tableau 7-2. Plus ou moins-values annuelles moyennes sur titres testés, 1937-1969

Période	10 plus faibles multiples	10 plus forts multiples	30 valeurs du DJIA
1937-1942	- 2.2	- 10.0	- 6.3
1943-1947	17.3	8.3	14.9
1948-1952	16.4	4.6	9.9
1953-1957	20.9	10.0	13.7
1958-1962	10.2	- 3.3	3.6
1963-1969/8ans	8.0	4.6	4.0

années qui sont comparés à ceux du DJIA et à ceux des dix titres aux plus forts multiples.

L'étude de Drexel démontre en outre qu'un investissement initial de 10.000$ sur des titres à faible multiple en 1936, et repositionné chaque année en fonction des évolutions des multiples, aurait rapporté 66.900$ en 1962. Le même investissement sur des titres à fort multiple aurait seulement rapporté 25.300$ alors qu'un investissement sur les trente titres du Dow aurait permis d'avoir 44.000$ en fin de période.

Le concept (investir dans les grandes valeurs qui sont délaissées) et son application (sur un groupe choisi de titres comme décrits précédemment) sont simples. Mais si nous considérons les entreprises individuelles, un facteur particulier allant à l'encontre du résultat escompté doit être parfois pris en compte. Les titres qui sont spéculatifs, qualitatif traduisant une grande fluctuation de leurs revenus, ont tendance à s'échanger à des prix relatifs (dans le temps) élevés et des multiples relatifs faibles pendant leurs bonnes années et, à l'opposé, à de bas prix relatifs et à de forts multiples relatifs durant leurs mauvaises années. Ces relations sont reproduites sur le tableau 7-3 couvrant les évolutions du titre Chrysler. Dans les cas de ce type, le marché se comporte comme s'il bâtissait de plus en plus de scepticisme au fur et à mesure que les profits augmentent, suffisamment en tout cas pour évaluer ces titres de façon de plus en plus prudente. À l'opposé, quand les revenus sont faibles, voire

Tableau 7-3. Cours et bénéfices de l'action Chrysler, 1952-1970

année	Bénéfices par action	Plus haut ou plus bas	P/E ratio
1952	9.04 $	H 98	10.8
1954	2.13	B 56	26.2
1955	11.49	H101.5	8.8
1956	2.29	B 52 (en 57)	22.9
1957	13.75	H 82	6.7
1958	3.88 (def)	B 44 (a)	—
1968	24.92 (b)	H294 (b)	11.8
1970	perte	B 65 (b)	—

(a) Le bas de 1962 était à 37,5.
(b) Ajusté pour divisions.

inexistants, il les évalue généreusement en dotant le titre d'un multiple élevé. (Vous remarquerez mathématiquement que lorsqu'une entreprise ne gagne presque rien, ses actions doivent s'échanger à un très fort multiple de ses minuscules profits.)

Et, de fait, Chrysler a eu un comportement particulièrement atypique dans ce groupe des trente leaders du DJIA, par conséquent le titre n'a pas eu d'influence dans le groupe des faibles multiples. Il est facile d'exclure les titres atypiques du groupe des bas multiples en exigeant aussi que les cours soient bas par rapport aux revenus annuels moyens historiques.

Alors que nous avons travaillé à la révision de ce texte, nous avons testé la méthode des faibles multiples du DJIA sur la période début 1969 à fin juin 1970. Les résultats sont déroutants puisqu'ils montrent une forte baisse pour le groupe des valeurs à faibles multiples et un bon profit pour les valeurs à forts multiples. Ce seul résultat ne devrait pas invalider nos conclusions antérieures reposant sur 30 tests indépendants mais son caractère courant lui donne un certain poids. Peut-être faudrait-il que l'investisseur agressif démarre, par exemple, en reprenant l'idée du faible multiple et qu'il ajoute d'autres filtres, soit qualitatifs soit quantitatifs, pour créer son portefeuille d'actions.

ACHAT DE BONNES OCCASIONS

Nous qualifierons de bonne occasion un titre qui, à partir de faits tirés d'une analyse financière, semble valoir considérablement plus que sa valeur boursière, autrement dit que son prix. Ce terme générique couvre à la fois les obligations et les actions préférentielles qui se vendent bien au-dessous du pair ainsi que les actions ordinaires. Pour rester aussi concrets que possible, nous suggérons de ne pas considérer un titre comme une véritable affaire à moins que sa valeur calculée ne soit au moins supérieure de 50% à son prix. Pour quelles raisons pensons-nous qu'il puisse exister de telles différences ? Comment ces bonnes affaires apparaissent-elles, et comment l'investisseur peut-il en profiter ?

Il y a deux filtres (ou tests) qui nous permettent de détecter une bonne affaire dans le groupe des actions simples. Le premier repose sur la méthode de l'expertise ou de l'estimation. Cette méthode cherche essentiellement à estimer les revenus futurs puis à les multiplier par un facteur dépendant des caractéristiques de risque du titre à expertiser. Si la valeur ainsi calculée est suffisamment supérieure au prix du titre fixé par le marché, et si l'investisseur fait confiance à sa méthode d'estimation, il peut marquer le titre comme une bonne affaire. Le second test consiste à déterminer la valeur qu'aurait l'entreprise que nous cherchons à évaluer pour un opérateur industriel (sa valeur économique). Cette valeur est souvent tirée, comme précédemment, des revenus futurs attendus, et on retombe alors sur la même évaluation. Mais dans ce cas l'analyste accordera une plus grande attention à la valeur de réalisation des actifs et en particulier à l'actif net circulant (6).

Lorsque le marché est déprécié, nous trouvons un grand nombre de titres qui sont des affaires d'après ces étalons de mesure. (Un exemple classique est le General Motors de 1941 qui valait seulement 30$, ce qui serait équivalent à tout juste 5$ en actions de 1971. Pourtant l'action gagnait 4 dollars et payait 3,50$ de dividendes.) Il est exact que malgré des revenus actuels et les perspectives immédiates déplorables, une estimation pondérée, intégrant les conditions à venir probables, peut indiquer une valeur bien supérieure aux prix courants. Donc, la valeur du courage et de l'intelligence sur un marché déprimé est justifiée, non seulement par une longue expérience, mais aussi par l'application correcte de techniques reconnues d'évaluation financière.

Ces mêmes caprices des bourses qui, de façon récurrente font apparaître des conditions de bonne affaire sur l'ensemble des valeurs de la cote, créeront de bonnes affaires sur de nombreuses valeurs individuelles à presque tous les niveaux de marchés. En Bourse, la montagne accouche souvent d'une souris et transforme un petit ennui en grand drame. D'ailleurs, un simple manque d'intérêt ou d'enthousiasme peut, à l'occasion, provoquer un effondrement de la cote. Nous voyons donc deux sources essentielles de sous-évaluation pour un titre :

1) des résultats courants décevants,
2) un désintérêt ou une impopularité prolongée.

Cependant, aucune de ces deux causes prises isolément, ne peut être considérée comme étant un test fiable de sous-estimation. Comment pouvons-nous être sûrs que des résultats courants décevants ne seront que temporaires ? Il est vrai que nous pouvons trouver beaucoup d'exemples nous le faisant penser. Les valeurs de l'acier sont connues pour avoir développé un schéma cyclique pouvant être mis à profit. L'investisseur sagace aurait pu les acquérir à bon prix quand leurs revenus étaient déprimés puis les vendre pendant leurs années dorées. Le tableau 7-3 de Chrysler nous fournit un autre exemple édifiant.

Si nous avions là l'évolution normale des cours de Bourse, alors il ne serait pas bien difficile de gagner de l'argent en profitant de ce schéma. Malheureusement, nous pourrions citer de nombreuses occasions où la baisse des revenus et des cours n'a pas été suivie de reprise. Tel est le cas d'Anaconda Wire and Cable qui cumula de gros revenus jusqu'en 1956 et un prix de 85$ cette année-là. Les revenus baissèrent ensuite pendant 6 années; le prix tomba jusqu'à 23 1/2$ en 1962. Enfin en 1963 l'action fut rachetée par la société mère (Anaconda Corporation) pour à peine 33$.

Nous pouvons multiplier les exemples de ce genre à l'infini. Nous pensons donc qu'il ne suffit pas de voir prix et revenus s'effondrer pour s'engager sur un achat. Il faut avoir d'autres indications comme par exemple des historiques des bénéfices relativement stables sur plusieurs années (sans une seule année de déficit), une taille adéquate, un passif du bilan sain permettant d'absorber des contre-performances à venir. La combinaison idéale consiste à sélectionner une entreprise grande et prééminente dont l'action s'échange fortement au-dessous de ses cours passés et de son multiple moyen historique. Ces conditions auraient certainement mis hors-concours les plus belles occasions comme Chrysler et d'autres valeurs cycliques. En effet, ces titres ont la caractéristique de s'échanger à des PER maximum en bas de cycle autrement dit les années mêmes où leurs cours sont les plus dépréciés. Il est temps de rappeler au lecteur qu'il y a un monde de différence entre des profits théoriques et des vrais profits. Nous émettons de sérieux doutes quant à l'intérêt de se concentrer sur des cas atypiques comme Chrysler pour qui veut s'enrichir.

Nous avons déjà vu que les titres négligés ou impopulaires voient leurs cours tomber à des niveaux injustement bas. Une illustration de ce phénomène est le cas de National Presto Industries. Pendant le marché haussier de 1968 le titre s'échangeait à 45$, soit seulement huit fois ses revenus courants de l'année (à 5,61$). Les revenus par action se sont améliorés au cours des deux années suivantes alors que les cours chutèrent jusqu'à 21$ en 1970. C'était là moins de 4 fois les revenus enregistrés et au-dessous de la valeur de l'actif circulant net par action. En mars 1972 le titre valait 34$ soit seulement cinq fois et demi les revenus comptables de l'année et tout juste la valeur de l'actif circulant net ou du fonds de roulement.

Un autre exemple du même type est celui de Standard Oil of California, une des sept sœurs. En 1972, le titre s'échangeait pratiquement au même prix que 13 ans avant soit 56$. Les revenus ont été remarquablement stables dans l'intervalle avec une croissance limitée et juste une année de déclin. L'action valait près de son actif net. Malgré ses performances stables et de qualité entre 1958 et 1971 le titre n'a jamais pu atteindre un PER de 15. Son multiple de capitalisation n'était qu'à 10 début 1972.

Une troisième caractéristique causant l'attaque injuste d'un titre, est l'incapacité du marché à comprendre une entreprise et à en faire son évaluation. Un exemple classique est celui de Northern Pacific Ry. Le titre chuta, en 1946-47, de 36$ à 13 1/2$ alors que les revenus réels de la société étaient pourtant en 1947 de près de 10 dollars par action. Le titre était injustement attaqué à cause de la faiblesse du dividende servi (1 dollar). Le marché le négligeait aussi parce que la vraie capacité bénéficiaire de l'entreprise était cachée par des méthodes comptables propres aux compagnies de chemins de fer.

Le type même de la bonne affaire boursière qui peut être facilement identifiée concerne ces titres qui se vendent moins chers que leur fonds de roulement. Dans ces cas, l'investisseur paie pour rien les actifs immobilisés (bâtiments, machines, etc) et les intangibles. Seule une poignée d'entreprises voient leurs cours si bas qu'ils ne représentent même pas la valeur de leurs fonds de roulement. Vous en trouverez pourtant toujours quelques-unes perdues dans la cote officielle. En fait, il est surprenant que tant de ces exceptionnelles affaires existent. Sur une compilation faite en 1957, à un niveau de marché qui n'était pas anormalement bas, nous en avons découvert 150. Le tableau 7-4 reprend de façon synthétique ce que vous auriez pu gagner sur un achat-conservation de tels titres en deux ans à partir du 31 décembre 1957. Les 85 titres choisis de ce lot de 150 étant ceux dont la liste apparaissait sur le *Monthly Stock Guide* (Guide Mensuel des Actions) de Standard & Poor's.

Tableau 7-4. Plus-values enregistrées sur des actions sous-évaluées, 1957-1959

Marché	Nombre d'entreprises	Actif net courant par act en agrég.	Cours du 12/ 57 en agrégat	Cours du 12/59 en agrégat
New York S.E.	35	748 $	419 $	838 $
American S.E	25	495	289	492
Midwest S.E	5	163	87	141
Over the Counter	20	425	288	433
Total	85	1.831 $	1.083 $	1.904 $

Chacun des sous-groupes du tableau s'apprécia suffisamment pendant ces deux ans, pour que les titres qui les composent aient valu en agrégat en fin de période approximativement la valeur de leur actif comptable. Le gain enregistré par le portefeuille complet a été de 75% à comparer aux 50% du Standard & Poor's des 425 sociétés industrielles. Plus remarquable encore : aucun titre n'enregistra de moins-values, 7 restèrent inchangés et 78 eurent des plus-values importantes.

Avant 1957, cette approche nous permit d'enregistrer de bons résultats ce qui nous incite à affirmer sans hésitation qu'une telle stratégie de sélection constitue une méthode sûre et rémunératrice nous permettant de profiter de situations d'extrême sous-évaluation. Ceci étant, après 1957, de telles opportunités se firent de plus en plus rares. Beaucoup se sont traduites par des profits limités, si ce n'est des pertes. La chute des Bourses en 1969-70 donna une belle récolte de ces situations de "sous-fonds de roulement net". Nous y reviendrons au chapitre 15 dans notre discussion sur la sélection d'actions pour l'investisseur entreprenant.

TYPES DE BONNES OCCASIONS CHOISIES DANS LE GROUPE DES SECONDAIRES

Nous avons défini une valeur secondaire ou de seconde qualité comme une entreprise n'étant pas parmi les leaders d'un secteur important. Cela peut être le cas d'une société marginale dans une grande industrie ou celui d'une entreprise leader dans un secteur étroit. Seule exception : une entreprise dite de croissance quelle que soit sa taille et sa position concurrentielle ne sera jamais considérée comme une secondaire.

À l'époque du grand marché haussier des années 20, on ne faisait pas la distinction entre les leaders d'industries et les autres valeurs de taille respectable. Le grand public pensait qu'une entreprise de taille moyenne était assez forte pour essuyer bien des orages et qu'en plus, elle avait plus de chances de vraiment exploser que ne l'avait une grosse entreprise. Mais les années noires de 1931-32 ont clairsemé les rangs des entreprises secondaires qui ont survécu à la tempête. Plus tard, les investisseurs expérimentés ont commencé à développer une préférence marquée pour les leaders d'industries. Ainsi, les secondaires ont commencé à se vendre à plus bas prix (par rapport à leurs revenus et à leurs actifs) que les primaires. Souvent les cours de ces secondaires sont tombés si bas qu'elles sont devenues de bonnes occasions.

En se débarrassant de ces valeurs secondaires même à des prix relativement bas, les investisseurs ont montré le peu de cas qu'ils faisaient du futur économique de ces entreprises. Ils faisaient le calcul inconscient que ces titres aussi bon marché soient-ils, de toute façon étaient trop cher payés vu leurs perspectives négatives. Ce schéma psychologique est le pendant de la conviction dominante qui avait cours en 1929. À l'époque, le marché prétendait que les blue chips à n'importe quel prix étaient voués à une expansion illimitée. Ces deux convictions étaient, à l'évidence, des exagérations et le fruit d'erreurs d'appréciation. L'entreprise dite secondaire typique est une grande entreprise si on compare sa taille à celle des sociétés non cotées. Aucune raison ne devrait nous inciter à penser qu'elle est inéluctablement vouée à l'échec ou à la faillite. Même si ces firmes subissent des vicissitudes économiques, nous pouvons supposer qu'elles surnageront et enregistreront des résultats corrects en termes de retour sur investissement.

Ce bref retour nous montre que le marché porte un regard trop pessimiste sur les secondaires, ce qui engendre en temps normal de nombreux cas de sous-évaluation. Comme on s'en doute, la période de la deuxième guerre et l'expansion de l'après-guerre ont généré un environnement d'affaires qui fut comparativement plus favorable aux secondaires qu'aux grandes entreprises. Alors que régnaient des conditions particulières de concurrence, les petites sociétés avaient plus de chances de prospérer. Ainsi, il n'est pas étonnant de constater qu'en 1946 les biais des marchés s'étaient inversés par rapport à la norme d'avant-guerre. Alors que les valeurs leaders du Dow Jones n'avaient gagné que 40% entre fin 1938 et leurs hauts de 1946, l'indice Standard & Poor's des valeurs secondaires avait pris 280%. Les spéculateurs de tous poils et les investisseurs sans mémoire se sont ainsi rués sur ces secondaires cotées à des niveaux ridiculement élevés. Le pendule alla trop loin ! Ce même groupe de secondaires qui représentait auparavant les bonnes occasions était devenu celui des valeurs surévaluées. De façon à chaque fois différente, nous avons assisté au même phénomène en 1961 puis en 1968. Le balancier privilégiait alors les nouvelles introductions de sociétés qui souvent ne pouvaient pas même être qualifiées de secondaires, et pratiquement toutes spécialisées dans des secteurs de pointe comme les valeurs électroniques, les constructeurs d'ordinateurs, les franchises et autres.

Comme on pouvait s'y attendre, ces secteurs surévalués ont été décimés par les baisses qui ont succédé. Le balancier allant même trop loin dans l'autre sens et créant, comme à l'accoutumée, de nouvelles situations de sous-évaluation.

Si le destin des secondaires est d'être normalement sous-évalué, l'investisseur peut-il logiquement espérer tirer profit de telles situations ? Et si ces situations durent indéfiniment alors ne peut-on pas en déduire qu'il est impossible d'en tirer profit ? La réponse n'est pas très simple. On peut tirer des profits substantiels de l'achat de secondaires à des prix dépréciés de bien des manières. D'abord leurs dividendes sont relativement élevés. Deuxièmement, les revenus réinvestis sont substantiels comparés aux cours, et cela affectera en fin de compte leurs prix. Sur une période de 5 à 7 ans, ces avantages peuvent faire boule de neige et générer de jolis profits. Troisièmement, un marché haussier typique se montrera plus généreux pour les valeurs sous-évaluées, et il aura tendance à tirer les bonnes occasions à des niveaux normaux d'évaluation où elles ne seront plus de bonnes occasions. Quatrièmement, même lors de phases de marché peu animées, ce processus d'ajustement continu des prix sera en marche tirant les valeurs sous-évaluées à des niveaux de cours plus normaux. Cinquièmement, les facteurs spécifiques qui, dans bien des cas, ont créé une série de revenus annuels décevants ont des chances de disparaître grâce, soit à l'émergence de nouvelles conditions économiques, soit à des changements de stratégie ou à un renouvellement du management.

Un facteur nouveau est apparu ces dernières années. C'est la multiplication des acquisitions de petites entreprises par des grosses cherchant à se diversifier.

Dans ces cas-là, les offres d'achat se sont avérées être généreuses et en tout cas supérieures aux cours sous-évalués qui existaient auparavant.
À l'époque où les taux d'intérêt étaient bien plus bas qu'en 1970, le champ des bonnes occasions s'étendait au domaine des obligations et des actions préférentielles qui se vendaient avec de forts discounts par rapport à la valeur du principal à rembourser. Actuellement la situation est différente puisque même les titres bien protégés se vendent avec de larges discounts pour peu que leurs taux nominaux à l'émission aient été inférieurs aux taux d'intérêt courants (disons 4 1/2% ou moins). Par exemple, l'émission American Telephone & Telegraph à 2 5/8% due en 1986 s'est échangée aussi bas que 51$ en 1970; l'émission Deere & Co à 4 1/2% due en 1983 à 62$. Ces prix pourront très vite apparaître comme des affaires si les taux d'intérêt se remettent à baisser. Néanmoins, pour qui recherche une bonne affaire plus traditionnelle dans cette classe d'obligations à discount, mieux vaut se tourner vers les obligations émises par les chemins de fer actuellement en pleine déconfiture financière et qui (pour cette raison et pas à cause du différentiel entre leurs coupons et les taux d'intérêt courants) se vendent à 20 ou 30 cents par dollar de nominal. Ces situations ne sont pas pour les novices; celui qui connaît mal ce domaine et la notion de valeur peut aisément s'y brûler les doigts. Ceci dit, le marché a, dans ce cas, tendance à exagérer la nouvelle donne économique. Par conséquent, ce groupe dans son ensemble offre un fort potentiel de profit à l'expert courageux qui en fera une analyse approfondie. Pendant la décennie qui se termina en 1948, ce même groupe des émissions obligataires de chemins de fer en faillite offrait déjà des opportunités nombreuses et spectaculaires. Ces opportunités ont été beaucoup plus rares depuis lors, mais il semblerait qu'elles reviennent dans les années 70.

LES SITUATIONS SPÉCIALES OU RÉORGANISATION DU PASSIF

Il n'y a pas si longtemps ces situations spéciales garantissaient un retour d'investissement très intéressant à ceux qui en connaissaient les règles. C'était vrai quelle que soit la situation courante des marchés. Ce jeu était l'arène exclusive de professionnels chevronnés. Ceci dit, l'amateur éclairé qui savait développer un flair pour ce genre de situations pouvait en apprendre les subtilités sans se lancer dans des études longues et coûteuses. Certains ont eu assez d'intelligence pour capter les avantages de cette approche. Ils se sont attachés le concours de jeunes professionnels spécialisés dans de telles situations. Mais ces dernières années, pour des raisons que nous expliquerons plus loin, le secteur des arbitrages et des réorganisations du passif devint plus risqué et moins rémunérateur. On peut imaginer que dans l'avenir de telles situations soient de nouveau intéressantes. En tout cas nous pensons qu'il est utile de présenter dans leurs grandes lignes, les tenants et aboutissants de ce type d'opérations à l'aide d'un ou deux exemples.

La situation spéciale typique émerge à la suite de la multiplication d'opérations d'acquisition de petites entreprises par des grandes, phénomène qui caractérise ces époques où le nouvel hymne du management chante les louanges de la diversification. Pour beaucoup de grandes entreprises, il paraît souvent séduisant d'acquérir une petite société sur un marché qu'elles cherchent à conquérir plutôt que de créer de toutes pièces une nouvelle opération. Pour rendre possible de telles acquisitions, et obtenir l'accord de la majorité des actionnaires de l'entreprise cible, il est généralement indispensable d'offrir un prix intéressant; autrement dit significativement au-dessus des cours courants. Les stratégies financières profitant de cette mode ont généré de belles opportunités de gains pour ceux qui ont étudié ce domaine et ont la pratique de ces techniques.

Beaucoup d'argent a été gagné, il n'y a pas si longtemps, par les investisseurs futés qui ont acquis ces obligations de sociétés de chemin de fer en liquidation judiciaire. En effet, ces titres en général s'appréciaient fortement après réorganisation du passif. Suite à la publication des plans de réorganisation, apparaissait vite un marché pour les nouveaux titres. Ces derniers pouvaient donc être rapidement revendus à des prix bien supérieurs aux coûts des anciens titres contre lesquels ils avaient été échangés. Il existait bien sûr le risque que le plan de réorganisation ne soit pas accepté ou que des retards imprévisibles en empêchent la réalisation. Ceci étant, de telles opérations d'arbitrage se sont souvent révélées très lucratives.

Des opportunités similaires sont apparues lors de la restructuration de sociétés holding des producteurs-distributeurs d'électricité à la suite de la législation de 1935. Toutes ces compagnies se sont avérées valoir considérablement plus une fois cassées en morceaux que lorsqu'elles étaient un élément d'une holding.

Le facteur sous-jacent est ici, la tendance des marchés boursiers à sous-évaluer les sociétés qui sont engagées dans toutes sortes de procédures légales complexes (7). Un vieux dicton de Wall Street avertit : "Ne jamais acheter un procès." C'est peut-être un bon conseil pour tout spéculateur impatient mais l'extension de ce réflexe auprès de la masse des investisseurs génère de bonnes affaires dans les domaines touchés puisque le préjudice est souvent exagéré par les marchés.

L'exploitation de ces situations spéciales (8) est un champ clos, exigeant un bagage intellectuel inhabituel. Il est probable que seule une minorité de nos investisseurs entreprenants aura les qualités requises et il est hors du sujet de ce livre de s'engager plus loin dans ce domaine compliqué(9).

Implications de nos règles d'investissement : le cas général

La politique d'investissement que nous avons exposée jusqu'à présent dépend d'abord du choix de l'investisseur qui opte soit pour une attitude d'investissement défensive (ou passive) soit pour une politique agressive (ou entreprenante). L'investisseur agressif devra connaître suffisamment les champs d'investissement possibles et les critères d'évaluation pertinents à sa disposition pour pouvoir exercer cette activité en professionnel. Il y a de la place pour une position intermédiaire, ou des positions intermédiaires entre celle d'investisseur passif et celle d'acteur agressif. Beaucoup, pour ne pas dire la majorité des investisseurs, se placent entre les deux. C'est pourtant, à notre avis, un compromis qui a le plus de chance de provoquer échecs et déceptions. En tant qu'investisseur vous ne pouvez vous situer en semi-professionnel et escompter dégager une rentabilité de semi-professionnel.

Il découle de ce raisonnement que la majorité des détenteurs de titres devrait choisir le camp de l'investissement défensif. Ils n'ont ni le temps, ni la motivation, ni l'attitude mentale pour s'engager dans des activités d'investissement en professionnels. Ils devraient donc se satisfaire du retour sur investissement accessible sur portefeuilles défensifs (et même moins), et fermement résister à la tentation permanente de doper leurs performances en s'écartant du chemin tracé.

L'investisseur entreprenant peut s'engager dans toutes les formes de transactions sur titres pour lesquelles ses capacités mentales et intellectuelles sont adéquates et qui paraissent suffisamment prometteuses d'après les standards d'évaluation reconnus.

Dans le cadre de nos conseils et de nos mises en garde destinés à ce groupe d'investisseurs nous avons essayé de toujours en référer à ces standards d'évaluation. Pour l'investisseur défensif, nous avons été guidés essentiellement par trois exigences : d'abord exigence de sécurité sous-jacente, ensuite de simplicité de choix et enfin de promesse de rentabilité adéquate à la fois en terme de psychologie et d'arithmétique. Ces critères nous ont amené à exclure de notre champ de recommandations un certain nombre de produits qui sont pourtant considérés comme appropriés. Ces interdits sont donnés dans notre premier chapitre.

Reprenons plus en détail les raisons de ces exclusions. Nous vous avons mis en garde contre l'achat à "prix plein" de trois catégories de titres :

1) les obligations étrangères,
2) les actions préférentielles ordinaires,
3) les actions secondaires, groupe dans lequel nous incluons, évidemment, les premières introductions.

Par à "prix plein" nous entendons à des prix proches de la valeur du pair (en ce qui concerne les obligations et les actions préférentielles) et à des prix représentant la valeur objective de l'entreprise pour les actions ordinaires. La majorité des investisseurs défensifs devrait éviter ces catégories à n'importe quel prix. L'investisseur entreprenant ne saurait les acquérir que lorsqu'elles sont accessibles à des prix de discount (ou de bonne affaire) définis comme n'étant pas supérieurs aux deux-tiers de la valeur estimée des titres.

Que se passerait-il si tous les investisseurs suivaient scrupuleusement ces conseils ? Nous avons soulevé ce sujet avec les titres obligataires étrangers,p.93, et nous n'avons rien à y ajouter pour l'instant. Les actions préférentielles de première qualité ne devraient être achetées que par les sociétés, comme les compagnies d'assurance par exemple, qui peuvent tirer profit des avantages fiscaux.

Le résultat le plus troublant de notre politique d'exclusion est trouvé dans le domaine des actions dites secondaires. Si la majorité des investisseurs défensifs s'en tient bien à l'écart, alors le champ des investisseurs potentiels en est réduit d'autant. Qui plus est, si les investisseurs agressifs ne les achètent qu'à des prix de bonnes affaires, alors ces titres sont voués à être vendus bien au-dessous de leur valeur équitable.

Ce jugement peut paraître sévère et même immoral. Mais en vérité nous ne faisons que reconnaître ce qui se passait dans ce domaine pendant la plus grande partie des quarante dernières années. Les valeurs secondaires, en général, fluctuent de part et d'autre d'une valeur centrale qui est bien au-dessous de leur niveau d'équité. Elles atteignent, voire dépassent ces niveaux de temps en temps, mais ces phénomènes n'arrivent qu'en phase de surévaluation (généralement la phase terminale des marchés haussiers). L'expérience nous incite à nous tenir à l'écart des titres à ces niveaux de prix. Nous suggérons ici que seuls les investisseurs agressifs devraient s'intéresser aux valeurs secondaires et accepter leurs valeurs centrales (médianes) fixées par les marchés comme les niveaux maximums d'achat.

Ceci dit, nous avons là un paradoxe. Le titre secondaire typique, convenablement choisi, peut pourtant avoir des perspectives aussi prometteuses que la valeur leader ou primaire typique. Ce qui fait défaut à la valeur secondaire, une plus forte instabilité des résultats, est compensé par des possibilités supérieures de croissance. Il peut donc apparaître illogique au lecteur de qualifier d'inintelligent l'achat de ces titres secondaires à leur juste prix autrement dit à leur valeur équitable. Nous pensons, quant à nous, que la logique à respecter est celle que l'on tire de l'expérience. L'histoire des Bourses dit clairement que l'investisseur ne peut attendre des résultats satisfaisants (en moyenne ou en agrégat) de la détention de valeurs secondaires qu'à condition de les acheter à un prix plus bas que leur valeur pour un opérateur industriel. Cette dernière phrase indique que ce principe n'est approprié que pour l'investisseur extérieur. Quiconque peut contrôler une entreprise secondaire, ou quiconque fait partie d'un groupe de contrôle cohérent, a raison d'acheter les titres sur les mêmes bases d'évaluation que s'il investissait dans une entreprise privée ou tout autre affaire non cotée. L'écart d'appréciation entre les positions des insiders (investisseur opérateur) et les outsiders (investisseur indépendant) est d'autant plus fort que l'entreprise considérée est petite. La caractéristique dominante d'une entreprise primaire ou leader, est qu'une action individuelle a pratiquement la même valeur qu'une action de contrôle. Dans les entreprises secondaires, la valeur cotée moyenne d'une action vaut substantiellement moins qu'une action de contrôle. Pour cette raison, le sujet des relations actionnaires-management et les relations entre actionnaires de contrôle et actionnaires indépendants seront tout naturellement beaucoup plus importantes et soumises à plus de controverses dans le cas des secondaires.

À la fin du chapitre 5 nous avons débattu sur les difficultés à faire une distinction simple et directe entre entreprises primaires et entreprises secondaires. Les titres qui sont à la frontière des deux classes pourront avoir un comportement de prix intermédiaire et impur. Il n'est donc pas illogique que l'investisseur achète de tels titres à faible discount sur leur valeur équitable puisqu'il fonde sa décision sur une incertitude : à savoir l'évolution future de l'entreprise qui lui fera rejoindre l'une ou l'autre des deux classes de titres.

Ainsi la distinction entre primaires et secondaires n'a pas besoin d'être faite avec précision; car, si c'était le cas, un changement mineur de standing pourrait entraîner un fort différentiel quant au prix d'achat justifié. Affirmer cela, c'est reconnaître un terrain gris dans toutes classifications (factions contrairement à ce que nous conseillons pour la classification des investisseurs. La raison qui nous dicte cette apparente contradiction est la suivante : l'incertitude de point de vue dans le domaine d'un titre individuel ne représente pas de risque majeur car ce cas se présente rarement et ne porte pas à conséquence. Par contre, le choix d'un investisseur entre un statut défensif ou agressif a des conséquences énormes. Voilà pourquoi il doit s'interdire tout compromis ou toute zone d'ombre dans la prise d'une telle décision.

(1) Voyez, par exemple, l'ouvrage de Lucile Tomlinson "Formules utiles pour investir", et celui de Sydney Cottle et W.T. Whitman "Timing d'investissement : l'Approche par la Formule", l'un et l'autre publiés en 1953.

(2) Une entreprise ayant des résultats moyens ne peut être considérée (si on veut éviter toute confusion de termes) comme valeur de croissance tout simplement parce que ses supporters s'attendent à ce qu'elle fasse mieux que la moyenne dans le futur. C'est tout simplement un titre prometteur.

(3) Voir tableau 7-1.

(4) Voilà deux maximes populaires qui encouragent de telles ventes : "Les arbres ne montent pas jusqu'au ciel" et "Un bull ("taureau" ou haussier) peut gagner, un bear ("ours" ou baissier) peut gagner mais un pig ("porc" ou glouton) ne gagne jamais."

(5) Deux études existent. La première, conduite par H.G Schneider, un de nos élèves, couvre la période 1917-1950 et a été publiée en 1951 dans le *Journal of Finance*. La deuxième a été faite par Drexel Firestone, firme membre du New York Stock Exchange, et couvre la période 1933-1969. Les résultats sont donnés ici avec leur aimable permission.

(6) NDE : L'actif net circulant (autrement appelé besoin en fonds de roulement utile) et en anglais "net current asset" ou "net working capital" reprend l'actif circulant (le liquide, les comptes clients, les stocks) moins le passif exigible (les comptes fournisseurs, les créances à court terme..). Ce sont les fonds qui sont destinés à financer le cycle d'exploitation; autrement dit la période pendant laquelle l'entreprise transforme ses matières premières en produits finis, puis ses produits finis en ventes.

(7) NDE : ce sont les efforts que déploient actionnaires et prêteurs pour éviter faillite ou banqueroute de la société après un défaut de paiement sur la dette et mise en règlement judiciaire. Ces plans impliquent généralement une réduction substantielle du service de la dette lors d'une phase de contraction économique.

(8) NDE : L'équivalent récent de ces opérations spéciales incorrectement jugées par les marchés ont été les Spinoff. À la suite de réorganisations d'entreprises souvent destinées à se défendre contre des OPA, de grandes sociétés se détachaient d'activités ou de filiales non stratégiques. Les titres nouveaux, créés pour l'occasion, ces Spinoff, étaient ensuite distribués aux actionnaires. Comme ces Spinoff assumaient de lourdes dettes, ils étaient mal compris et peu appréciés des actionnaires des sociétés mères qui s'empressaient de s'en débarrasser. Voilà pourquoi pendant près de deux années ces titres ont été systématiquement sous-évalués par le marché.

(9) Voir plus loin (chapitre 15) trois exemples de situations spéciales qui existaient en 1971.

CHAPITRE 8

L'INVESTISSEUR ET LES FLUCTUATIONS DES MARCHÉS

Si l'investisseur concentre ses placements sur des obligations de première qualité et de maturité relativement courte (moins de sept ans), il ne sera pas affecté significativement par les fluctuations des cours et n'aura pas besoin d'en tenir compte. (C'est la même chose pour les bons d'épargne du gouvernement qu'il pourra toujours revendre au pair sinon plus cher.) Les obligations de maturité plus longue pourront voir leurs prix subir de fortes fluctuations pendant la durée de leur détention, il en sera de même pour les actions.

Tout investisseur doit le savoir et s'y préparer à la fois financièrement et psychologiquement. On voudra profiter de ses changements, d'abord en voyant nos titres se valoriser dans le temps et aussi en cherchant à placer nos achats et nos ventes aux moments appropriés. Que chacun cherche à tirer profit d'un timing judicieux est aussi inévitable que légitime. Il ne faut pas oublier qu'une telle stratégie est dangereuse car elle risque de nous entraîner vers une attitude et une activité spéculatives. Il nous est facile de vous dire de ne pas spéculer, le plus dur sera de suivre ce conseil. Réaffirmons ce que nous n'avons cessé de dire depuis le début : si vous voulez spéculer, faites-le les yeux ouverts, en sachant que vous serez certainement perdant en fin de compte. Assurez-vous de bien maîtriser le risque pris et séparez vos fonds spéculatifs de vos fonds d'investissement.

Nous traiterons d'abord le sujet le plus important : celui des mouvements des actions simples, nous passerons ensuite au domaine des obligations. Nous vous avons fourni au chapitre 3 une étude historique des marchés boursiers sur les cent dernières années. Dans ce chapitre, nous reviendrons à l'occasion sur ces chiffres afin de voir ce que les performances passées laissent présager à l'investisseur, tant pour ce qui est de l'appréciation dans le temps d'un portefeuille d'actions que pour les possibilités d'acheter près des bas des marchés bear et de revendre non loin des sommets des marchés bull.

Les fluctuations des marchés comme guide des décisions d'investissement

Étant donné que toutes les actions, même celles de première catégorie, sont soumises à d'amples mouvements de leurs cours, l'investisseur intelligent devrait chercher à en profiter. Il y a deux façons de le faire : soit par le timing soit par le pricing ou évaluation des prix. Par timing, nous entendons tout effort destiné à anticiper l'action des marchés afin d'acheter ou de conserver quand la hausse est envisagée, et de vendre ou différer un achat quand la baisse est attendue. Par pricing, nous entendons d'abord la tentative destinée à acquérir les titres lorsqu'ils sont cotés au-dessous de leurs valeurs d'équité et à les vendre quand ils passent au-dessus de ce niveau. Une autre forme moins ambitieuse d'évaluation des prix consiste à s'assurer plus simplement de ne pas payer trop cher ses achats. Cette évaluation est suffisante pour l'investisseur défensif qui se concentre sur le long terme, et comme telle, elle exige de porter un minimum d'attention aux niveaux courants du marché (1). Nous sommes convaincus que l'investisseur intelligent peut tirer des résultats honorables au moyen d'une méthode de pricing. Par contre, nous sommes tout aussi sûrs, que s'il s'efforce de faire du timing de marché, dans le sens de la prévision, il finira dans la peau d'un spéculateur et aura les résultats du spéculateur. La distinction entre les deux attitudes paraît bien mince au néophyte, et elle n'est pas clairement faite non plus par Wall Street. Dans leur comportement professionnel, et peut-être aussi au plus profond de leur conviction, les courtiers en titres et les services de conseils en investissements semblent attachés au principe qu'à la fois l'investisseur et le spéculateur doit consacrer beaucoup d'efforts et d'attention à la prévision de marché.

Plus on s'éloigne de Wall Street, et plus on voit se développer de scepticisme quant aux mérites de la prévision et du timing de marché. L'investisseur peut difficilement prendre au sérieux les innombrables prévisions qui lui sont fournies quotidiennement de maints horizons sans qu'il le demande, et pourtant elles influencent ses décisions. Pourquoi ? Parce qu'il a été persuadé qu'il est essentiel de se forger une opinion sur l'évolution future de la Bourse. Parce qu'il a aussi le sentiment que les opinions des professionnels sont plus fiables que les siennes.

Nous n'avons pas assez de place pour parler en détail des avantages et des inconvénients de la prévision de marché. Beaucoup de cerveaux se consacrent à cette tâche, et certains peuvent effectivement gagner de l'argent en étant de bons analystes de marché. Il est cependant absurde de penser que le grand public peut gagner de l'argent grâce à ces prévisions. Pour une raison bien simple : si tout le monde a la même opinion, personne ne sera là pour acheter le jour où les autres vendront. Si vous, lecteur, vous escomptez vous enrichir en suivant tel système ou tel gourou, attendez-vous à vous essayer au même jeu que des milliers d'autres, et, pour vous en sortir, il vous faudra faire mieux que les autres. Aucun élément tiré de la logique ou de l'expérience ne permet de croire que l'investisseur moyen puisse anticiper les mouvements de marché mieux que le grand public dont il fait partie.

Il y a un autre aspect de la philosophie du timing qui semble avoir échappé à tout le monde. Le timing est un facteur psychologique d'une extrême importance pour le spéculateur car il a besoin de sortir de ses positions très rapidement. Il ne peut se permettre d'attendre une année avant de voir tel ou tel titre avancer. Mais une période d'attente, comme celle-ci, ne porte par contre aucun préjudice à l'investisseur. Quel avantage tirera-t-il donc à rester à l'écart du marché jusqu'à ce qu'il reçoive un signal supposé fiable lui disant qu'il est temps d'acheter ? Il y gagne seulement si différer un achat lui permet d'acheter ensuite à un prix suffisament bas pour récupérer au moins son manque à gagner sur les dividendes perdus. Autrement dit, si cela lui permet de racheter ses titres substantiellement plus bas qu'il ne les aurait vendus.

À ce sujet, la fameuse théorie de Dow pour le timing des achats et des ventes est une histoire édifiante. En bref, cette technique tire ses signaux d'achats de cassures par le haut (graphiques) particulières des indices, et ses signaux de ventes de cassures similaires par le bas. Les résultats calculés (pas forcément les résultats réels) tirés de l'utilisation de cette méthode en situation de marché, ont démontré une série presque ininterrompue de gains entre 1897 et le début des années soixante. Sur les bases de ces résultats, la théorie de Dow devrait avoir acquis ses lettres de noblesse. Le seul doute sur son efficacité pourrait venir de l'exactitude des résultats calculés par rapport aux résultats qui auraient été enregistrés par son application réelle sur les marchés.

Une étude plus pointue des performances de la méthode démontre cependant que la qualité des résultats s'est extrêmement détériorée à partir de 1938, soit peu de temps après que la théorie eut été suivie sérieusement par Wall Street. Son plus grand succès a été de lancer un signal de vente, à 306 points sur le Dow, un mois avant le krach de 1929 et d'avoir tenu ses utilisateurs hors du long marché baissier jusqu'à ce que les choses se soient remises en place, soit à 84 points sur le Dow en 1933. Mais à partir de 1938 la théorie ne fit qu'entraîner ses disciples à sortir à des prix élevés et à revenir à des prix encore plus élevés. Dans les trente années suivantes, les investisseurs auraient mieux fait de suivre une simple stratégie d'achat-conservation sur le DJIA (2).

À notre avis, après une étude approfondie du phénomène, la détérioration des résultats de la théorie de Dow ne tient pas du hasard. Ces résultats démontrent une caractéristique inhérente à la prévision et aux formules de trading appliquées aux domaines des affaires et des marchés financiers : ces formules gagnent des disciples parce qu'elles ont bien marché pendant un certain temps, ou alors plus prosaïquement, parce qu'elles se sont ajustées de façon plausible aux statistiques historiques de la Bourse. Mais, au fur et à mesure que leur acceptation s'élargit, leur fiabilité diminue. À cela deux raisons : d'abord le temps écoulé amène de nouvelles conditions pour lesquelles les formules anciennes ne sont plus adaptées. Ensuite, en matière de marchés boursiers, la popularité même d'une théorie de trading a une influence sur le comportement du marché. Cette caractéristique lui ôte à terme ses capacités à générer des profits. La popularité d'une théorie, comme celle de Dow, semble créer sa propre justification puisqu'elle fabriquera l'avancée ou le déclin sur le marché grâce à l'action de ses suiveurs dès qu'un signal d'achat ou de vente est lancé. De telles fuites en avant représentent plus de dangers que d'avantages pour les opérateurs.

L'approche achat-bas, vente-haut

Nous sommes convaincus que l'investisseur moyen ne peut pas s'en tirer s'il essaie d'anticiper les fluctuations des cours. Pourrait-il au moins en tirer profit après coup, en achetant après un déclin majeur et en vendant après une avancée importante ? Les fluctuations de marché antérieures à 1950 pouvaient nous le laisser espérer. D'ailleurs une définition courante de l'investisseur subtil était alors la suivante : "Celui qui savait acheter pendant un marché baissier alors que tout le monde vendait, et vendre dans un marché haussier alors que tout le monde achetait." Si nous reprenons notre graphe 1 du Standard & Poor's Composite index entre 1900 et 1970, et le tableau de performances 3-1 (p. 50), nous voyons tout de suite pourquoi cette opinion semblait logique il y a quelques années.

De 1847 à 1949 nous avons vu dix cycles de marché se développer, chaque cycle allant d'un bas de marché à un autre bas de marché. Six de ces cycles avaient une durée inférieure à quatre ans, quatre ont duré entre six et sept ans, et un seul, le fameux cycle de la "Nouvelle Ère", dura onze années de 1921 à 1932. (Gardons en mémoire qu'en arithmétique, une baisse de 50% reprend tous les profits d'une hausse de 100%.)

Pratiquement tous les marchés bull ont partagé certaines caractéristiques à leur apogée, telles que :

1) un plus haut historique,
2) des price earnings ratios très élevés,
3) des rendements actions (dividendes) bas par rapport aux rendements obligataires (coupons),
4) beaucoup de spéculation à crédit (à terme),
5) beaucoup de nouvelles introductions de mauvaise qualité.

Il semble donc logique à l'historien de marché de chercher à profiter de ces caractéristiques pour identifier plus tôt les marchés haussiers et marchés baissiers afin d'acheter les marchés qui baissent et de vendre ceux qui montent. Plusieurs méthodes ont été mises au point afin de déterminer les niveaux d'achat et de vente. Elles reposaient, soit sur des facteurs de valeur, soit sur des éléments d'amplitude de mouvements de prix (en pourcentage), soit sur une combinaison de ces critères.

Mais il nous faut rappeler que même avant le très long marché haussier qui débuta en 1949, il y avait assez de différences entre ces cycles de marché successifs pour rendre la tâche délicate. Le cycle le plus atypique était bien sûr le marché bull des années vingt. Ce dernier rendit obsolètes bien des calculs. Même en 1949, il n'était donc pas du tout évident que l'investisseur ait pu définir sa politique d'investissement au vu des études cycliques historiques. La stratégie consistant à acheter bas et à vendre haut était donc déjà difficile à appliquer.

Il se révéla ultérieurement que la poursuite d'une telle stratégie aurait été perdante. Le comportement des marchés au cours des vingt dernières années n'a pas suivi les schémas antérieurs pas plus qu'il n'a obéi aux signaux de danger bien établis. Dès lors, il était exclu de gagner en appliquant les règles précédentes : acheter bas et vendre haut. Quant à savoir si le vieux et régulier tracé des indices se reproduira, nul ne peut le dire. Mais il nous apparaît irréaliste de tenter de baser notre stratégie courante sur les formules du passé (comme attendre certains niveaux de marché baissier pour acheter nos actions). La politique que nous recommandons permet cependant à qui le désire de tenir compte de ces schémas grâce à la marge que nous allouons à chaque composante (de 25% à 75%), en fonction des niveaux d'attraction des marchés.

Plan d'investissement à partir de formules

Au démarrage du marché haussier actuel, en 1949-50, toutes les méthodes tentant de profiter du caractère cyclique de la bourse suscitaient un très grand intérêt chez les opérateurs de Wall Street. On les connaissait sous le terme générique de plans d'investissement à la formule. L'essence de tels plans (à l'exception du plan d'investissement par mensualités constantes ou dollar cost averaging) était d'engager l'investisseur à effectuer des ventes d'actions de façon automatique après une avancée substantielle du marché. Dans une majorité d'entre eux, une avancée majeure dictait la vente de l'ensemble de ses holdings en actions. Certains cependant suggéraient de garder un minimum d'actions en portefeuille quelles que soient les circonstances de marchés.

De telles approches avaient le double intérêt d'apparaître logiques (conservatrices) et d'enregistrer des performances historiques (a posteriori) édifiantes. Malheureusement, elles eurent le plus large suivi au moment où elles étaient destinées à marcher le moins bien. Beaucoup de ces investisseurs à la formule se sont retrouvés sortis du marché au milieu des années cinquante. Bien sûr, ils sortirent à profit mais le marché en profita pour fuir en avant, ce qui les empêcha de profiter des hausses qui suivirent.

Il existe bien des points communs entre l'expérience de ces investisseurs qui ont adopté l'approche de l'investissement par la formule au début des années cinquante et ceux qui avaient choisi l'approche mécanique de Dow quelque vingt années plus tôt. Dans un cas comme dans l'autre, l'acceptation généralisée de la méthode eut lieu au moment même où elle perdit de son intérêt. Nous-mêmes, avons subi la même déconvenue avec l'adoption de la méthode de la valeur centrale pour déterminer les points d'achat et de vente du Dow Jones Industrial Average. La morale à tirer de ces expériences est que toute approche boursière qui peut être facilement appréhendée et suivie par le plus grand nombre sera, par définition, trop facile pour durer. Nous empruntons, en conclusion, la remarque suivante à Spinoza car elle est vérifiée aussi bien à Wall Street qu'en philosophie : "Toutes les choses excellentes sont aussi rares que difficiles."

Les fluctuations du portefeuille de l'investisseur dues au marché

Tout investisseur qui possède des actions doit s'attendre à les voir fluctuer dans le temps. Le comportement du DJIA depuis notre précédente édition (écrite en 1964) reflète bien ce qui est arrivé au portefeuille en actions de l'investisseur conservateur qui a circonscrit ses holdings à de grandes entreprises, prééminentes et financées prudemment. La valeur du marché passa d'un niveau moyen de 890 points à un haut à 995 points en 66 (puis 985 de nouveau en 1968), tomba à 631 en 1970, et récupéra à 940 en début 1971. Étant donné que les titres individuels enregistrent leurs plus hauts et plus bas à des moments différents, les fluctuations de l'indice des valeurs du Dow Jones sont moins sévères que celles de chacune de ses composantes. Nous avons repris les fluctuations d'autres groupes de titres diversifiés et conservateurs. Il en résulte que leurs résultats sont très proches de ceux des valeurs du Dow Jones. En général, les actions secondaires sont sujettes à de plus fortes fluctuations que les grands titres, ce qui ne veut pas dire qu'un groupe de valeurs secondaires de qualité aura une plus mauvaise performance sur le long terme. Quoi qu'il en soit, il vaut mieux se résoudre à l'avance à la grande probabilité (plus qu'à l'éventualité) de voir son portefeuille avancer de 50% et plus par rapport à ses bas, puis décliner de quelque chose comme un tiers (ou plus) au cours des cinq années qui suivront.

Un investisseur sérieux ne pensera jamais que ces fluctuations quotidiennes ou mensuelles font de lui pour autant un homme plus riche ou plus pauvre. Mais qu'en est-il des fluctuations plus amples et à plus long terme ? C'est ici qu'on se pose des questions pratiques et que les problèmes psychologiques se compliquent. Une hausse substantielle est à la fois une cause de satisfaction légitime et une raison pour s'inquiéter. Cela provoque aussi des tentations dangereuses. Vos actions ont gagné, parfait ! Vous voilà plus riche que vous ne l'étiez, parfait ! Mais est-ce que leurs prix n'ont pas trop augmenté, et n'est-il pas temps de vendre ? Ou bien ne devriez-vous pas vous reprocher de ne pas avoir acheté plus d'actions tant qu'il était encore temps ? Ou alors, pensée plus dangereuse encore, ne devriez-vous pas vous laisser porter par l'euphorie ambiante, la confiance aveugle et la cupidité du grand public (dont vous faites partie), et augmenter vos engagements ? Présentée comme ça, la réponse à cette dernière question est évidemment non. Même le plus intelligent des investisseurs aura besoin de beaucoup de volonté pour se retenir de suivre l'instinct grégaire de la foule. C'est pour ces raisons tenant à la nature humaine, plus que par simple calcul de gains ou de pertes, que nous encourageons l'investisseur à suivre une quelconque méthode mécanique pour faire varier les proportions de ses composantes en actions et en obligations. L'avantage essentiel est, peut-être, que suivre telle ou telle formule lui donnera le sentiment de faire quelque chose. Ainsi, au fur et à mesure de l'avancée du marché, l'investisseur allégera sa position en actions (en rachetant des obligations); et lors des déclins, il inversera cette procédure. Ces ajustements serviront d'exutoire à son trop plein d'énergie. S'il développe les bons réflexes, il sera réconforté de voir que ses opérations vont à contre-courant des décisions des masses.

Estimation économique face à l'estimation boursière

L'impact des fluctuations de marchés sur la situation de l'investisseur peut être appréhendé sous l'angle de l'actionnariat passif ou bien actif (autrement dit en tant que propriétaire de parts d'entreprises). En effet, le détenteur de titres négociables a un double statut et ie choix du statut qui compte est laissé à sa discrétion. D'un côté sa position est analogue à celle d'un détenteur minoritaire ou partenaire passif d'une entreprise privée. Dans ce cas ses bénéfices sont entièrement déterminés par les bénéfices de l'entreprise ou le changement de la valeur sous-jacente de ses actifs. Il déterminera la valeur de ses intérêts dans l'entreprise en calculant la part de l'actif net réévalué qui lui appartient. D'un autre côté, l'actionnaire est le détenteur d'un titre négociable, une action simple, qui peut être vendue à tout moment à un prix qui change de minute en minute (aux heures d'ouverture des marchés en tout cas), et qui souvent est très différent de la valeur bilantielle de l'entreprise.

Le développement des marchés, ces vingt dernières années a rendu l'investisseur bien plus dépendant des cours boursiers que par le passé. Il se sent en parallèle bien moins fortement propriétaire partiel d'une entreprise. La raison de cette évolution tient à ce que les entreprises de qualité, qui attirent ses placements, se vendent pratiquement toujours à un prix bien supérieur à leur valeur d'actif (ou actif net ou capitaux propres ou valeur comptable)(3). Le fait de payer cette prime de marché rend l'investisseur otage des fortunes diverses de la Bourse. Il doit ainsi attendre que le marché valide ses engagements.

C'est un facteur essentiel de l'investissement moderne et qui ne reçoit pas en général toute l'attention qu'il mérite. La structure même de la fixation des cours est le fruit d'une contradiction interne. Meilleures sont les performances d'une entreprise, plus brillantes sont ses perspectives d'avenir, et moins le prix de ses actions sera lié à sa valeur comptable. Plus grande alors sera la prime (au-dessus de sa valeur d'actif), et plus risqué sera le calcul de sa valeur intrinsèque (4). Autrement dit plus cette valeur sera tributaire des changements d'humeur des marchés et des critères de mesure qu'ils retiendront. Nous arrivons ici au paradoxe ultime : meilleure sera l'entreprise, et plus son titre sera soumis à de fortes fluctuations. Dans la pratique, cela revient à dire que plus l'action est de qualité et plus elle aura un caractère spéculatif, du moins en comparaison avec les entreprises solides mais aux performances moyennes. (Ces commentaires s'appliquent particulièrement bien aux entreprises de croissance leader par opposition aux autres sociétés bien établies. Nous excluons de ce survol les titres qui sont fortement spéculatifs du fait du caractère spéculatif de leur secteur d'activité).

L'argument que nous venons de développer expliquerait le comportement erratique des cours de nos meilleures entreprises. L'entreprise reine est bien entendu IBM. L'action est passée de 607$ à 300$ en sept mois entre 1962 et 63, après deux divisions du titre elle est encore tombée encore de 387$ à 219$ en 1970. De même, Xerox, plus impressionnant encore qu'IBM ces dernières années en ce qui concerne l'évolution de ses revenus, chuta de 171$ à 87$ en 1962-63 et de 116$ à 65$ en 1970. Ces chutes remarquables ne sont pas à mettre sur le compte de doutes quant au potentiel de croissance à long terme de ces titres. Elles reflètent plutôt la perte de confiance du marché sur l'évaluation de la prime qui leur est octroyée.

La discussion qui précède nous amène à une conclusion d'une grande importance pratique pour l'investisseur défensif. S'il porte attention à la sélection des actions de son portefeuille, mieux vaut qu'il concentre ses achats sur des entreprises dont la valeur marché est raisonnablement proche de la valeur nette de leurs actifs tangibles (5) (pas plus de 1/3 au-dessus de ce chiffre). Des achats passés à ces niveaux ou à des niveaux inférieurs, peuvent logiquement préserver la relation entre les cours et la valeur bilantielle de l'entreprise. Ainsi la prime exigée au dessus de la valeur d'actif pourra toujours être considérée comme un droit alloué à la Bourse en rétribution des services rendus : cotations quotidiennes et liquidité immédiate.

Une mise en garde est ici nécessaire. Un titre ne devient pas un investissement sain par le simple fait qu'il peut être acquis à un prix proche de sa valeur d'actif. L'investisseur doit exiger en plus un ratio cours/bénéfice adéquat, une position financière suffisamment forte, et la perspective que les revenus passés seront au moins maintenus dans l'avenir. Cela peut paraître beaucoup demander pour un titre à prix modéré, mais la prescription n'est pas difficile à remplir sur toutes les conditions de marchés sinon les plus extrêmes. Une fois que l'investisseur est prêt à renoncer aux perspectives les plus brillantes (c'est-à-dire une croissance attendue supérieure à la moyenne) il trouvera sans mal une large sélection de titres passant ces tests.

Dans les chapitres que nous allons consacrer à la sélection des actions simples (Chapitres 14 et 15) nous vous présenterons des chiffres qui montreront que plus de la moitié des valeurs du DJIA satisfont bien aux critères de valeur d'actif fin 1970. Le titre détenu par le plus grand nombre d'investisseurs, American Tel. & Tel., s'échange en fait au-dessous de la valeur de ses actifs tangibles au moment où nous écrivons ces lignes. La majorité des sociétés de distribution d'électricité et de gaz, indépendamment de leurs autres avantages, sont aujourd'hui (début 1972) disponibles à des prix raisonnablement proches de leur valeur d'actif.

L'investisseur ayant un portefeuille d'action représentant une forte valeur d'actif pourra avoir une vision plus détachée, plus indépendante des fluctuations des marchés que celui qui a dû payer de gros multiples à la fois sur les revenus et les actifs tangibles. Tant que la capacité bénéficiaire des sociétés en portefeuille est satisfaisante, il n'est plus nécessaire de porter beaucoup d'attention aux caprices des marchés. Encore mieux, ces caprices seront mis à profit pour acheter et vendre à bon compte.

L'exemple d'A & P

Il est temps de vous proposer un exemple qui bien qu'ancien, présente à notre avis un intérêt tout particulier. En effet, il combine plusieurs facettes importantes de l'investissement dans une entreprise. Il s'agit de Great Atlantic & Pacific Tea. Co. Voilà son histoire :

L'action A & P fut introduite sur le "Curb", aujourd'hui l'American Stock Exchange, en 1929 et s'est échangée à un haut de 494$. En 1932 le titre était tombé à 104$ bien qu'à l'époque les revenus de l'entreprise aient été, malgré l'environnement économique déplorable, pratiquement inchangés par rapport aux années précédentes. En 1936, le titre s'était échangé entre 111$ et 131$. Puis, au cœur de la récession et du marché baissier il tomba à un nouveau plus bas à 36$.

Ce prix était surprenant. Il plaçait la valeur de l'entreprise, actions simples et préférentielles réunies à 126 millions de dollars alors même qu'elle détenait 85 millions$ en liquide et que son fonds de roulement valait 134 millions$. A & P. était la plus importante chaîne de distribution alimentaire d'Amérique, pour ne pas dire du monde, avec une chaîne longue et continue de bénéfices.

Et pourtant, en 1938 cette affaire florissante valait aux yeux de Wall Street moins cher que son fonds de roulement, autrement dit moins cher en tant que société en exploitation que sa valeur liquidative. Pourquoi ? D'abord parce qu'il y avait à l'époque des menaces d'impôts nouveaux qui pesaient sur les chaînes de distribution alimentaire, ensuite parce que les bénéfices nets s'étaient effondrés l'année précédente, et enfin parce que les Bourses étaient en pleine dépression. La première raison était exagérée et finalement sans fondement, les deux autres étaient temporaires.
Admettons donc le fait que l'investisseur ait acheté l'action simple A. & P. en 1937, disons à 12 fois ses revenus moyens sur cinq ans, soit à 80$. Il ne s'agit pas de prétendre que le déclin à 36$ qui suivit était négligeable pour l'investisseur. Une telle chute était même prétexte à un réexamen approfondi du cas pour s'assurer qu'aucune erreur ne s'était glissée dans les évaluations qu'il avait faites. Si tel était bien le cas, il suffisait de mettre cette chute sur le compte d'une lubie passagère des marchés et d'en tirer profit en achetant d'autres titres à des prix injustement bas.

La suite et les conclusions

L'année suivante, 1939, vit l'action A. & P. avancer à 117 1/2$, soit trois fois le plus bas de 1938 et bien au-dessus du prix moyen de 1937. Un tel retournement dans le comportement d'un titre est loin d'être exceptionnel, mais dans la cas de A. & P. ce fut plus frappant qu'à l'accoutumée. Après 1949, le titre s'apprécia en parallèle au marché pour finalement atteindre 70 1/2$ en 1961 (ou 705$, compte-tenu d'une division de l'action par dix).
À ce prix, A&P était évalué à trente fois ses bénéfices courants et intégrait la perspective d'une superbe croissance des revenus. Un tel optimisme n'était pourtant nullement corroboré par les résultats les plus récents de l'entreprise, et s'avéra parfaitement injustifié. Au lieu de croître à un rythme rapide, les revenus se sont effondrés par la suite. Un an après ses hauts à 701/2$, le titre s'échangeait à 34$. Mais cette fois-ci, l'action n'était plus une bonne affaire comme à ses bas de 1938. Après d'autres fluctuations erratiques le titre fit un autre bas à 21 1 /2$ en 1970 puis à 18$ en 1972 année ou A. & P. enregistra la première perte trimestrielle de son histoire.

Cette histoire nous montre l'ampleur des vicissitudes que peut traverser une grande entreprise américaine sur un peu plus d'une génération. Elle nous montre aussi la myopie maniaco-dépressive des marchés. En 1938, l'affaire était pratiquement bradée et personne n'en voulait; par contre en 1961 Wall Street réclamait l'action à grands cris malgré son prix ridiculement inflaté. Peu après le titre baissa de moitié puis il perdit encore autant quelques années plus tard. En parallèle cette entreprise qui nous avait habitué à des résultats supérieurs, se mua en acteur médiocre. Ses bénéfices en 1968, une bonne année pourtant, étaient inférieurs à ceux de 1958. Conclusion : A. & P. était peut-être une société bien plus importante en 1961 et 1972 qu'en 1938, mais une société moins bien gérée, beaucoup moins profitable, et donc bien moins intéressante.

Il y a deux morales à cette histoire. La première, c'est que le marché peut avoir tort, et dans ce cas un investisseur vigilant et courageux peut tirer profit de ces erreurs évidentes. L'autre, c'est que la majorité des affaires changent de nature et de qualité avec le passage du temps; c'est parfois pour le meilleur et plus souvent pour le pire. L'investisseur n'a pas à épier les performances de ses titres comme un oiseau de proie mais il doit examiner leurs performances de temps en temps.

Revenons à notre comparaison entre le détenteur de valeurs mobilières et l'homme qui a un intérêt industriel dans une affaire non cotée. Nous avons dit que le premier a l'option de se considérer soit comme détenteur de parts de propriété soit comme détenteur de titres négociables qu'il peut vendre quand il le veut à leurs cours du moment.

Mais remarquez un fait important : le véritable investisseur n'est que très rarement contraint de vendre ses actions. Dans les autres cas, il est libre de regarder avec indifférence les fluctuations des cours. Il ne lui faut en tenir compte et agir en conséquence que dans la mesure où il doit faire face à des échéances financières, un point c'est tout ! Ainsi l'investisseur qui se laisse aller à la panique ou est angoissé à chaque baisse de marché, transforme de façon perverse ce qui devrait être un avantage en handicap. Un tel individu se porterait mieux si ses titres n'étaient pas cotés, car il ne subirait plus l'angoisse provoquée par les jugements erronés des autres.

Incidemment, des situations de ce type étaient courantes pendant les années noires de récession entre 1931 et 1933. Il était alors préférable psychologiquement de posséder des intérêts dans des affaires non cotées. Par exemple, ceux qui détenaient des créances hypothécaires de premier rang sur des biens immobiliers, pouvaient, tant que leurs annuités leur étaient bien payées, se convaincre qu'ils n'avaient rien perdu. Pas un listing de cours ne prétendait le contraire. À l'opposé beaucoup d'obligations industrielles cotées (même de meilleure qualité et ayant de meilleures protections que les créances immobilières), ont vu leurs cours subir de lourdes pertes, faisant croire à leurs détenteurs qu'ils s'étaient appauvris. En réalité les détenteurs de titres cotés étaient dans une meilleure situation que les autres malgré des apparences trompeuses. D'une part, grâce au marché, s'ils le voulaient ou s'ils y étaient contraints, ils pouvaient liquider leurs positions à tout moment. D'autre part, il ne tenait qu'à eux de ne pas faire cas des cours. C'est se voiler la face que de croire que, parce qu'ils ne sont pas cotés, nos titres n'ont pas baissé.

Revenons à notre actionnaire A&P en 1938; nous affirmons que tant qu'il garde ses titres, il ne subit pas de pertes au-delà de la baisse estimée de la valeur intrinsèque du titre. Si cette baisse n'existe pas, alors, le moment venu, le marché l'appréciera et les cours reviendront aux niveaux de 1937 ou plus haut. Ce fut le cas de A&P en 1939. Sous cet angle, la situation de l'actionnaire public est au moins aussi bonne que celle de l'actionnaire privé (d'une société non cotée). Pour ce dernier, il aurait été approprié dès 1938, de dévaluer mentalement la valeur de ses titres en fonction de l'impact qu'eut la récession sur l'activité de l'entreprise.

Les critiques de cette approche dite de la valeur appliquée à l'investissement boursier, affirment que les titres cotés sur une Bourse ne sauraient être appréhendés ou estimés avec les mêmes méthodes que les titres non cotés. Pour eux, la présence d'un marché ou lieu d'échange organisé “injecte dans le titre un nouvel attribut important : la liquidité.” Mais la liquidité apporte d'abord une estimation permanente (qui vaut ce qu'elle vaut) des actifs cotés et accessoirement la possibilité d'acheter ou de vendre à tout moment ses actifs. Ainsi, il est vrai que l'existence d'un marché organisé de cotations donne à l'investisseur certaines options. Mais le marché n'impose pas les cours à l'investisseur qui préférera évaluer ses biens par d'autres approches.

Clôturons ce sujet avec une histoire qui tient de la parabole. Imaginons que vous soyez propriétaire d'une part d'une entreprise privée qui vous a coûté 1000$. L'un de vos associés, qu'on appellera Monsieur Le Marché, est une personne assurément très obligeante. Il vous dit tous les jours ce que vaut, à son avis, votre participation. Qui plus est, il se propose de vous acheter tout ou partie de cette participation à ce prix. Parfois, son opinion vous paraît plausible et justifiée par les perspectives de l'affaire. D'autre fois, par contre, Monsieur Le Marché se laisse influencer par ses émotions, et le prix qu'il vous propose est trop bas ou ridiculement élevé.

Si vous êtes un investisseur prudent ou un homme d'affaires raisonnable, allez-vous vous laisser influencer par l'opinion de Monsieur Le Marché ? Bien sûr que non, à moins que vous soyez d'accord ou vouliez faire affaire avec lui. Vous serez alors enchanté de lui vendre votre participation quand il est prêt à en donner beaucoup trop, ou d'acheter la sienne lorsqu'il vous l'offre pour deux fois rien. Mais dans les autres cas vous aurez intérêt à évaluer vous-même la valeur de votre participation à partir des comptes de l'entreprise, de sa situation commerciale et de sa situation financière.

L'investisseur, le vrai, est exactement dans cette position quand il détient une action. Il peut profiter du cours quotidien ou ne pas s'en préoccuper du tout, suivant son propre jugement et ses inclinations naturelles. Il a intérêt à prendre connaissance des évolutions importantes des cours, car il y a là matière à exercer son jugement. Ces mouvements seront parfois des mises en garde, auquel cas, il vendra ses actions parce qu'il verra dans la chute des cours le présage de graves problèmes. Mais à notre avis de tels signaux l'induiront en erreur plus souvent qu'ils ne lui seront utiles. Fondamentalement, les fluctuations des prix ont une seule signification utile pour le véritable investisseur. Elles lui permettent d'acheter prudemment après que les prix sont tombés fortement et de vendre dans de bonnes conditions quand ils avancent fortement. Dans tous les autres cas, il ferait mieux de ne pas se préoccuper de la Bourse et de ne porter attention qu'aux rendements offerts par les dividendes et aux résultats d'exploitation des entreprises.

Résumé

La distinction la plus réaliste entre l'investisseur et le spéculateur est donnée par leurs attitudes respectives face aux mouvements de marché. Si le spéculateur est en premier lieu intéressé par l'anticipation des fluctuations de marché, le principal intérêt de l'investisseur sera d'acheter et de détenir les titres adéquats à des prix adéquats. Dans la pratique, les mouvements de marché ne l'intéressent que dans la mesure où ils engendrent alternativement des niveaux de prix planchers où il est sage d'acheter, et des niveaux plafonds où il est prudent de vendre.

Rien n'indique que l'investisseur privé ait intérêt à différer régulièrement ses achats jusqu'à ce que les cours atteignent des niveaux planchers. En effet, l'attente peut être longue et coûteuse en termes de pertes de revenus. De plus, il est possible qu'il passe à côté d'une opportunité d'investissement. Sans doute, est-il donc préférable que l'investisseur passe ses achats chaque fois qu'il a de l'argent pour ce faire, à l'exception toutefois de ces périodes où le niveau général du marché est bien trop élevé par rapport aux normes de valeur courantes. S'il veut être plus fin encore, il recherchera les bonnes affaires toujours présentes.

En dehors des anticipations sur l'évolution du marché, Wall Street déploie beaucoup d'efforts et d'habileté à sélectionner ces titres ou ces groupes d'industries qui, en matière de prix, feront mieux que les autres à court terme. Aussi logique que puisse paraître cette tâche, nous ne pensons pas qu'elle soit appropriée pour le véritable investisseur. D'autant plus qu'à ce jeu, il sera en concurrence avec bon nombre de traders professionnels et d'analystes financiers de premier ordre. Comme dans toutes les autres activités qui reposent d'abord sur les mouvements de prix et, en second lieu, sur la valeur sous-jacente, les efforts déployés par beaucoup d'esprits intelligents ont tendance à se neutraliser et s'autodétruire sur le long terme.

L'investisseur muni d'un portefeuille de titres de qualité doit s'attendre à voir leurs prix fluctuer et ne devrait, ni être trop inquiété par des baisses importantes, ni excité par les belles avancées. Il devrait en permanence, se rappeler que les cotations sont là pour sa commodité, qu'il en profite ou qu'il les ignore. Il ne devrait jamais acheter un titre parce qu'il est trop monté ou le vendre parce qu'il est tombé. Il ne serait pas loin de la vérité s'il faisait sienne la devise : "Il ne faut jamais acheter un titre à la suite d'une avancée substantielle pas plus que le vendre juste après une chute substantielle."

Une autre considération

Il faudrait dire quelque chose sur la signification à donner aux cours en tant qu'outils de mesure de la compétence d'un management. L'actionnaire apprécie la réussite d'un investissement en termes de dividendes reçus et d'évolution moyenne des cours. Les mêmes critères devrait logiquement être utilisés pour juger de l'efficacité du management de l'entreprise et de la légitimité de son attitude envers les actionnaires.

Cette affirmation semble être une évidence, mais il convient pourtant d'insister dessus. Il n'existe, en effet, à ce jour aucune technique, aucune approche unanimement acceptée qui permette au marché d'amener à la barre des accusés le management des entreprises défaillantes. Au contraire, les dirigeants n'ont cessé d'affirmer qu'ils n'ont aucune responsabilité sur l'évolution des cours des sociétés dont ils ont la charge. Et il est vrai qu'on ne peut leur demander des comptes sur ces fluctuations qui, comme nous l'avons déjà souligné, ne reflètent pas leurs valeurs réelles, ni les conditions économiques du moment. Ceci étant, c'est seul le manque de vigilance et d'intelligence des actionnaires qui permet à cette immunité bien utile de couvrir l'ensemble des défaillances boursières, y compris celles de titres aux cours dépréciés en permanence. Les bons cours de Bourse (en moyenne) seront à mettre au crédit des bons dirigeants et les cours anormalement dépréciés seront imputables aux mauvais dirigeants.

Fluctuations des prix des obligations

L'investisseur devrait savoir que bien que le remboursement du principal et le paiement des intérêts puissent être assurés, toute obligation longue verra ses prix fluctuer fortement en fonction des évolutions des taux d'intérêt. Le tableau 8-1 reprend les évolutions des rendements d'obligations industrielles de première qualité ainsi que des titres en franchise d'impôt sur soixante-dix ans (de 1902 à 1971). À titre d'illustration, nous avons ajouté à ce tableau les fluctuations de deux obligations représentatives émises par deux compagnies de chemin de fer. [Il s'agit d'Atchison, Topeka & Santa Fe à 4% due en 1995, et de Northern Pacific Ry à 3%, due en 2047 (soit une maturité de 150 ans à l'émission I), deux titres aux notations de Baa et sans provision pour remboursements anticipés.]

À cause de la relation inverse entre prix et taux, nous voyons des titres onéreux correspondre à des taux bas et vice versa. La chute du cours de Northern Pacific 3% en 1940 était essentiellement à mettre au débit de doutes apparus sur la sécurité du titre. Il est peu ordinaire de voir le titre reprendre toutes ses pertes sur les années suivantes comme ce fut le cas, puis reperdre deux-tiers de sa valeur à cause de la hausse des taux d'intérêt. Il y eut d'ailleurs des variations aussi surprenantes sur les prix de nombreux titres de meilleure qualité (AAA à Aaa) au cours de ces quarante dernières années.

Vous remarquerez que les prix ne varient pas dans la même proportion (inverse) que les rendements calculés, car leur valeur de remboursement au pair à maturité exerce une influence modératrice. Cependant, pour les maturités très longues, comme dans le cas de Northern Pacific, les taux de variation des prix sont proches de ceux des rendements.

Depuis 1964, des mouvements records dans les deux sens ont été enregistrés sur les titres de première catégorie. Si nous prenons les obligations municipales de première qualité (sans impôt) pour exemple, leurs rendements actuariels ont plus que doublé, passant de 3,2% en janvier 1965 à 7% en juin 1970. Dans le même temps l'indice Standard & Poor's des Municipals tomba d'autant passant de 110,8 à 67,5. À la mi 1970, les rendements des obligations industrielles de première catégorie étaient plus élevés qu'à n'importe quelle autre époque de l'histoire économique de ce pays (soit depuis près de deux siècles). Vingt-cinq ans plus tôt, juste avant le démarrage de notre long marché haussier, les rendements obligataires étaient à leurs plus bas niveaux historiques. À cette époque, les Municipals à long terme ne rapportaient que1%, et les industrielles 2,40%, chiffres à rapporter aux 4 1/2% et 5% considérés comme étant la norme historique. Ceux d'entre nous qui ont la mémoire plus longue avaient déjà vu la loi de Newton "d'action et de réaction, égales et opposées" se répéter maintes et maintes fois sur les graphes boursiers. Le meilleur exemple étant l'avancée du DJIA d'un bas de 64 en 1921 à un haut de 381 en 1929, suivie d'un effondrement à 41 en 1932. Mais cette fois-ci, l'oscillation du pendule la plus forte eut lieu sur le champ habituellement moins volatil des obligations et des taux. Nous en tirons la morale suivante : les choses importantes à Wall Street ne se passent jamais deux fois de la même façon. C'est la première partie de notre dicton favori : "Plus ça change, plus c'est la même chose."

S'il est virtuellement impossible de faire des prévisions utiles sur les mouvements de prix des actions, il est complètement impossible d'en faire pour les obligations. Dans le temps, on pouvait, au moins, trouver un indice

Tableau 8-1. Évolution comparée des rendements obligataires et des cours de deux émissions représentatives, 1902-1970

	Rendements			Cours	
	S & P AAA Composite	S & P Municipals		A.T. & S.F. 4%, 1995	Nor. Pac 3%, 2047
1902 (bas)	4.31%	3.11%	1905 (haut)	105,5	79
1920 (haut)	6.40	5.28	1920 (bas)	69	49,5
1928 (bas)	4.53	3.90	1930 (haut)	105	73
1932 (haut)	5.52	5.27	1932 (bas)	75	46,75
1946 (bas)	2.44	1.45	1936 (haut)	117,25	85,25
1970 (haut)	8.44	7.06	1939-40 (bas)	99,5	31,50
1971 (clôture)	7,14	5,35	1946 (haut)	141	94,75
			1970 (bas)	51	32,75
			1971 (clôture)	64	37,25

utile nous avertissant de la fin proche d'un marché boursier haussier ou baissier en étudiant l'évolution passée des prix des actions, mais de tels indices n'ont jamais existé en ce qui concerne les évolutions futures des taux ou des obligations. Par conséquent, l'investisseur doit choisir entre investir sur des obligations courtes ou longues uniquement en fonction de ses préférences personnelles. S'il veut s'assurer que leurs valeurs boursières ne vont pas baisser, alors il aura intérêt à se positionner sur des bons d'épargne de série E ou H (qui ont été décrits précédemment p. 61). Chacun de ces titres lui donnera du 5% (après la première année); la série E pour 5 ans et 10 mois, la série H jusqu'à 10 ans, avec valeur de revente garantie au moins à prix coûtant. Si maintenant l'investisseur recherche le 7,5% servi sur les obligations industrielles de première catégorie, ou le 5,3% des Municipales en franchise d'impôts, il devra accepter de voir leurs prix fluctuer. Les banques et les compagnies d'assurances ont le privilège de pouvoir évaluer leurs titres obligataires à leur valeur d'achat moins amortissement, indépendamment de leur valeur marché. Ce ne serait pas une mauvaise chose que l'investisseur particulier puisse faire la même chose.

Les fluctuations des obligations convertibles et des actions préférentielles sont liées à trois facteurs indépendants :

1) les variations de prix de leurs actions supports,
2) révolution du credit-standing de l'émetteur,
3) les variations des taux d'intérêt.

De nombreuses émissions convertibles ont été vendues par des émetteurs n'ayant pas une notation de première qualité (6). Beaucoup de ces émissions ont été fortement affectées par le resserrement du crédit en 1970. Les titres convertibles ont donc été soumis aux trois types de perturbations possibles ces dernières années, et les fluctuations de leurs cours ont été particulièrement fortes. En général, l'investisseur ne duperait que lui seul s'il persistait à chercher un titre convertible offrant à la fois la protection d'une obligation de première catégorie et le potentiel de gain d'une action ordinaire.

Il est temps de faire quelques suggestions sur l'obligation à maturité longue de demain. Pourquoi les effets des évolutions des taux ne seraient-ils pas partagés d'une façon pratique et équitable entre emprunteurs et prêteurs ? Une possibilité consisterait à vendre des obligations à long terme où les taux de rendement varieraient en fonction d'un indice de prix ou d'un taux d'intérêt courant approprié. Le résultat d'un tel arrangement serait premièrement de permettre au titre de garder un principal approximativement égal à 100 (à condition que l'émetteur maintienne son niveau de rating) tandis que le taux servi varierait, par exemple, en fonction des taux des nouvelles émissions de type classique. Deuxièmement, l'émetteur aurait ainsi les avantages des dettes à long terme (en étant épargné des coûts et des problèmes attenant aux refinancements trop fréquents) en contrepartie ses charges d'intérêts changeraient d'année en année (7).

Sur la décennie passée, le détenteur d'obligations a été confronté à un dilemme de plus en plus grave : doit-il opter pour une stabilité complète de la valeur de son principal, en ayant un rendement variable (en général plutôt bas et proche des taux court terme courants) ? Ou doit-il opter pour un revenu fixe, en prenant le risque de fortes variations (en général négatives) sur son principal ? Le meilleur choix serait pour beaucoup d'opter pour un compromis, afin d'être assurés que ni le principal ni le coupon ne tomberaient au-dessous d'un minimum fixé sur, par exemple, vingt années. Ces résultats pourraient être atteints sans grande difficulté grâce à un engagement obligataire contractuel de type nouveau. Le produit que nous suggérons devrait couvrir une période de détention plus longue qu'actuellement, et aurait des provisions plus flexibles quant aux variations tolérées sur les taux. Il n'est pas vraiment utile de parler des actions préférentielles non convertibles, puisque leur statut spécial rend les plus sûres d'entre elles essentiellement intéressantes pour les sociétés et plus particulièrement les compagnies d'assurances. Quant à celles de faible qualité, elles sont soumises à de telles fluctuations (en pourcentage) que nous les assimilons plutôt à des actions. Le tableau 16-2 donne quelques informations sur les évolutions de prix de ces convertibles de basse qualité pour la période décembre 1968 à décembre 1970. La baisse moyenne a été de 17%, à rapporter à la chute de 11,3% du Standard & Poor's Composite des actions.

(1) Seule exception, peut-être, pour les plans d'investissements par mensualités constantes initiés à des niveaux de prix raisonnables.

(2) D'après Robert M. Ross, une autorité reconnue de la Théorie de Dow, les deux derniers signaux d'achat lancés en décembre 1966 et en décembre 1970, se situaient bien au-dessous des signaux de vente précédents. NDE : l'autorité la plus respectée de la théorie de Dow, Richard Russel, a lancé un signal de vente le 15 octobre 1987.

(3) NDE : valeur des actifs calculée à leurs coûts moins leurs amortissements et après déduction des dettes.

(4) NDE : évaluation déterminée en appliquant une théorie ou un modèle d'estimation. La valeur ainsi calculée sera ensuite comparée au prix courant fixé par le marché.

(5) NDE : actifs "matériels" comme les liquidités, les bâtiments ou les machines.

(6) Les trois premiers niveaux de notation pour les obligations et les obligations préférentielles sont Aaa, Aa et A sur les classements de Moody's, et AAA, AA et A chez Standard & Poor's. Ces notes pourront aller jusqu'à D pour la plus mauvaise qualité de titres.

(7) Cette idée a déjà été adoptée en Europe par l'entreprise publique d'électricité italienne sur ses obligations à taux flottants à échéance 1980. En juin 1971 le taux servi pour les six mois suivants a été fixé à 8 1/8%. Cette caractéristique a été reprise par la Toronto Dominion Bank sur ses obligations à 7-8% à échéance 1991 et offertes en juin 1971. Ces titres paieront 7% jusqu'en juillet 1976 et 8% ensuite. De plus, le détenteur aura la possibilité d'opter pour un remboursement anticipé en juillet 1976. NDE : les émissions à taux flottants ou variables ont véritablement explosé à la fin des années soixante-dix et représentent aujourd'hui une part substantielle des émissions nouvelles.

CHAPITRE 9

INVESTIR DANS UN FONDS D'INVESTISSEMENT

Une possibilité offerte à l'investisseur défensif consiste à placer son argent sur des parts de fonds d'investissement. Les fonds qui sont remboursables sur demande à la valeur actualisée de leurs portefeuilles, sont connus sous le nom de fonds mutuels ou fonds ouverts (1). La majorité de ces fonds émettent en permanence des parts nouvelles. Les fonds qui n'ont pas leurs parts remboursables sont appellés des fonds fermés (2), le nombre de leurs parts est fixe. Tous les fonds importants sont enregistrés auprès de la Securities & Exchange Commission (SEC), et sont soumis à ses règlements et à son contrôle.

C'est une industrie très importante. À la fin 70 il existait 383 fonds enregistrés auprès de la SEC, ayant des actifs représentant 54,6 milliards de dollars (3). Sur l'ensemble, 356 compagnies avec 50,6 milliards$ d'actifs étaient des fonds mutuels, et 27 avec 4 milliards$ gérés étaient des fonds fermés.

Il y a plusieurs façons de classer tous ces fonds. L'une est fonction du contenu de leurs portefeuilles; nous trouvons là les fonds équilibrés qui ont une composante en obligations importante (en général un tiers), les fonds actions qui ne détiennent quasiment que des actions. (Il existe d'autres variétés comme les fonds en obligations, etc). Un autre classement est fonction des objectifs de gestion qui sont soit la recherche des revenus, soit la stabilité des parts ou la recherche de plus-values (fonds de croissance). Une autre distinction est fonction de leurs méthodes de commercialisation. Certains, les fonds à droits d'entrée imputent des frais de commercialisation (en général 9% de la valeur d'actif sur un montant minimum d'achat) (4). D'autres, les fonds sans droit d'entrée ne prélèvent aucun frais. La société de gestion se contente d'imputer les frais de gestion habituels. Étant donné que ces derniers ne peuvent payer les commissions de vente des courtiers, leur taille est souvent limitée. Les prix d'achat et de vente des fonds fermés ne sont pas calculés par leurs sociétés de gestion, mais fluctuent au gré des marchés où ils sont cotés comme des actions.

La majorité des sociétés de gestion de fonds sont soumises à un traitement fiscal particulier destiné à éviter la double imposition des revenus pour les détenteurs de parts. Ainsi, ces fonds doivent distribuer pratiquement tous leurs revenus ordinaires (dividendes et intérêts reçus moins dépenses). Ils peuvent en outre distribuer les plus-values réalisées sur ventes d'actifs, celles-ci sont traitées fiscalement comme des plus-values ordinaires. Toutes ces classes de fonds n'ont qu'une seule catégorie de parts. Seule exception, les fonds à double objectif, qui, créés en 1967, commercialisent deux classes de parts : la part préférentielle qui recevra les revenus, et la part ordinaire qui recevra les produits des ventes (plus-values).

Beaucoup des fonds dont l'objectif affiché est de réaliser l'appréciation des parts, concentrent leurs achats sur ce qu'on appelle des actions de croissance, et ils utilisent souvent le mot croissance dans leurs noms. Certains se spécialisent dans des secteurs particuliers comme l'industrie chimique, l'aéronautique ou les investissements à l'étranger, ce qui dans ces cas est précisé dans leur nom.

L'investisseur qui veut s'engager intelligemment dans l'achat de parts de fonds a ainsi une très large palette de produits. Son choix est presque aussi déroutant que sur un achat d'actions en direct. Nous tâcherons de répondre dans ce chapitre à un certain nombre de questions telles que :

1. Existe-t-il des moyens permettant à l'investisseur de faire mieux que la moyenne en choisissant le bon fonds ? (Sous-question : qu'en est-il des fonds à performance ?)
2. Si non, comment peut-il se tenir à l'écart des fonds qui lui donneront des performances inférieures à la moyenne ?

3. Peut-il faire des arbitrages intelligents entre différentes catégories de fonds comme par exemple : équilibrés ou tout actions, ouverts ou fermés, à droits ou sans droit ?

Performance d'ensemble des fonds d'investissement

Avant d'essayer de répondre à ces questions, nous dirons deux mots sur les performances de l'industrie des fonds d'investissement en général. A-t-elle fait un bon travail pour les actionnaires ? D'une façon générale, comment les investisseurs qui ont fait confiance à ces fonds d'investissement s'en sont-ils tirés face à ceux qui ont investi en direct ? Nous sommes sûrs que les fonds ont, dans l'ensemble, rendu un fier service aux investisseurs. Ils ont participé à la promotion de l'épargne et de l'investissement, ils ont protégé une multitude d'individus contre des fautes coûteuses. Ils ont généré des revenus et des profits comparables aux rentabilités trouvées sur les marchés avec une gestion directe. Sur une base comparative, nous sommes enclins à penser que l'investisseur moyen ayant confié son épargne à ces sociétés de gestion sur les dix dernières années par exemple, s'en serait mieux sorti que celui qui aurait géré son portefeuille en direct.

Cette comparaison tient toujours même si nous considérons que la performance de la gestion collective a été inférieure à la performance du marché et a dû absorber des frais de gestion qui ne pénalisent pas la gestion en direct. Le seul choix offert à l'investisseur moyen est d'opter entre la création directe d'un portefeuille d'actions bien équilibré ou son achat, même plus onéreux, au travers de parts de fonds. D'un côté, il prendra garde de ne pas succomber aux pièges des marchands de produits financiers entraînés à la vente forcée, de l'autre à ne pas tomber dans les affres de la spéculation. Pour notre part, nous ne pouvons nous empêcher de penser que l'investisseur moyen qui gère ses fonds lui-même dans l'intention de faire un investissement conservateur, a toutes les chances d'être exposé à des influences malveillantes en tous genres le poussant à spéculer. De telles tentations seront bien moins fortes chez un acquéreur de parts de fonds d'investissement.

Quelles sont donc les performances de l'industrie des fonds d'investissement comparativement à celles du marché ? C'est un sujet qui prête à controverse, nous tâcherons pourtant de le traiter de façon simple et complète. Le tableau

9-1 nous donne les performances sur dix ans (1961 -1970) de dix fonds. Les principales statistiques de performance sont reprises successivement pour les périodes 1961-1965, 1966-1970 et pour les années 1969 et 1970. Nous calculons ainsi ce que nous aurait rapporté l'achat puis la conservation d'une part de chacun des fonds. La valeur nette des actifs gérés par ces dix fonds était de 15 milliards$ en fin 1969, soit environ un tiers de tous les actifs gérés par l'industrie.

Tableau 9-1. Tableau de performances de dix grands fonds d'investissement ouverts (a)

	1961-1965 5 années	1966-1970 5 années	1961-1970 10 années	1969	1970	Capitaux gérés en millions$
Affiliated Fund	71%	+19.7%	105.3%	-14.3%	+2.2%	1600 $
Dreyfus	97	+18.7	135.4	-11.9	-6.4	2232
Fidelity Fund	79	+31.8	137.1	- 7.4	+2.2	819
Fundamental Inv	79	+ 1.0	81.3	-12.7	-5.8	1054
Invest. Co. of Am	82	+37.9	152.2	-10.6	+2.3	1168
Invstors Stock Fd	54	+ 5.6	63.5	-80	-7.2	2227
Mass. Inv.Trust	18	+16.2	44.2	-4.0	+0.6	1956
National Investor	61	+31.7	112.2	+4.0	-9.1	747
Putnam Growth	62	+22.3	104.0	-13.3	-3.8	684
United Accum.	74	- 2.0	72.7	-10.3	-2.9	1141
Moyenne	72	+18.3	105.8	- 8.9	-2.2	13628$
S & P comp	77	+16.1	104.7	-8.3	+3.5	
DJIA	78	+ 2.9	83.0	-11.6	+8.7	

(a) Nous avons pris les fonds en actions avec les plus importants actifs gérés fin 1970, mais en ne prenant qu'un fonds par société de gestion. Statistiques fournies par Wiesenberger Financial Services.

Ils sont donc parfaitement représentatifs de cette industrie. (En théorie, un biais positif est introduit car les meilleures compagnies doivent être celles qui se sont le plus développées et qui sont les plus grandes. Ce n'est pas forcément le cas dans la pratique.)

Nous pouvons tirer quelques enseignements importants de ce tableau. D'abord, nous voyons que les résultats globaux de ces fonds sur dix ans (1961 -1970) n'ont pas été bien différents de ceux de l'indice Standard & Poor's

Composite des 500 actions (ou du Standard & Poor's des 425 industrielles). Ils sont par contre, supérieurs à ceux du DJIA, ce qui soulève la question troublante, qui est de savoir pourquoi les trente géants du Dow Jones ont fait moins bien que ce mélange hétérogène de titres qu'est le Standard & Poor's. Un second élément que nous avons noté, est que la performance comparative des fonds s'est en agrégat améliorée ces cinq dernières années (par rapport aux cinq années précédentes). Les gains des fonds se situaient un petit peu au-dessous du S & P's entre 1961 et 1965, et légèrement au-dessus sur la période 1966-1970. Le troisième point c'est qu'il existe d'énormes différences entre les performances individuelles de chacun de ces dix fonds.

Nous ne pensons pas que l'industrie des fonds mutuels doive être critiquée pour n'avoir pas réussi à faire mieux que le marché dans son ensemble. Les gestionnaires de ces fonds, et les autres professionnels, gèrent une proportion si forte de l'ensemble des titres disponibles qu'il ne peut en être autrement. Vous remarquerez que les comptes administrés par les banques commerciales, les trust funds, valaient 181 milliards fin 1969, si on ajoute 56 milliards de fonds mutuels, on ne peut que conclure que les décisions combinées de ces professionnels déterminent dans une large mesure les mouvements des indices généraux des marchés, et qu'à l'inverse, les mouvements de ces indices déterminent largement les résultats en agrégat de ces fonds.

Existe-t-il des fonds qui font mieux que la moyenne, et est-il possible aux investisseurs de les sélectionner pour enregistrer des résultats supérieurs ? À l'évidence tout le monde ne peut pas le faire, sinon nous reviendrions vite à la case départ, et tout le monde serait au même niveau. Envisageons la question d'abord en la simplifiant. Pourquoi l'investisseur ne chercherait-il pas à déterminer quel est le fonds qui a enregistré les plus belles performances sur plusieurs années. Supposant que le management d'un tel champion est le plus capable et que cela devrait continuer dans l'avenir, il placerait tout son argent sur ce fonds. Cette idée paraît d'autant plus séduisante que, dans le cas des fonds mutuels, il pourrait avoir le management le plus capable sans payer pour autant une prime spéciale par rapport aux autres fonds. (Contrairement aux achats d'actions où les entreprises les mieux gérées se vendront à des multiples plus élevés de leurs revenus ou de leurs actifs que les autres.)

Les preuves à ce sujet semblent se contredire suivant les époques. Mais notre tableau 9-1 prenant les 10 fonds les plus importants, semble suggérer que les performances enregistrées par les cinq meilleurs de 1961 à 1965 se sont étendues, dans l'ensemble, sur la période 1966-1970. Même si deux de ce lot ont, par la suite, fait moins bien que deux de l'autre lot de cinq. Nos recherches semblent indiquer que l'investisseur en fonds d'investissement peut très bien utiliser des tableaux comparatifs de performances (sur plusieurs années, 5 ans au moins) pour faire ses choix. À condition, peut-être, que le marché n'ait pas été dans une phase d'avancée dynamique sur la période de comparaison. Alors, des résultats spectaculaires peuvent être enregistrés de façon très peu orthodoxe comme nous le verrons au paragraphe suivant consacré aux fonds de recherche de performance. Ainsi de tels résultats peuvent indiquer que le manager du fonds se permet de prendre d'énormes risques spéculatifs, et de bien s'en tirer...pour l'instant.

Les fonds de recherche de performance

Un des phénomènes récents a été l'apparition du culte de la performance dans cette industrie et même dans celle des comptes administrés. Nous débuterons en disant que ce qui suit ne concerne fort heureusement pas la grande majorité des fonds, mais plutôt quelques exceptions qui ont malheureusement reçu trop d'attention de la part des médias. L'histoire est désespérément simple. Certains responsables de fonds se fixent l'objectif de faire mieux que l'indice (le DJIA). Ils y arrivent pendant un temps, ce qui leur permet d'en faire la publicité et d'attirer beaucoup d'argent. Si l'objectif paraît légitime, il ne peut être atteint qu'en encourant des risques importants. Et ces risques, un jour ou l'autre, devront être payés.

L'apparition de ce nouveau phénomène ne peut qu'inquiéter les vieux briscards des marchés dont les opinions sont qualifiées de vieux jeu et/ou dépassées à l'époque actuelle (une sorte de deuxième Nouvelle Ère). D'abord, sur ce point, nous remarquons que la majorité de ces gestionnaires brillants sont des hommes jeunes, la trentaine ou la quarantaine, dont l'expérience des marchés s'est limitée à la grande hausse de 1948-1968. Deuxièmement, ils se sont comportés comme si leur définition d'un investissement sain était celle d'une action qui devrait monter sur les prochains mois. Tout ceci les entraîne à s'engager fortement sur de nouvelles affaires à des prix complètement disproportionnés par rapport à leurs actifs ou leurs revenus passés. La seule

justification donnée à ces prix combine l'espoir de réussites futures et l'intelligence de surface qui consiste à profiter de l'enthousiasme exagéré du grand public.
Nous ne donnerons aucun nom. Mais vous trouverez des exemples concrets. Le plus connu du grand public, est certainement le Manhattan Fund Inc créé fin 1965. La société de gestion débuta avec 247 millions de capital. Sa philosophie d'investissement était à l'évidence, la recherche de plus-values. Le gros de ses placements portait sur des titres se vendant à de très forts multiples sur leurs revenus courants. Des titres sur lesquels se portait une forte spéculation et qui par conséquent étaient très actifs en Bourse. Le fonds enregistra une hausse de 38,6% en 1967, contre 11% pour le S & P composite index. Mais par la suite, ses performances furent bien moins brillantes comme le montre le tableau 9-2.
Le portefeuille du Manhattan Fund en fin 1969 était on ne peut moins orthodoxe, c'est le moins qu'on puisse dire. Il est pour le moins inhabituel de voir deux des plus grands investissements d'un fonds mis en règlement judiciaire quelque six mois après l'initiation de l'investissement, et un troisième confronté à une action en recouvrement par ses créanciers. Il est tout aussi extraordinaire que l'une au moins de ces entreprises en faillite ait été achetée non seulement par ce fonds mutuel mais aussi par un fonds d'universités, le département des trusts d'une grande banque, et ainsi de suite. Un troisième fait hors du commun est ici que le gestionnaire-fondateur du Manhattan Fund vendit ses parts dans la société de gestion pour 20 millions de dollars alors que cette même société n'avait sous son management qu'un million de dollars d'honoraires ! Voilà une des plus grandes disparités de tous les temps entre les résultats pour le manager et ceux qui lui ont confié leur argent.
Un livre publié fin 1969 (5) faisait le portrait de dix-neuf hommes au sommet de ce jeu exigeant consistant à gérer des milliards de dollars appartenant à d'autres. L'introduction nous disait “qu'ils étaient jeunes... que certains gagnaient plus d'un million de dollars par an...qu'ils faisaient partie d'une nouvelle race de financiers... qu'ils étaient complètement fascinés par les marchés...et qu'ils avaient ce talent spécial : le pouvoir de déceler les grands gagnants.”
Nous pouvons nous faire une idée assez précise des performances de ce supergroupe en examinant les performances des fonds mutuels qu'ils géraient.

Nous retrouverons assez précisément les performances de 12 de ces 19 génies de la finance. Comme on pouvait s'y attendre, ils s'en sont bien tirés en 1966, et brillamment en 1967. En 1968 leur performance globale était toujours bonne, mais les performances individuelles montraient plus de disparités. En 1969, ils ont tous enregistré des pertes, un seul parvint à s'en tirer mieux que le S & P Composite Index. Quant à 1970, la performance relative du groupe fut pire encore qu'en 1969.

Nous vous avons dressé ce tableau pour en tirer une morale, qui peut-être ne saurait mieux être exprimée que dans ce vieux proverbe français : "Plus ça change, plus c'est la même chose". Des gens brillants, généralement jeunes et débordant d'énergie, ont depuis des temps immémoriaux promis de réaliser des miracles avec l'argent des autres. Ils ont pu en général tenir leurs promesses pendant un certain temps (ou du moins avoir donné l'impression de le faire), mais ils ont invariablement apporté la ruine à leurs suiveurs au bout du compte.

Il y a un demi-siècle, les miracles s'accompagnaient de manipulations flagrantes, de rapports annuels frauduleux, de structures financières complètement inflatées...

Tous ces excès ont amené la SEC à élaborer un système compliqué de contrôle et encouragé le public à développer une attitude plus prudente. Les opérations de ces Nouveaux Money Managers entre 1965 et 1969 se sont produites à peine une génération après les excès de 1926-1929. Les malfaçons des années vingt ne furent pas ressorties du placard, car elles auraient fait encourir la prison à leurs auteurs. Mais dans bien des cercles de Wall Street elles ont été remplacées par de nouveaux gadgets et de nouveaux tours qui tout compte fait ont abouti au même résultat. Malgré la disparition de la manipulation pure et simple des cours de Bourse, il existait bien d'autres méthodes pour attirer l'attention d'un public toujours naïf vers ces valeurs chaudement recommandées. Des blocs de "letter stocks" (6) pouvaient être vendus bien au-dessous de leurs cours officiels, il suffisait de les assortir de clauses restrictives secrètes. Bien sûr, ces actions étaient portées sur la comptabilité des fonds d'investissement aux prix officiels, de quoi doper artificiellement la performance. Et ainsi de suite. Est-il surprenant finalement que, dans un cadre légal bien plus strict, Wall Street ait pu répéter les abus et les erreurs des années vingt ?

Tableau 9-2 Le portefeuille d'un fonds dont l'orientation est la recherche de performance: le Manhattan Fund, au 31 décembre 1969

Actions en portefeuille (en milliers)	Nom de la Valeur	Prix	Bénéfices 69	Dividendes 69	Cap Boursiè
60	Teleprompter	99	.99 $	aucun	6.0 $
190	Deltona	60.5	2.32	aucun	11.5
280	Fedders	34	1.28	.35 $	9.5
105	Horizon Corp.	53.5	2.68	aucun	5.6
150	Rouse Co.	34	.07	aucun	5.1
130	Mattel Inc	64.25	1.11	.20	8.4
120	Polaroid	125	1.90	.32	15.0
244 (a)	Nat'l Student Mkt'g	28,5	.32	aucun	6.1
56	Telex Corp	90.5	.68	aucun	5.0
100	Bausch & Lomb	77.75	1.92	.80	7.8
190	Four Seasons Nursing	66	.80	aucun	12.3 (b)
20	Int. Bus. Machines	365	8.21	3.60	7.3
41.5	Nat'l Cash Register	160	1.95	1.20	6.7
100	Saxon Ind.	109	3.81	aucun	10.9
105	Career Academy	50	.43	aucun	5.3
285	King Resources	28	.69	aucun	8.1
					130.9 $
				Autres actions	93.8
				divers autres	19.6
				Invest total (c)	244.0 $

(a) Après division du titre par 2.
(b) Y-inclus 1.1 M$ de titres en portefeuille.
(c) excluant les équivalents cash.

Il ne fait pas de doute que les excès actuels amèneront plus de règlementations et plus d'interdits. Les abus des années soixante dans la forme qu'ils ont pris ne seront plus tolérés à Wall Street. Mais tant que le désir de spéculation existera, on peut être sûr que certains en profiteront. La connaissance de ces Désillusions Populaires (7) est une arme à la disposition de l'investisseur prudent lui permettant d'éviter de tomber dans ce piège.

Performances Annuelles Comparées au S & P Composite Index (a)

	1966	1967	1968	1969	1970	1971
Manhattan Fd (a)	-6%	+38.6%	-7.3%	-13.3%	-36.9%	+ 9.6%
S § P Composite	-10.1%	+23%	+10.4%	-8.3%	+3.5%	+13.5%

Le tableau de ces fonds orientés vers la performance est particulièrement terne après 1967. Si nous réintégrons les chiffres de 1967, le résultat global est moins désastreux. Un des dix Money Managers parvint même à faire substantiellement mieux que le S & P Composite Index, trois firent nettement moins bien, et 6 eurent des performances proches du marché. Prenons maintenant un deuxième groupe de fonds cherchant la performance : les dix ayant eu les meilleures performances en 1967 (avec des plus-values allant de 84% à 301% sur l'année). Dans ce groupe, quatre fonds ont eu des performances globales sur quatre ans (1967 exclu) supérieures au S & P, parmi lesquels deux ont fait mieux ces trois dernières années (1968-1970). Aucun de ces fonds n'était important, leur taille moyenne étant de 60 millions de dollars. Nous avons là une indication laissant supposer qu'une petite taille est indispensable pour obtenir des résultats supérieurs continus.

Les résultats précédents contiennent la conclusion implicite que la recherche de performances supérieures est une stratégie qui comporte des risques particuliers. Pourtant l'expérience des marchés nous fait penser que les fonds importants, gérés prudemment, ne pourront générer au mieux que des résultats marginalement supérieurs à ceux du marché sur le long terme. Si ces fonds sont gérés de façon imprudente, ils pourront accumuler pendant un temps de belles performances, jusqu'à ce que leur succèdent, inévitablement, des résultats calamiteux. Il y a des exemples de fonds qui ont fait mieux que le marché avec constance, sur dix années ou plus. Mais ce sont des exceptions rares, se concentrant sur un champ d'investissement spécialisé, s'imposant des limites strictes sur le capital géré, et qui ne sont pas commercialisées auprès du grand public.

Fonds fermés ou fonds ouverts

Pratiquement tous les fonds mutuels ou fonds ouverts qui offrent la possibilité de remboursement des parts quotidiennement ont un mécanisme interne leur permettant d'émettre des parts nouvelles. C'est ainsi qu'ils peuvent se développer. Les fonds fermés, dont la majorité a été créée il y a longtemps ont un capital fixe, c'est pourquoi leur poids relatif va en diminuant. Les fonds ouverts sont vendus par une armée de commerciaux compétents et persuasifs. À l'opposé, les fonds fermés n'ont personne pour les promouvoir. Ainsi, il a été possible de vendre les fonds mutuels au grand public avec des prémiums de 9% sur la valeur de leurs portefeuilles (ce qui couvre la commission des vendeurs, etc) alors que la majorité des parts de fonds fermés peuvent être obtenues à discount sur la valeur de leurs actifs. Ce discount est variable suivant les fonds et dans le temps. Les chiffres de la période 1961-1970 sont portés sur le tableau 9-3.

Il n'est pas nécessaire d'être particulièrement perspicace pour comprendre que le plus bas prix relatif des fonds fermés n'a pas grand-chose à voir avec les performances comparatives du groupe. Le tableau 9-3 qui reprend les résultats comparés des deux groupes entre 1961 et 1970 le montre bien.

Tableau 9-3. Certaines statistiques sur les fonds fermés, les fonds mutuels, et le S & P Composite Index

Année	Discount moyen des fonds fermés	Performances moyennes des fonds fermés(a)	Performances moyennes des fonds mutuels(b)	Performances du S & P Composite(c)
1970	- 6%	neutre	- 5.3%	+ 3.5%
1969		- 7.9%	-12.5	- 8.3
1968	(+7)d	+13.3	+15.4	+10.4
1967	- 5	+28.2	+37.2	+23
1966	-12	- 5.9	- 4.1	-10.1
1965	-14	+14	+24.8	+12.2
1964	-10	+16.9	+13.6	+14.8
1963	- 8	+20.8	+19.3	+24
1962	- 4	-11.6	-14.6	- 8.7
1961	- 3	+23.6	+25.7	+27
Moyenne sur 10 ans		+ 9.14%	+ 9.95	+ 9.79%

(a) Indice Wiesenberger de dix fonds fermés diversifiés.

(b) Moyenne de 5 indices de fonds en actions.

(c) Dans tous les cas les distributions sont réintégrées.

(d) Premium.

Nous arrivons ainsi à l'une des rares règles évidentes de gestion : si vous voulez placer de l'argent sur un fonds d'investissement, achetez un panachage de différents fonds fermés offrant un discount de 10% à 15% sur la valeur de leurs actifs boursiers, plutôt que de payer une prime de 9% au-dessus de la valeur d'actifs d'un fonds ouvert. En supposant le fait que les dividendes et l'appréciation des portefeuilles continueront à être équivalents sur les deux groupes, vous gagnerez ainsi 20% de plus sur votre capital en choisissant un fonds fermé.

Tableau 9-4. Performances de trois fonds fermés, 1961-1970 (a)

	1970	1966-1970	1961-1970	décembre 70
Trois fonds vendus à premium	5.2%	+25.4%	+115.0%	11.4% prem
Trois fonds vendus à discount	+1.3	+22.6	+102.9	9.2% discount

(a) Statistiques fournies par Wiesenberger Financial Services

Le vendeur de fonds mutuels ne manquera pas de vous opposer l'argument suivant : "Ah, mais si vous achetez des parts de fonds fermés vous ne serez jamais sûrs de leur prix de vente. Leur discount pourra être plus important qu'aujourd'hui, et vous perdrez sur l'écart. Tandis que sur nos parts vous êtes sûrs de pouvoir les vendre à 100% de leur valeur boursière, jamais à moins."
Examinons un peu cet argument, ce sera un exercice de logique et de bon sens. Question : en supposant que le discount sur vos parts du fonds fermé augmente, est-ce que pour autant vous serez plus mal lotis que vous ne l'auriez été avec leur équivalent en fonds mutuels ?
Faisons un peu d'arithmétique. Admettons que l'investisseur A achète des parts de fonds ouverts à 109% de leur valeur d'actif, ou valeur liquidative, et que l'investisseur B achète des parts de fonds fermés pour 85% plus commission de 1 1/2%. Supposons aussi que ces deux séries de parts rapportent et paient 30% de cette valeur d'actif sur quatre ans, les parts vaudront donc en fin de période le même montant qu'au début. L'investisseur A vendra ses parts à 100% de leur valeur perdant donc le premium de 9%. Sa rentabilité totale sur la période sera donc de 30% - 9%, ou 21% sur la valeur

d'actif. Ce qui représente une rentabilité de 19% (21% de 91%) sur les sommes investies. Combien doit réaliser l'investisseur B sur la vente de ses parts pour obtenir la même rentabilité sur son investissement ? La réponse est 73% autrement dit à un discount de 27% sur la valeur d'actif des parts. En d'autres mots, l'investisseur B peut se permettre d'absorber une augmentation du discount de 12 points (27-15) et s'en tirer tout de même aussi bien que l'investisseur A. Une évolution négative du discount de cette ampleur n'arrive que très rarement. Ainsi il est très peu probable que vous obteniez une rentabilité inférieure sur un fonds fermé à celle que vous obtiendriez sur un fonds ouvert à performances égales. Sur un fonds à discount réduit, l'avantage est réduit d'autant mais pas annulé.

Quelques rares fonds fermés se vendent à des premiums supérieurs aux 9% prélevés sur les fonds ouverts, ce qui nous mène à nous poser une autre question : Est-ce que ces fonds vendus avec un premium, bénéficient d'une gestion si exceptionnelle que cela justifie leurs prix élevés ? Si nous recherchons la réponse en comparant les performances à notre disposition, elle semble être "non". Trois des six fonds fermés vendus à premium investissent sur des marchés étrangers. Une caractéristique surprenante partagée par ces trois derniers fonds, c'est que leurs prix ont fluctué énormément et en peu de temps. À la fin de 1970, l'un d'eux ne se vendait plus qu'à un quart de ses hauts, un autre à un tiers, un troisième à moitié prix (8). Si nous prenons les fonds U.S vendus à premium, on remarque que leur performance moyenne sur dix ans est légèrement supérieure à celle de dix autres fonds fermés qui, eux, s'échangeaient à prix discount. Ceci étant, ces résultats se trouveraient inversés si on prenait les cinq dernières années. Une étude comparative sur la période 1961-1970 entre Lehman Corp. et General American Investors, deux des fonds fermés les plus importants et les plus anciens, est reproduite sur le tableau 9-5. Le premier se vendait à 14% de

Tableau 9-5. Comparaison entre deux sociétés de gestion de fonds leaders (a)

	1970	1966-1970	1961-1970	décembre 70
Gene Am. Invstrs Co.	- 0.3%	+34.0%	+165.6%	7.6% discount
Lehman Corp.	- 7.2	+20.6	+108.0	13.9% prem

(a) Statistiques fournies par Weisenberger Financial Services premium et l'autre à 7,6% de discount en fin 1970. La différence prix-valeur du portefeuille ne paraît pas justifiée au vu de ces chiffres.

Investissement sur des fonds équilibrés

Les 23 fonds équilibrés étudiés par le Wiesenberger Report détenaient entre 25% et 59% de leurs actifs en actions préférentielles et en obligations, la moyenne étant juste à 40%. Le solde étant placé en actions. Il semble logique pour l'investisseur d'effectuer ses placements obligataires en direct, plutôt que de les voir noyés dans des fonds d'investissement. Le revenu moyen délivré par ces fonds équilibrés était en 1970 de 3,9% seulement de la valeur d'actif ou 3,6% du prix d'achat. Un meilleur choix pour la composante obligation du portefeuille de l'investisseur serait l'achat en direct de bons d'épargne du gouvernement, ou d'obligations industrielles de qualité A ou supérieure, ou encore d'obligations non taxables.

(1) NDE : équivalent des SICAV (Société d'investissement à Capital Variable).

(2) NDE : équivalent des SICAF (Société d'investissement à Capital Fermé).

(3) NDE : fin 1990, Arthur Lipper Analytical Service recensait près de 2000 fonds d'investissement aux États-Unis. L'industrie des fonds d'investissement américains pèse aujourd'hui près d'un billion (mille milliards de dollars) et est escomptée valoir 3.5 billions d'ici à l'an 2000 !

(4) Les frais de commercialisation sont calculés en pourcentage du prix de vente fort (frais inclus) donnant l'impression d'être moins lourds que s'ils étaient donnés en pourcentage de la valeur nette des actifs. Nous considérons ce tour de passe-passe comme indigne de cette respectable industrie.

(5) "The Money Managers" par G.E Kaplan et C. Welles, Random House, 1969.

(6) Un "letter stock" est une action spéciale dont les ventes ne sont pas enregistrées auprès de la SEC (Security Exchange Commission), et qui ne peut donc pas être vendue au grand public.

(7) Titre d'un livre publié en 1852. Le volume décrivait "la bulle des mers du Sud", la "tulip mania", et d'autres bombes spéculatives d'hier. Il fut réédité par Bernard Baruch, peut-être le seul spéculateur continuellement gagnant de notre époque.

(8) NDE : les fonds pays qui sont des fonds d'investissement fermés cotés à l'American Stock Exchange ont été parmi les meilleurs investissements en performances au premier trimestre 1990 grâce surtout à la forte hausse de leurs premiums. Ces mêmes fonds se sont effondrés au cours des mois suivants alors que leurs premiums ont complètement disparu.

CHAPITRE 10

L'INVESTISSEUR ET SES CONSEILLERS

Le placement d'argent sur des valeurs mobilières a un côté unique car il est presque toujours basé sur des conseils prodigués par les autres. La grande majorité des investisseurs sont des amateurs. Il leurs semble naturel d'être guidés par des professionnels dans leurs choix de placements. Ceci étant, le concept même du conseil financier a des particularités que nous allons développer.

Si la seule raison pour laquelle les gens investissent, est de gagner de l'argent, alors en recherchant des conseils, ils demandent aux autres de leur expliquer comment faire. Cette idée est pleine de naïveté. Les hommes d'affaires recherchent des conseils sur de nombreux sujets concernant leurs affaires, mais il ne leur viendrait pas à l'esprit qu'on leurs dise comment faire des profits. C'est de leur ressort. Quand ils se reposent, eux ou les investisseurs privés, sur d'autres pour rentabiliser leurs investissements, ils ont une exigence qui n'a pas d'équivalent dans les relations d'affaires courantes.

Si nous acceptons qu'un revenu normal ou standard puisse être tiré d'un investissement, alors le rôle du conseiller pourra être mieux défini. Il utilisera son éducation ou son expérience des marchés pour protéger ses clients contre les erreurs et s'assurer que ces derniers gagneront ce à quoi ils peuvent raisonnablement avoir droit. Ce n'est que lorsque l'investisseur exige de gagner plus qu'une rentabilité normale, ou lorsque le conseiller s'engage à

faire mieux, que la question se pose de savoir si on ne demande pas plus qu'on ne saurait exiger, ou on ne nous promet pas plus qu'on ne saurait tenir.
Les conseils boursiers peuvent être obtenus par bien des sources, comme, par exemple :

1) les parents ou amis, supposés "s'y connaître";
2) le banquier du quartier,
3) une société de courtage ou une banque d'affaires,
4) un service financier ou un journal et enfin
5) un conseiller en investissement.

La variété même de cette liste paraît suggérer qu'il n'existe, à ce jour, aucune approche logique ou systématique de la chose qui serait partagée par tous les investisseurs.
Nous allons présenter de nouveaux éléments d'appréciation nous permettant de définir ce que nous entendons par des résultats normaux ou standards. Notre thèse est la suivante : si l'investisseur se laisse guider principalement par les conseils d'autrui, il devra soit se limiter aux formes d'investissement communes (conservatrices et sans éclats), soit être sûr de la personne à qui il donnera sa confiance pour pratiquer ses investissements hors des "sentiers battus". Si des relations normales s'établissent entre l'investisseur et ses conseillers, il ne pourra être réceptif à des propositions d'investissement moins conventionnelles qu'à la condition d'être capable de porter un jugement indépendant sur celles-ci. Dès lors, il sera passé de la classe des investisseurs conservateurs à celle des investisseurs agressifs.

Les conseillers en investissement et les services de conseil des banques

Les vrais conseillers en investissement, ceux qui travaillent pour des sociétés bien établies et qui prélèvent des honoraires annuels, font des promesses et ont des prétentions bien modestes. Ils placent la majorité des sommes que leur confient leurs clients sur des titres classiques, et recherchent des performances conservatrices. Typiquement, ils n'investiront pas plus de 10% des fonds hors du champ connu des titres d'entreprises de première qualité ou d'obligations d'État, y compris les Municipal Bonds. Ils ne chercheront pas non plus à profiter des mouvements de marché.

Les grands conseillers en investissement ne prétendent pas être brillants, au contraire, ils sont fiers d'être prudents, conservateurs et compétents. L'objectif principal qu'ils se sont fixé est de conserver la valeur du capital investi ainsi que de dégager un taux de rendement acceptable (pour un investissement conservateur). Tout résultat supérieur sera considéré comme un extra, un service supplémentaire rendu aux clients. L'intérêt principal pour ces derniers sera d'être protégés contre les erreurs coûteuses. Ici, l'investisseur obtiendra autant qu'il est en droit d'espérer d'un conseiller à la disposition du grand public.

Ce que nous venons de dire au sujet des conseils en investissement à la réputation établie s'applique aussi, plus généralement, aux services de conseil et de gestion de fortune des grandes banques.

Les services financiers

Ce terme générique recouvre tous les services ou organisations qui publient des lettres (parfois sous forme de télégramme) à destination de leurs abonnés. Les sujets couverts peuvent traiter de l'état général des économies et des affaires, des perspectives des marchés de titre et donner des informations et des conseils sur des valeurs individuelles. Il y a souvent un courrier des lecteurs qui répond aux questions particulières. Les coûts de ces services sont bien moindres que les honoraires prélevés par les conseillers en investissement. Certains de ces services, tel que Babson's et Standard & Poor's proposent à la fois un service financier et un conseil en investissement.(Soit dit en passant, d'autres organismes tels que Scudder, Stevens & Clark, font du conseil en investissement et de la gestion de fonds.)

Les services financiers s'adressent, en général, à un public différent de celui des firmes de conseils en investissement. Si les clients de ces dernières souhaitent être dégagés de tous problèmes liés aux décisions d'investissements, les services financiers offrent, au contraire, une information et une aide à ceux qui s'occupent personnellement de leurs investissements. Beaucoup de ces services se bornent presque exclusivement à anticiper les divers mouvements de marché au moyen de diverses méthodes dites "techniques". Nous n'en parlerons pas car les méthodes techniques ne s'adressent pas à l'investisseur tel que nous le définissons dans ce livre.

D'autres, dont certains des plus connus, tels que Moody's Investment Service et Standard & Poor's, sont identifiés à des bureaux d'études statistiques dont la tâche essentielle est de compiler les lourdes données du marché utilisées dans toute analyse financière sérieuse. Ces services ont une clientèle hétérogène, allant de l'investisseur à orientation conservatrice au parfait spéculateur. C'est la raison pour laquelle ils s'interdisent d'adhérer à une philosophie d'investissement particulière, comme l'analyse fondamentale, pour dériver leurs opinions ou leurs recommandations.

Un service aussi établi que Moody's doit offrir une variété de produits à toutes sortes d'investisseurs. Pourquoi en est-il ainsi ? En fait, ils abordent tous les sujets qui ont un quelconque intérêt pour l'investisseur ou le spéculateur actif. Ainsi, ces derniers peuvent émettre des jugements plus sûrs et prendre des décisions plus fiables qu'ils ne le feraient sans cette aide.

Pendant des années, les services financiers ont fait des prévisions de marché sans que personne ne prenne cette activité au sérieux. Comme tous les autres dans ce domaine, ils ont parfois raison et parfois tort. Chaque fois que c'est possible ils se couvrent au niveau de leurs opinions écrites pour éviter de courir le risque d'être pris complètement en porte à faux. Ils sont passés maîtres dans cet art bien connu de la rhétorique delphique qui consiste à s'ajuster à tous les scénarios à venir. À notre avis, et c'est peut-être un préjugé, cette fonction n'a pas beaucoup d'intérêt si ce n'est de jeter une lumière originale sur la nature humaine confrontée aux marchés financiers. Presque tous ceux qui s'intéressent aux marchés désirent savoir ce que les autres pensent de tel ou tel développement. Et il faut bien répondre à la demande !

Par contre, leurs prévisions sur les conditions économiques et commerciales sont bien plus convaincantes et utiles. C'est un des domaines les plus importants de la recherche économique moderne, lequel, par sa diffusion immédiate et permanente auprès des acheteurs et des vendeurs de titres, contribue à définir le prix des titres sur des bases rationnelles. Il ne fait pas de doute que tout ce qui est publié par les services financiers en enrichissant l'information disponible, fortifie le jugement financier de l'investisseur.

Il est difficile d'évaluer la qualité des recommandations de ces services sur les titres individuels. Chacun mériterait d'être jugé indépendamment, et le verdict devrait découler d'une étude complète reprenant plusieurs années. Nous avons remarqué, dans beaucoup de services, une attitude commune qui affaiblit la qualité de leur travail. Ils considèrent, en général, qu'un titre devrait être acquis dès lors que ses perspectives économiques à court terme sont favorables et inversement. Ainsi, ils ne se soucient pas du prix courant des titres. De tels principes aussi superficiels ne permettent pas une analyse objective dont certains bureaux sont capables. Autrement dit, ils ne s'assurent pas si un titre est surévalué ou sous-évalué à ses prix courants en fonction de sa capacité à générer des bénéfices à long terme.

L'investisseur intelligent ne basera pas ses achats et ses ventes sur les recommandations directes de ces services financiers. Une fois ce point compris, leur rôle se bornera à fournir de l'information et à faire des suggestions d'investissement.

Les conseils des maisons de courtage (sociétés de Bourse)

C'est certainement de cette source que nous vient le plus fort volume d'informations financières et de conseils boursiers. Ces firmes sont membres du New York Stock Exchange et d'autres Bourses de valeurs, elles sont chargées de l'exécution des ordres sur ces marchés moyennant le prélèvement de commissions standard. Pratiquement toutes ces firmes gèrent des bureaux d'analyses et de statistiques, qui répondent aux questions de la clientèle et émettent des recommandations. Beaucoup de documentation de marché, souvent très fouillée et onéreuse à produire, est distribuée gracieusement par ces firmes à leurs consommateurs ou plutôt à leurs clients pour reprendre le terme utilisé par Wall Street.

Le choix entre les termes n'est pas une simple question de sémantique. En anglais, une entreprise commerciale de facture classique a des consommateurs, par contre une profession libérale s'enorgueillit d'avoir des clients. Les maisons de courtage de Wall Street ont probablement l'éthique professionnelle la plus forte parmi les entreprises commerciales, et elles aiment se considérer comme exerçant une profession libérale.

Dans le passé, c'est la spéculation qui a fait vivre les maisons de Wall Street. Les spéculateurs, en tant que groupe, étaient certains de perdre de l'argent. C'est pourquoi il était pratiquement impossible aux maisons de courtage de maintenir une éthique digne d'une profession libérale. Pour y parvenir, il aurait fallu qu'elles dirigent leurs efforts vers une diminution de leurs activités et non l'inverse.

Au mieux, et certaines l'ont fait, elles se sont interdit de persuader ou d'encourager quiconque à la spéculation. S'interdisant le racolage, ces maisons se bornaient à exécuter les ordres de leur clientèle, à fournir informations et analyses financières à la demande, et à donner des opinions sur les titres. Ainsi, du moins en théorie, elles ne pouvaient plus être tenues pour responsables des pertes ou des profits de leurs clients spéculateurs.

Cependant, la plupart des maisons de titres adhèrent toujours au slogan disant qu'elles ont pour métier de faire des commissions, et que la façon de réussir dans cette activité c'est bien de donner aux consommateurs ce qu'ils recherchent. Étant donné que les consommateurs les plus intéressants veulent des conseils pour spéculer, réflexions et activités des maisons de titres sont, avant tout, orientées vers le trading à court terme. Ainsi, elles ne s'épargnent aucun effort pour aider leurs consommateurs à gagner de l'argent dans un domaine où ils sont condamnés, presque par loi mathématique, à en perdre ! On veut dire par là, qu'une activité purement spéculative ne pourra jamais être profitable à long terme. Mais dans la mesure où partie des activités est composée d'opérations d'investissement, il n'est pas impossible que le solde des activités d'investissement et de spéculation soit positif.

L'investisseur obtient des informations et des conseils de ces maisons de courtage à partir de deux sources distinctes. Ce sont les courtiers en titres (ou les stock-brokers) et les analystes financiers.

Le courtier était affublé dans le temps du titre d'homme de la clientèle. C'est aujourd'hui un homme affable et sympathique, ayant une très bonne connaissance des marchés de titres, qui prodigue ses conseils en se tenant à un code strict de déontologie. Il n'en demeure pas moins, son travail consistant à gagner des commissions, qu'il ne peut s'empêcher d'avoir une orientation spéculative. Par conséquent, l'acheteur voulant éviter d'être influencé par des considérations spéculatives devra être explicite à ce sujet. Il devra montrer par la parole et par l'action qu'il n'est pas intéressé par les tuyaux de Bourse. Une fois que le broker aura compris qu'il traite avec un investisseur dans l'âme, il respectera sa position et coopèrera.

L'analyste financier, autrefois connu comme analyste en titres ("security analyst"), intéresse tout particulièrement l'auteur qui exerça cette profession pendant cinquante ans, et forma aussi beaucoup d'entre eux. Nous ne parlerons ici que des analystes financiers qui sont employés par les maisons de courtage.

La fonction est clairement exprimée par son nom. L'analyste financier est celui qui élabore des études détaillées sur des valeurs individuelles, établit des comparaisons entre titres d'un même secteur, et bâtit une opinion précise sur l'attrait, le niveau de sécurité ou la valeur intrinsèque de différentes classes d'actions et d'obligations.

Aussi surprenant que cela paraisse, il n'y a aucune formation précise qui mène à l'exercice de cette profession. Par contraste avec ce qui se passe pour les brokers qui doivent passer un examen professionnel sanctionnant leurs compétences et être dûment acceptés et enregistrés par le New York Stock Exchange qui cautionne leurs qualités de probité morale et leur réputation professionnelle, rien n'est exigé pour l'analyste financier. Bien sûr, dans la pratique, tous les jeunes analystes seront diplômés des grandes universités, et les anciens auront gagné leurs galons à l'école de la vie. On pourra compter aussi sur les maisons de courtage pour s'assurer des qualifications et de la compétence de leurs analystes.

Le client de la firme peut traiter avec l'analyste financier soit directement, soit par l'entremise de son broker. Dans tous les cas de figure, l'analyste est à la disposition du client pour lui prodiguer informations et conseils. Nous affirmons avec emphase que la valeur de l'analyste dépendra d'abord de l'attitude qu'adoptera l'investisseur. Si ce dernier pose à l'analyste les bonnes questions, il aura des chances de recevoir les bonnes réponses ou, en tout cas, des réponses utiles. Les analystes travaillant pour les maisons de titres subissent les préjugés attachés à leurs fonctions. Si on leur demande ce qu'ils pensent de telle ou telle valeur, c'est qu'on attend d'eux qu'ils nous disent si l'action va monter dans les prochains mois. Ainsi, beaucoup d'entre eux se sentent obligés de faire de l'analyse financière en gardant un oeil rivé sur les graphes ou les cours courants. Nous ne pensons pas que ce soit ainsi que puissent être déduits des jugements clairs et des conclusions utiles.

Dans la prochaine section de ce livre, nous vous parlerons de certains concepts et vous présenterons certaines réussites à mettre au crédit des analystes financiers. Beaucoup d'entre eux, travaillant dans des sociétés de Bourse, pourraient rendre de grands services aux vrais investisseurs. Pour ce, comme dans le cas des courtiers clients, il est indispensable que l'analyste perçoive bien quels sont les objectifs et les attitudes des investisseurs. Une fois qu'il est bien convaincu que son client a une orientation à la valeur, il y a de grandes chances pour que ses recommandations soient précieuses.

Le diplôme de CFA ou d'analyste financier certifié (1)

En 1963, une étape importante a été franchie, ce qui a permis à l'activité d'analyste financier de se professionnaliser. Le titre officiel de Chartered Financial Analyst (CFA) est depuis lors décerné aux praticiens qui passent des examens obligatoires ainsi que d'autres tests appropriés (2). Les sujets d'examen incluent l'analyse de titres et la gestion de portefeuille. L'analogie avec le titre professionnel établi depuis longtemps de Certified Public Accountant (CPA soit expert-comptable agréé) est intentionnelle et évidente. Ces nouvelles dispositions de contrôle et de reconnaissance, relativement nouvelles, sont destinées à améliorer le niveau des analystes financiers et, pourquoi pas, à professionnaliser plus encore leurs travaux.

Traiter avec les maisons de courtage

Une des évolutions les plus inquiétantes de ces dernières années concerne les difficultés financières (banqueroutes ou quasi-banqueroutes) d'un certain nombre de firmes du New York Stock Exchange, y compris au moins deux très importantes. C'est la première fois en un demi-siècle que cela arrive, et c'est inquiétant à plus d'un titre. Des décennies durant, le New York Stock Exchange a tâché d'améliorer les systèmes de contrôle des opérations boursières et des situations financières de ses membres, au travers de ratios prudentiels de capitaux propres, d'audits comptables surprises etc... En parallèle, la Security Exchange Commission exerce un contrôle sur les Bourses et leurs opérateurs depuis plus de 37 ans. Enfin, le secteur des courtages boursiers (stock-brokerage) a bénéficié de conditions favorables d'exploitation : une forte croissance des volumes, des taux de courtage minimum garantis (éliminant les conditions de concurrence), et un nombre limité de firmes membres.

Les premiers problèmes financiers des maisons de courtage, en 1969, ont été mis sur le compte de l'accroissement des volumes. Cette hausse des volumes d'affaire avait causé, disait-on, une forte hausse des impôts et des charges fixes tout en désorganisant les back-offices et en gonflant les suspens. Nous constatons avec surprise que pour la première fois dans l'histoire économique, des entreprises importantes ont fait faillite à cause d'une augmentation de leurs volumes d'affaires. Ensuite, une nouvelle vague de faillites déferla en 1970, et cette fois, elle fut expliquée par la chute des volumes d'affaires ! Drôle d'excuse quand on sait que le volume total traité sur le NYSE en 1970 a atteint un niveau record de 2937 millions d'actions échangées, ce qui représente plus du double des niveaux moyens connus avant 1965. Si on calcule la moyenne des volumes sur les 15 dernières années, on obtient 712 millions d'actions, soit un quart des volumes de 1970, et pourtant ce fut l'époque la plus prospère de toute l'histoire de ce secteur. Si, comme les chiffres semblent l'indiquer, les firmes membres ont perdu tout contrôle sur leurs charges fixes et leurs autres dépenses, ce qui les empêcha d'absorber toute contraction des affaires, cela en dit long sur leurs compétences en gestion et leur conservatisme si longtemps loué !

Une troisième explication de leurs difficultés financières vient d'un manque de transparence, voire de dissimulations pures et simples. C'est là, d'après nous, la raison la plus plausible à leurs déboires. Il semblerait qu'une bonne partie des capitaux propres de ces firmes aient servi à financer des lignes d'actions ! Certains de ces titres étaient particulièrement spéculatifs et avaient une valeur boursière complètement gonflée. Quand les marchés sont tombés, en 1969, les cours de ces titres se sont effondrés et une part importante des capitaux propres a disparu en fumée (3). En fait, les associés spéculaient avec le capital qui aurait dû servir à la protection de la clientèle contre les risques de difficultés financières. Ainsi ils abusaient doublement les consommateurs. C'est inexcusable, pour ne pas dire plus !

L'investisseur devrait utiliser sa tête, non seulement pour mettre en forme sa politique d'investissement mais aussi pour tout le reste. Par exemple, pour choisir un broker à la réputation sans tache qui sera chargé d'exécuter ses ordres. Jusqu'à ce jour, nous pensions qu'il était suffisant de conseiller au lecteur de s'adresser à une firme membre du NYSE, à moins qu'il ait eu de fortes raisons pour utiliser une firme non-membre. À contrecœur, il nous faut donner quelques conseils supplémentaires. Nous pensons que les gens qui ne travaillent pas sur des comptes à crédit ("margin accounts"), ce qui pour nous devrait être le cas de tous les investisseurs, devraient exiger que la garde de leurs titres soit confiée à leurs banques. À l'opposé, pour la vente, vous demanderez à votre banque de livrer les titres au broker contre paiement du montant de la vente. Ce conseil pourra être négligé dans la mesure où vous serez assuré que les institutions avec lesquelles vous traitez auront réglé tous leurs problèmes.

Les banques d'investissement

On appelle banque d'investissement une société financière dont l'activité principale consiste à souscrire et à placer de nouvelles émissions d'obligations et d'actions. (Souscrire consiste à garantir à la société émettrice, ou toute autre organisation, que les titres dont on organise l'émission seront placés.) Un certain nombre de maisons de courtage ont, elles aussi, une activité de souscription. Il s'agit, dans leur cas, de participations minoritaires dans des pools ou syndicats financiers dont les chefs de file sont des banques d'investissement. La tendance historique a été de voir ces maisons de titre se charger aussi en tant que chef de file d'émissions de nouveaux titres, en particulier d'émissions d'actions de moindre qualité, quand un marché haussier est à plein régime.

Les activités de banque d'investissement sont peut-être les plus nobles de la communauté financière de Wall Street. C'est ainsi que le monde de la finance joue son rôle le plus constructif : celui de trouver de nouveaux capitaux pour le financement de l'expansion économique. Ainsi, beaucoup des arguments théoriques avancés pour justifier l'existence de marchés financiers actifs reposent sur le fait que les marchés organisés facilitent l'émission d'actions et d'obligations nouvelles. Si les investisseurs et les spéculateurs n'avaient pas un marché secondaire organisé pour disposer des nouveaux titres qui leur sont proposés, ils pourraient fort bien refuser de les acheter.

Les relations liant un investisseur à sa banque d'investissement sont fondamentalement des relations de commerçants à clients. Dans le passé, le gros des nouvelles émissions (en valeur) représentait des obligations acquises par des institutions financières comme les banques et les compagnies d'assurance. Dans ce domaine, les vendeurs de titres traitaient avec des acheteurs compétents et expérimentés. Les recommandations que ne manquaient pas de prodiguer les banques d'investissement devaient passer un examen rigoureux. De telles transactions se faisaient à armes égales entre professionnels compétents.

Mais des relations différentes se nouent entre les particuliers et les banques d'investissement, y compris les courtiers en titres agissant comme souscripteurs. Ici, l'acquéreur est souvent inexpérimenté et manque souvent de discernement. Il est facilement influencé par le vendeur (plus particulièrement pour l'investissement en actions) d'autant plus que sa principale motivation d'achat sera, souvent, de faire une rapide plus-value. En conséquence, la protection de l'investisseur particulier repose moins sur ses capacités critiques que sur les scrupules et l'éthique de la firme chargée du placement (4).

C'est un hommage que nous rendons à l'honnêteté et la compétence des souscripteurs que de reconnaître qu'ils arrivent en général à bien combiner les intérêts divergents du conseiller et du vendeur. Ceci étant, il est imprudent pour l'acheteur de placer une confiance aveugle dans le jugement du vendeur. Voilà ce que nous disions à ce sujet en 1959 : "Les risques de ce type d'attitude apparaissent de façon récurrente dans le domaine des nouvelles émissions, plus particulièrement pour les ventes de nouvelles actions en période d'intense spéculation." Cette mise en garde s'est rapidement après révélée d'une actualité brûlante. Comme nous l'avons dit, les années 1960, 1961 ainsi que 1968 et 1969 furent marquées par un flot d'émissions de mauvaise qualité vendues au public à des prix dépassant l'entendement puis dopées à des prix encore plus fous par une spéculation débridée et quelques manipulations. Nombre d'institutions de Wall Street, certaines parmi les plus réputées, se sont rendues complices de ces abus, démontrant ainsi que le cocktail familier de cupidité, de folie et d'irresponsabilité pouvait encore faire bien des ravages sur la scène financière.

L'investisseur intelligent prêtera attention aux conseils et aux recommandations qu'il recevra des banques d'investissement et en particulier, de celles qui sont connues pour avoir une bonne réputation. Il recueillera des jugements sains et indépendants pour corroborer ces appréciations. Jugements qui seront siens s'il en a la compétence, ou sinon qu'il empruntera à ses conseillers.

Autres conseillers

L'investisseur trouvera aussi un conseil précieux auprès de son banquier, surtout s'il habite dans une petite ville. Si un responsable Bourse d'agence bancaire n'est pas forcément expert en matière d'évaluations boursières, il aura à la fois de l'expérience et une attitude conservatrice. Le banquier sera d'autant plus utile à l'investisseur désarmé, que ce dernier, s'éloignant facilement des chemins simples et monotones de l'investissement défensif, aura besoin de l'influence sûre d'un esprit prudent. L'investisseur plus actif et agressif cherchant conseil, ne trouvera pas, par contre, chez son banquier, le support attendu.

Nous sommes beaucoup plus critiques face à l'attitude consistant à demander conseil à tel parent ou ami. Le demandeur aura toujours de bonnes raisons de croire que la personne consultée a plus d'expérience et de compétence que lui. Nos observations personnelles nous font penser qu'il est presque aussi difficile de sélectionner correctement un prétendu conseiller que de trouver sans aide les bons titres. Beaucoup de mauvais conseils sont prodigués gratuitement !

Résumé

Les investisseurs qui sont prêts à payer des honoraires pour la gestion de leurs fonds peuvent, prudemment, sélectionner quelques firmes de conseil en investissement à la réputation bien établie. Alternativement, ils peuvent utiliser le département gestion de fortune d'une grande banque ou le service de surveillance fourni à titre onéreux par certaines maisons de courtage inscrites au New York Stock Exchange. Les résultats à attendre ne seront pas exceptionnels, mais ils seront comparables à ceux de l'investisseur prudent et bien informé.

La plupart des acheteurs de titres obtiennent des conseils à titre gratuit. Ils doivent savoir que dans la majorité des cas, il ne faut pas s'attendre alors à des résultats supérieurs à la moyenne. Qui plus est, ils devraient se méfier de ceux, courtiers ou vendeurs de produits financiers, qui promettent des revenus ou des profits exceptionnels. C'est valable aussi bien dans le domaine de la sélection des titres que dans celui évasif, illusoire même, du timing de marché. Les investisseurs défensifs ne sauront pas juger d'eux-mêmes les mérites des recommandations que leur feront leurs conseillers sur les titres. Mais ils peuvent être explicites, quitte à se répéter, pour préciser le type de titres qu'ils veulent acheter. Si les conseillers suivent ces prescriptions, ils concentreront les placements sur des obligations de première catégorie ou des actions de sociétés prééminentes (essentiellement celles qui peuvent être acquises à des cours qui ne paraissent pas trop élevés à la lumière de l'analyse et de l'expérience). L'analyste financier de toute bonne institution de courtage pourra établir une liste adéquate de telles actions. Il pourra aussi dire à l'investisseur si les cours courants paraissent raisonnablement conservateurs en fonction des perspectives historiques.

L'investisseur agressif aura pour habitude de travailler en étroite collaboration avec ses conseillers. Il exigera de ces derniers que les recommandations proposées lui soient exposées dans le détail, et c'est lui qui prendra la décision. C'est dire qu'il dirigera toutes ses opérations sur titres, tant sur leurs formes que sur l'espérance de gain, cela en fonction de sa propre expérience et de ses connaissances. C'est seulement dans des cas exceptionnels, et quand l'intégrité et la compétence de ses conseillers ne souffriront aucun doute, qu'il pourra se fier à leurs conseils sans en connaître les tenants et aboutissants.

Il a existé de tout temps des vendeurs de produits ou des courtiers sans scrupules. Voilà pourquoi nous avons conseillé à nos lecteurs de se limiter, si possible, aux membres du New York Stock Exchange. Et c'est à regret que nous nous sentons obligés d'ajouter un autre conseil de prudence : les livraisons de titres et leur paiement devront être effectués par l'intermédiaire d'une banque. L'état désastreux de certaines maisons de Wall Street s'améliorera peut-être dans quelque temps. Mais pour l'heure (fin 1971) “Mieux vaut être sûr que désolé”.

(1) NDE : équivalent aux diplômes délivrés par la Société Française des Analystes Financiers (SFAF).

(2) Les examens sont donnés par "The Institute of Chartered Financial Analysts", qui est rattaché à la Financial Analyst Fédération. Cette fédération recouvre de nombreuses sociétés affiliées ayant plus de 13000 membres.

(3) Le NYSE a imposé des règles restrictives d'évaluation comptable dans le dessein de minimiser ce danger. Apparemment, cela n'a pas suffit.

(4) Les nouvelles introductions ne sont plus placées aujourd'hui qu'au moyen d'un prospectus préparé en fonction de règles édictées par la Security Exchange Commission. Ce document doit révéler tous les faits pertinents concernant l'émission et son émetteur. Il doit suffire à informer l'investisseur prudent sur la nature exacte du titre qui lui est proposé. Mais le volume et la complexité des données rendent ce prospectus difficile à déchiffrer. Il est reconnu que seule une minorité de particuliers achetant ces nouveaux titres, lit ce document avec assez d'attention. La plupart des autres prennent là encore leurs décisions non pas en fonction de leurs opinions mais d'après celles de la firme souscriptrice ou sur les recommandations du responsable de leur compte.

CHAPITRE 11

ANALYSE DE TITRES POUR LE NÉOPHYTE : L'APPROCHE GÉNÉRALE

L'analyse financière est aujourd'hui une science établie et en pleine expansion avec ses professionnels et ses règles. Les différentes associations d'analystes regroupées au sein de l'Association Nationale des Analystes Financiers (National Association of Financial Analysts) comptent 13.000 adhérents, dont la majorité sont des professionnels à part entière. Cette science a ses livres de référence, son code déontologique, et son journal trimestriel. Elle a aussi son lot de problèmes irrésolus. Ces dernières années, la philosophie générale a eu tendance à dériver de l'analyse de titres vers l'analyse financière. Le second concept a un champ d'étude plus large, il est donc plus approprié pour décrire le travail demandé aux départements d'analyse de Wall Street. Il serait pratique de penser exclusivement en termes d'analyse de titres ce qui limiterait la fonction à l'étude et l'évaluation des actions et des obligations. Par contre, l'analyse financière recouvre ces fonctions mais aussi la détermination de la politique d'investissement (sélection du portefeuille), ainsi qu'une bonne partie d'analyse macro-économique (1). Nous utiliserons dans ce chapitre la terminologie la plus proche de la vérité, en insistant sur le travail qui devrait être celui du bon analyste.

L'analyste en titres s'intéresse au passé, au présent et à l'avenir de tout titre donné. Il décrit le champ d'activité de l'entreprise, résume ses résultats d'exploitation et sa situation financière, établit ses points forts et ses points faibles, ses potentiels et ses risques, il estime sa capacité bénéficiaire future sous différentes hypothèses d'environnement ou pour l'hypothèse la plus probable, et il fait des comparaisons fouillées soit dans l'espace (entre différentes entreprises), soit dans le temps. Finalement il exprime son opinion sur le degré de sécurité ou de protection du titre, si il s'agit d'un titre obligataire ou d'une action préférentielle, ou sur son attrait à l'achat pour une action.

Pour accomplir ce travail, l'analyste utilise un certain nombre de méthodes qui vont des plus simples aux plus complexes. Il est amené à modifier, parfois de façon substantielle, les chiffres tirés de la comptabilité de l'entreprise bien que ces derniers soient marqués de l'imprimatur d'un expert-comptable agréé. Il regarde avec une attention particulière certains éléments du rapport annuel qui disent bien plus qu'il n'y paraît.

L'analyste développe et met en application des normes de sécurité, lui permettant de dire si une obligation (ou action préférentielle donnée) est assez sûre pour être qualifiée d'investissement de qualité. Ces critères sont d'abord définis en fonction des résultats moyens historiques, mais aussi de la structure des capitaux propres, du fonds de roulement, de la valeur des actifs, et d'autres éléments encore....

En ce qui concerne les actions simples, l'analyste de titres n'a, jusqu'à une époque récente, que rarement appliqué des critères d'évaluation aussi bien définis que ne l'étaient ses normes de sécurité pour les obligations. Dans la plupart des cas, il se contentait d'un résumé des performances passées, d'une prévision plus ou moins précise de l'avenir (en insistant sur les douze prochains mois) et d'une conclusion plus ou moins arbitraire. Cette dernière était souvent tirée, et c'est encore le cas aujourd'hui, en gardant un œil rivé sur la côte du jour et le graphe du titre étudié. Ces dernières années, cependant, une génération nouvelle d'analystes s'est attachée à trouver des critères d'évaluation pertinents pour les titres de croissance. Beaucoup de ces titres s'échangeaient à des prix si élevés par rapport à leurs revenus tant passés que courants, que ceux qui les recommandaient se sentaient dans l'obligation de justifier leurs achats par des projections précises des revenus attendus pour le futur immédiat et plus éloigné. Un certain nombre de techniques mathématiques sophistiquées ont bien utilement été retrouvées afin de justifier les niveaux d'évaluations de ces titres.

Nous traiterons ces techniques dans leurs grandes lignes un peu plus loin. Il nous faut pourtant soulever ici un paradoxe gênant : les techniques d'évaluation mathématiques sont devenues dominantes dans le domaine où précisément nous devrions les prendre avec la plus grande circonspection. En effet, plus les évaluations deviennent dépendantes des anticipations, moins elle sont liées aux chiffres prouvés du passé, et plus elles sont vulnérables aux calculs erronés. La valeur donnée aux titres à multiples élevés est dérivée, pour une large part, de projections futures qui diffèrent d'une façon marquée des performances passées (à l'exception peut-être du taux de croissance utilisé). On peut donc dire que les analystes se trouvent aujourd'hui contraints de choisir une orientation plus mathématique et scientifique dans les cas précis qui se prêtent le moins à ces traitements.

Poursuivons quand même notre évocation des techniques les plus importantes utilisées pour analyser les titres. Ce sujet sera traité de façon condensée à l'usage de l'investisseur non-professionnel. Ce dernier devrait au moins comprendre ce que dit l'analyste financier et quels sont ses objectifs. De plus, il devra en savoir assez pour faire la différence entre une analyse superficielle et une analyse sérieuse.

L'analyse d'un titre, pour le profane, est sensée commencer par une étude des rapports annuels (bilan et compte d'exploitation) de l'entreprise. C'est un sujet que nous avons traité dans un autre livre destiné aux débutants : l'Interprétation des Rapports Annuels (The Interprétation of Financial Statements) (2). Nous ne jugeons ni nécessaire ni approprié de reprendre ce sujet dans ce chapitre. Et ce, d'autant plus que l'accent est volontairement mis dans ce livre sur les principes et les attitudes. Venons-en aux deux questions de base qui sous-tendent toutes les sélections de titres. Quels sont les principaux tests de sécurité à appliquer sur une émission obligataire ou d'actions préférentielles ? Quels sont les facteurs prépondérants qui entrent dans l'évaluation d'une action ordinaire ?

L'analyse obligataire

L'application la plus fiable et la plus crédible de l'analyse financière concerne la sécurité ou la qualité des émissions obligataires et des actions préférentielles de première qualité. Le principal critère utilisé dans le cas des obligations établit combien de fois les charges d'intérêt assumées par l'entreprise émettrice sont couvertes par ses revenus disponibles (en moyenne sur plusieurs années). Dans le cas des actions préférentielles, nous évaluerons combien de fois la charge des intérêts et celle des dividendes préférentiels sera couverte par les revenus.

Les seuils appliqués varieront d'une source à l'autre. Comme ces tests sont en fin de compte choisis arbitrairement, il n'y a pas moyen de déterminer précisément quels sont les critères les plus valables. Dans l'édition de *Security Analysis* de 1961, nous préconisions certaines normes de couverture que nous avons repris sur le tableau 11-1.

Notre test fondamental est appliqué uniquement sur les résultats moyens d'une période longue (soit plusieurs années). D'autres sources exigent que ce seuil ou minimum de couverture soit atteint pour chacune des années prises en considération. Nous ne sommes pas contre l'application du test de la plus mauvaise année à la place du test de la moyenne de sept années. Il est donc suffisant qu'une obligation ou une préférentielle passe au moins l'un de ces deux critères.

Tableau 11-1. Couverture minimum recommandée sur les obligations et actions préférentielles

A. Pour les obligations de première qualité

Ratio Bénéfices sur charges fixes minimum :

	Avant impôts sur bénéfices		*Après impôts sur bénéfices*	
Type d'Entp	Moyenne sur 7 années	Alternative: mesure de la plus mauvaise année	Moy. sur 7 années	Alternative: mes. de la plus mauv. année
Distb Elec	4 fois	3 fois	2.65 fois	2.10
Chemins de fer	5	4	3.20	2.65
Etp industrielle	7	5	4.30	3.20
Etp de ditributio	5	4	3.20	2.65

B. Pour les actions préférentielles de première qualité

Les mêmes minima seront requis. Dans ce cas ils concerneront le ratio des bénéfices avant impôts sur la somme de toutes les charges fixes plus deux fois les dividendes préférentiels.

NOTE : L'inclusion de deux fois les dividendes préférentiels permet de provisionner pour le fait que ces derniers, contrairement aux charges financières ne sont pas déductibles des impôts sur les revenus (à 50%).

C. Autres catégories d'obligations et préférentielles

Les normes données ici ne sont pas utilisables dans les cas suivants :

1) sociétés holding de distributeurs d'électricité,
2) sociétés financières,
3) sociétés immobilières.

On pourrait objecter que l'importante hausse des taux d'intérêt depuis 1961 devrait être balancée par une réduction parallèle du taux de couverture des charges requis, puisqu'il est évidemment bien plus difficile pour une entreprise industrielle de s'assurer une couverture de sept fois les charges d'intérêt quand ces intérêts sont à 8% que lorsqu'ils sont à 4 1/2%.

Pour répondre à ces évolutions, nous suggérons aujourd'hui de poser une condition alternative en fonction des bénéfices exprimés en fraction du montant de la dette. Ce chiffre devrait valoir plus de 33% avant impôts pour une entreprise industrielle, 20% pour une société de distribution électrique, et 25% pour une compagnie de chemins de fer. Il faut garder en mémoire ici que le taux effectivement payé par la majorité des entreprises sur le total de leurs dettes est bien inférieur aux 8% actuels. Il en est ainsi parce qu'elles bénéficient de dettes anciennes à des taux moins élevés. La condition pour la plus mauvaise année pourrait être fixée à environ les deux-tiers des conditions fixées sur une moyenne de sept ans.

En plus de notre test de couverture des revenus, de nombreux autres pourront aussi être proposés. Nous citerons les suivants :

1. *Taille de l'entreprise.* Il y a une norme minima en termes de volume d'affaires (différente suivant qu'il s'agisse d'entreprises industrielles, d'une société distributrice E,G & E ou d'une compagnie de chemins de fer) ou en termes de population d'une communauté administrative telle une ville (pour les obligations municipales).

2. *Ratio Capitalisation boursière/Dette ou "Stock/Equity ratio"*. C'est le ratio du prix des actions simples émises sur la valeur faciale de la dette par action, ou de la dette plus les actions préférentielles. C'est une mesure peu fine de protection, un amortisseur fourni par l'existence de l'actionnaire qui sera le premier à subir le choc de tous développements défavorables. Ce facteur prend en compte l'estimation boursière des perspectives futures de l'entreprise (sa capitalisation boursière).

3. *La valeur des biens matériels.* La valeur des actifs tangibles, tels qu'ils sont donnés par le bilan après réévaluation, était autrefois considérée comme la protection principale d'une émission obligataire. L'expérience a montré que dans la plupart des cas la sécurité dépend de la capacité bénéficiaire (earning power) de l'entreprise. Si cette dernière est déficiente, il est alors probable que les actifs tangibles perdront beaucoup de leur supposée valeur. La valeur d'actifs garde cependant toute son importance comme test de protection dans le cas des obligations (et actions préférentielles) émises par trois groupes particuliers : les distributeurs d'électricité (car les taux de tarification dépendent en grande partie des investissements), les sociétés immobilières, et les compagnies d'investissement.

En ce point, l'investisseur alerte devrait se poser la question suivante : Est-ce-que les tests de sécurité basés sur des mesures de performances passées ou présentes, sont bien fiables étant donné que les paiements du principal et des intérêts seront à prélever sur des revenus futurs ? Seule l'expérience nous apporte la réponse. L'histoire de l'investissement est riche en exemples d'obligations (et actions préférentielles) qui ayant passé des tests sévères de sécurité (basés sur le passé), ont ensuite prouvé qu'elles étaient capables de faire face aux vicissitudes économiques avec succès. Ceci a été démontré de façon irréfutable dans le domaine des obligations des chemins de fer, secteur qui fut pourtant marqué par de très nombreuses faillites. Dans presque tous les cas, les compagnies qui ont eu des problèmes, se sont trouvées être soit surendettées depuis longtemps, soit au-dessous des ratios de couverture conservateurs que nous avons définis, qui plus est, en période de prospérité. Ces dernières auraient dû en conséquence, être éliminées par les investisseurs s'en tenant à nos tests de sécurité. À l'opposé, toutes celles qui réussissaient à passer ces tests ont évité ces difficultés financières. Nos critères de sécurité se sont encore avérés fiables dans le cas des grandes compagnies de chemins de fer réorganisées dans les années quarante et cinquante. Ces dernières (à l'exception d'une seule) avaient dans le passé des charges fixes tellement minimes qu'il leur était aisé de passer nos tests minima de couverture (couverture des charges financières par les revenus). Seule exception, la New Haven Railroad, qui pendant son année de réorganisation, 1947, gagnait seulement 1,1 fois ses charges financières. Ainsi, alors que les autres compagnies traversèrent ensuite des temps difficiles sans que leur solvabilité n'en soit affaiblie, la New Haven retomba pour la troisième fois sous tutelle d'un commissaire aux faillites en 1961 !

Dans le chapitre 17, nous reviendrons sur certains aspects de la banqueroute de Penn Central Railroad, qui secoua tellement la communauté financière en 1970. Dans cet exemple, la couverture des charges fixes n'était déjà plus au niveau de nos normes conservatrices dès les premiers mois de 1965. Ainsi tout investisseur prudent se serait tenu à l'écart ou se serait débarrassé de ces titres bien avant la déconfiture financière du chemin de fer.

Les observations précédentes sur l'adéquation des statistiques passées pour juger du risque obligataire, s'appliquent encore mieux aux services de distribution électrique qui représentent un secteur important des émissions obligataires. Mettre en faillite les distributeurs d'électricité, en général fortement capitalisés, est presque impossible. Depuis qu'ils sont supervisés par la Security Exchange Commission, leur financement a été rendu plus conservateur et il n'y eut plus aucun cas de faillite. Les ennuis financiers qu'ont connu les distributeurs E,G & E dans les années trente, étaient imputables à 100% à des surendettements ainsi qu'à de mauvaises gestions qui ont laissé des marques sur leurs structures financières. Nos tests de sécurité, simples et rigoureux, s'ils avaient été appliqués à l'époque auraient tenu les investisseurs à l'écart de ces titres qui, par la suite, n'ont plus servi d'intérêts.

Par contre, les résultats à long terme furent bien différents pour ce qui est des obligations industrielles. Bien que le groupe dans son ensemble ait pu bénéficier d'une plus forte croissance de ses capacités bénéficiaires que les chemins de fer ou les distributeurs d'électricité, il a révélé aussi une plus forte instabilité d'une société à l'autre ou d'un secteur à l'autre. C'est ainsi qu'en ce qui concerne le passé, de très bonnes raisons nous ont poussé à limiter nos achats aux seules entreprises qui étaient grandes et dominantes, et qui, de plus, avaient fait preuve d'assez de ressources pour résister à une dépression économique d'envergure.

Nous n'avons observé que très peu de défaillances sur des obligations industrielles après 1950. La raison tient essentiellement à ce que les conditions économiques ont été favorables depuis. Après 1966, nous avons assisté à une aggravation de l'endettement des entreprises. Les conséquences d'une expansion mal gérée furent dramatiques sur les bilans de certaines sociétés. Nous avons vu, d'une part, un alourdissement des prêts bancaires et de l'endettement à long terme, et d'autre part, une détérioration des résultats des nouvelles opérations. Début 1971, il fut calculé qu'au cours des sept années écoulées, la charge d'intérêt de toutes les entreprises non financières était passée de 9,8 milliards de dollars à 26,1 milliards. Les frais financiers représentaient 29% des bénéfices avant impôts en 1971, contre seulement 16% en 1963 (3). Bien évidemment, le fardeau sur beaucoup d'entreprises était plus lourd encore et celles qui croulaient sous le poids de leurs dettes étaient légion. Nous avons toutes les raisons de répéter aujourd'hui les quelques mots de prudence suivants (tiré de notre édition de 1965) :

Nous ne sommes pas prêts à croire que la situation favorable que nous avons connue se poursuivra, et donc à relâcher nos normes de sélection de titres obligataires. Et ce, pour les sociétés industrielles et tout autre groupe.

Analyse des actions

La méthode d'analyse idéale devrait permettre d'obtenir une estimation de valeur qui serait ensuite comparée au cours de l'action afin d'en tirer une décision d'investissement. Cette estimation du titre devrait être tirée de celle des résultats futurs (en moyenne annuelle sur plusieurs années) qui seraient capitalisés au moyen d'un facteur ou multiple de capitalisation approprié.

La procédure maintenant standard, permettant d'estimer la capacité bénéficiaire future (4) est tirée de données moyennes du passé telles que les statistiques sur le chiffre d'affaires (en volume et en valeur) ou celles sur les marges d'exploitation. Les ventes futures (en dollars) sont dérivées de ces statistiques en fonction d'hypothèses sur le taux de variation (croissance ou baisse) des volumes et des prix. Ces estimations sont à leur tour fondées à la fois sur des prévisions macroéconomiques (telles les variations du produit national brut), ainsi que sur des projections spécifiques au secteur et à l'entreprise.

Nous trouverons une illustration de cette méthode d'évaluation dans un exemple tiré de notre édition de 1965 et qui sera remis à jour ensuite. Value Line, un des grands services d'information financière du pays, fait des prévisions de revenus et dividendes en suivant la procédure que nous venons de décrire. Ensuite, la société d'études calcule une valeur représentant la potentialité des prix (autrement dit un objectif de prix) en utilisant une formule d'évaluation basée essentiellement sur certaines relations passées. Le tableau 11-2 reproduit les projections pour la période 1967-1969 réalisées en juin 1964 ainsi que des comparaisons avec les résultats et les cours moyens effectivement enregistrés en 1968 (comme approximation de la période 1967-1969).

Les prévisions combinées ont quelque peu sous-estimé les chiffres réels, mais les résultats demeurent probants. Si les prévisions sur les bénéfices et les dividendes calculés six ans auparavant se sont avérés un peu optimistes, l'erreur fut balancée par l'utilisation d'un multiple sous-évalué. L'un dans l'autre les chiffres du potentiel de cours n'étaient pas très éloignés des résultats enregistrés.

Le lecteur remarquera que de nombreuses prévisions sont tombées loin de leurs marques. Ceci confirme notre hypothèse à savoir que les estimations composites (ou d'un groupe de titres) ont toutes les chances d'être bien plus fiables que les estimations individuelles. Idéalement, peut-être, l'analyste devrait retenir les trois ou quatre entreprises qu'il cerne le mieux au niveau des projections qu'il en fait sur l'avenir. Il devrait concentrer ses opérations boursières sur ces titres. Nous nous sommes rendus compte malheureusement qu'il est pratiquement impossible de connaître à l'avance les titres ou catégories de titres sur lesquels nos prévisions seront les plus fiables. C'est la raison pour laquelle les gestionnaires de fonds d'investissement privilégient une forte diversification. S'il est logique, a priori, de se concentrer sur un titre sur lequel nous voyons un fort potentiel, plutôt que de diluer nos résultats par diversification, nous ne pouvons dans la pratique nous y prendre ainsi (5). La diversification qui fait loi chez les professionnels porte dans ses principes la négation pratique de cette idée fétiche de sélectivité dont certains se gaussent pourtant.

Tableau 11-2. Le Dow-Jones Industrial Average (Les prévisions Value Line pour la période 1967-1969, calculées en 1964 et ensuite comparées aux résultats de 1968)

	Bénéfices		Prix	Prix	Prix
	Prévisionnels 1967-1969	Réalisés 1968 (a)	au 30-06 1964	Prévi 67/69	Moy 68(a)
Allied Chemical	3.70 $	1.46 $	54.5	67	36.5
Aluminium Corp of Am.	3.85	4.75	71.5	85	79
American Can	3.50	4.25	47	57	48
American Tel & Tel	4.00	3.75	73.5	68	53
American Tobacco	3.00	4.38	51.5	33	37
Anaconda	6.00	8.12	44.5	70	106
Bethlehem Steel	3.25	3.55	36.5	45	31
Chrysler	4.75	6.23	48.5	45	60
Du Pont	8.50	7.82	253	240	163
Eastman Kodak	5.00	9.32	133	100	320
General Electric	4.50	3.95	80	90	90.5
General Foods	4.70	4.16	88	71	84.5
General Motors	6.25	6.02	88	78	81.5
Goodyear Tire	3.25	4.12	43	43	54
Internat. Harvester	5.75	5.38	82	63	69
Internat. Nickel	5.20	3.86	79	83	76
Internat. Paper	2.25	2.04	32	36	33
Johns Manville	4.00	4.78	57.5	54	71.5
Owens-Ill. Glass	5.25	6.20	99	100	125.5
Procter & Gamble	4.20	4.30	83	70	91
Sears Roebuck	4.70	5.46	118	78	122.5
Standard Oil of Cal	5.25	5.59	64.5	60	67
Standard Oil of N.J.	6.00	5.94	87	73	76
Swift & Co	3.85	3.41 (b)	54	50	57
Texaco	5.50	6.04	79.5	70	81
Union Carbide	7.35	5.20	126.5	165s	90
United Aircraft	4.00	7.65	49.5	50	106
U.S. Steel	4.50	4.69	57.5	60	42
Westinghouse Elec	3.25	3.49	30.5	50	69
Woolworth	2.25	2.29	29.5	32	29.5
Total	138.25	149.20	2222	2186	2450
DJIA (Total % 2.67)	52.00	56.00	832	820	918 (c)
DJIA Réel 1968	57.89				906 (c)
DJIA Réel 1967-1969	56.26				

(a) Ajusté après division de titre depuis 1964.
(b) Moyenne 1967-1969
(c) Différence causée par un changement du diviseur.

Facteurs influençant le taux (ou multiple) de capitalisation

Même si les bénéfices moyens futurs sont supposés être le déterminant de la valeur estimée, l'analyste tient compte d'un certain nombre d'autres facteurs qui peuvent être plus ou moins clairement définis. Beaucoup de ces éléments sont intégrés dans le multiple de capitalisation, qui peut varier dans de larges proportions suivant la qualité du titre étudié. Ainsi, même si deux entreprises ont les mêmes chiffres de bénéfices escomptés par action sur la période 1973-1975 (disons 4$), l'analyste pourra évaluer l'une à 40$ et l'autre jusqu'à 100$. Présentons rapidement les éléments entrant en ligne de compte dans le calcul de multiples si différents.

1. *Perspectives générales à long terme.* Personne ne sait vraiment ce qui arrivera dans le futur lointain, il n'empêche qu'analystes et investisseurs se forgeront des opinions tranchées à ce sujet. Ces vues seront reflétées dans les différences substantielles des ratios cours/bénéfices octroyés par les marchés aux entreprises et aux secteurs industriels. Nous ajoutions à ce sujet en 1965 :
Par exemple, fin 1963, les chimiques du DJIA se vendaient à des multiples bien plus forts que les pétrolières, indiquant le degré bien plus élevé de capital confiance que donnait le marché aux premières. De telles préférences ont souvent des bases saines. Mais si elles se fondent exclusivement sur les performances historiques, alors il y a autant de chances qu'elles soient fausses que vraies.
Nous vous donnons ci-après, tableau 11-3, les données analytiques établies fin 1963 sur les chimiques et les pétrolières du DJIA, et reportons ces données pour 1970. On peut voir que les valeurs chimiques malgré leurs multiples élevés, n'ont pratiquement pas amélioré leurs résultats entre 1963 et 1970. Les pétrolières ont fait bien mieux que les chimiques. Pour elles, la croissance enregistrée avait bien été correctement anticipée par leurs multiples de 1963 (6). Par contre, l'exemple des valeurs chimiques fut l'un de ces cas pour lesquels les multiples octroyés par le marché furent en l'occurrence bien trop généreux.

2. *Le management.* Si on dit toujours beaucoup de choses à Wall Street sur l'influence qu'aurait la qualité du management sur le comportement boursier des titres, cela n'a que très peu d'intérêt pratique. Tant que des tests objectifs,

Tableau 11-3. Performances des valeurs chimiques et pétrolières du DJIA. Comparaison 1963 à 1970

	1963			1970		
	Prix Clôture	Bén/ Action	P/E Ratio	Prix Clôture	Bénéfices par Actions	P/E Ratio
Valeurs Chimiques						
Allied Chemical	55	2.77	19.8x	24.12	1.56	15.5x
Du Pont (a)	77	6.55	23.5	133.5	6.76	19.8
Union Carbide (b)	60.25	2.66	22.7	40	2.60	15.4
				25.3 moy.		
Valeurs Pétrolières:						
Stand Oil of Cal	59.5	4.50	13.2x	54.5	5.36	10.2x
Stand Oil of N.J.	76	4.74	16.0	73.5	5.90	12.4
Texaco	35	2.15	16.3	35	3.02	11.6
				15.3 moy.		

(a) Chiffres de 1963 ajustés pour distribution gratuite d'actions G.M.
(b) Chiffres de 1963 ajustés pour divisions de titres ultérieures.

quantifiables, et raisonnablement fiables sur la compétence du management ne pourront être définis ou appliqués, nous continuerons à considérer ce facteur avec la plus grande circonspection. Nous pouvons supposer sans grand risque qu'une entreprise qui collectionne des résultats superbes a des dirigeants de qualité. Cet élément sera déjà intégré dans les résultats passés, il apparaîtra aussi dans les estimations de bénéfices futurs (cinq prochaines années) et encore dans le facteur des perspectives à plus long terme dont nous avons parlé. Une méthode qui chercherait à intégrer la qualité du management de façon séparée dans une évaluation ferait double emploi et ne pourrait qu'entraîner une sur-évaluation. Le cas où le facteur de management est le plus utile est, à notre avis, celui d'un changement récent de l'équipe de direction. Ici, ce facteur n'aura pas encore eu le temps de transpirer dans les chiffres.

C'est ce qui s'est produit à deux occasions chez Chrysler. D'abord en 1921, lorsque Walter Chrysler prit possession de la quasi-moribonde Maxwell Motors, et la transforma en quelques années en une entreprise de tout premier plan renouant avec les profits. Il réussit cette prouesse alors que beaucoup d'autres constructeurs automobiles furent contraints de cesser leurs activités. La deuxième s'est produite en 1962, époque où Chrysler, tombé de son piédestal, voyait son titre s'échanger à un plus bas historique. C'est alors que de nouveaux managers, associés à Consolidated Coal, reprirent les rênes de l'affaire. Les bénéfices ne tardèrent pas à passer d'un plus bas de 1,24$ en 1961 à un équivalent de 17$ par action en 1963. En parallèle, les cours sont remontés de 38 1/2$ en 1962 à quelque 200$ l'année suivante (7).

3. *La situation financière et la structure du capital.* L'entreprise ayant une trésorerie importante et aucune émission préférentielle, sera à l'évidence un meilleur achat que celle qui, bien qu'ayant des résultats identiques, sera lourdement endettée (prêts bancaires et créances senior). Ces facteurs seront appréhendés avec soin par l'analyste financier. Ceci étant, un montant modeste d'obligations et d'actions préférentielles à assumer n'est pas nécessairement un désavantage pour l'action simple, pas plus que ne l'est une utilisation modérée de facilités bancaires. À ce propos, une structure financière trop lourde (trop peu d'actions ordinaires par rapport aux obligations et actions préférentielles) pourrait même dans des conditions favorables se traduire par un énorme profit spéculatif pour les actions. Ce facteur est appelé l'effet de levier.

4. *Les dividendes.* Un des tests de qualité les plus convaincants consiste à constater le versement ininterrompu de dividendes remontant à plusieurs années en arrière. Pour nous donc, le versement continu de dividendes depuis vingt ans ou plus est un important facteur positif dont nous tiendrons compte pour juger de la qualité de ces titres. L'investisseur défensif pourrait d'ailleurs limiter ses achats aux seules actions qui satisfont à ce critère.

5. *Les taux courants de distribution des dividendes ou pay-out ratio.* Ce dernier facteur est le plus délicat à intégrer de façon satisfaisante dans nos évaluations. Fort heureusement, la plupart des entreprises se conforment à ce que nous pourrions appeler une politique standard de distribution de dividendes. Ce qui, autrefois, voulait dire une distribution des deux-tiers des bénéfices en dividendes. Cependant, ces dernières années, caractérisées par des profits plus

élevés et une demande plus importante de capitaux à cause de l'inflation, ces ratios ont baissé. (En 1969, le pay-out ratio moyen n'était plus que de 59,5% pour les valeurs du Dow jones, et de 55% seulement pour l'ensemble des entreprises U.S) (8). Tant que la relation entre les bénéfices et les dividendes reste normale, l'évaluation peut être faite en fonction de l'une ou l'autre de ces bases sans que les résultats en soient pour autant affectés. Par exemple, une valeur secondaire typique ayant des bénéfices moyens attendus de 3$ et des dividendes de 2$, pourra être estimée à 12 fois ses bénéfices ou à 18 fois ses dividendes, et valoir quoi qu'il en soit 36$.

Cependant, un nombre de plus en plus important de valeurs de croissance s'éloignent de cette politique standard de distribution standard à 60% des bénéfices. Leurs managements prétendent que les intérêts des actionnaires seront mieux servis si les profits sont réinvestis dans l'entreprise pour financer son expansion. Cette idée doit être maniée avec d'infinies précautions. Nous avons choisi de nous engager dans une discussion approfondie des politiques de distribution des dividendes (voir ch. 19 : Relations entre les dirigeants et les actionnaires).

Taux de capitalisation (ou multiple) pour les valeurs de croissance

Une grande partie des écrits professionnels émanant d'analystes financiers traite des multiples façons d'évaluer les valeurs de croissance. Notre étude des méthodes à disposition nous a amené à suggérer une formule simplifiée pour estimer ces titres. Cette dernière nous donne des valeurs chiffrées proches de celles qui sont tirées de calculs mathématiques plus complexes. Notre formule est la suivante :

> Valeur estimée = Bénéfices courants (normalisés) **fois** (8,5 plus deux fois le taux de croissance annuel estimé)

Ce taux de croissance devrait reprendre le chiffre moyen escompté des 7 à 10 prochaines années (9).

Sur le tableau 11-4, nous montrons ce que donne notre formule pour différents taux de croissance attendus. Il est aussi facile, si notre formule est valable, de faire le calcul inverse et de déterminer quel est le taux de croissance induit par les prix courants des titres (taux implicite). Nous avons fait ce calcul pour le Dow Jones dans notre édition précédente ainsi que pour six titres leaders.

Tableau 11-4. Multiples annuels des bénéfices évalués en fonction de taux de croissance escomptés à partir de notre formule simplifiée

Taux de croissance attend	0.0%	2.5%	5.0%	7.2%	10.0%	14.3%	20.0%
Croissance sur 10 ans	0.0	28%	63%	100%	159%	280%	319%
Multiple des bénéfices	8.5	13.5	18.5	22.9	28.5	37.1	48.5

Ces chiffres sont repris dans le tableau 11-5. Voilà nos commentaires de l'époque :

La différence entre le taux de croissance annuel implicite de Xerox (32.4%) et celui, extrêmement modeste, de General Motors (2.8%) est tout à fait étonnante. Elle est en partie expliquée par le fait que les revenus de G.M en 1969 étaient considérés par les analystes comme exceptionnels (les plus forts jamais enregistrés par l'entreprise) et qu'ils seront difficilement retrouvés dans l'avenir, (alors pour ce qui est de les voir augmenter depuis ces bases !) Le ratio cours/bénéfice de Xerox est, par contre, tout à fait représentatif de l'enthousiasme spéculatif qui entourait ce titre à l'époque. Un enthousiasme spéculatif qui couronnait une grande réussite industrielle et des espoirs plus grands encore.

Le taux de croissance implicite (ou attendu par le marché) du Dow Jones était de 5.1%. Il est intéressant de rapprocher ce chiffre des taux moyens composés réalisé par l'indice entre les deux périodes 1951-1953 et 1961-1963, soit 3.4%.

À ces commentaires, nous aimerions ajouter ces quelques mots de prudence : les estimations portant sur des titres supposés être à très forte croissance sont nécessairement sous-évaluées mathématiquement à partir du moment où ces taux estimés seront effectivement tenus. En effet, d'un point de vue strictement arithmétique, si une entreprise peut grandir à un taux annuel de 8% à l'infini, sa valeur sera aussi infinie tout comme le prix de ses actions. Ce

Tableau 11-5. Taux de croissance implicite ou escompté, décembre 1963 et décembre 1969

Valeur	P/E ratio 1963	Taux de croissance projeté (a) 1963	Béné par action 1963	1969	Taux de croissance (a) annuel réalisé 63 à 69	P/E ratio 1969	Taux croisce projté 1969
Am Tel & Tel.	23x	7.3%	3.03	4.00	4.75%	12.2x	1.8%
General Elec	29	10.3	3.00	3.79(b)	4.0	20.4	6.0
Gen Motors	14.1	2.8	5.55	5.95	1.17	11.6	1.6
IBM	38.5	15.0	3.48(c)	8.21	16.0	44.4	17.9
Int Harvester	13.2	2.4	2.29(c)	2.30	0.1	10.8	1.1
Xerox	25.0	32.4	.38(c)	2.08	29.2	50.8	21.2
DJIA	18.6	5.1	41.11	57.02	5.5	14.0	2.8

(a) Basé sur la formule p. 178
(b) Moyennes de 1968 et 1970, depuis 69 les revenus ont baissé à cause de grèves.
(c) Ajusté pour divisions

que fait le prévisionniste dans ces cas, c'est d'introduire une marge de sécurité dans ses calculs, un peu comme le fait un ingénieur dans les spécifications des structures qu'il réalise. Sur ces bases-là, l'acquéreur réaliserait les objectifs qu'il s'est fixés en termes de rentabilité (soit pour 1963 un taux global attendu de 7 1/2% par an) même si le taux de croissance réel s'avère être bien inférieur à la projection utilisée dans la formule. À l'évidence, si le taux projeté se réalise, alors l'investisseur enregistrera un retour sur son investissement bien plus fort encore. Il n'y a virtuellement aucun moyen d'évaluer une valeur de croissance (avec un taux de croissance escompté d'environ 8% l'an) qui permette à l'analyste de faire des hypothèses réalistes à la fois sur le multiple des bénéfices courants et sur le multiple attendu des bénéfices futurs.

Il s'avère que les taux de croissance réels de Xerox et d'IBM furent proches des taux induits dérivés de notre formule. Comme nous venons de l'expliquer, cette excellente performance est à l'origine des belles envolées de ces deux titres. La hausse du Dow Jones fut proche de nos projections calculées à partir du niveau de clôture du marché en 1963. Mais ici le taux modéré retenu (5%) n'a pas provoqué de dilemmes comme sur IBM et sur Xerox. Il se trouva que l'avancée des prix (23% jusqu'à fin 1970), à laquelle on se doit d'ajouter les

28% de dividendes reçus en agrégat, donne une rentabilité annuelle moyenne proche des 7 1/2% que nous avions intégrés dans notre formule calculée. En ce qui concerne les quatre autres entreprises, peut-être suffit-il de dire que leurs croissances n'ont pas atteint les attentes implicitement intégrées dans leurs cours de 1963, et que leurs prix n'ont pas pu s'apprécier aussi fortement que le DJIA.

Mise en garde : ces données sont fournies dans le seul but d'illustrer nos propos ainsi que de montrer l'impérative nécessité, pour toute analyse de titre, de faire une projection du taux de croissance futur pour l'entreprise étudiée. Que le lecteur ne soit pas amené à croire que de telles projections aient une grande fiabilité ni, inversement, que les cours futurs évoluent comme attendu. Nous devrions faire remarquer que toute évaluation scientifique d'actions ordinaires, basée sur des résultats à venir anticipés, doit intégrer les taux d'intérêt attendus dans son calcul. Un échéancier donné de revenus ou de dividendes attendus, aura une valeur actuelle (10) d'autant plus faible que nous prendrons en compte un taux d'intérêt plus élevé. Il est difficile de faire des hypothèses fiables, et les mouvements violents des taux observés ces dernières années rendent de telles projections d'autant plus délicates à faire. La raison pour laquelle nous avons gardé notre vieille formule déjà donnée est simplement qu'aucune autre ne nous semblait plus appropriée.

Analyse du secteur

Étant donné que l'environnement général de l'entreprise tient tellement d'importance dans l'élaboration de son cours de Bourse, il est bien normal que l'analyste s'intéresse aux perspectives économiques du champ d'activité de l'entreprise étudiée ainsi qu'à sa position concurrentielle dans son secteur d'activité. De telles études peuvent être très poussées, ce qui donne lieu parfois à des prévisions intéressantes. Elles permettent de déceler des facteurs qui auront une importance croissante dans l'avenir et qui ne sont pas toujours appréciés à leur juste valeur par les marchés. Une fois que cette étude aboutit à des conclusions utiles, elle donne la possibilité de faire reposer la décision d'investissement sur des bases solides.

Notre expérience nous incite néanmoins à minimiser l'intérêt pratique de la plupart des études de secteurs ou d'industries accessibles aux investisseurs. Les éléments qui y sont couverts sont d'ordinaire déjà connus du public et intégrés dans les cours. Elles n'auront de réel intérêt que dans des cas très rares où nous trouverons un faisceau d'éléments susceptibles d'attirer l'attention sur un retournement des perspectives de telle ou telle industrie. Les prévisions de Wall Street qui s'intéressent au long terme sont notoirement faillibles, c'est le cas de ces enquêtes de prévisions sur l'évolution des profits de différents secteurs industriels.

Il nous faut reconnaître quand même que l'impact, sans cesse croissant, des évolutions technologiques sur maintes industries, influence beaucoup les attitudes et les méthodes de travail des analystes financiers. Bien plus que dans le passé, les progrès ou les échecs des entreprises seront, dans la prochaine décennie, dépendants de l'influence qu'auront de nouveaux produits ou de nouveaux processus de fabrication sur leurs activités. Ce sont de telles relations qui pourront être étudiées par l'analyste à l'avance. Nous voyons là un travail de recherche très prometteur, travail composé d'enquêtes de terrain, d'interviews de chercheurs, et de recherches techniques approfondies. Il y aura, bien sûr, des dangers inhérents à ces projections dans le futur qui ne pourront pas être prises en compte par les méthodes courantes d'estimation de valeur. Ceci étant, les dangers liés à l'application simple de techniques d'évaluation sobres basées essentiellement sur l'étude du passé, sont aussi importants. Le choix appartient à l'investisseur. Soit il joue l'imagination et opte pour les gros gains qui récompenseront une vision juste, quitte en parallèle à prendre le risque de se tromper, soit il opte pour le conservatisme et refuse de payer ne serait-ce qu'une prime limitée pour des espoirs non prouvés. Mais alors, il acceptera de passer à côté de très belles opportunités.

Le processus d'estimation en deux phases

Revenons un instant sur le concept de l'estimation de valeur d'une action ordinaire dont nous avons commencé de parler page 180. Après maintes réflexions, nous en sommes arrivés à la conclusion que la pratique courante devrait être améliorée. Nous suggérons que les analystes travaillent d'abord sur ce que nous appelons la valeur de la performance passée qui est exclusivement tirée des faits et chiffres historiques. Cela revient à préciser ce que devrait valoir un titre (que ce soit dans l'absolu ou comparativement au

DJIA ou au S & P composite) si nous admettons que sa performance relative enregistrée dans le passé se poursuivra dans l'avenir. (Avec l'hypothèse que son taux de croissance relatif, tel que déterminé sur les sept dernières années, restera inchangé pour les sept années suivantes). Ce calcul pourrait être fait de façon mécanique au moyen d'une formule qui pondérerait les chiffres historiques de rentabilité, de stabilité des résultats et de leur taux de croissance, ainsi que la situation financière courante de l'entreprise. La deuxième partie de l'analyse consisterait à évaluer dans quelle mesure cette valeur découlant du passé devrait être corrigée pour inclure les conditions attendues du futur.

Un tel processus d'étude aboutirait à la séparation des tâches entre analyste chevronné et analyste assistant suivant les lignes suivantes :

1) l'analyste senior établirait la formule générale permettant de déterminer la valeur tirée des performances passées,
2) l'analyste junior se chargerait des calculs pour les valeurs individuelles de façon très mécanique,
3) l'analyste senior déterminerait ensuite dans quelle mesure la performance future (absolue et relative) du titre pourrait différer du passé, puis quel traitement il faudrait donner à l'estimation initiale pour refléter ces changements anticipés.

Enfin, il serait préférable que le rapport d'analyse reprenne la valeur initiale et la valeur modifiée ainsi que les explications du changement.

Est-ce que ce travail supplémentaire mérite d'être fait ? Bien que notre réponse soit affirmative, les raisons qui nous poussent à ce choix pourront paraître cyniques au lecteur. Nous doutons que cette seconde estimation de valeur soit suffisamment fiable dans la grande majorité des cas. Nous illustrerons ce propos par une étude de cas concernant Aluminium Company of America (ALCOA) au chapitre suivant. Et pourtant il faut mener à bien ce travail. Pourquoi donc ? D'abord, de nombreux analystes font déjà ces estimations et ces projections, comme partie de leur travail quotidien. La méthode que nous leurs suggérons devrait leur apporter un plus par rapport aux méthodes qu'ils suivent généralement. Ensuite ce travail devrait permettre à l'analyste de développer une expérience et une intuition qui lui seront utiles.

Troisièmement, parce qu'un travail de ce type permettrait de produire un certain nombre de documents écrits de grande valeur, un peu comme c'est le cas en médecine depuis longtemps. Ces études permettront d'améliorer les méthodologies et procédures suivies pour l'évaluation des potentiels. Les titres des distributeurs de gaz et électricité sont particulièrement appropriés pour ces types d'approches. En fin de compte, l'analyste intelligent concentrera son champ d'étude sur ces groupes de titres dont l'avenir paraît raisonnablement prévisible ou sur ceux pour lesquels la marge de sécurité entre la valeur estimée tirée des performances historiques et les prix courants est si large qu'il pourra prendre le risque d'évolutions défavorables. Ce risque est de même nature que celui que prend l'investisseur de titres obligataires quand il choisit des valeurs ayant une bonne protection.

Dans les chapitres suivants, nous vous donnerons des applications concrètes de ces techniques d'analyse. Ce ne seront que des illustrations et, si le lecteur s'intéresse à ce sujet, nous lui suggérons de s'exercer avec grand soin à ces méthodes avant de prétendre avoir acquis assez de savoir-faire pour émettre ses propres recommandations d'investissement.

(1) Le livre "Security Analysis" de Benjamin Graham, David L. Dodd, Sydney Cottle et Charles Tatham (McGraw-Hill, 4ième ed.1962) a gardé le titre original de l'édition de 1934 mais couvre au sens large tout ce qui traite d'analyse financière.

(2) Avec Charles McGobrick, Harper & Row, 1964.

(3) Ces chiffres sont tirés d'une étude de Salomon Bros.

(4) NDE : ce terme n'est pas employé ici dans sa définition comptable habituelle, il mesure la capacité à générer des bénéfices dans l'avenir ou "future earning power".

(5) En tout cas, pour la masse des analystes et des investisseurs. Certains analystes d'exception qui sont capables de dire à l'avance quelles entreprises méritent une attention particulière et qui peuvent les disséquer pourront garder un taux de réussite élevé. Pour voir en détail une de ces approches, reportez-vous au livre de Philip Fisher "Common Stocks and Uncommon Profits" (Actions Ordinaires et Profits Extraordinaires), Harper & Row, 1960.

(6) p 186, nous donnons une formule permettant de lier le multiple au taux de croissance escompté.

(7) Le feu d'artifice Chrysler fut en partie alimenté par une double division de l'action en 1963. Ce phénomène est sans précédent pour une entreprise de cette importance. NDE : le retournement des

destinées de Chrysler au début des années 80 peut, lui aussi, être mis au crédit d'un changement de président avec l'arrivée de Lee Iacocca.

(8) NDE : en 1990, le pay-out ratio des sociétés américaines est plus proche des 40%, il est encore plus faible en France.

(9) Vous remarquerez que nous ne prétendons pas que ce chiffre donne la valeur objective du titre de croissance. L'objectif est qu'il soit une bonne approximation des résultats que nous aurions obtenus de techniques de calcul plus sophistiquées et en vogue aujourd'hui. NDE : d'autres analystes ont pour règle générale de ne jamais payer un multiple supérieur à deux fois le taux de croissance anticipé.

(10) NDE : Valeur à aujourd'hui d'une chaîne de revenus futurs, escomptés (ou capitalisés) à un taux approprié représentant la valeur temporelle de l'argent plus le risque. Cette méthode d'actualisation est utilisée en finance d'entreprise pour mesurer le retour sur investissement de projets d'investissement.

CHAPITRE 12

CE QU'IL FAUT PRENDRE EN COMPTE EN CE QUI CONCERNE LES BÉNÉFICES PAR ACTION

Nous ouvrons ce chapitre sur deux conseils destinés à l'investisseur qui, comme vous le verrez, sont contradictoires dans leurs implications respectives. Le premier est le suivant : n'attachez pas trop d'importance aux résultats d'une seule année. Et le deuxième : si vous attachez de l'importance aux résultats à court terme, méfiez-vous alors des pièges que peuvent cacher les chiffres de résultats par action. Si vous suivez notre première mise en garde, la deuxième sera inutile. Est-ce trop demander aux actionnaires que de baser leurs décisions d'achat ou de vente sur des statistiques passées à long terme et des perspectives futures à long terme aussi ? Le fait est que ce sont les chiffres trimestriels et annuels les plus récents qui recueillent l'essentiel de l'attention des cercles financiers et que cette mise sous projecteur a un lourd impact sur le raisonnement de l'investisseur. C'est dans ce domaine que l'investisseur aura besoin de formation, tant il y a de possibilités de se tromper.

Alors que nous écrivons ces lignes, le rapport annuel d'Aluminium Company of America (ALCOA) pour 1970 vient de paraître dans le *Wall Street Journal.* Les premiers chiffres donnés sont les suivants :

	1970	1969
Bénéfices par action (a)	5,20$	5,58$

Le petit “a" comme expliqué en annexe couvre les revenus bruts, avant charges exceptionnelles. Dans ce genre de rapports comptables, il y a beaucoup de renvois en annexe qui prennent souvent plus de place que les chiffres comptables eux-mêmes. Pour le seul trimestre clos en décembre, les bénéfices par action se sont montés à 1,58$ en 1970 à comparer aux 1,56$ de 1969.
L'investisseur ou le spéculateur intéressé par les titres ALCOA, peut se dire en lisant ces chiffres : “Pas si mal. Après tout, 1970 a été une année de récession pour les producteurs d'aluminium et pourtant, au quatrième trimestre, nous voyons une amélioration nette sur les chiffres comparables de 1969 avec des bénéfices représentant 6,32$ par an. Voyons, le titre n'est qu'à 62$. Pourquoi est-il si bon marché (moins de 10 fois les bénéfices) ? Ce qui paraît bien peu, une fois comparés au multiple de 16 par exemple octroyé à International Nickel, etc”
Mais si notre investisseur prend le temps de lire toutes les notes de bas de pages et annexes, il remarquera qu'il y a pas qu'un chiffre de bénéfices par action pour 1970 mais quatre :

	1970	1969
Bénéfice par action (brut)	5.20$	5.58$
Bénéfice net (après charges exceptionnelles)	4.32$	5.38$
Complètement dilués (avant charges exceptionnelles)	5.01$	5.35$
Complètement dilués (après charges exceptionnelles)	4.19$	5.35$

Sur le seul quatrième trimestre, deux chiffres sont donnés :

Bénéfices par action (brut)	1.58$	1.56$
Bénéfice net (après charges exceptionnelles)	0.70$	1.56$

Que veulent dire tous ces chiffres ? Quels sont ceux qui représentent le mieux les bénéfices de l'année et du trimestre clos en décembre ? Si on prend 0.70$ (le bénéfice net après charges exceptionnelles), le résultat en annualisé se montera à 2.80$ au lieu de 6.32$, et le cours de 62$ vaudra alors 22 fois les bénéfices et non plus 10 fois comme calculé précédemment !
Une partie de cette question, à savoir quels sont les vrais bénéfices d'ALCOA, peut trouver réponse facilement. La réduction de 5,20$ à 5,01$ après prise en

compte des effets de la dilution est logique. En effet, ALCOA a émis une série d'obligations convertibles en actions. Pour calculer la capacité bénéficiaire future attachée à l'action ordinaire sur les bases des résultats de 1970, il nous faut supposer que les privilèges de conversion seront exercés par les détenteurs de convertibles si c'est de leur intérêt. Le montant global de cette obligation convertible est dans le cas d'ALCOA suffisamment réduit et ne mérite pas plus de commentaires. Mais dans d'autres cas, la prise en compte de ces droits de conversion ainsi que de warrrants d'achats d'actions pourra avoir pour effet de réduire les résultats par action (ordinaire) de moitié et plus. Nous vous présenterons plus loin des exemples de dilutions significatives (chapitre 16). Les services d'information financière ne traitent malheureusement pas toujours de façon homogène ce facteur de dilution dans leurs rapports et leurs analyses.

Venons-en maintenant au sujet des charges exceptionnelles. Ce montant de 18.800.000$ soit 88 cents par action qui apparaît en déduction des résultats du quatrième trimestre n'est pas négligeable. Faut-il l'ignorer complètement, le déduire entièrement ou le retenir partiellement ? L'investisseur intelligent cherchera à expliquer d'où proviennent de tels éléments exceptionnels apparus à la clôture de l'exercice de 1970 mais qu'on ne retrouvait pas sur les exercices précédents. Devrions-nous y voir la main particulièrement créative de quelques comptables manipulant les chiffres, tout en restant toujours dans les limites du toléré, bien entendu ? À y regarder de plus près, nous découvrirons que de telles charges exceptionnelles, comptabilisées avant qu'elles ne se réalisent comme ici, peuvent être évacuées ensuite comme par enchantement et sans effets désagréables sur les chiffres des bénéfices bruts : ni ceux d'hier, ni ceux de demain. Dans les pires des cas, certains ont réussi à faire apparaître ainsi des résultats sur les années suivantes jusqu'à deux fois meilleurs qu'ils ne l'étaient en réalité, et ce, grâce à un traitement magique des crédits d'impôts qu'ils entraînent.

Pour en revenir au traitement des charges exceptionnelles d'ALCOA, la première chose à retrouver c'est de comprendre comment elles sont apparues. Les renvois en annexes sont assez explicites. Ces déductions proviennent de trois sources :

1) L'évaluation par le management des coûts probables liés à la fermeture de la division "produits manufacturés" de l'entreprise.
2) Même chose pour la fermeture d'ALCOA Casting Co.
3) Idem pour ALCOA Crédit Co.

Tous ces éléments sont associés à des pertes et charges futures. Il est facile de dire qu'ils n'appartiennent pas aux résultats d'exploitation normaux de l'année 1970. Mais s'il en est ainsi, à quel exercice appartiennent-ils ? Sont-ils tellement extraordinaires ou non-récurrents qu'ils ne s'intègrent nulle part ? Une entreprise au champ d'activité aussi vaste qu'ALCOA, vendant annuellement un milliard et demi de dollars en produits divers, aura beaucoup de divisions, départements et filiales en tous genres. Dès lors, n'est-il pas normal plutôt qu'extraordinaire de voir l'une ou l'autre de ces activités passer dans le rouge et être fermée ? Supposez un instant que chaque fois qu'une entreprise subit une perte sur une partie de ses activités, elle ait l'idée géniale de l'évacuer comme charge spéciale, ne reportant ainsi en résultats nets que les contrats et les opérations bénéficiaires ? C'est comme le cadran solaire du roi Edouard VII qui ne marquait que les heures ensoleillées.
Le lecteur remarquera deux aspects ingénieux dans la comptabilité d'ALCOA. Le premier, c'est qu'en anticipant des pertes futures, la compagnie échappe à la nécessité d'allouer ces pertes à un exercice précis. Elles n'appartiennent pas à 1970, puisqu'elles n'ont pas été subies cette année-là. Elles n'apparaîtront pas non plus sur l'année où elles seront effectivement enregistrées puisqu'on les aura déjà provisionnées. Sacré travail, mais n'est-ce pas essayer de nous induire en erreur ?
La note en annexe donnée par ALCOA ne nous dit rien sur les économies d'impôts futurs que ces charges procureront à l'entreprise. (La plupart des autres rapports de ce genre disent spécifiquement que seul l'effet net après impôts a été comptabilisé.) Si les données d'ALCOA représentent des pertes futures avant imputation des crédits d'impôts qui leur sont liés, alors non seulement les revenus futurs seront ainsi libérés du poids de ces charges (au moment où elles seront pourtant contractées), mais ils seront en outre gonflés par un crédit d'impôts de quelque 50% des précédentes. Il est difficile de croire qu'une comptabilité puisse être traitée ainsi. Mais il est de notoriété publique que certaines entreprises qui ont subi de lourdes pertes dans le passé,

ne se sont pas privées par la suite de comptabiliser leurs revenus futurs nets d'impôts. Ces firmes ont ainsi créé un profit papier supplémentaire qui est paradoxalement le fruit de leurs propres turpitudes. Les crédits d'impôts résultant de pertes passées doivent apparaître maintenant dans une rubrique séparée d'éléments exceptionnels, par contre ils seront ajoutés ensuite aux bénéfices nets d'un exercice prochain. Remarquons qu'une provision pour pertes futures comptabilisée aujourd'hui nette de crédit d'impôts à recevoir, permettrait d'éviter d'ajouter quoi que ce soit aux chiffres des bénéfices nets des années suivantes.

L'autre élément ingénieux c'est l'utilisation faite par ALCOA, et par bien d'autres, des comptes de bilan annuels (en l'occurence 1970) pour évacuer ces charges exceptionnelles. La bourse tomba dans un bain de sang pendant la première moitié de 1970. Chacun s'attendait à ce que la majorité des entreprises publient de très mauvais chiffres annuels. En même temps, Wall Street attendait de meilleurs chiffres pour 1971,1972, etc. Quelle belle idée dès lors que de charger autant que faire se peut l'exercice précédent, une année "sans" appartenant presque au passé, et libérer ainsi l'horizon permettant de sortir de bons chiffres pour les années suivantes. Peut-être est-ce de la bonne comptabilité, de la bonne politique d'entreprise et de la bonne relation publique. Nous en doutons !

Le cocktail alliant des opérations fortement diversifiées à l'envie de nettoyer le terrain en 1970, a généré l'apparition de quelques notes étranges dans certains rapports annuels cette année-là. Le lecteur pourra être amusé par cette explication donnée par une société inscrite au New York Stock Exchange (que nous garderons anonyme) au sujet de ses charges exceptionnelles se montant à 2.357.000$ soit le tiers de ses bénéfices. Elles consistent "en une provision pour fermer les opérations de Spalding United Kingdom, des provisions pour dépenses de restructuration d'une division, de coûts associés à la vente d'une unité de fabrication de pantalons de bébés et de bavettes, la disposition d'un intérêt minoritaire dans une chaîne espagnole de location de véhicules, et la liquidation d'une société de fabrication de fixations de ski.

Autrefois, les entreprises en bonne santé avaient pour habitude de passer des réserves conditionnelles sur les profits des bonnes années pour absorber certains effets négatifs de mauvaises années à venir. L'idée sous-jacente était de lisser les bénéfices annoncés et d'améliorer le facteur de stabilité des résultats de l'entreprise. Un motif en valant la peine, semble-t-il. Mais les experts comptables critiquaient justement la méthode car elle déformait les résultats réels. Ils insistaient pour avoir la représentation la plus fidèle des résultats de l'année, qu'ils soient bons ou mauvais afin qu'analystes et actionnaires puissent faire leurs lissages eux-mêmes. Ils nous semble que nous sommes témoins aujourd'hui du phénomène opposé. Tout le monde enregistre autant de charges que possible sur les résultats de toute façon mauvais de l'année 1970. Le gros avantage : début 1971, l'ardoise non seulement est propre mais prête à étaler des résultats par action brillants pour les exercices suivants.

Il est temps de retourner à notre question initiale. Quels étaient donc les vrais bénéfices d'ALCOA en 1970 ? La réponse exacte devrait être la suivante : les 5,01$ par action après dilution, moins la partie des 82 cents de charges exceptionnelles qui peut être correctement attribuée à des événements survenus en 1970. Ne connaissant pas celle-ci, nous ne pourrons pas précisément enregistrer les vrais bénéfices de l'année. Le management et les auditeurs auraient dû nous fournir leur meilleure appréciation du sujet, mais ils ne l'ont pas fait. Plus tard, ils auraient dû déduire le restant de ces charges des bénéfices ordinaires des exercices appropriés (disons pas plus de cinq). Il est évident qu'à partir du moment où ils ont évacué de façon si pratique la somme entière en charge exceptionnelle sur 1970, ils ne le feront pas.

Plus les investisseurs accordent de l'importance aux statistiques des bénéfices par action fournies par les entreprises cotées, et plus il est nécessaire qu'ils soient sur leurs gardes face aux techniques comptables qui pourraient altérer la bonne comparabilité des chiffres. Nous avons attiré l'attention du lecteur sur trois facteurs de troubles : l'utilisation de charges exceptionnelles qui peuvent ne jamais apparaître sur les statistiques de résultats, la réduction des charges d'impôts sur les bénéfices à cause de la déduction fiscale de ces charges exceptionnelles, et le facteur de dilution implicite lorsqu'il existe des titres convertibles ou des warrants (1).

Un quatrième facteur ayant un effet significatif sur les résultats comptables historiques concerne la méthode choisie pour enregistrer les amortissements. Il s'agit essentiellement là de choisir entre deux méthodes : la méthode des amortissements linéaires et celle des amortissements accélérés (ou dégressifs). Sans entrer dans le détail, prenons un exemple tiré des comptes de résultat de Trane Co en 1970. L'entreprise enregistrait une croissance de 20% de ses bénéfices par action par rapport à 1969 (3,29$ au lieu de 2,76$) dont moitié était imputable à un changement de méthode dans la comptabilisation des amortissements. L'utilisation de la méthode des amortissements linéaires à la place de celle des amortissements dégressifs a entrainé une augmentation mécanique des résultats comptables. (L'entreprise continuait à utiliser la méthode accélérée sur sa comptabilité fiscale ce qui lui permettait de différer ses paiements de la part d'impôt sur l'écart entre les deux méthodes).

Un autre facteur, parfois important, concerne l'option choisie pour le traitement choisi des frais de recherche et investissement : soit les imputer comme charge sur l'exercice où ils sont engagés, soit les amortir sur plusieurs années. Enfin, mentionnons les options offertes pour l'évaluation des stocks entre la méthode FIFO (first-in-first-out) et la méthode LIFO (last-in-first-out).

Une remarque qui semble couler de source, c'est que les investisseurs ne devraient pas tenir compte de ces multiples options comptables dès lors que les sommes impliquées sont relativement faibles. Mais Wall Street étant Wall Street, mieux vaut prendre au sérieux ces éléments même s'ils paraissent négligeables. Deux jours avant que les chiffres de résultats d'ALCOA n'apparaissent dans le *Wall Street Journal*, le quotidien commentait dans un article le rapport annuel de Dow Chemical. L'article concluait en observant que de nombreux analystes avaient été surpris par le fait que Dow avait inclus 21 cents dans ses bénéfices d'exploitation 1969 au lieu de traiter cette somme comme profit exceptionnel. Pourquoi tant d'histoires pour si peu ? Parce que, bien sûr, l'évaluation que ferait le marché de Dow Chemical (portant sur plusieurs millions de dollar au total), semblait dépendre du taux de croissance des bénéfices entre 1968 et 1969, et dans ce cas, le traitement comptable de ses profits exceptionnels faisait toute la différence entre une croissance de 9% ou 4 1/2%. Tout cela nous paraît plutôt absurde, tant une si faible différence sur les profits d'un exercice ne devrait avoir que des effets limités sur les bénéfices futurs, la croissance à venir, ou sur une estimation réaliste et conservative de la valeur de l'entreprise.

Inversement, revenons sur un autre rapport annuel paru aussi en janvier 1971. Il s'agissait là du rapport 1970 de Northwest Industries Inc. On y lisait que l'entreprise envisageait de passer totalement par profits et pertes sur l'exercice, des éléments exceptionnels représentant quelques 264 millions de dollars. Là-dessus, 200 millions provenaient d'une perte à réaliser sur la vente projetée d'une filiale aux salariés et le solde de la dépréciation de titres boursiers récemment acquis. Ces sommes rapportées à l'action équivalaient à une perte de quelque 35$ avant effets de dilution, autrement dit : deux fois les cours ! Là, nous avons quelque chose de significatif ! Si la transaction aboutit et si la loi fiscale ne change pas, cette perte provisionnée en 1970 va protéger 400 millions de bénéfices futurs, jusqu'à 5 ans, de tout impôt. Quels seront dès lors les vrais bénéfices de l'entreprise ? Devront-ils être calculés, compte tenu ou non de cette déduction de l'impôt dû ? À notre avis, le mode de calcul adéquat consiste à considérer la capacité bénéficiaire de l'entreprise sur les bases d'une imposition complète de ses bénéfices (sans tenir compte des pertes déductibles) et d'en dériver la valeur du titre. À cette valeur nous devrions ajouter une sorte de bonus intégrant le plus que représente par action l'exemption fiscale temporaire à disposition de l'entreprise. (Dans ce cas nous devrions aussi tenir compte d'une dilution à grande échelle car les actions préférentielles convertibles à warrants risquent, s'ils sont exercés, de provoquer le doublement du nombre des actions ordinaires !)

Tout ceci peut paraître confus et laborieux pour le lecteur, mais cela fait partie de notre histoire. La comptabilité d'entreprise est souvent une affaire délicate, l'analyse de titres peut devenir bien complexe et les estimations de valeur des titres ne sont vraiment fiables qu'exceptionnellement. Le mieux, pour la majorité des investisseurs, serait de s'assurer qu'ils paient bien leurs titres à bon compte et de s'en tenir là.

Utilisation des bénéfices moyens

Autrefois, analystes et investisseurs attachaient énormément d'attention aux bénéfices moyens calculés sur de longues périodes (d'habitude de sept à dix ans). Ce chiffre moyen était utile pour lisser les hauts et les bas de l'activité économique. Il était aussi supposé mieux appréhender la capacité bénéficiaire réelle de l'entreprise que ne le faisaient les résultats les plus récents. Un des principaux avantages de ce processus de calcul était qu'il apportait une solution au problème de savoir comment traiter les éléments de profit ou de charges exceptionnelles et les crédits d'impôt. Ces derniers étaient ainsi automatiquement inclus dans ce bénéfice ou résultat moyen puisque l'essentiel de ces gains ou de ces pertes faisait partie de l'histoire de l'activité de l'entreprise. Si nous procédons de la sorte pour ALCOA, le bénéfice moyen pour la période 1961-1970 (10 ans) passe à 3,62$ et sur sept ans (1964-1970) à 4,62$/action. Une fois ces statistiques utilisées en conjonction avec des évaluations indépendantes concernant la croissance et la stabilité des résultats, nous pourrons tirer un chiffre décrivant de façon correcte la performance historique de l'entreprise.

Calcul du taux de croissance historique

Il est essentiel de tenir compte du facteur de croissance dans une évaluation financière d'entreprise. Si la progression des résultats est rapide, les chiffres les plus récents seront bien supérieurs aux moyennes sur 7 ou 10 ans, et les analystes pourront estimer que ces derniers deviennent inappropriés. Il ne faut pas qu'il en soit ainsi. Les résultats peuvent être appréciés à la fois en termes de moyenne et en termes courants. Nous suggérons de calculer le taux de croissance en comparant la moyenne des trois dernières années avec la moyenne correspondante dix ans plus tôt. S'il y a un problème d'éléments exceptionnels ou de crédit d'impôt, nous chercherons un compromis. Étudiez le calcul suivant sur le taux de croissance d'ALCOA comparé à celui de Sears Roebuck et celui des trente titres du Dow Jones.

Tableau 12-1

	ALCOA	Sears Roebuck	DJIA
Bénéfices moyens 1968-1970	4.95$ (a)	2.87$	55.40$
Bénéfices moyens 1958-1960	2.08	1.23	31.49
Croissance	141%	134%	75%
Taux annuel (composé)	9%	8.7%	5.7%

(a) Les 3/5 d'une perte exceptionnelle de 82 cents sur 1970 ont été déduits des résultats comptables.

Commentaire : ces quelques chiffres pourraient donner lieu à de longues discussions. Ils montrent, comme bien d'autres tirés d'études mathématiques plus poussées, la progression des revenus sur une longue période 1958-1970.

Mais jusqu'à quel point ces chiffres, considérés comme pierre d'angle de l'évaluation des titres, sont-ils appropriés dans le cas d'ALCOA ? Son taux de croissance historique est excellent, meilleur encore que celui tant acclamé de Sears, et beaucoup plus fort que celui du Dow Jones. Pourtant le marché, début 1971, ne paraissait pas impressionné par cette belle performance. ALCOA se vendait seulement à 11,5 fois les résultats moyens des trois derniers exercices, tandis que Sears avait un multiple de 27 et le DJIA lui-même de plus de 15. Comment l'expliquer ? À l'évidence Wall Street portait une appréciation pessimiste sur l'avenir d'ALCOA, du moins par rapport à ses performances historiques. De façon surprenante, ALCOA avait enregistré ses plus hauts sur le marché en 1959. À 116$, cette année-là, le titre se vendait 45 fois ses bénéfices. (À comparer au cours ajusté de l'époque pour Sears de 25 1/2$ soit 20 fois ses bénéfices.) Bien que les profits d'ALCOA aient démontré par la suite une belle vigueur, il est évident pourtant que les perspectives futures du titre étaient, à l'époque, complètement surestimées. ALCOA termina 1970 exactement à la moitié de sa valeur de 1959, alors que Sears tripla et le DJIA progressa de près de 30% dans l'intervalle.

Il faut préciser que les résultats d'ALCOA rapportés à ses investissements démontraient une rentabilité médiocre, là était peut-être le facteur décisif. Les multiples élevés ne se gardent, sur les marchés, qu'à la condition que les titres réussissent à conserver une rentabilité sur investissement supérieure à la moyenne.

Appliquons maintenant à ALCOA, comme nous l'avions suggéré au chapitre précédent, une estimation en deux phases. Une approche de la sorte donnerait une valeur sur performance passée pour ALCOA à 10% du DJIA, soit 84$ par action (pour un niveau de 840 du DJIA en fin 1970). Sur ces bases, l'action à son cours actuel (57 1/4$) paraissait intéressante.

Jusqu'à quel point l'analyste senior aurait-il réduit cette valeur sur performance passée afin d'intégrer les développements négatifs qu'il voyait pour l'avenir ? Franchement, nous n'en avons pas la moindre idée. Supposez qu'il y ait eu des raisons de penser que les résultats 1971 ne seraient pas supérieurs à 2,50$/ action : une forte chute tant par rapport aux chiffres de 1970 qu'en comparaison de l'avancée escomptée du Dow Jones. Evidemment le marché prendrait au sérieux une telle contre-performance. Cela suffirait-il pour transformer la puissante Aluminium Company of America en société relativement peu rentable, et à l'évaluer plus bas que la valeur de ses actifs tangibles par action ? (En 1971 ses cours chutèrent d'un plus haut de 70$ en mai à un plus bas de 36$ en décembre, contre une valeur d'actif de 55$.) ALCOA est bien sûr une grande entreprise industrielle représentative, mais nous pensons quand même que l'histoire de ses performances n'est pas typique des sociétés de même calibre. Malgré cela, ce cas confirme d'une certaine façon les doutes que nous avions exprimés au chapitre précédent sur le degré de fiabilité des procédures d'estimation une fois qu'elles sont appliquées à une valeur industrielle représentative.

(1) La méthode que nous recommandons pour traiter l'effet de dilution des émissions de warrants est présentée plus loin. Nous préférons intégrer la valeur marché (cours) de ses warrants dans la capitalisation boursière de l'entreprise.

CHAPITRE 13

COMPARAISON ENTRE QUATRE SOCIÉTÉS COTÉES

Nous allons voir dans ce chapitre comment procéder pour faire une évaluation financière de titres. Pour ce, nous avons pris, plus ou moins au hasard, un échantillon de quatre entreprises retenues dans leur ordre de cotation sur le tableau du New York Stock Exchange (le Big Board). Il s'agit d'ELTRA Corp. (résultant de la fusion de Electric Autolite et de Mergenthaler Linotype Enterprise), d'Emerson Electric Co (un fabricant de produits électriques et électroniques), Emery Air Freight (un transitaire national de fret aérien), et Emhart Corp (à l'origine fabricant de machines d'embouteillage, aujourd'hui aussi dans la fourniture de matériaux de construction). Il y a de vagues ressemblances entre les activités des trois fabricants industriels mais leurs différences sont plus significatives. Nous devrions donc trouver une assez grande diversité dans les données tant financières que d'exploitation pour rendre l'examen intéressant.

Nous donnons sur le tableau 13-1 un résumé des statistiques importantes concernant la composition du capital et la valeur boursière de ces quatre entreprises fin 1970, ainsi que quelques chiffres comptables sur l'exercice 1970. Nous détaillerons ensuite certains ratios clefs qui traitent d'une part de la performance et d'autre part des prix des titres. Nous ferons des commentaires sur le niveau de cohérence qui existe entre l'évolution des performances économiques de ces entreprises et celles de leurs cours relatifs.

Enfin, nous allons les passer en revue une à une, suggérer certaines comparaisons et relations puis évaluer chacune d'elles dans le cadre des exigences des investisseurs conservateurs.

La découverte la plus marquante de cette étude, c'est que les ratios cours/ bénéfices courants varient beaucoup plus fortement que les performances d'exploitation ou que les conditions financières respectives des entreprises étudiées.

Tableau 13-1. Comparaison entre quatre sociétés du NYSE

	ELTRA	Emerson Electric	Emery Air Freigh	Emhart Corp
A. Capitalisation				
Prix 31-12-90	27	66	57.75	32.75
Nbre d'act. flottant	7.714.000	24.884.000(a)	3.807.000	4.932.000
Cap boursière act.	208.300.000	1.640.000.000	220.000.000	160.000.000
Oblig et act préf	8.000.000	42.000.000		9.200.000
Cap totale	216.300.000	1.682.000.000	220.000.000	169.200.000
B. Cpte d'exploitation				
Ventes, 1970	454.000.000	657.000.000	108.000.000	227.000.000
Bénéfice net, 1970	20.773.000	54.600.000	5.679.000	13.551.000
Bénéf par action, 1970	2.70 $	2.30$	1.49$	2.75$(b)
Bénéf / act, moy 68-70	2.78	2.0	1.28	2.81
Bénéf /act ,moy 63-65	1.54	1.06	.54	2.46
Bénef / act ,moy 58-60	.54	.57	.17	1.21
Dividendes courants	1.20	1.16	1.00	1.20
C. Cptes de bilan, 1970				
Actif circulant	205.000.000	307.000.000	20.400.000	121.000.000
Passif exigible	71.000.000	72.000.000	11.800.000	34.800.000
Actif net act. ordinaires	207.000.000	257.000.000	15.200.000	133.000.000
Valeur d'actif par action	27.05$	10.34$	3.96$	27.02$

(a) Supposant la conversion des actions préférentielles.

(b) Après charge exceptionnelle de 13 cents par action.

(c) Exercice terminant en septembre 1970.

Deux d'entre elles, ELTRA et Emhart, étaient modestement évaluées par les marchés : à peine 9,7 fois et 12 fois leurs résultats moyens sur 1968-1970, contre 15,5 fois pour le DJIA. Les deux autres, Emerson et Emery, avaient des multiples très élevés : 31,5 et 42,5 fois les résultats sur la même base de calcul.

Il y a bien quelques raisons expliquant une telle différence; on les trouve dans la croissance supérieure des profits courants des deux entreprises favorites du marché, c'est surtout le cas du transitaire aérien. Ceci étant les taux de croissance sur les deux autres firmes étaient honorables.

TABLEAU 13.2. Comparaison entre quatre sociétés du NYSE (suite)

	ELTRA	Emerson Electric	Emery Air Freight	Emhart Corp.
B. Ratios				
Cours/bénéfice,1970	10.0 X	30.0 X	38.5 X	11.9 X
Cours/bénéfice, 68-70	9.7 X	33.0 X	45.0 X	11.7 X
Cours/val d'actif	1.00X	6.37 X	14.3 X	1.22 X
Bénéf net/ventes, 1970	4.6%	8.5%	5.4%	5.7%
Bénéf net par action/val d'actif	10.0%	22.2%	34.5%	10.2%
Rendt dividende	4.45%	1.78%	1.76%	3.65%
Actif circulant/ Dettes à court terme	2.9 X	4.3 X	1.7 X	3.4 X
Capitalisation/dette	très grd	5.6 X	sans det	3.4 X
Taux de croissance des BPA:				
1968/70 sur 1963/65	+81%	+87%	+135%	+14%
1968/70 sur 1958/70	+400%	+250%	très grand	+132%
C. Performances des prix				
1936-1968 Bas	.75	1	.20	3.625
Haut	50.75	61.5	66.00	58.25
1970 Bas	18.625	42.125	41.00	23.50
1971 Haut	29.375	78.75	72.00	44.75

Pour une étude plus complète, révisons rapidement les éléments essentiels de performance tels qu'ils apparaissent sur nos statistiques.

1. *Les ratios de rentabilité*

a) Les quatre sociétés ont de bons ratios de bénéfices sur valeur d'actif, mais les chiffres d'Emerson et d'Emery sont nettement supérieurs à ceux des deux autres. Un taux de rentabilité des capitaux investis élevé va souvent de pair avec un fort taux de croissance des bénéfices par action. Toutes les sociétés à l'exception d'Emery avaient de meilleurs ratios de bénéfices sur actif en 1969 qu'en 1961, mais les chiffres d'Emery étaient exceptionnellement élevés sur ces deux années.

b) Pour les entreprises industrielles, les chiffres de bénéfices par unités de vente (en dollars) sont supposés capter leurs forces ou faiblesses relatives. Nous utiliserons ici le ratio de valeur ajoutée sur ventes, tel que donné par le Standard & Poor's Listed Stock Reports. Au vu de ces statistiques, les résultats des quatre firmes sont satisfaisants, avec une mention particulière pour Emerson. Nous voyons cependant que les évolutions entre 1961 et 1969 varient considérablement d'une entreprise à l'autre.

2. *Les statistiques de stabilité.* Nous la mesurons en prenant l'écart négatif maximum entre les bénéfices par action sur chacune des 10 dernières années et la moyenne des bénéfices des 3 dernières années (1968-1970). Si nous n'avons aucune baisse, le coefficient de stabilité sera de 100%, c'est ce que nous avons constaté avec Emerson et Emery. Ceci étant la baisse pour Emhart et ELTRA constatée sur leur plus mauvaise année (1970) fut modérée puisqu'elle se montait à 8% dans les deux cas contre 7% sur le DJIA.

3. *Les statistiques de croissance.* Les deux affaires dotées de plus faibles multiples enregistrent des taux de croissance honorables puisque sur l'une et l'autre, ils sont supérieurs à ceux du Dow Jones. Les chiffres d'ELTRA sont d'ailleurs tout à fait impressionnants une fois ramenés à son faible ratio cours/bénéfice. Cette croissance est bien sûr plus forte encore sur les deux valeurs vedettes.

4. *Statistiques de position financière.* Les trois entreprises industrielles ont une situation financière saine caractérisée par un ratio actif circulant sur dette à court terme supérieur à la norme de 2 contre 1. Emery Air Freight a un ratio plus faible, mais la société est dans un secteur particulier. De plus, au vu de ses bons chiffres, elle n'aurait, de toute façon, aucun mal à lever des fonds si le besoin s'en faisait sentir. Toutes les quatre ont un endettement à long terme relativement faible.

Quelques remarques sur le facteur de dilution : Emerson Electric avait pour 163 millions de dollars (valeur marché) de titres convertibles préférentiels à faible dividende sur le marché en fin 1970. Dans notre analyse, une provision fut faite pour ce facteur de dilution de la façon habituelle : en traitant les titres préférentiels comme s'ils étaient convertis en titres ordinaires. L'effet net fut de réduire les résultats courants de quelque 10 cents par action, ou 4%.

5. *Statistiques de dividendes.* L'essentiel est de pouvoir constater un historique de versements sans interruption. Ici la palme revient à Emhart, qui a toujours versé des dividendes depuis 1902. La performance d'ELTRA est très bonne aussi, celle d'Emerson tout à fait satisfaisante, et Emery freight est un nouveau venu. La variation dans le temps de leurs taux de distribution respectifs (pourcentage des profits versés en dividendes) ne paraît pas vraiment significative. Le rendement actuel des dividendes est deux fois plus élevé sur notre couple bon marché que sur notre couple onéreux, ce qui est cohérent avec leurs ratios prix/bénéfice.

6. *Statistiques d'historique de prix (cours).* Le lecteur devrait être impressionné par les avancées spectaculaires (en pourcentage) des prix de nos quatre titres, comme nous le voyons sur la différence entre le plus bas et le plus haut historiques sur ces 34 dernières années. (Dans tous les cas le plus bas a été ajusté pour tenir compte des divisions de titres et autres opérations sur le capital.) Vous remarquerez que sur le DJIA le différentiel entre les plus hauts et les plus bas était de l'ordre de 11 pour 1 ; sur nos quatre titres l'écart a varié entre seulement 17 pour 1 (Emhart) et pas moins de 528 contre 1 (Emery Air Freight). Ces fortes appréciations de prix sont le lot de la majorité de nos titres les plus anciens, et elles témoignent des grandes opportunités de gains qui ont existé sur les Bourses d'hier. (Mais elles peuvent aussi indiquer combien les baisses étaient exagérées lors des marchés baissiers antérieurs à 1950, quand ces plus bas ont été enregistrés.) À la fois Eltra et Emhart ont été éprouvées par des pertes de plus de 50% lors de la chute de 1969-70. Emerson et Emery subirent aussi des baisses sérieuses mais bien moins dramatiques. Le premier remonta à de nouveaux hauts historiques avant même la fin de 1970, et le dernier en début 1971.

Observations générales sur les quatre entreprises

Emerson Electric a une valeur boursière (ou capitalisation boursière) énorme en comparaison des trois autres compagnies. C'est l'un de nos "géants du goodwill" dont on reparlera plus loin. Tout analyste financier doté d'une belle mémoire verra bien des points communs entre Emerson Electric et Zenith Radio, et cela ne le rassurera pas. En effet, Zenith eut des années durant un taux de croissance record. Sa valeur boursière était énorme (1,7 milliard de dollars en 1966); cela n'empêcha pas ses profits (valeur ajoutée) de tomber de 43 millions de dollars en 1968 à moitié moins en 1970. Et, pris dans la vague de ventes de cette année-là, le titre chuta à 22 1/2$ contre un précédent haut de 89$. Une estimation de valeur trop généreuse par le marché entraîne des risques élevés.

EmeryAir Freight est, semble-t-il, la plus prometteuse des quatre sociétés en terme de croissance future, si tant est que son ratio de cours-bénéfice (à près de 40 fois ses meilleurs résultats) est justifié. Son rythme de croissance historique a été terriblement impressionnant. Mais ces chiffres ne sont pas pour autant extrapolables sur l'avenir car ils sont calculés à partir d'une base beaucoup trop étroite (570.000$ de résultat net en 1958). Il sera beaucoup plus difficile de garder ces taux élevés au fur et à mesure que les profits progresseront. Le plus surprenant chez Emery, c'est bien que les cours et les résultats aient continué à progresser au même rythme tout au long de l'année 1970 qui fut pourtant une année noire pour les transports aériens. Voilà une bien belle performance mais nous nous demandons si les profits futurs ne risquent pas d'être plus vulnérables à des contre-performances. Elles pourraient être dues soit à une concurrence plus acharnée, soit à une détérioration des relations qu'entretiennent les transitaires avec les compagnies aériennes au profit de ces dernières. Une étude plus poussée est sans doute justifiée avant de pouvoir tirer des conclusions suffisamment fiables. Un investisseur conservateur ne saurait laisser ces points dans l'ombre.

Emhart et ELTRA. Emhart a mieux réussi dans ses activités économiques que sur les marchés boursiers au vu de ces 14 dernières années. En 1958, le titre s'échangeait à 22 fois ses résultats les plus récents, soit à peu près comme le

DJIA. Depuis lors, ses profits ont été multipliés par trois, contre une hausse inférieure à 100% pour le Dow. Pourtant à son cours de clôture de 1970, le titre n'était qu'à un tiers au-dessus de ses plus hauts de 1958, contre 43% pour le Dow. Les performances de ELTRA sont assez similaires. Il semble qu'aucune de ces deux entreprises ne charme les marchés actuels. Par contre si on s'en tient aux statistiques de leurs performances, elles s'en tirent plus qu'honorablement. Quant à leur avenir ? Si nous n'avons pas de sages remarques à faire à leur sujet, voyons ce que Standard & Poor's en disait fin 1971 :

ELTRA : *"Perspectives à long terme : certaines opérations sont cycliques, mais sa position de concurrence bien établie et sa forte diversification balancent ces facteurs négatifs."*

Emerson Electric : *"Bien que correctement évaluées par le marché à 71$ sur les bases des perspectives immédiates, ce titre est séduisant pour le long terme...La poursuite d'une politique de développement par acquisitions, une position forte dans des secteurs industriels et l'accélération des opérations internationales laissent espérer une progression des ventes et une amélioration des résultats."*

Emery Air Freight : *"Les actions paraissent généreusement payées (à 57$) au vu des perspectives actuelles, mais méritent d'être gardées pour le long terme."*

Emhart : *"Bien que limités cette année à cause d'une baisse de la demande de la part de l'industrie de l'emballage en verre, ses résultats devraient bénéficier d'une amélioration du climat des affaires dès 1972. Le titre mérite d'être gardé à 34$."*

Conclusion : Beaucoup d'analystes trouveront Emerson et Emery plus intéressants que les deux autres titres, d'abord à cause de leurs meilleurs comportements de marché, ensuite à cause de la plus forte croissance de leurs résultats récents. D'après nos principes de l'investissement conservateur, la première de ces raisons n'est pas valable. La seconde a une certaine validité, mais elle a aussi ses limites. Est-ce que la croissance passée et les bonnes perspectives futures pour Emery Air Freight, justifient à elles seules un prix supérieur à 60 fois ses résultats courants (1) ? Notre réponse est double : peut-être pour quelqu'un ayant fait une recherche approfondie sur le potentiel de la société et ayant tiré des conclusions extrêmement optimistes. Pas pour l'investisseur prudent qui veut être raisonnablement assuré à l'avance qu'il ne tombera pas dans le piège classique de Wall Street : sur-enthousiasme pour de bonnes performances à la fois des résultats et des cours. Le même jugement prudent paraît de mise dans le cas d'Emerson Electric. À cela s'ajoute une raison supplémentaire de prudence : sa valeur boursière courante évalue à plus d'un million de dollars le facteur intangible de capacité bénéficiaire. Nous devrions ajouter que l'industrie de l'électronique, un temps l'enfant gâté de la Bourse, est tombé de son piédestal ces dernières années. Emerson est, à ce jour, une exception notable et devra le demeurer de longues années durant pour justifier son cours actuel (fin 1970).

À l'opposé, à la fois ELTRA (à 27$) et Emhart (à 33$) portent la marque de ces firmes cachant assez de valeur dans leurs prix pour être considérées comme des investissements raisonnablement protégés. Ici, l'investisseur peut, s'il le désire, se considérer comme propriétaire partiel d'affaires saines à des coûts justifiés par la valeur nette des actifs du bilan. Qui plus est, les taux de rentabilité historique du capital et la stabilité des profits avec une progression des résultats, sont satisfaisants. Enfin, les deux entreprises satisfont bien à nos sept conditions statistiques nous permettant de les inclure dans le portefeuille de l'investisseur défensif. Nous les développerons dans le chapitre suivant, mais résumons-les comme suit :

1. Taille adéquate.
2. Situation financière suffisamment forte.
3. Versement continu de dividendes pendant les 20 dernières années.
4. Aucune perte depuis 7 ans.
5. Croissance des bénéfices par action sur dix ans d'au moins 33%.
6. Prix de l'action inférieur ou égal à une fois et demi la valeur d'actif.
7. Prix de l'action inférieur à 15 fois le résultat moyen des trois dernières années.

Nous ne faisons aucun pari sur les performances futures des deux titres. Nous savons que dans toute liste diversifiée de titres, certains auront des comportements décevants et ce sera peut-être le cas de cette paire. Nous savons aussi que, dans l'ensemble, les valeurs de cette liste, sélectionnées suivant les règles précédentes plus toute autre qu'un investisseur sensé désirerait y ajouter, devraient avoir une bonne performance à long terme. C'est en tout cas ce que notre longue expérience des marchés nous permet de penser.

Une dernière observation : un analyste expérimenté, même s'il est d'accord avec ce qui vient d'être dit, hésitera avant de recommander au détenteur des titres Emerson ou Emery de les échanger pour ELTRA ou Emhart. Pour ce faire, il faudrait que le détenteur des titres comprenne bien le raisonnement derrière la recommandation. Il n'y a aucune raison de penser qu'à court terme, le duo des titres bon marché ait une meilleure performance que le second duo. Ces deux derniers titres, favoris du marché, bénéficient d'un fort mouvement de fond qui peut soutenir leurs cours pendant un certain temps. La seule base saine justifiant notre préférence pour Emhart et ELTRA, c'est notre volonté en tant qu'investisseur de nous en tenir à une philosophie d'investissement axée sur le concept de valeur au détriment de l'investissement à la mode. Là encore, la politique choisie dépend pour une bonne part des propres attitudes de l'investisseur.

(1). En mars 1971, Emery s'échangeait à 64 fois ses bénéfices de l'année !

CHAPITRE 14

SÉLECTION DE TITRES CHEZ L'INVESTISSEUR DÉFENSIF

Il est temps de se tourner vers les applications les plus courantes des techniques d'analyse de titres. Étant donné que nous avons déjà décrit en termes généraux les politiques d'investissement appropriées pour les deux classes d'investisseurs, il paraît logique maintenant de montrer comment faire jouer l'analyse financière dans le cadre de la mise en œuvre de ces politiques. L'investisseur défensif qui suivra nos suggestions achètera seulement des titres obligataires de première catégorie plus une liste diversifiée d'actions de sociétés de premier plan. Il doit s'assurer que les actions acquises ne le sont pas à des cours excessifs, comme nous permettent d'en juger les normes applicables.

Dans l'élaboration de cette liste diversifiée de titres, il peut choisir entre deux approches : soit un portefeuille de type DJIA, soit un portefeuille de titres choisis par une série de tests quantitatifs. Dans le premier cas, il acquiert un véritable échantillon représentatif de valeurs leaders, composé à la fois de titres de croissance à la mode dotés de multiples élevés et de titres d'entreprises moins populaires et moins chers aussi. Une option simple consiste à acheter le même montant en dollars sur les trente valeurs du Dow Jones Industrial Average. À un niveau de 900 points, l'achat de dix actions de chacune des trente valeurs du Dow coûterait au total 16.000$ (1). En se basant sur les performances historiques, l'investisseur pourrait s'attendre à obtenir la

même rentabilité s'il achetait des parts de plusieurs fonds d'investissement représentatifs.
La deuxième possibilité consiste à filtrer les titres en fonction d'une série de normes assurant un niveau minimum qualitatif tant pour la performance passée que pour la position financière courante du titre, ainsi qu'un minimum quantitatif en ce qui concerne les bénéfices et actifs acquis par dollar placé. À la fin du précédent chapitre nous avons fait la liste de sept critères de ce genre, tant qualitatifs que quantitatifs. Commentons-les dans l'ordre.

1. Taille adéquate de l'entreprise
Tous nos minima ont quelque chose d'arbitraire, c'est bien le cas ici. Notre intention est de nous tenir à l'écart des sociétés trop petites qui risquent plus que d'autres de se trouver confrontées à des difficultés, en particulier dans le domaine industriel. Ces entreprises ont souvent un potentiel mais nous ne les considérons pas appropriées pour les investisseurs défensifs, étant donné les exigences qui sont les leurs. Si nous utilisons des chiffres ronds, les seuils pourront être fixés aux niveaux suivants : pas moins de 100 millions de dollars de ventes pour une entreprise industrielle, pas moins de 50 millions de dollars d'actifs pour une compagnie de distribution électrique.

2. Une situation financière suffisamment forte
Pour une entreprise industrielle l'actif circulant (2) devrait représenter au moins deux fois le passif circulant ou exigible (3). De plus les dettes à long terme ne devraient pas représenter plus que le besoin en fonds de roulement (4). Dans le cas des sociétés de distribution E,G & E, l'endettement ne devrait pas être supérieur à deux fois les capitaux propres.

3. Stabilité des bénéfices
Nous exigeons des résultats positifs.

4. Statistiques de dividendes
Versement continu des dividendes pendant au moins les vingt dernières années.

5. Croissance des résultats
Une progression des bénéfices par action d'un tiers au minimum au cours des

dix dernières années (en utilisant des moyennes à trois ans en début et en fin de période).

6. Ratios Cours/Bénéfice modéré
Le cours ne devrait pas représenter plus de 15 fois les bénéfices moyens des trois dernières années.

7. Ratio modéré des cours sur actifs
Les prix courants ne devraient pas valoir plus d'une fois et demi la valeur nette comptable des actifs (5). Cependant un multiple des bénéfices inférieur à 15 pourrait justifier un multiple des actifs plus élevé et inversement. Comme règle approximative, nous suggérons que le produit du multiple des bénéfices et du ratio cours/actif ne soit supérieur à 22,5. Ce chiffre correspond à un cours représentant 15 fois les bénéfices et une fois et demi la valeur des actifs. Cela correspond aussi à 9 fois les bénéfices et deux fois et demi la valeur nette d'actif.

Ces exigences ont été établies spécialement pour les besoins et les dispositions des investisseurs prudents. Les suivre, éliminera la grande majorité des actions des portefeuilles défensifs de deux manières opposées. D'une part, elles entraîneront l'exclusion de sociétés qui sont trop petites, en situation financière relativement précaire, portant les stigmates de pertes sur leurs performances à 10 ans, et n'ayant pas un historique de paiement de dividendes suffisamment long. De toutes ces conditions, les plus sévères dans l'environnement actuel seront celles qui portent sur la santé financière de l'entreprise. Beaucoup de nos entreprises les mieux établies ont vu ainsi leurs ratios de solvabilité générale se détériorer (6) avec l'augmentation de leurs dettes, ces dernières années.
D'autre part, nos deux derniers critères sont éliminatoires pour des raisons qui vont dans l'autre sens : parce qu'ils reviennent à exiger plus de bénéfices et plus d'actifs par dollar placé que ce que les titres dits “populaires” offrent généralement. Nos critères ne font pas l'unanimité dans la communauté des analystes financiers. En fait, la majorité pense même que l'investisseur défensif doit accepter de payer un prix élevé pour les morceaux de choix. Nous avons déjà expliqué notre position : en deux mots nous cherchons à préserver une

marge de sécurité qui n'existe plus dès lors qu'une portion trop importante du prix dépend de la faculté de maintenir un taux de progression élevé des résultats. Le choix est entre les mains de chacun.

Nous avons pourtant choisi d'inclure la condition de croissance des résultats sur la décennie passée. Sans cela, l'entreprise concernée rétrograderait, du moins en termes de profits gagnés par dollar de capital investi (7). Rien n'oblige l'investisseur défensif d'inclure de telles sociétés parmi ses candidats potentiels. Ceci étant, si leurs prix sont assez bas, elles pourraient être incluses dans la catégorie des bonnes affaires.

Le prix maximum suggéré en termes de multiples des bénéfices (15 fois) peut donner un portefeuille ayant un multiple moyen autour de 12 ou de 13. Remarquez qu'en février 1972 American Tel & Tel s'échangeait à 11 fois ses bénéfices moyens sur 3 ans, et Standard Oil of California à moins de 10 fois ses derniers résultats. Notre recommandation de base est que le portefeuille actions, à l'achat, devrait avoir un ratio bénéfice/cours (l'inverse du PER) au moins aussi élevé que le taux offert sur les obligations de première qualité. Ce qui se traduirait par un ratio cours/bénéfice (PER) en aucun cas supérieur à 13,3 dans le cas d'un rendement obligataire double A (ou "AA") de 7,5%.

APPLICATION DE NOS CRITÈRES SUR LE DJIA À LA FIN 1970

Tous ces critères étaient satisfaits par les valeurs du DJIA à la fin de 1970, même si certains d'entre eux l'étaient tout juste. Voici une étude basée sur les prix de clôture de 1970 et contenant les principales statistiques. (Les données de base de chacun des titres apparaissent sur les tableaux 14-1 et 14-2.)

1. La taille est supérieure à nos minima pour chacune des 30 valeurs.
2. La condition financière en agrégat est adéquate mais pas pour toutes les valeurs prises individuellement (8).
3. Des dividendes ont été versés annuellement par chacune des valeurs du Dow depuis 1940. Cinq historiques de dividendes remontent même à la fin du siècle dernier.
4. Les bénéfices en agrégat ont démontré une forte stabilité sur la décennie passée. Aucune firme n'a eu d'année dans le rouge durant cette décennie de prospérité (1961-1969). Attention, Chrysler enregistra un petit déficit en 1970.

Tableau 14-1. Tableau 14-1. Statistiques essentielles sur les 30 titres du Dow Jones Industrial Average au 30 septembre 1971

	Prix 30.sept 1971	*Bénéfices Par Action* (a) 30.sept 1970	Moy. 1968 1960	Moy. 1958	Div. depuis	Val Nette d'Actif	Div Courant
Allied Chemical	32.5	1.40	1.82	2.14	1887	26.02	1.20
Aluminium Co	45.5	4.25	5.18	2.08	1939	55.01	1.80
Amer. Brands	43.5	4.32	3.69	2.24	1905	13.46	2.10
Amer. Can	33.25	2.68	3.76	2.42	1923	40.01	2.20
Amer. Tel. & Tel	43	4.03	3.91	2.52	1881	45.47	2.60
Anaconda	15	2.06	3.90	2.17	1936	54.28	aucun
Bethlehem Stee	25.5	2.64	3.05	2.62	1939	44.62	1.20
Chrysler	28.5	1.05	2.72	(0.13)	1926	42.40	0.60
DuPont	154	6.31	7.32	8.09	1904	55.22	5.00
Eastman Kodak	87	2.45	2.44	0.72	1902	13.70	1.32
General Electric	61.25	2.63	1.78	1.37	1899	14.92	1.40
General Foods	34	2.34	2.23	1.13	1922	14.13	1.40
General Motors	83	3.33	4.69	2.94	1915	33.39	3.40
Goodyear	33.5	2.11	2.01	1.04	1937	18.49	0.85
Int. Harvester	28.5	1.16	2.30	1.87	1910	42.06	1.40
Inter. Nickel	31	2.27	2.10	0.94	1934	14.53	1.00
Inter. Paper	33	1.46	2.22	1.76	1946	23.68	1.50
Johns-Manville	39	2.02	2.33	1.62	1935	24.51	1.20
Owens-Illinois	52	3.89	3.69	2.24	1907	43.75	1.35
Procter & Gamble	71	2.91	2.33	1.02	1891	15.41	1.50
Sears Roebuck	68.5	3.19	2.87	1.17	1935	23.97	1.55
Std. Oil of Calif	56	5.78	5.35	3.17	1912	54.79	2.80
Std. Oil of N.J.	72	6.51	5.88	2.90	1882	48.95	3.90
Swift & Co	42	2.56	1.66	1.33	1934	26.74	0.70
Texaco	32	3.24	2.96	1.34	1903	23.06	1.60
Union Carbide	43.5	2.59	2.76	2.52	1918	29.64	2.00
United Aircraft	30.5	3.13	4.35	2.79	1936	47.00	1.80
U. S. Steel	29.5	3.53	3.81	4.85	1940	65.54	1.60
Westinghouse	96.5	3.26	3.44	2.26	1935	33.67	1.80
Woolworth	49	2.47	2.38	1.35	1912	25.47	1.20

(a) Ajustés pour distribution de dividendes,titres et divisions de titres.

Tableau 14-2. Ratios significatifs des valeurs du DJIA, au 30 septembre 1971

	Cours sur bénéfices Septembre1971	*Cours sur bénéfices* 1968/70	Rendt. Divid Court	Croissance des revenus 68-70 vs. 58-60	AC/PE(a)	BFR/ Dette(b)	Prix/ Valeur d'Actif
Allied Chemical	18.3 X	18.0 X	3.7%	(-15.0%)	2.1 X	74%	125%
Aluminium Co.	10.7	8.8	4.0	149%	2.7	51	84
Amer. Brands	10.1	11.8	5.1	64.7	2.1	138	282
Amer. Can	12.4	8.9	6.6	52.5	2.1	91	83
Amer. Tel. & Tel.	10.8	11.0	6.0	55.2	1.1	——(c)	94
Anaconda	5.7	3.9	——	80.0	2.9	80	28
Bethlehem Steel	12.4	8.1	4.7	16.4	1.7	68	58
Chrysler	27.0	10.5	2.1	——(d)	1.4	78	67
DuPont	24.5	21.0	3.2	(-9.0)	3.6	609	280
Eastman Kodak	35.5	35.6	1.5	238.9	2.4.	1764	635
General Electric	23.4	34.4	2.3	29.9	1.3	89	410
General Foods	14.5	15.2	4.1	97.3	1.6	254	240
General Motors	24.4	17.6	4.1	59.5	1.9	1071	247
Goodyear	15.8	16.7	2.5	93.3	2.1	129	80
Inter. Harvester	24.5	12.4	4.9	23.0	2.2	191	66
Inter. Nickel	13.6	16.2	3.2	123.4	2.5	131	213
Inter. Paper	22.5	14.0	4.6	26.1	2.2	62	139
Johns-Manville	19.3	16.8	3.0	43.8	2.6	——	158
Owens-Illinois	13.2	14.0	2.6	64.7	1.6	51	118
Procter & Gamble	24.2	31.6	2.1	128.4	2.4	400	460
Sears Roebuck	21.4	23.8	1.7	145.3	1.6	322	285
Std. Oil of Calif.	9.7	10.5	5.0	68.8	1.5	79	102
Std. Oil of N.J.	11.0	12.2	5.4	102.8	1.5	94	115
Swift & Co.	16.4	25.5	1.7	24.8	2.4	138	158
Texaco	9.9	10.8	5.0	120.9	1.7	128	138
Union Carbide	16.6	15.8	4.6	9.5	2.2	86	146
United Aircraft	9.7	7.0	5.9	55.9	1.5	155	65
U.S Steel	8.3	6.7	5.4	(-21.5)	1.7	51	63
Westinghouse El	29.5	28.0	1.9	52.2	1.8	145	2.86
Woolworth	19.7	20.5	2.4	76.3	1.8	185	1.90

(a) Actif circulant/Passif exigible, chiffres tirés des résultats de l'année 1990.
(b) Besoin en Fonds de Roulement, chiffres tirés de Moody's Industrial Manual (1971).
(c) ANC négatif
(d) Déficit enregistré pour 1958-1960.

5. La croissance moyenne (comparant deux moyennes de résultats à trois ans séparées de 10 ans) fut de 77%, ou quelque 6% par an. Mais cinq valeurs n'ont pas atteint la progression minima de 33%.

6. Le ratio des cours de clôture (fin d'année) sur la moyenne des bénéfices à trois ans était de 839$ sur 55,5$ soit les 15 sur 1, juste sur notre limite haute.
7. Le ratio cours sur valeur d'actif était de 839 sur 562. Là aussi juste sous notre limite haute de 1 et demi sur 1.

Si cependant, nous voulons appliquer ces mêmes 7 critères sur chaque valeur du Dow, nous n'en trouverions que cinq qui passeraient tous nos tests. Il s'agit d'American Can, American Tel & Tel, Anaconda, Swift, et Woolworth. Les chiffres en agrégat pour ces cinq apparaissent sur le tableau 14-3. Leurs résultats sont nettement meilleurs que ceux du Dow excepté pour ce qui est de leur taux de croissance historique (9).
Notre filtre multicritères sur ce groupe sélectionné de valeurs industrielles indique que le pourcentage de ceux qui se qualifient pour chacun de ces tests est relativement limité par rapport à l'univers de toutes les sociétés industrielles cotées. Au jugé, nous dirions que pas plus de 100 titres sur tous ceux qui apparaissent sur le *Standard & Poor's Stock Guide* fin 1970 ne se

Tableau 14-3. Valeurs du DJIA qui satisfont à certains critères d'investissement fin 1970

	American Can	American Tel. & Tel.	Anaconda	Swift	Woolworth	Moyenne des cinq
Prix 31-12-70	39.75	48.87	21	30.12	36.5	
PER, 1970	11.O X	12.3 X	6.7 X	13.5 X	14.4 X	11.6 X
PER sur 3 ans	10.5 X	12.5 X	5.4 X	18.1 X (b)	15.1 X	12.3 X
Prix/Val cptble	99%	108%	38%	113%	148%	112%
AC/PE (d)	2.2 X	n.a	2.9 X	2.3 X	1.8 X(c)	2.3 X
B. Fd Rllt/det	110%	n.a	120%	141%	190%	140%
Indice de stab	85	100	72	77	99	86
Croissance (a)	55%	53%	78%	25%	73%	57%

(a) Voir définition p. 218

(b) Au vu des bons résultats de Swift sur l'année 70 pourtant difficile, nous avons laissé tomber les déficiences constatées sur 1968-70.

(c) La faiblesse du ratio inférieur à 2 contre 1 est compensée par une marge de maneuvre suffisante pour contracter de nouveaux emprunts.

(d) Actif Circulant/Passif Exigible

n.a = non applicable. La dette de American Tel. & Tel. était inférieure à ses capitaux propres.

qualifieraient. Mais le nombre est suffisant pour qu'ensuite, l'investisseur puisse exercer son jugement dessus.

L'autre solution : les sociétés de service public (eau, gaz, éléctricité)

Si nous passons maintenant aux services de distribution d'eau, gaz & électricité, nous nous trouvons confrontés à une situation bien plus enviable. Ici la majorité des titres paraissent taillés sur mesure, en termes de statistiques de performance et de ratios, pour s'accorder aux besoins des investisseurs défensifs. Nous garderons tous les critères précédents à l'exception du ratio actif circulant sur passif circulant. Le besoin en fonds de roulement n'a plus beaucoup de justification dans cette industrie qui finance son développement par des émissions continues d'actions et d'obligations. Nous n'exigerons pas, non plus, un seuil quelconque pour ce qui est du ratio des capitaux propres sur les dettes (10).

Sur le tableau 14-4 nous présentons le résumé des statistiques financières des 15 valeurs du Dow Jones Public Utility Average. Afin de permettre des comparaisons, le tableau 14-5 reprend ces mêmes statistiques pour 15 sociétés du secteur public prises au hasard sur la liste de cotations du New York Stock Exchange.

À l'orée de 1972, un large choix de titres E-G&E s'offrait à l'investisseur prudent, chacun d'eux réunissait toutes les caractéristiques de performance et de prix qu'il recherchait. Bref, ses valeurs avaient tout ce qu'il était en droit d'exiger d'un simple filtrage défensif. Si nous les comparions aux valeurs industrielles prééminentes comme les titres du DJIA, ces titres offraient, en termes de croissance, des performances historiques presque aussi bonnes avec l'avantage de moins fortes fluctuations annuelles; le tout pour un meilleur prix par rapport à leurs actifs ainsi qu'à leurs résultats. Enfin, le rendement de leurs dividendes était nettement supérieur. Rappelons que leurs attributs de monopole représentent plutôt un avantage pour l'investisseur. Ces entreprises de services publics sont ainsi légalement tenues de fixer leurs tarifs de façon à être suffisamment rémunérateurs; ceci pour qu'elles puissent attirer le capital nécessaire à leur développement après avoir tenu compte de l'impact de l'inflation. Bien que ces réglementations aient un effet pesant, voir même

Tableau 14-4. Données sur 15 valeurs du Dow Jones Utility Average au 30 septembre 1971

	Prix 30.sep 1971	BPA (a)	Divid	Valeur d'Actif	PER	Prix/ Valeur d'Actif	Rendmt Divid	BPA 1970 sur 1960
Am. Elec. Power	26	2.40	1.70	18.86	11 X	138%	6.5%	+ 87%
Cleveland El. Ill.	34.75	3.10	2.24	22.94	11	150	6.4	86
Columbia Gas	33	2.95	1.76	25.58	11	129	5.3	85
Commonwealth	35.5	3.05	2.20	27.28	12	130	6.2	56
Con.Edison	24.5	2.40	1.80	30.63	10	80	7.4	19
Consd. Nat. Gas	27.75	3.00	1.88	32.11	9	86	6.8	53
Detroit Edison	19.25	1.80	1.40	22.66	11	84	7.3	40
Houston L & P.	42.75	2.88	1.32	19.02	15	222	3.1	135
Niagara-Mohawk	15.5	1.45	1.10	16.46	11	93	7.2	32
Pacific G & E	29	2.65	1.64	25.45	11	114	5.6	79
Panhandle EPL.	32.5	2.90	1.80	19.95	11	166	5.5	79
Peoples Gas Co.	31.5	2.70	2.08	30.28	8	104	6.6	23
Philadelphia El.	20.5	2.00	1.64	19.74	10	103	8.0	29
Public Svs. E&G	25.5	2.80	1.64	21.81	9	116	6.4	80
Sou. Calif. Edison	29.25	2.80	1.50	27.28	10	107	5.1	85
Moyenne	28.50	2.66	1.71	23.83	10.7 X	121%	+6.2%	65%

(a) Estimation pour l'année 1971.

dilatoire, il n'empêche que les sociétés de distribution de gaz et d'électricité ont pu garantir une rentabilité adéquate aux lourds capitaux qui s'y sont portés.

Le premier intérêt de ces titres pour l'investisseur défensif est qu'il peut les acquérir à un très bon prix proportionnellement à leurs valeurs d'actif. Autrement dit, l'investisseur peut se permettre d'ignorer, s'il le désire, les considérations de marché, et envisager de telles acquisitions avec les yeux d'un propriétaire d'affaires de qualité. Les fluctuations boursières lui permettront de passer des achats à bon compte quand les cours sont bas, et des ventes à prix élevé quand ils sont surévalués.

La performance boursière du groupe autrement dit l'indice du secteur (que l'on retrouve sur le tableau 14-6 avec ceux des deux autres secteurs), montre qu'il a offert de nombreuses occasions de gains. Si la hausse de l'indice n'a pas été aussi bonne que sur les valeurs industrielles, prises individuellement, les

Tableau 14-5. Données sur une deuxième liste de titres de "Public Utilities" (service public) au 30 septembre 1971

	Prix 30 sept 1971	Bénéf	Divid	Valeur d'Actif	PER	Prix/ Valeur d'Actif	Rendmt Divid	BPA 1970 sur 1960
Alabama Gas	15.5	1.50	1.10	17.80	10 X	87%	7.1%	+34%
Allegheny Power	22.5	2.15	1.32	16.88	10	134	6.0	71
AM. Tel. & Tel.	43	4.05	2.60	45.47	11	95	6.0	47
Am. Water Works	14	1.46	.60	16.80	10	84	4.3	187
Atlantic City Elec.	20.5	1.85	1.36	14.81	11	138	6.6	74
Baltimore Gas & Elec	30.25	2.85	1.82	23.03	11	132	6.0	86
Brooklyn Union Gas	23.5	2.00	1.12	20.91	12	112	7.3	29
Carolina Pwr. & Lt	22.5	1.65	1.46	20.49	14	110	6.5	39
Cen. Hudson G. & E.	22.25	2.00	1.48	20.29	11	110	6.5	13
Cen. Ill. Lt.	25.25	2.50	1.56	22.16	10	114	6.5	55
Cen. Maine Pwr	17.75	1.48	1.20	16.35	12	113	6.8	62
Cincinnati G&E.	23.25	2.20	1.56	16.13	11	145	6.7	102
Consumers Power	29.5	2.80	2.00	32.59	11	90	6.8	89
Dayton Pwr. & Lt.	23	2.25	1.66	16.79	10	137	7.2	94
Delmarva P&L	16.5	1.55	1.12	14.04	11	117	6.7	78
Moyenne	23.5	2.15	1.50	21.00	11 X	112%	6.5%	+ 71%

Tableau 14-6. Evolution des cours et PER des Indices Standard & Poor's de 1948 à 1970

	Industrielles		Chemins de fer		Service Public	
Année	Prix (a)	P/E Ratio	Prix (a)	P/E Ratio	Prix (a)	P/E Ratio
1948	15.34	6.56	15.27	4.44	16.77	10.03
1953	24.84	9.56	22.60	5.42	24.04	14.00
1958	58.65	19.88	34.23	12.45	43.13	18.59
1963	79.25	18.18	40.65	12.78	66.42	20.44
1968	113.02	17.80	54.15	14.21	69.69	15.87
1970	100.00	17.84	34.40	12.83	61.75	13.16

(a) Les prix sont donnés en clôture annuelle.

valeurs de service public ont démontré une plus grande stabilité des cours et ce, quelle que soit la période retenue. Il est surprenant d'observer que sur les vingt dernières années, les PER des industrielles et des sociétés de service public se sont pratiquement inversés. Une telle inversion a de plus fortes implications pour l'investisseur actif que pour le défensif. Nous suggérons, tout de même, que les portefeuilles passifs méritent, eux aussi, d'être changés de temps en temps, plus spécialement quand les valeurs acquises ont bénéficié de hausses excessives et qu'elles peuvent être remplacées par d'autres à des prix plus raisonnables. Hélas, il y aura alors des impôts sur les plus-values à régler, ce qui, pour beaucoup d'investisseurs, revient à payer le Diable. L'expérience, notre vieille alliée, nous dit qu'il vaut mieux vendre et payer ses impôts que de ne pas vendre et s'en repentir.

Investir dans les titres de sociétés financières

Un grand nombre d'affaires peuvent être classées sous le terme générique de sociétés financières. Nous incluons dans ce groupe les banques, les sociétés d'assurance, les sociétés de crédit à la consommation et celles de crédit immobilier ainsi que les sociétés d'investissement comme les fonds mutuels. Toutes ces affaires se caractérisent par le fait qu'elles ont une faible proportion de leurs actifs en biens matériels comme des immobilisations ou des stocks de marchandises. Par contre, la majorité d'entre elles ont des obligations à court terme bien supérieures à leurs capitaux propres. Le problème de la qualité financière est donc ici absolument crucial. Ce qui a donné naissance à un certain nombre de réglementations et de contrôles légaux dont l'objet est de garantir de saines pratiques financières.

En gros, les titres de sociétés financières ont donné des résultats sur les marchés semblables aux autres catégories de titres. Le tableau 14-7 montre l'évolution des cours de 1948 à 1970 de six groupes d'activité représentés dans les différents indices de secteurs du Standard & Poor's. La moyenne des cours entre 1941 et 1943 a reçu la valeur de 10, c'est le niveau de base. À la fin de 1970, les niveaux des indices allaient de 44,3 pour 9 banques new-yorkaises à 218 pour 11 titres d'assurance-vie. Entre temps, les évolutions relatives de chacun de ces sous-indices ont été très différentes les unes des autres. Par exemple, les banques new-yorkaises eurent des performances relatives tout à

Tableau 14-7. Mouvements relatifs des cours de différents types de sociétés financières entre 1948 et 1970

	Industrielles		Chemins de fer		Service Public	
Année	Prix (a)	P/E Ratio	Prix (a)	P/E Ratio	Prix (a)	P/E Ratio
1948	15.34	6.56	15.27	4.44	16.77	10.03
1953	24.84	9.56	22.60	5.42	24.04	14.00
1958	58.65	19.88	34.23	12.45	43.13	18.59
1963	79.25	18.18	40.65	12.78	66.42	20.44
1968	113.02	17.80	54.15	14.21	69.69	15.87
1970	100.00	17.84	34.40	12.83	61.75	13.16

(a) Les prix sont donnés en clôture annuelle.

fait honorables de 1958 à 1968, à l'opposé du groupe des assurances-vie qui perdit des points. Ces mouvements croisés entre différents sous-groupes sont constatés aussi sur la majorité des autres groupes industriels suivis par des indices Standard & Poor's spécifiques.

Nous avons peu de chose à dire au sujet de ce vaste champ d'investissement sinon que nous conseillons l'emploi des mêmes critères, liant les cours aux résultats ou aux actifs, que ceux que nous avons déjà appliqués aux valeurs industrielles et aux services publics.

Les compagnies de chemin de fer

Ici l'histoire est bien différente de celle des valeurs du service public. Les transporteurs ferroviaires ont dû passer au travers d'une dure épreuve : l'arrivée simultanée d'une réglementation stricte et d'une sévère concurrence. Bien sûr le problème du coût de la main d'œuvre ne les a pas aidés non plus, mais il existait également dans d'autres secteurs industriels. L'automobile et l'aviation ont récupéré le gros du trafic passagers ne laissant au rail que les segments les moins profitables. Il en a été de même pour le trafic de marchandises récupéré par les transporteurs routiers. Plus de la moitié des lignes du pays ont été mises en banqueroute, à un moment ou à un autre, pendant ce dernier demi-siècle.

Ces cinquante dernières années n'ont pas toutes été noires. Il y eut des périodes prospères pour l'industrie, en particulier pendant les années de guerre, époques où certaines compagnies ont réussi à préserver leurs marges et leurs dividendes malgré les difficultés.

L'indice Standard & Poor's du secteur s'apprécia de 700% entre son niveau le plus bas en 1942 et le plus haut de 1968, soit pas beaucoup moins que l'indice des distributeurs d'électricité. La faillite retentissante de Penn Central Transportation Co, le numéro un du secteur en 1970, eut un énorme impact psychologique sur la perception de cette industrie par Wall Street. Ce titre n'était-il pas encore à ses plus hauts historiques un an avant l'accident, et n'avait-il pas payé continuellement des dividendes depuis 120 années ! (Nous présenterons au début du chapitre 17 une analyse succincte de ce titre qui montrera comment un investisseur attentif aurait pu voir venir l'accident et s'en protéger.) Le niveau boursier relatif du secteur a été sérieusement affecté par ce désastre financier.

Il est en général déconseillé de faire une recommandation qui s'étend à un secteur entier, que ce soit une recommandation d'achat ou de vente. Les performances boursières du secteur des compagnies de chemin de fer, apparaissant sur le tableau 14-6, montrent que le groupe a souvent offert des opportunités de gains importants, bien qu'à notre avis, les grandes hausses boursières du secteur aient été en général injustifiées. Limitons donc nos suggestions à cette litote : aucune raison majeure ne justifie cependant que l'investisseur achète un de ces titres. Nous irions même jusqu'à dire qu'un achat de titres de chemins de fer ne saurait être justifié que si les conditions de l'achat en termes de valeur sont exceptionnelles.

Le concept de séléctivité pour l'investisseur défensif

Tout investisseur voudrait que la liste de ses choix ait un meilleur potentiel que la moyenne. En conséquence, le lecteur se demandera quand il fera appel à un conseiller ou à un analyste à la compétence indiscutable, s'il ne devrait pas compter mettre la main sur une palette d'investissements au potentiel supérieur. *"Après tout", aura-t-il tendance à penser, "les règles qui ont été données sont relativement simples. Un analyste bien futé devrait pouvoir mettre à profit ses aptitudes et ses compétences pour générer une liste de titres offrant de meilleures perspectives boursières que les trente valeurs du Dow Jones. Sinon, à quoi serviraient alors toutes ces statistiques, tous ces calculs et ces jugements pontifiants ?"*

Supposez, pour vérifier l'hypothèse, que nous ayons demandé à des centaines d'analystes financiers de nous donner leurs cinq valeurs favorites parmi les titres du Dow Jones à la fin de 1970. Leurs listes ont toutes les chances d'être bien différentes les unes des autres.

Et ce n'est pas aussi surprenant que cela. La raison fondamentale est bien sûr que les cours de chacun de ces titres à forte visibilité prennent en compte tous les facteurs saillants, tant sur leurs performances historiques que sur leurs perspectives futures. Ainsi, l'analyse poussant tel professionnel à privilégier ou à singulariser un titre ne peut être basée, pour beaucoup, que sur sa propre subjectivité ou sur un biais qu'il a introduit en accordant une plus grande importance à tel facteur plutôt qu'à tel autre. Si tous les analystes s'accordaient à penser qu'un titre précis était supérieur aux autres, le prix de ce titre s'apprécierait très rapidement, effaçant ainsi son avantage comparatif.

Notre affirmation, qui sous-entend que le cours d'un titre reflète à la fois les faits connus et les espérances futures, est destinée à mettre l'accent sur les deux niveaux sur lesquels se base le marché dans ses estimations. Associées à ces deux niveaux, nous trouvons deux approches antinomiques à l'analyse de titres. A l'évidence, tout bon analyste est plus enclin à se tourner vers le futur plutôt que vers le passé. Il accepte que la qualité de son travail soit déterminée en fonction de ce qui va arriver et non pas de ce qui s'est déjà passé. Néanmoins, l'avenir peut lui-même être appréhendé de deux façons différentes : soit la manière prospective, soit la manière protectrice.

Ceux qui se basent sur la prédiction (ou la projection) tâcheront de prévoir, le plus précisément possible, ce que l'entreprise réalisera dans les prochaines années et si, plus particulièrement, ses résultats sauront progresser à un rythme prononcé et persistant. Ils tireront leurs conclusions d'études détaillées de facteurs, tels que les éléments de l'offre et de la demande dans l'industrie, les volumes, les prix et autres paramètres dérivés pour l'essentiel de projections naïves de tendances passées. Si ces sources sont convaincues que les perspectives à long terme sont favorables, elles conseilleront le titre à l'achat sans trop tenir compte de ses prix courants. Ce fut, par exemple, l'attitude générale qui entoura les titres des transports aériens, attitude qui persista des années durant malgré les résultats désespérants enregistrés par le secteur après 1946. Nous avons déjà, dans l'introduction, commenté les disparités constatées entre les résultats décevants d'un secteur et son bon comportement boursier.

A l'opposé, ceux qui privilégient la protection (du principal) attacheront une attention toute particulière aux prix courants des titres dans leurs analyses. L'essentiel de leur effort sera de vérifier que la valeur de la société laisse apparaître une marge suffisante par rapport à son cours. C'est cette marge qui protègera l'investisseur contre les développements défavorables du futur. Dans cette optique, il est moins important d'être enthousiaste sur les perspectives à long terme du titre ou du secteur que d'être raisonnablement confiant sur ses capacités à s'en sortir convenablement, sans accident majeur.

La première de ces deux approches, que nous avons qualifiée de prospective pourrait tout aussi bien être appelée approche qualitative. Elle met l'accent sur l'évaluation des perspectives économiques, la qualité du management et d'autres paramètres non mesurables mais néanmoins essentiels. Ces derniers peuvent être placés sous l'entête de qualité. La deuxième approche, dite protectrice, pourra être appelée approche quantitative ou statistique étant donné qu'elle mettra l'accent sur les relations mesurables entre cours et résultats, cours et actifs ou dividendes etc. Incidemment, la méthode quantitative est en fait l'extension, dans le domaine des actions, de la philosophie d'évaluation dominante pour les obligations et les actions préférentielles.

Dans nos méthodes et nos travaux d'analyse, nous nous sommes toujours attachés à suivre l'approche quantitative. Dès le départ, nous avons voulu nous assurer que nous en aurions pour notre argent en termes de valeur objective autrement dit par rapport à la valeur concrète de la société. Nous ne saurons accepter les promesses et les espoirs que nous réserve le futur à la place de la valeur immédiate et accessible. Cette philosophie n'est pas dominante dans les cercles professionnels. Au contraire, la majorité souscrit plutôt à l'idée que les perspectives, la qualité du management, les autres intangibles, et le facteur humain ont bien plus d'importance que les indications que peuvent fournir l'étude des comptes passés, que ce soient les bilans ou d'autres données chiffrées.

Ainsi le sujet du choix du meilleur titre, lorsque tout a été dit, est et demeure un sujet de forte controverse. Notre conseil, pour l'investisseur défensif, c'est qu'il le laisse de côté. Qu'il porte donc son effort sur la diversification et non sur la sélection individuelle. D'ailleurs, l'idée universellement acceptée de diversification va dans une large mesure à l'encontre des prétentions de sélection. Si quelqu'un pouvait choisir les meilleurs titres avec infaillibilité, il aurait tout à perdre de la diversification. Et pourtant, en se plaçant dans le cadre des limites de nos quatre règles générales de sélection d'actions ordinaires (p. 72), nous trouverons assez de champ pour donner libre cours à la liberté de préférence. Au pire, se laisser aller à affirmer sa préférence n'aura aucune influence négative et, qui sait, peut-être que cela apportera un plus utile aux résultats. Vu l'impact sans cesse croissant des développements technologiques sur les résultats à long terme des entreprises, l'investisseur ne peut plus se permettre de ne pas les intégrer dans ses calculs. Ici, comme ailleurs, il doit trouver un juste milieu entre négligence et surestimation.

(1) À la suite de multiples divisions de titres effectuées dans le passé, le prix moyen des titres composant le DJIA était approximativement de 53$ par action en 1972.

(2) NDE : Liquide, produits à recevoir, stocks et autres actifs qui sont normalement convertibles en cash ou utilisés dans le cycle d'exploitation (habituellement moins d'un an).

(3) NDE : dettes contractées dans le cadre du financement des opérations normales et devant être remboursées dans l'année qui suit. Par exemple les charges à payer, les prêts à court terme et la portion des prêts à long terme remboursable dans l'année.

(4) NDE : actif circulant moins passif circulant.

(5) NDE : valeur de l'ensemble des actifs calculés à coût moins amortissement après déduction des dettes.

(6) NDE : actif circulant sur passif circulant ("current ratio").

(7) NDE : autrement dit rentabilité économique nette de l'investissement ou retour sur investissement (Return On Investment, ROI) soit le ratio entre le résultat d'exploitation et le montant de l'investissement.

(8) En 1960, seulement 2 des 29 entreprises industrielles n'ont pu montrer un actif circulant supérieur à leur endettement. Attention, en décembre 1970, le nombre des titres ne passant plus nos tests dans chacune des deux catégories précédentes était passé à 12.

(9) Remarquez tout de même que leurs comportements boursiers combinés de décembre 1970 à début 1972 ont été moins bons que celui du Dow Jones. Ceci démontre une fois de plus qu'il n'existe aucun système ou aucune formule garantissant des résultats supérieurs. Nos conditions garantissent seulement que l'acquéreur en a pour son argent.

(10) Il nous faut exclure la majorité des exploitants de gazoducs des valeurs de service public car leurs spécificités les mettent dans une classe à part.

CHAPITRE 15

LA SÉLECTION D'ACTIONS POUR L'INVESTISSEUR ENTREPRENANT

Dans le chapitre précédent, nous avons traité le sujet de la sélection d'actions en termes de liste de titres éligibles. C'est à partir de ces listes que l'investisseur peut créer son portefeuille, à condition d'assurer une diversification adéquate. Les méthodes de sélection présentées reposaient essentiellement sur l'exclusion, d'un côté des titres de mauvaise qualité, et de l'autre des titres de qualité qui sont surévalués et exigent de prendre un énorme risque spéculatif. Dans ce chapitre, qui est destiné à l'investisseur entreprenant, nous traiterons des moyens permettant de sélectionner les valeurs individuelles qui ont un potentiel de gain supérieur aux indices moyens de marchés.

Quel est notre espoir d'y arriver ? Nous ne serions pas honnêtes, et c'est un euphémisme que de le dire, si, dès à présent, nous omettions d'émettre de fortes réserves sur nos chances de succès. De prime abord, l'idée de sélection paraît s'imposer d'elle-même. Pour enregistrer des résultats moyens, équivalents par exemple à ceux du DJIA, il ne nous faut pas développer un talent spécial. Il nous suffit de constituer un portefeuille à l'identique ou similaire à celui des trente valeurs du Dow. Et assurément si nous y ajoutons un certain niveau de savoir-faire tiré de l'étude et de l'expérience, il devrait être tout à fait possible d'enregistrer des résultats meilleurs que ceux du DJIA. Pourtant il y a un nombre incommensurable d'indications prouvant que rien n'est plus dur à réaliser, même si ceux qui s'y essaient ont le meilleur niveau de compétence. Nous en trouvons les preuves dans les performances historiques enregistrées par les fonds d'investissement. Ces fonds sont assez riches pour pouvoir s'assurer les services des meilleurs experts et des meilleurs moyens d'études et de recherches. Leurs dépenses opérationnelles, ramenées à l'ensemble des capitaux gérés, se montent à moins de 1/2% par an. Si ces coûts sont loin d'être négligeables en valeur absolue, une fois rapportés aux rendements moyens de la Bourse (15% sur la période 1951-1960 et 6% sur la période 1961-1970), ils ne représentent plus grand-chose. Nous pouvons donc supposer qu'une prime de sélectivité, même marginale, se traduirait, si elle existait, par des performances, après frais, supérieures.

Cependant, en agrégat, les fonds d'investissement en actions ne sont pas parvenus sur le long terme à égaler la rentabilité d'un indice large comme le Standard & Poor's 500-Stock Average. Cette conclusion a été confirmée par de nombreuses études. Voilà ce que dit la plus récente couvrant la période 1960-1968 :

Nous déduisons de ces performances que des portefeuilles investis au hasard et constitués d'un même placement en dollars sur plusieurs titres tirés au sort, auront des résultats moyens sur cette période supérieurs à ceux des fonds d'investissement appartenant à la même classe de risque. Les différences sont statistiquement significatives sur les portefeuilles à risque bas et à risque moyen (écarts à l'avantage du pur hasard respectivement de 3,7% et 2,5% par an), mais négligeables sur les portefeuilles plus risqués (écart de 0,2% par an).(1)

Comme nous l'avons précisé au chapitre 9, ces tableaux de performances comparatives n'enlèvent rien à l'utilité des fonds d'investissement en tant qu'institutions financières. En effet, ils mettent à la disposition d'un large public la possibilité d'obtenir des résultats proches de la norme sur des portefeuilles en actions. Rappelons que pour toutes sortes de raisons, dans la grande majorité des cas, un investisseur privé choisissant lui-même ses actions fera moins bien que s'il avait fait appel à un fonds d'investissement. Il n'empêche que pour l'observateur objectif, l'incapacité des fonds à générer une performance de gestion supérieure à ce que font les indices larges, est une indication concluante sur la difficulté qu'il y a à battre le marché.

Pourquoi en est-il ainsi ? Nous voyons deux raisons principales, chacune d'elles ayant sa part de vérité. La première c'est la possibilité que le marché reflète dans les cours cotés, non pas seulement les faits importants et connus liés au passé ou au présent, mais aussi toutes les espérances raisonnablement attendues de l'avenir. S'il en est ainsi, alors les différents mouvements des marchés qui se dérouleront par la suite et parfois de façon extrême, seront produits par des éléments nouveaux qui par définition ne peuvent pas être prévus à l'avance. Cet élément devrait provoquer des mouvements de prix fortuits et erratiques. En conclusion, si l'hypothèse est vérifiée, le travail de l'analyste, aussi intelligemment fait et détaillé soit-il, sera largement inefficace. Car dans ce cas, ce dernier s'épuisera à prévoir ce qui, par essence, est imprévisible.

La multiplication du nombre des analystes a joué un rôle déterminant dans l'apparition de ce phénomène. Aujourd'hui où nous avons des milliers d'experts étudiant les multiples facteurs de valeur cachés dans un titre, il est tout naturel de s'attendre à ce que les prix courants en viennent à refléter l'opinion consensuelle et informée. Ainsi, toute préférence marquée pour un titre n'est autre que le produit d'une certaine partialité ou de l'optimisme naturel de tel ou tel analyste. Ce jugement, résultant d'un biais, n'aura pas plus de chances d'être exact que faux.

Une analogie souvent vue compare le travail d'un analyste de titres à la performance d'un joueur professionnel dans un tournoi de bridge. Si le premier essaie de choisir les actions ayant la meilleure probabilité de progresser, le deuxième tâche de marquer le plus de points possible sur chaque main jouée. Seule une petite minorité peut réussir dans ces activités. Et si tous les joueurs de bridge du tournoi ont pratiquement la même expertise, les gagnants auront toutes les chances d'être désignés par des coups du sort plutôt que grâce à leurs aptitudes. À Wall Street, le processus de mise à niveau ou d'intégration est encouragé par la franc-maçonnerie existant dans la profession. Ceci fait que toute idée nouvelle et toute découverte est largement diffusée au travers de rencontres multiples entre professionnels. C'est presque comme si, pour reprendre l'analogie du bridge, les différents experts regardaient par-dessus l'épaule des autres joueurs et discutaient librement entre eux de leurs tactiques de jeux respectifs.

La deuxième raison expliquant la difficulté de sélection, est de nature très différente. Il est possible que beaucoup d'analystes soient handicapés par un vice de forme originel inscrit dans leur méthode de sélection de titres. Ils tentent de trouver les secteurs économiques ayant les meilleures perspectives de croissance, et ensuite les sociétés de ces secteurs dotées du meilleur potentiel en termes de management et autres. L'implication de cette méthode est qu'ils achèteront ces secteurs et ces sociétés sans aucune considération pour leurs prix courants, et qu'ils rejetteront les secteurs et entreprises moins prometteuses même à des niveaux sous-évalués. Cette méthode ne serait mathématiquement correcte que dans le cas bien improbable où les résultats des bonnes sociétés auraient l'assurance de progresser à un rythme rapide ad-eternum. Dans ce cas, en effet, leur valeur théorique serait, bien sûr, infinie. De même si les mauvaises sociétés étaient irrévocablement destinées à disparaître et n'avaient aucune valeur de casse, alors les analystes seraient en droit de les juger sans intérêt et ce à n'importe quel niveau de prix.

La vérité est bien différente. Ce n'est qu'exceptionnellement que nous voyons des entreprises prééminentes dégager des taux de croissance élevés de façon continue et sur de longues périodes. Parallèlement très peu de ces grandes entreprises sont vouées à disparaître. Dans la majorité des cas leurs parcours sont émaillés de bonheurs et de vicissitudes, de hauts et de bas, et seuls changent dans le temps leurs rangs relatifs. Ce parcours de la déchéance à la fortune et vice versa est parfois répété de façon cyclique, ce fut très longtemps le cas des producteurs d'acier; d'autres fois, il se reproduira au rythme des événements qui cassent la continuité des affaires (changement de management,...).

De quelles manières les questions que nous venons de soulever intéressent-elles l'investisseur entreprenant voulant mener à bien une sélection intelligente ? Tout cela nous montre avant tout que l'investisseur s'attèle à une tâche difficile, peut-être même irréalisable. Les lecteurs de ce livre, aussi intelligents et perspicaces soient-ils, peuvent difficilement escompter faire un meilleur travail que les analystes chevronnés. Mais il est non moins vrai que des secteurs entiers du marché subissent de lourdes discriminations et sont pratiquement tenus à l'écart des listes de recommandations classiques. C'est dans ces cas que l'investisseur intelligent pourra lancer une sélection utile.

Il lui faudra alors suivre des méthodes originales qui n'auront pas reçu l'imprimatur de Wall Street. Dans le cas contraire elles ne pourraient plus donner les résultats que chacun attend d'elles. Bien sûr, il serait étonnant, vu le nombre de cerveaux qui travaillent les marchés, qu'il puisse exister des approches qui soient à la fois bonnes et relativement peu suivies. Mais après tout, notre propre carrière et notre réputation n'ont-elles pas été bâties là-dessus ?

Résumé des méthodes Graham-Newman

Pour illustrer l'affirmation précédente, il paraît utile de rendre compte brièvement du type d'opérations que nous avons engagées entre 1926 et 1956 au sein de la Graham-Newman Corporation. Celles-ci sont classées suivant les catégories suivantes :

Opérations d'arbitrage : C'est l'achat d'un titre et la vente simultanée d'un ou plusieurs titres contre lesquels le premier titre devrait être échangé suivant les modalités d'un plan de réorganisation (d'une société en règlement judiciaire) ou de fusion.

Opérations de liquidation : Il s'agit de l'achat du titre d'une société qui devrait donner lieu au versement d'un super dividende en liquide représentant le fruit de la vente d'actifs sélectionnés de la société.

Les opérations de ces deux catégories étaient sélectionnées sur la double base :
a) d'un taux de rentabilité annuel d'au moins 20% et
b) de notre appréciation sur la probabilité de réalisation de ce résultat (minimum 80% de chances de succès).

Opérations de couverture croisées : c'est l'achat d'obligations ou d'actions préférentielles convertibles en actions ordinaires, et la vente simultanée des actions ordinaires pour lesquelles nous pouvons exercer la conversion. La position est nouée sur une base proche de la parité. Autrement dit, de façon à ce que la perte soit minimale si nous devions exercer la conversion, et qui par contre nous ferait gagner en cas d'une forte chute de l'action ordinaire (supérieure à celle du titre convertible).

Opérations de titres bon marché en termes de besoin en fonds de roulement : l'idée est d'acquérir des titres au prix de leur actif circulant diminué de leur passif circulant c'est-à-dire en excluant la valeur nette des actifs immobilisés (bâtiments, machines etc). En général, nous passions nos achats aux 2/3 ou moins de cette valeur. Au cours des années, nous avons pu ainsi acquérir une centaine de ces titres.

Nous pourrions ajouter que de temps en temps nous initions une lourde position de contrôle sur certaines lignes mais ce sujet dépasse l'objet de la discussion présente.

Nous avons surveillé avec grand soin les résultats enregistrés par chacune des opérations appartenant à l'une de ces catégories. Deux des catégories d'opérations n'ont pas donné les résultats escomptés. La première concerne les titres apparaissant bon marché à partir d'une analyse générale mais qui s'échangeaient au-dessus de leur actif net circulant. La deuxième concernait les opérations de couverture non liées, autrement dit celles pour lesquelles le titre acquis n'était pas directement échangeable pour le titre vendu. (C'est le type même d'opérations que recherchent les fonds d'investissement dits fonds de couverture ou hedge funds.) Dans ces deux types d'opération, les résultats que nous avons obtenus sur dix ans et plus, nous ont amené à la conclusion que les profits n'étaient pas assez sûrs, et ne nous mettaient pas à l'abri de coups durs.

En conséquence, à partir de 1939, nos opérations spéciales se limitaient aux catégories de liquidation automatique, de couvertures croisées, de bonnes affaires en termes stricts de fonds de roulement. Chacune de ces classes délivra des résultats satisfaisants sur le long terme. Nous pourrions préciser que nos couvertures croisées ont délivré de jolis gains pendant les phases de baisse des marchés, période où nos valeurs sous-évaluées enregistraient, par contre, des résultats décevants.

Nous hésitons à prescrire notre propre régime à la majorité des investisseurs intelligents. D'abord, les techniques professionnelles que nous avons suivies ne conviennent pas à l'investisseur passif qui est amateur par définition. Quant aux investisseurs agressifs, seule une minorité d'entre eux auront le tempérament adéquat pour limiter leurs options d'investissement à une toute petite portion de l'univers des titres. Les praticiens au tempérament plus actif préféreront se lancer vers des chemins moins étroits. Leur terrain de chasse s'étendra aux titres qui leurs paraissent (a) être à leur juste prix d'après une évaluation conservatrice et (b) plus attirants, au vu de leurs performances passées ou de perspectives futures, qu'une action quelconque. Si tel est leur choix, nous ne saurions trop leur conseiller de mettre en application les nombreux tests de qualité et de prix raisonnables dans le même esprit que ceux que nous avons proposés à l'investisseur défensif. Ceci étant, ils pourraient être plus flexibles que leurs homologues défensifs. Par exemple, ils pourraient ne pas systématiquement éliminer toute société ayant subi des pertes sur une année noire comme 1970, si de bons résultats moyens et d'autres points positifs permettaient de considérer le titre comme bon marché. L'investisseur entreprenant peut limiter son choix aux industries et aux sociétés pour lesquelles il est positif. Nous lui réitérons quand même le conseil de ne pas accepter de payer trop cher pour autant (en termes de résultats et d'actif) en raison de cette analyse. S'il suivait nos conseils dans ce domaine, il serait plus enclin à acquérir de grandes entreprises cycliques, les valeurs de l'acier par exemple, lorsque leur situation courante est défavorable leurs perspectives court terme limitées, et que le cours intègre tout le pessimisme ambiant.

Les titres secondaires

La deuxième philosophie d'investissement en termes de sélection possible devrait être de se concentrer sur les valeurs secondaires qui ont un bon comportement et des performances satisfaisantes mais qui semblent délaissées par le grand public. Il s'agit d'entreprises partageant les caractéristiques que nous avons relevées chez ELTRA et à Emhart en fin 1970. (Voir chapitre 13). Il y a plusieurs façons de s'y prendre pour découvrir de telles compagnies. Nous aimerions essayer ici une approche originale que nous vous exposerons en détail au travers d'un exercice de sélection type. Un tel exercice a un double intérêt : d'abord nos lecteurs retiendront la valeur pratique de la méthode suivie et seront encouragés à tester des méthodes voisines, ensuite cet exercice les aidera à mieux comprendre la réalité de la Bourse grâce à l'étude d'un des livres les plus utiles et les plus fascinants qui existent. Il s'agit du *Stock Guide* ou *Guide des Actions de Standard & Poor's*, un mensuel disponible par abonnement.

L'essentiel du Guide regroupe quelque 230 pages d'informations statistiques condensées sur les titres de plus de 4500 sociétés. Y sont inclus tous les titres cotés sur les différentes Bourses, soit quelque 3000 titres, ainsi que 1500 titres n'appartenant pas à des cotes officielles. Tout ce qui est nécessaire pour une analyse fouillée sera donné dans ce précis. (À notre avis la seule statistique importante n'y apparaissant pas est la valeur nette comptable des actifs ou valeur comptable par action, que vous trouverez dans des publications plus complètes de Standard & Poor's et ailleurs.)

L'investisseur friand de statistiques comptables sera gâté avec ce *Stock Guide*. Il peut l'ouvrir à n'importe quelle page et voir un panorama complet sur les splendeurs et misères des marchés. Grâce aux statistiques des plus hauts et plus bas historiques remontant à 1936, il trouvera des compagnies dont le cours de l'action a été multiplié par 2000 (200.000%) entre leurs bas dérisoires et leurs hauts majestueux. (Pour la très prestigieuse IBM, la croissance ne fut que de 333 fois pendant la période.) Il y trouvera aussi, et ce n'est pas si exceptionnel, une société dont le titre avança de 3/8 à 68$, pour ensuite retomber à 3$ (2). Dans la colonne des dividendes d'Industrial National Bank of Rhode Island, il remarquera que des dividendes ont été versés chaque année depuis 1791. S'il reprend le Guide de fin 1969, il y constatera que Penn Central Co (qui succéda à Pennsylvania Railroad) a payé des dividendes depuis 1848. Cela n'empêcha pas l'entreprise d'être déclarée en faillite quelques mois plus tard ! Il trouvera un titre s'échangeant à tout juste deux fois ses résultats les plus récents, et un autre s'échangeant à 99 fois ses résultats (3). Il éprouvera souvent des difficultés à deviner l'activité à partir du nom social car pour un U.S Steel (ie Acier U.S) il y aura bien des ITI Corp (produits boulangers), des Santa Fe Industries (une compagnie de chemin de fer). Il pourra se repaître d'un grand choix d'historiques de prix, de dividendes ou de résultats ainsi que d'états financiers, de structures de capital,... Ici toutes les entreprises d'Amérique sont prêtes à être survolées ou étudiées en détails.

Le Guide indique dans des colonnes spéciales les rendements des dividendes et ratios cours/bénéfices courants, calculés à partir des chiffres des douze derniers mois. Ce sont ces informations que nous allons utiliser dans l'exercice suivant.

Un filtrage du *Stock Guide*, séléction multi-critères

Supposons un instant que nous ne cherchions qu'une simple indication nous disant qu'un titre est bon marché. Le premier indice du genre venant à l'esprit est celui d'un prix faible par rapport aux résultats courants. Établissons une première liste de titres s'échangeant à un multiple de neuf ou moins fin 1970. Nous prendrons par exemple les vingt premiers titres trouvés qui remplissent cette condition. Nous trouvons d'abord Aberdeen Mfg. Co, sixième titre sur la liste alphabétique. A 10 1/4$ le titre clôtura à neuf fois ses bénéfices de 1,25$ par action sur l'exercice comptable clos fin septembre 1970. Le douzième et dernier titre de la liste est American Maize Products qui à 9 1/2$ valait aussi 9 fois ses bénéfices.

Le groupe paraît de prime abord médiocre : chacun de ces dix titres vaut moins de 10 dollars. (Cet élément n'est pas en soi négatif car si cela peut faire ciller l'investisseur défensif, l'inférence est plutôt positive pour l'investisseur agressif.) Avant de nous lancer dans une recherche plus minutieuse, faisons quelques calculs. Notre liste reprend en gros un dixième de l'ensemble des titres passés en revue. Si ces proportions sont stables, on peut extrapoler et supposer qu'il existe approximativement 450 titres s'échangeant avec un multiple de 10 ou moins. C'est un nombre suffisant qui nous permet de pousser plus loin notre filtrage.

Appliquons donc à notre liste un certain nombre d'autres critères de sélection, assez proches de ceux que nous suggérions à l'investisseur défensif, mais moins sévères. Nous proposons les filtres suivants :

1. *Situation financière* :
a) l'actif circulant valant au moins une fois et demi le passif circulant, et
b) la dette inférieure ou égale à 110% du fonds de roulement (pour les sociétés industrielles).

2. *Stabilité des résultats* : aucune perte au cours des 5 dernières années (couvertes par le *Stock Guide*).

3. *Dividendes* : existence de dividendes courants

4. *Progression des résultats* : derniers résultats supérieurs à ceux de 1966.

Malheureusement, les résultats apparaissant dans le Guide concernent essentiellement l'exercice clos le 30 septembre 1970, et n'incluent pas le mauvais quatrième trimestre 1970. Mais un investisseur intelligent ne peut demander la lune, en tout cas pas pour commencer. Vous remarquerez aussi que nous n'avons pas fixé de limite basse à la taille des entreprises. Les petites entreprises peuvent garantir une sécurité suffisante si elles sont acquises en groupe et avec soin.

Après avoir appliqué ces 5 critères supplémentaires sur notre liste de 20, nous nous retrouvons avec seulement 5 titres. Nous avons poursuivi notre recherche alphabétique jusqu'à ce que nous ayons pu filtrer 15 valeurs, de quoi représenter un portefeuille après avoir passé en revue les 450 premiers titres. (Ces valeurs sont représentées sur le tableau 15-1 avec les données utiles les concernant). Ce groupe est présenté uniquement dans le but d'illustrer nos propos, et n'aurait pas forcément été choisi tel quel par notre investisseur curieux.

L'utilisateur d'une telle méthode aurait eu un choix beaucoup plus large. Si notre approche de filtrage avait été appliquée aux quelque 4500 compagnies du *Stock Guide*, et si les proportions pour ce premier décile se retrouvaient ensuite, nous obtiendrions quelque 150 titres respectant nos six critères. L'investisseur entreprenant aurait alors tout loisir de suivre son opinion, ou ses partialités et ses préjugés, pour se livrer à un troisième niveau de sélection qui ne laisserait plus qu'un titre sur cinq de la liste précédente.

Le *Stock Guide* inclut un classement des titres en fonction de leur historique de résultat et de dividende. Il est dérivé des degrés de stabilité et d'amélioration de ces attributs sur les huit dernières années. (Ainsi l'attrait des prix ou des cours n'est pas pris en compte dans ce classement.) Nous avons inclus ces classements S & P sur notre tableau 15-1. Dix titres sur quinze sont classés B+ (note moyenne) et un seul (American Maize) obtient la meilleure note A. Si notre investisseur entreprenant désirait ajouter un septième critère mécanique, il pourrait par exemple opérer son choix en ne conservant que les titres notés par S & P comme moyens ou plus. Il se peut qu'il se retrouve toujours avec une centaine de titres. On est en droit de penser qu'un tel groupe de titres, de qualité moyenne, ayant satisfait à nos critères d'évaluation de situation financière et pouvant être acquis à un faible multiple des revenus courants et au-dessous de leur valeur d'actif, devrait promettre des perspectives d'investissement intéressantes.

Tableau 15-1. Illustration d'un portefeuille de valeurs industrielles à faible multiple
(Les 15 premiers titres portés sur le Stock Guide au 31 décembre 1971 et satisfaisant à nos 6 critères)

	Prix Décembre 1970	Bénéfices par Action 12 derniers mois	Valeur Nette Comp d'Actif	Classmt du S & P	Cours février 1972
Aberdeen Mfg.	10.25	1.25 $	9.33 $	B	13.75
Alba-Waldensian	6.37	.68	9.06	B +	6.37
Albert's Inc	8.50	1.00	8.48	n.c (a)	14
Allied Mills	24.5	2.68	24.38	B +	18.5
Am. Maize Pro	9.25	1.03	10.68	A	16.5
Am. Rubber	13.75	1.58	15.06	B	15
Am. Smelt. & Ref.	27.5	3.69	25.30	B +	23.25
Anaconda	21	4.19	54.28	B +	19
Anderson Clayton	37.75	4.52	65.74	B +	52.5
Arch.Dani.Midl.	32.5	3.51	31.35	B +	32.5
Bagdad Copper	22	2.69	18.54	n.c (a)	32
D. H. Baldwin	28	3.21	28.60	B +	50
Big Bear Stores	18.5	2.71	20.57	B +	39.5
Binks Mfg.	15.25	1.83	14.41	B +	21.5
Bluefield Supply	22.25	2.59	28.66	n.c (a)	39.5 (b)

(a) n.c = non classé.
(b) Ajusté pour divisions de titres.

Séléction mono-critère

Le lecteur curieux pourra se demander s'il ne serait pas possible de simplifier le processus de sélection. Est-ce qu'un critère unique, bien choisi, tel un faible ratio cours/bénéfice, une forte rentabilité des dividendes ou encore une forte valeur d'actif, ne ferait pas l'affaire ? Les deux seules méthodes de ce genre ayant obtenu des résultats probants dans le passé ont été les suivantes :

a) l'achat d'un titre d'une entreprise importante dotée d'un faible multiple (comme une de celles du Dow Jones),

b) un choix diversifié de titres s'échangeant à des cours inférieurs à leur actif circulant respectif par action. Nous avons déjà montré que le critère du bas multiple appliqué aux valeurs du Dow Jones en fin 1968, aurait eu des résultats décevants pour la période allant jusqu'à la mi-1971. La performance du deuxième critère (actif circulant net) est meilleure. L'ennui ici est que les titres passant ce test se font de plus en plus rares depuis dix ans.

Qu'en est-il d'autres critères de sélection ? Pour écrire ce livre nous avons fait un certain nombre d'expériences, chacune reposant sur un seul critère parfaitement simple de sélection. Les critères que nous avons retenus peuvent être retrouvés dans le *Stock Guide* de Standard & Poor's. Dans chacun des cas nous avons fait l'hypothèse d'acheter un portefeuille de 30 titres à leurs cours de clôture de 1968, et nous avons réévalué ces portefeuilles au 30 juin 1971.

Les critères testés étaient les suivants :
1) un faible multiple des bénéfices les plus récents,
2) un très fort rendement (dividendes/cours),
3) un historique très long de versement ininterrompu de dividendes,
4) une très grande entreprise (évaluée par le nombre de titres composant le flottant),
5) une position financière très bonne,
6) un cours faible (évalué en valeur de l'action en dollars),
7) un cours faible (évalué par rapport au plus haut niveau récent),
8) une notation Standard & Poor's élevée.

On remarquera que le *Stock Guide* contient au moins une colonne liée à chacun de ces critères. C'est une indication de l'importance que donne l'éditeur à ces éléments dans le processus de sélection des titres. (Comme nous l'avons indiqué plus haut, nous aimerions avoir accès à une autre statistique : celle de la valeur nette comptable des actifs par action.)
De cet ensemble de tests, l'enseignement le plus utile est tiré des comparaisons de performances entre nos portefeuilles et des portefeuilles d'actions bâtis au hasard. Nous avons testé les performances de trois portefeuilles ainsi constitués. Pour chacun d'eux nous avons pris au hasard trente titres apparaissant en haut de page du *Stock Guide* du 31 décembre 1968 (et existant toujours sur le *Stock Guide* du 31 août 1970). Entre ces deux dates, le Standard & Poor's 500 composite est resté pratiquement inchangé et le DJIA

perdit près de 5%. Mais nos 90 titres choisis au hasard ont perdu en moyenne 22%. Cela après exclusion de 19 titres qui n'étaient plus dans le numéro de 1970 et qui ont dû enregistrer des pertes plus fortes encore. Ces résultats comparatifs sont expliqués, semble-t-il, par la caractéristique que partagent les titres moins en vue (que ceux qui composent les indices), celle d'être relativement surévalués pendant des marchés haussiers, et de souffrir dans les marchés baissiers : baisses plus marquées que les indices et reprises plus longues à venir. La leçon à retenir, pour un investisseur intelligent, c'est évidemment d'éviter ces titres secondaires dans son portefeuille, à moins, bien sûr, qu'ils soient exagérément sous-évalués par le marché.
Les autres résultats de ces tests de portefeuilles (bâtis sur les critères précis déjà donnés), sont les suivants :
Seuls trois des portefeuilles testés ont fait mieux que le Standard & Poor's composite (et donc mieux aussi que le DJIA), il s'agit :

1) des valeurs industrielles ayant la meilleure note de qualité Standard & Poor's (A+). Ces dernières ont gagné 9,5% sur la période, contre une baisse de 2,4% pour le S & P et 5,6% pour le DJIA. (Il est à noter cependant que les 10 distributeurs E,G&E notés eux aussi A+ ont perdu 18% contre une chute de 14% des 55 titres composant le S & P public-utility index.) Nous voyons donc que le classement Standard & Poor's a bien marché sur la période testée. Dans tous les cas, chacun des portefeuilles de titres basés sur des notes élevées a fait mieux que tous les portefeuilles composés de titres à notes faibles.
2) Les entreprises ayant un flottant supérieur à 50 millions d'actions ont eu une performance proche de zéro, soit meilleure que les indices.
3) De façon assez surprenante, les titres à prix élevé (supérieur à 100 dollars par action) ont enregistré une légère avance : + 1%.

De tous ces tests, l'un était basé sur la valeur nette comptable des actifs par action, que ne nous donne pas le *Stock Guide*. Dans ce cas, nous avons trouvé, ce qui va à l'encontre de notre philosophie d'investissement, que les entreprises qui combinaient une grande taille et une forte valeur des intangibles s'en sont très bien sorties sur ces deux années et demi. (Par intangible ou goodwilll nous sous-entendons cette partie du prix qui n'est pas supportée par la valeur comptable des actifs.) Notre liste de "géants du goodwill" était composée de 30 valeurs, chacune d'elles ayant un goodwill supérieur au milliard de dollars, soit plus de la moitié de leurs capitalisations boursières. La valeur en agrégat du goodwill du groupe représentait, fin 1968, plus de 120 milliards ! Et malgré ces évaluations optimistes, le groupe réussit à gagner 15% sur la période, ce qui représente la meilleure performance sur plus de vingt catégories de portefeuilles étudiés.

La baisse de la rentabilité globale de ces situations spéciales est la manifestation d'une sorte de processus d'autodestruction qui n'a fait que s'accélérer pendant la rédaction de ce livre. Voici un autre exemple de stratégie profitable à l'origine mais qui s'autodétruit. En 1949, nous présentions une étude sur les fluctuations des Bourses au cours des 75 dernières années, qui permettait d'établir, à partir d'une formule basée sur les bénéfices et les taux d'intérêt courants, les niveaux d'achat du Dow au-dessous d'une valeur centrale ou intrinsèque et de vente au-dessus de ces niveaux. Ce n'était là qu'une application de la fameuse maxime des Rothschild : "Achetez bas et vendez haut". Cette formule offrait l'avantage de prendre à contre-courant la philosophie dominante qui consistait à acheter à la hausse et vendre à la baisse. Hélas, après 1949 cette formule n'a plus marché. Une autre illustration du danger que portent en elles les formules toutes faites c'est la fameuse Théorie de Dow sur les mouvements des marchés. Si les performances enregistrées de 1897 à 1933 furent impressionnantes, elles furent bien décevantes ensuite.

Un tel élément ne peut être ignoré dans une étude sur les politiques d'investissement. Il est clair qu'un très fort *momentum* (force de marché) est alloué à ces titres qui allient aux vertus liées à leur taille, de très bons résultats passés, la conviction générale que leur croissance se poursuivra dans le futur, et une très forte action technique sur ces dernières années. Dans ces conditions, même si leurs prix paraissent excessifs en fonction de nos critères de qualité, leur simple *momentum* peut les porter encore plus haut (il est évident que cette hypothèse n'est plus vérifiée au niveau des titres pris individuellement. Par exemple, l'indiscutable roi du Goodwill, IBM, glissa de 315$ à 304$ sur trente mois.) Il est délicat de faire ici la part des choses entre ce qui tient des mérites objectifs de ces titres et ce qui n'est lié qu'à leur popularité actuelle. Il ne fait pas de doute que les deux sont ici importants. À l'évidence, les conclusions à tirer de ces performances à la fois pour le long terme et au vu de l'action courante des marchés, sont de recommander l'inclusion de ces "géants du goodwill" dans la construction de tout portefeuille diversifié. Il n'empêche que, personnellement, nous sommes plutôt enclins à préférer une combinaison d'autres critères d'investissement tel celui définissant un seuil de la valeur d'actif au moins égal aux deux tiers des cours. Les test basés sur d'autres paramètres indiquent en général que toute liste construite à partir d'un critère considéré comme favorable fera mieux qu'une liste basée sur le critère opposé. Par exemple, les valeurs à faibles multiples ont éprouvé de plus faibles déclins que celles dotées de forts multiples ; de même, celles qui ont versés des dividendes à long terme s'en sont mieux sorties que celles qui n'ont versé aucun dividende en 1968, et ainsi de suite. En conséquence, dans ce cadre, les résultats enregistrés donnent crédit à notre recommandation : sélectionner les titres en fonction d'un certain nombre de critères quantitatifs et tangibles.

Enfin, nous ferons le commentaire suivant sur le résultat médiocre de nos listes mono critères par rapport au S&P composite. Ce dernier indice est pondéré par la taille, ou capitalisation boursière, de chacune des entreprises le composant alors que nos portefeuilles étaient non pondérés. À l'évidence cette surpondération des très grandes entreprises qui existe entre le S&P a eu un fort impact sur les résultats. Ces performances confirment que les entreprises de grande taille ont des performances sur le marché plus stables que les petites entreprises (entreprises secondaires).

Les critères de bonnes occasions, ou d'actifs circulants nets

Dans les tests précédents, nous n'avons pas parlé des performances de portefeuilles bâtis sur des titres valant moins que leur actif net circulant. La raison, c'est que nous ne pouvons trouver qu'une poignée de tels titres sur le *Stock Guide* de fin 1968, et pas les 30 requis. Ceci changea à la suite du déclin de 1970, et à leurs bas de cette année-là, bon nombre de titres auraient pu alors être acquis au-dessous de leurs actifs circulants nets. Il a toujours paru simple de prétendre que si on pouvait acheter un groupe diversifié de titres pour moins cher que la valeur de leurs actifs circulants (soit leurs stocks, liquidités, créances) après déduction des dettes et sans compter leurs autres actifs, on ne pouvait pas se tromper. Nous savons par expérience qu'il en a été ainsi pendant trente bonnes années, en gros entre 1923 et 1957, si on fait l'impasse sur l'époque maudite de 1930-1932.

Est-ce que cette approche offre encore un intérêt quelconque, début 1971 ? Notre réponse serait un oui conditionnel. Un rapide survol du *Stock Guide* nous aurait permis de découvrir une cinquantaine de titres passant ce critère. Comme on pouvait s'y attendre, beaucoup d'entre eux ont eu un comportement boursier déplorable en 1970. Si nous éliminions ceux qui avaient enregistré des pertes en 1970, nous nous retrouverions néanmoins avec suffisamment de titres pour composer une liste diversifiée.

Nous avons repris dans le tableau 15-2 les statistiques boursières de cinq titres qui s'échangeaient bien au-dessous de leurs actifs circulants nets à leurs plus bas de 1970. De quoi nous donner matière à réfléchir quant à la nature des fluctuations boursières. Comment peut-on expliquer que des entreprises renommées, dont les marques sont connues de tous les foyers, puissent être valorisées par le marché à des prix si dérisoires, alors que d'autres sociétés (aux résultats plus attractifs bien sûr) s'échangeaient à des milliards de dollars au-dessus de leur valeur comptable ? Pour citer une fois encore le bon vieux temps, l'idée de goodwill était un élément de la valeur intangible associé à la marque commerciale. Des noms comme Lady Pepperell pour le linge de maison, Jantzen pour les maillots de bain, et Parker pour les stylos étaient en soi des actifs de grande valeur, c'est évident. Mais maintenant, si le marché n'aime pas une société, ce ne sont plus seulement ses marques, plus ou moins connues, qui ne valent plus rien dans la balance, mais aussi ses terrains, ses immeubles, ses machines et tout le reste. Pascal disait : "Le cœur a ses raisons que la raison ne connaît pas", cette maxime est on ne peut plus vraie à Wall Street.

Il y a une autre contradiction qui vient à l'esprit. Quand les nouvelles sont bonnes et que n'importe quelle nouvelle émission trouve preneur, on voit apparaître de nouveaux titres qui n'ont aucune valeur. Ils trouvent pourtant des acheteurs sans mal. Juste après leur émission, leurs prix sont portés par l'enthousiasme ambiant, à des niveaux sans commune mesure avec leurs résultats ou leurs actifs, de quoi faire honte aux Xerox, IBM et autres Polaroid. Wall Street a tôt fait de récupérer cette folie à son compte, sans que personne ne s'inquiète de savoir comment arrêter ce mouvement avant l'ultime et inévitable effondrement. (La SEC ne peut guère faire plus que d'exiger une

Tableau 15-2. Actions d'Entreprises Prééminentes s'échangeant à ou au-dessous de leur actif circulant en 1970

Entreprise	Prix 1970	Besoin en Fds de rlt par action	Valeur cptble par act	Bénéfice par act en 1970	Divid courant	Plus haut avant 1970
Cone Mills	13	18 $	39.3 $	1.51 $	1.00 $	41.5
Jantzen Inc.	11.12	12	16.3	1.27	.60	37
National Presto	21.5	27	31.7	6.15	1.00	45
Parker Pen	9.25	9.5	16.6	1.62	.60	31.25
West Point Pep	16.25	20.5	39.4	1.82	1.50	64

bonne diffusion de l'information, ce dont le public de spéculateurs n'a que faire, ou d'annoncer des enquêtes ou quelques actions punitives assez bénignes dans les cas où la lettre de la Loi aurait été enfreinte.) Et quand le gros de ces mini entreprises grossièrement gonflées disparaît en fumée, tout cela est pris avec une grande philosophie comme faisant partie du jeu. Chacun jurant qu'on ne l'y prendrait plus...jusqu'à la fois suivante.

Merci pour la leçon nous dira notre ami lecteur. Mais qu'en est-il des bonnes occasions ? Peuvent-elles nous faire gagner de l'argent sans prendre de grand risque ? Assurément oui, si vous pouvez en trouver suffisamment pour en former un portefeuille diversifié, et si vous ne perdez pas patience si elles ne gagnent pas tout de suite. Et il est des cas où la patience demandée est assez considérable ! Lors de notre précédente édition nous nous sommes hasardés à un simple exemple. Il s'agissait de Burton-Dixie Corp, qui s'échangeait à 20$ pour un actif circulant net de 30$, et à une valeur comptable des actifs à 50$. Le gain n'aurait pas été immédiat. Ceci étant, une offre publique d'achat proposa plus tard l'échange du titre à 53,75$ par action, soit approximativement à sa valeur d'actif courante. L'investisseur patient qui aurait acquis ce titre à la mi-64 pour 20 dollars aurait enregistré un profit de 165% en 3 ans 1/2. Soit une rentabilité annuelle non capitalisée de 47%. Beaucoup de ces occasions, d'après notre expérience, ont pris moins de temps à s'apprécier, même dans ces cas où elles se sont appréciées moins fortement. Pour retrouver une situation du même genre sur le marché actuel, vous pourrez revenir sur l'exemple de National Presto que nous avons traité p. 111.

Situations spéciales et réorganisation des actifs

Traitons rapidement de ce domaine étant donné qu'il fait partie, en théorie, des opérations à potentiel que pourrait réaliser un investisseur entreprenant. Nous avons déjà commenté ces cas. Aussi nous contenterons-nous ici de fournir quelques exemples de ce type d'opérations ainsi que quelques commentaires sur les opportunités qui peuvent s'offrir à un investisseur alerte et à l'esprit ouvert.

Trois situations de ce type existaient en début 1971, nous pouvons les résumer comme suit :

SITUATION 1 : Acquisition de Kayser-Roth par Borden. En janvier 1971, Borden Inc rendit public son plan de prise de contrôle de Kayser-Roth (Textiles et Habillement) qui consistait à échanger 1,3 actions Borden pour une action Kaiser-Roth. Le jour suivant, sur de forts volumes, Borden clôtura à 26$ et Kaiser-Roth à 28$. Si un opérateur avait acheté 300 actions Kaiser-Roth et vendu 400 Borden à ces prix, et si l'accord avait ensuite été mis à exécution suivant les termes précités, il aurait obtenu un profit de 24% sur son opération (avant déduction des frais de courtages et autres frais). En espérant que cette opération se soit dénouée sous six mois, le gain final se serait monté à plus de 40% en taux annuel.

SITUATION 2 : En novembre 1970 National Biscuit Co fit une offre d'achat sur Aurora Plastic Co. à 11 dollars payables en cash. Ce dernier titre s'échangeait alors à 8,5$; il clôtura le mois à 9$ et se stabilisa à ce niveau jusqu'en fin d'année. Ici le potentiel de gain se montait à 25% et était sujet à deux risques : le risque de non réalisation de la transaction et le risque lié au facteur temps.

SITUATION 3 : Universal-Marion Co., qui était en cessation d'opérations, demanda à ses actionnaires de ratifier la dissolution de l'entreprise. Le trésorier indiqua que l'action ordinaire avait une valeur comptable d'actif (valeur bilan) de près de 28 1/2$, dont une grande partie en liquide. Le titre termina l'année 1970 à 21 1/2$, permettant d'anticiper un gain brut de 30% si la valeur de liquidation des actifs était bien réalisée.

Si des opérations de ce type, conduites de façon diversifiée pour étaler leurs risques, pouvaient rapporter 20% par an, alors il ne fait pas de doute qu'elles seraient plus que valables. Étant donné que ce n'est pas un livre sur les situations spéciales, nous n'avons pas à aller dans le détail. Mais laissez-nous mettre en évidence deux évolutions négatives apparues ces dernières années. D'une part, nous avons vu une nette augmentation de ce type de transactions depuis dix ans. C'est le résultat de la nouvelle manie qui s'est emparée du monde économique qui consiste à rechercher à tout prix la diversification au moyen d'acquisitions les plus diverses. En 1970, le nombre des annonces de fusions atteignait près de 5000, en baisse par rapport aux 6000 enregistrées en 1969. La valeur monétaire de ces transactions se montait à des centaines de milliards. Seulement une fraction de ces 5000 cas aurait représenté une réelle opportunité d'achat pour un spécialiste en situations spéciales. Mais cela aurait suffi à occuper son temps intelligemment.
En parallèle, une proportion sans cesse plus grande de ces fusions anticipées ne se sont pas matérialisées. Dans ces cas, non seulement les gains prévus ne se réalisent plus mais des pertes sérieuses sont possibles. Les raisons de ces échecs sont nombreuses. Nous pouvons citer dans le désordre : le veto des actionnaires, les contraintes des lois anti-trust, la détérioration des conditions de marchés, des conclusions négatives d'études de faisabilité, l'incapacité à se mettre d'accord sur les détails, etc... Il faut ici avoir assez de bon sens, étayé par une longue expérience, pour ne garder que les opérations ayant les plus grandes chances de réussir ou ne provoquant pas de graves pertes si elles échouent.

Autres commentaires sur les exemples précédents

KAYSER-ROTH. Les directeurs de cette entreprise avaient déjà rejeté la proposition de Borden à l'époque de la rédaction de ce chapitre, en janvier 1971. Si l'opération avait été dénouée immédiatement, la perte globale, commissions incluses, se serait montée à 12% du montant placé en actions Kayser-Roth.

AURORA PLASTICS. À cause des mauvais résultats de la firme en 1970, les termes de la fusion furent renégociés et le prix de l'offre d'achat abaissé à 10 1/2$. L'opération se dénoua fin mai, et le taux annuel de retour sur investissement fut de 25%.

UNIVERSAL MARION. Cette entreprise s'empressa de réaliser une distribution exceptionnelle de dividendes en liquide et en actions représentant quelques 7$ par titre qui eut pour effet de réduire l'investissement à 14 1/2$. Néanmoins le cours tomba ensuite à 13$, ce qui jeta des doutes sur le résultat final de la liquidation.

En supposant que les trois exemples donnés ici sont bien représentatifs d'opérations de réorganisation ou d'arbitrage telles qu'elles existaient en 1971, il est clair que, globalement, elles ne sont pas intéressantes. C'est devenu, plus que jamais, un champ clos réservé aux seuls professionnels ayant jugement et expérience.

Incidemment nous pouvons porter un éclairage différent sur l'exemple Kaiser-Roth. Fin 1971, son cours tomba au-dessous de 20$ alors que Borden valait 25$ (ce qui portait la valeur de Kaiser-Roth à 33$ suivant les termes de l'échange). De deux choses l'une : ou bien les directeurs de Borden avaient commis une erreur monumentale en rejetant l'offre de Kaiser-Roth, ou alors le titre était grossièrement sous-évalué par le marché. De quoi, dans tous les cas, susciter la curiosité d'un analyste.

(1) Fonds Mutuels et Autres Investisseurs Institutionnels : Nouvelles Perspectives I.Friend, M. Blume, et J. Crockelt, McGraw-Hill, 1970. Nous devrions ajouter que les performances de la période 1965-70, pour beaucoup de fonds étudiés ont été légèrement meilleures que celles du Standard & Poor's 500 et substantiellement supérieures à celles du DJIA.

(2) Note personnelle : plusieurs années avant le feu d'artifice des prix que nous avons connu sur le titre, l'auteur en a été le vice-président et directeur financier pour le salaire princier de 3000$. La société était à l'époque, et au sens propre du terme, dans la pyrotechnie.

(3) Le Guide ne reprend pas de multiples supérieurs à 99. La plupart d'entre eux ne pourraient être que des anomalies dues à des bénéfices presque inexistants.

CHAPITRE 16

LES TITRES CONVERTIBLES ET LES WARRANTS

Les obligations convertibles et les actions préférentielles ont pris une importance prépondérante, ces dernières années dans le financement des besoins des entreprises. En parallèle, les émissions de stock-option warrants (ce sont des droits à long terme pour acquérir les actions ordinaires à des prix stipulés à l'avance) se sont multipliées ces dernières années. Plus de la moitié des émissions préférentielles qui sont inscrites sur le *Standard & Poor's Stock Guide* ont des privilèges de conversion, il en a été de même d'une majorité des obligations industrielles émises entre 1968 et 1970. Nous trouvons au moins 60 séries différentes de stock-option warrants sur l'American Stock Exchange. En 1970, pour la première fois de son histoire, le New York Stock Exchange a inscrit sur son tableau de cotation (le Big Board) une émission de warrants à long terme donnant le droit d'acheter 31.400.000 actions American Tel. & Tel. à 52 dollars pièce. Avec "Mother Bell" à la tête du cortège, le marché du warrant paraît prêt à exploser pour le plus grand bonheur de leurs fabricants. (Nous verrons plus loin que nous parlons de fabricant dans tous les sens du terme.)

Mais dans l'ensemble, les titres convertibles représentent bien plus en valeur boursière que les warrants, voilà pourquoi nous commencerons par les étudier. Ici, l'investisseur doit se poser deux questions :

1) quel est leur standing en termes d'opportunités d'investissement et de risques,
2) dans quelle mesure leur existence affecte-t-elle la valeur des actions ordinaires qui leurs servent de support.

Les titres convertibles sont supposés être très avantageux à la fois pour l'investisseur et pour l'entreprise émettrice. L'investisseur gagne une meilleure protection (c'est le propre des obligations et des actions préférentielles) tout en partageant le potentiel de gain de l'action support. L'émetteur peut lever du capital à bon compte et, si tout se passe bien, il pourra transformer cette dette senior (1) en actions ordinaires par l'exercice de leur convertibilité. Ainsi les deux parties y gagneront.

À l'évidence, cela paraît trop beau pour être vrai. En effet, qui peut croire qu'un produit, aussi ingénieux soit-il, créé à partir de rien, puisse fournir des opportunités nouvelles pour les deux parties ? De fait, en échange de son privilège de conversion, l'investisseur doit abandonner quelque chose d'important soit en termes de qualité, soit en termes de rendement, soit des deux (2). En parallèle, si l'entreprise touche de l'argent à moindre prix grâce aux caractéristiques de la conversion, elle abandonne en retour, une partie des prétentions de ses actionnaires sur leurs enrichissements futurs. À ce sujet, nous pourrions avancer nombre d'autres arguments souvent complexes et pouvant jouer en faveur ou à l'encontre des intérêts des actionnaires. La seule conclusion que nous puissions tirer ici, c'est que pour les convertibles comme pour les autres catégories de titres, ce ne sont pas leurs caractéristiques intrinsèques qui les rendent intéressantes ou pas, mais l'environnement économique et financier qui entoure leur achat.

Dans ce contexte, nous savons, par exemple, que les émissions convertibles qui sont placées en fin de phase haussière auront, en agrégat, des performances décevantes. (C'est malheureusement pendant ces périodes d'optimisme exagéré que le gros des placements des convertibles a eu lieu dans le passé). Les conséquences fâcheuses paraissent inévitables, dès lors que la baisse de la Bourse rendra invariablement les privilèges de la conversion bien moins attrayants et remettra aussi en question la sécurité des remboursements. Comme illustration de ces propos, nous reprendrons l'exemple de notre première édition se rapportant aux performances comparées des actions

Tableau 16-1. Performances des Prix des Nouvelles Actions Préférentielles Offertes en 1946

Changements entre cours d'introduction et bas de juillet 1947	Préférentielles Normale	Titres Convertibles et Participatifs (nombre d'émissions)
Aucune baisse	7	0
Baisse entre 0 et 10%	16	2
10 et 20%	11	6
20 et 40%	3	22
40% et plus	0	12
	37	42
Baisse moyenne	près de 9%	près de 30%

préférentielles simples et des actions préférentielles convertibles offertes en 1946 (dernière année de la phase haussière précédant le marché haussier historique lancé en 1949).

Une telle comparaison est délicate à mener pour la période 1967-1970 étant donné que les émissions de non-convertibles furent pratiquement inexistantes pendant cette dernière période. Par contre, rien n'est plus simple que de démontrer que le déclin moyen du groupe des actions préférentielles convertibles entre décembre 1967 et décembre 1970 a été bien plus prononcé que celui des actions ordinaires (qui ont perdu 5%). Ces mêmes préférentielles convertibles ont, semble-t-il, moins bien fait que les actions préférentielles anciennement émises, comme le montre le tableau 16-2 où sont comparées 20 émissions de chaque catégorie. Ces comparaisons démontrent sans équivoque que les titres convertibles, en agrégat, offrent une faible qualité pour des titres seniors et ont l'inconvénient supplémentaire d'être rattachés à des actions ordinaires qui, dans l'ensemble, et, excepté les périodes de poussée spéculative, ont fait moins bien que le marché. Ces observations ne s'appliquent pas, bien entendu, à toutes les émissions de convertibles. Dans les années 1968 et 1969, en particulier, un certain nombre d'entreprises saines ont utilisé des émissions de convertibles pour lutter contre les taux élevés qui empêchaient les émissions d'obligations classiques. Ceci étant dit, il reste à noter que sur notre échantillon de 20 actions préférentielles convertibles, une seule enregistra une hausse, et 14 autres ont enregistré de fortes baisses.

Tableau 16-2. Performances des Prix des Actions Préférentielles, des Actions Simples, et des Warrants, comparaison entre décembre 1970 et décembre 1968. (Basé sur Echantillon de 20 Titres pris au Hasard)

	Actions Préférentielles Notées A ou Mieux	Notées au dessous de A	Actions Préférentielles Convertibles	Actions Ordinaires	Warrants
Av.	2	0	1	2	1
Déclins					
0 à 10	3	3	3	4	0
10 à 20	14	10	2	1	0
20 à 40	1	5	5	6	1
>40	0	0	9	7	18
Déc.moy.	10%	17%	29%	33%	65%

(Le Standard & Poor's composite index des 500 a décliné de 11.3%)

Nous n'en concluons pas pour autant que les titres convertibles sont moins intéressants que les titres simples; toutes autres choses étant égales par ailleurs, c'est même l'opposé qui est vrai. Mais nous voyons clairement que dans la pratique, toutes ces autres choses n'étant pas égales, l'addition d'un privilège de conversion trahit souvent, pour ne pas dire dans la plupart des cas, l'absence d'une authentique qualité d'investissement de l'émission concernée. Il est bien sûr exact que l'action préférentielle convertible offre une plus grande sécurité que l'action ordinaire émise par la même compagnie. Nous voulons dire qu'elle porte de moins grands risques de pertes éventuelles sur son principal. En conséquence, ceux qui acquièrent de nouvelles convertibles suivent bien une certaine logique. Mais dans ces cas, l'achat du titre ordinaire à son prix courant aurait été un mauvais achat et la substitution pour la convertible ne changera pas grand-chose. Autre inconvénient, le gros des achats de convertibles sera le lot d'investisseurs qui n'auront pas, au préalable, développé une connaissance ou une confiance particulière pour l'action (autrement dit ceux qui n'auraient jamais songé à acquérir l'action ordinaire), mais qui seront tentés par une combinaison apparemment idéale alliant la sécurité des obligations au potentiel d'appréciation des actions. Dans un certain nombre de cas cette combinaison sera utile, mais l'expérience nous fait penser que c'est le plus souvent un piège.

La détention d'une convertible nous confronte à un problème nouveau dont les investisseurs ne se rendent pas suffisamment compte. Dans le cas où nous gagnons, nous devons faire face à un nouveau dilemme : faut-il réaliser sa plus-value immédiatement ou doit-on plutôt attendre dans l'espoir de gagner plus ? Et si le titre est remboursé par anticipation, situation courante quand l'action est montée fortement, doit-on alorș liquider sa position ou bien exercer sa conversion et conserver les actions ?

Parlons en termes concrets. Vous achetez une obligation au pair (à 100), celle-ci est convertible en actions à la parité de conversion de 25$, autrement dit chaque obligation de 1000$ de valeur faciale possède un droit d'échange contre 40 actions. Supposons que l'action passe à 30$, la valeur de conversion de l'obligation passe à 120$ et disons que le marché évalue alors cette dernière à 125$. À ce stade, soit vous la vendez, soit vous la conservez. Si vous la conservez, dans l'espoir de voir son cours augmenter, vous vous retrouvez dans la peau d'un détenteur d'actions, étant donné que l'obligation va répercuter toute baisse de l'action. Un investisseur prudent se dira sans doute qu'à 125$ sa position est devenue trop spéculative, et il vendra donc, enregistrant un joli profit de 25%.

Poursuivons le raisonnement. Il est probable qu'après l'avoir vendue, l'action continue de monter, portant avec elle la convertible, et l'investisseur regrettera vite d'avoir vendu trop tôt. La fois suivante, il se promet de garder le titre jusqu'à 150$, voir même 200$. Alors le titre passe à 140$, il ne vend pas. Ensuite, le marché casse à la baisse et la convertible revient à 80$. Là encore, il a pris la mauvaise décision.

Mis à part les tourments qui accompagnent ces décisions malheureuses (qui apparaissent presque inévitables), il y a un réel handicap de simple arithmétique à détenir ces produits convertibles. On pourrait supposer qu'une gestion mécanique et terne consistant à vendre systématiquement dès que les profits atteignent 25% ou 30% résoudrait le dilemme. Nous fixerions là le niveau maximal de profits pour les seuls titres qui auraient un bon parcours. Mais, si ces titres n'ont pas les attributs suffisants de sécurité au moment de l'achat (ce qui est souvent le cas pendant la phase finale d'un marché haussier), alors une bonne part d'entre eux n'arrivera pas à passer à 125$, ce qui ne les empêchera pas de s'effondrer au premier retournement du marché. Ainsi les soi-disant avantages spectaculaires de ces titres seront, dans la pratique, tout à fait illusoires. Et l'expérience que nous en tirons est que les pertes spectaculaires sur ces produits, au moins temporaires, sont bien plus fréquentes que des gains spectaculaires.

Grâce à la longueur sans précédent du marché bull de 1950-1968, les convertibles ont donné de belles performances ces 18 dernières années. Et de fait, les actions ordinaires ont eu de belles avancées qu'elles ont fait partager à leurs convertibles. La qualité d'un investissement sur des titres convertibles ne peut être appréciée que sur un marché boursier en déclin : le résultat a alors toujours été décevant.

Dans notre première édition (1949) nous illustrions ce problème (que faire de nos convertibles sur un marché haussier), de la façon suivante. Cet exemple comme toutes nos autres références, est basé sur l'expérience tirée de nos opérations d'investissement. Nous étions membres d'un pool formé essentiellement de fonds d'investissement, qui avait participé au placement privé de l'obligation convertible junior à 4 1/2% de Eversharp Co, une émission placée au pair et convertible en actions simples à 40$ l'action. L'action avança rapidement à 65 1/2$, puis (après ajustement pour division à trois pour deux) à un équivalent de 88$. Ce dernier cours donnait à la convertible une valeur de 220$. Après que l'émetteur eut demandé une conversion anticipée moyennant un faible premium, plusieurs fonds du pool gardèrent les actions issues de la conversion dans leurs portefeuilles. Peu après, leurs prix se sont mis à baisser fortement, et en mars 1948, l'action ne valait plus que 7 3/8$. Ce qui représentait par équivalence une valeur de 27$ pour l'ancienne convertible. "Pourquoi une telle maxime ? Car une fois que vous exercez la conversion vous perdez la combinaison stratégique faisant de vous un créancier prioritaire sur les intérêts tout en vous laissant la possibilité de faire une plus-value appréciable. Vous passez ainsi du statut d'investisseur à celui de spéculateur, souvent d'ailleurs au plus mauvais moment puisque l'action a déjà enregistré une forte hausse. Si la maxime est une bonne règle, comment se fait-il que les gestionnaires expérimentés de fonda aient pourtant exercé leurs privilèges de conversion en actions pour ensuite enregistrer des pertes aussi embarrassantes ? La raison, à n'en pas douter, c'est qu'ils se sont laissé porter par l'enthousiasme tant sur les perspectives positives que sur le comportement favorable du titre en Bourse. Wall Street a quelques bon principes de prudence, l'ennui c'est qu'ils sont toujours oubliés au moment où ils sont les plus utiles. D'où le fameux dicton des anciens : « Faites ce que je dis, pas ce que je fais.''

Notre attitude générale au sujet des obligations convertibles pourrait être qualifiée d'attitude de méfiance. Nous entendons ici, comme pour d'autres situations d'investissement, que l'investisseur devrait y regarder à deux fois avant d'effectuer un achat. Après une étude sans concession il se peut qu'il arrive à trouver des offres assez exceptionnelles pour ne pas les refuser. La combinaison idéale étant, bien sûr, de trouver une convertible bien protégée, reposant sur une action elle-même intéressante et à un prix correct. De temps à autre vous trouverez de telles perles rares. Du fait même de la nature de ce marché, les titres satisfaisant à ces critères ont toutes les chances d'être trouvés parmi les émissions anciennes qui ont bien mûri plutôt que parmi les nouveaux placements car si un nouveau placement est doté des bons attributs, il n'aura certainement pas un privilège de conversion intéressant.

L'équilibre idéal entre ce qui est donné et ce qui ne l'est pas sur une convertible standard trouve une bonne illustration dans l'usage intensif de ce produit qu'en a fait American Telephone & Telegraph. De 1913 à 1957, la compagnie vendit bien neuf émissions distinctes de titres convertibles, en majorité au moyen de droits de souscriptions délivrés aux actionnaires. Ces obligations convertibles avaient l'avantage pour l'entreprise de lui amener une bien plus large base d'acheteurs que ne l'aurait faite une émission d'actions classiques. En effet, beaucoup d'institutions financières ne peuvent pas, pour des raisons statutaires, acheter des actions ordinaires. Les rendements de ces obligations ont été généralement inférieurs de moitié aux rendements des actions. Ce différentiel a été calculé afin de balancer l'avantage que représente la meilleure protection des revenus dont jouissent les détenteurs d'obligations. Étant donné que AT &T a maintenu ses 9 dollars de dividendes annuels pendant 40 ans (de 1919 à la division du titre en 1959), progressivement tous les titres ont été convertis en actions ordinaires. Ainsi les acquéreurs de ces titres s'en sont bien tirés au cours des ans, mais pas aussi bien que s'ils avaient acheté dès le départ les actions. Cet exemple confirme plus les qualités intrinsèques du titre American Telephone & Telegraph que les qualités de l'obligation convertible.

Pour ces qualités, il nous faudrait trouver un certain nombre d'exemples où les produits convertibles ont eu de meilleures performances que les actions sous-jacentes. Ces cas-là sont cependant rares et difficiles à trouver.

Les effets des titres convertibles sur le statut de l'action

Dans un grand nombre de cas, des convertibles ont été émises dans le cadre de plans de fusions & acquisitions. L'exemple le plus frappant est peut-être le placement par NVF Corp. de près de 100.000.000$ d'obligations convertibles à 5% (plus warrants) en échange des actions de Sharon Steel Co. Cette opération extraordinaire est évoquée en p.273. D'habitude ce genre de transactions entraîne un accroissement pro forma des bénéfices comptables par action; ensuite les cours avancent par sympathie avec ces soi-disant meilleurs chiffres d'une part et, d'autre part, avec l'esprit d'entreprise et l'intelligence de comportement dont a fait preuve le management engagé dans une opération de ce type. Mais nous devons tenir compte de deux facteurs négatifs, l'un est partiellement ignoré et l'autre complètement dans un environnement optimiste de marché.

Le premier est lié à la dilution réelle des résultats courants et futurs des actions qui découle de l'émission de ces nouveaux droits de conversion. Nous pouvons quantifier cet effet de dilution en partant des résultats courants et en

Tableau 16-3. Entreprises ayant un flottant important de Convertibles et de Warrants à la Fin de 1969 (Nombre de titres en milliers)

	Titres Ordinaires	*Actions additionnelles à émettre* sur conversion d'oblig.	d'Act. Pref	contre warrants	Total de titres suplt
Avco Corp.	11.470	1.750	10.436	3.085	15.271
Gulf & Western Inc.	14.964	9.671	5.632	6.951	22.260
ITT	67.393	190	48.115		48.305
LTV	4.410 (a)	1.180	685	7.564	9.429
National General	4.910	4.530		12.170	16.700
Northwest Ind. (b)	7.433		11.467	1.513	12.980
Rapid American	3.591	426	1.503	8.000	9.929

(a) incluses les "ations spéciales".

(b) A la fin 1970

déduisant les résultats ajustés par action qui correspondent à l'hypothèse où l'ensemble des droits de conversion sont exercés. Dans beaucoup d'entreprises, la baisse des bénéfices par action résultant de ce calcul ne sera pas significative. Ceci étant, les exceptions sont d'ores et déjà assez fréquentes, et risquent de l'être encore plus dans l'avenir. Ces fameux conglomérats en pleine expansion ont été les principaux utilisateurs de ce tour de passe-passe comptable. Le tableau 16-3 donne une liste de sept entreprises sur lesquelles pèsent d'importantes émissions potentielles d'actions résultant de la conversion d'obligations ou de l'exercice de warrants.

Intérêt d'un échange d'actions ordinaires en actions préférentielles

Des décennies durant, avant 1956, les actions ordinaires rapportaient plus que les actions préférentielles émises par les mêmes sociétés. C'était d'autant plus vrai quand les préférentielles étaient munies de privilèges de conversion proches du marché (cours d'exercice proche du cours de l'action). Aujourd'hui, généralement c'est l'opposé qui est vrai. En conséquence, il y a un très grand nombre d'actions préférentielles convertibles qui sont indiscutablement plus attractives que les actions ordinaires du même émetteur. Ainsi les propriétaires des titres ordinaires ont tout à gagner à échanger des titres juniors comme les actions, contre des titres seniors, les préférentielles.

EXEMPLE : L'exemple type est celui de Studebaker-Worthington Corp en fin 1970. L'action ordinaire s'échangeait à 57$, alors que la convertible (à dividende de 5$) valait 87 1/2$. Chaque action préférentielle était échangeable contre 1,5 actions ordinaires, ce seul privilège valant alors 85 1/2$. La différence qui joue contre le détenteur de la convertible était donc minime. Et pourtant les dividendes payés sur l'action simple étaient de 1,20$ (soit 1,80$ pour 1,5 action) alors que ceux qui étaient versés aux détenteurs de convertibles se montaient à 5$. Autrement dit la différence négative initiale sur l'échange pouvait ainsi être amortie en moins d'un an. Ensuite, la convertible devrait avoir un rendement substantiellement plus élevé que l'action, du moins pour l'avenir prévisible. Plus important encore, la convertible bénéficiait d'une position senior quant à la protection de ces dividendes. Ces avantages étaient reconnus par les marchés qui à leurs plus bas de 1970 donnaient à la convertible un premium généreux de 15$. Les privilèges attenant à la convertible donnaient l'assurance que son prix resterait bien supérieur à une fois et demi le cours de l'action simple (3).

Les stock-option warrants

Ne mâchons pas nos mots : pour nous, l'essor actuel des warrants (4) est quasiment du vol, une menace existante et un désastre potentiel pour les Bourses. Ils ont permis de créer une richesse virtuelle qui ne repose sur rien. Rien ne justifie leur existence si ce n'est qu'ils trompent à la fois les spéculateurs et les investisseurs. Leur existence devrait être interdite par la loi, ou du moins suffisamment contrôlée pour que le montant de leur capitalisation ne représente qu'une part mineure de la capitalisation totale de l'entreprise.

Ceux qui recherchent une analogie littéraire pourront se référer au *Faust* de Goethe (deuxième partie), dans lequel l'auteur décrit la création de l'argent papier. Nous pouvons citer le précédent désastreux des warrants d'American & Foreign Power Co. Ces derniers avaient une valeur boursière de plus d'un milliard de dollars en 1929, pourtant leur existence ne donnait lieu qu'à une note en annexe du bilan de l'entreprise. Dès 1932 ce milliard ne représentait plus que 8 millions, et en 1952 ils étaient complètement effacés par le plan de recapitalisation de l'entreprise qui pourtant était demeurée solvable.

Au départ, les warrants étaient attachés, de temps en temps, à certaines émissions obligataires. Ils étaient assimilés à des privilèges de conversion limitée. Leurs montants étaient négligeables. C'est à la fin des années 20 que leur usage prit son envol, parallèlement d'ailleurs à de nombreux autres abus financiers, mais ils disparurent pour de nombreuses années avec l'arrivée de la récession. Il était écrit que, comme le mauvais argent, ils réapparaîtraient un jour. Effectivement, depuis 1967, ils sont devenus des produits financiers à part entière. C'est un procédé classique utilisé pour lever des fonds destinés à de nouvelles sociétés immobilières affiliées à des banques. Cela consistait à placer des actions ordinaires auxquelles étaient attachés le même nombre de warrants permettant d'acquérir d'autres actions au même prix. Exemple : En 1971, CleveTrust Realty Investors vendit 2.500.000 de ces produits (action + warrant) à 20$ pièce.

Voyons un instant ce que cache cette mise en scène financière. D'habitude, si la politique de l'entreprise est de fidéliser ses actionnaires, les détenteurs d'actions anciennes auront des droits prioritaires de souscription sur toute émission nouvelle. Ces droits dits préemptifs, représentent un des éléments constituants de la valeur de propriété d'un titre, tout comme le droit de recevoir des dividendes, de participer à la croissance de l'entreprise ou de voter à l'élection de son conseil d'administration ... Quand des produits séparés, les warrants, sont émis pour ce droit, autant est enlevé à la valeur de l'action ordinaire et transféré sur un autre certificat. C'est comme si on émettait des certificats distincts dotés des droits de versement de dividendes (pour une période limitée ou illimitée), ou du droit de partager les produits tirés de la vente ou de la liquidation de l'entreprise ou bien encore du droit de voter. Pourquoi donc faut-il que des warrants soient créés de toutes pièces et intégrés

Tableau 16-4. Calcul du "Prix Objectif de l'Action" et des Ratios Cours/Bénéfice ajustés de Titres Ordinaires Supportant un Grand Nombre de Warrants

(Exemple: National General Corp, en juin 1971)

1. Calcul du "Prix Objectif de l'Action."

Valeur boursière de 3 émissions de warrants au 30 juillet 1971	94.000.000 $
Valeur des warrants ramenée à chaque action ordinaire	18.80 $
Cours des actions ordinaires	24.50$
Prix corrigé de l'ordinaire après dilution due aux warrants	43.30$

2. Calcul du P/E ratio incluant le potentiel de dilution dû aux warrants

		Avant	Après Dilution due aux Warrants	
(Bénéfices de 1970)		Dilution	Calculs de l'Entreprise	nos calculs
A.	Avant chg except.			
	Bénéf par action	2.33	1.60	2.33 $
	Cours du titre	24.50	24.50	43.30(ajs)
	Ratio Cours/Bénéf	10.5 X	15.3 X	18.5 X
B.	Après elmts excpt.			
	Bénéf par action	.90 $	1.33 $	.90 $
	Cours du titre	24.50	24.50	43.30 (ajs)
	Ratio Cours/Bénéf	27.2 X	18.4 X	48.1 X

Notez qu'après les charges exceptionnelles, l'effet des calculs d'ajustement sur le titre que fait l'entreprise fut d'accroître les bénéfices par action et de réduire le ratio cours/bénéfice. C'est à l'évidence absurde. En suivant la méthode que nous suggérons, l'effet de la dilution sera d'accroître le ratio cours/ bénéfice de façon substantielle comme cela devrait être.

séparément aux capitaux propres ? Peut-être tout simplement parce que les gens n'y connaissent pas grand-chose en finance. Ils ne comprennent pas que l'action ordinaire perd une partie de sa valeur avec la création de warrants. Voilà pourquoi le package action plus warrant aura, à tort, plus de valeur boursière que l'action simple. Vous n'omettrez pas de remarquer qu'en règle générale les rapports annuels des entreprises se gardent bien de calculer les bénéfices par action après provisions pour l'effet de dilution attenant aux warrants flottants. Le résultat de telles manœuvres est bien sûr de surestimer la relation réelle entre les résultats financiers et la valeur marché ou capitalisation boursière de l'entreprise.

La méthode la plus simple, et probablement la meilleure, permettant de tenir compte de l'existence de warrants est d'ajouter l'équivalent de leurs capitalisations (valeur boursière) à celles des actions ordinaires, ce qui a pour effet d'accroître d'autant le prix objectif de l'action cotée. Lorsque beaucoup de warrants (en termes de capitalisation boursière) ont été émis parallèlement à la vente de titres seniors (obligations et préférentielles), une autre méthode courante pour en faire l'ajustement est de faire comme si les ressources que tirera l'entreprise de l'exercice de ces warrants (achat d'actions) serviront à rembourser les titres seniors (dette obligataire et actions prioritaires). Cette dernière interprétation a l'inconvénient de ne pas tenir compte de la valeur du premium du warrant autrement dit de ce qui est au-dessus de sa valeur d'exercice. Sur le tableau 16-4, nous comparons les effets de chacune de ces deux méthodes sur les statistiques financières courantes (par action) de National General Corp. pour l'année 1970.

Est-ce que l'entreprise tire au moins quelques bénéfices de ces émissions de warrants ? Autrement dit, est-ce que ce produit lui assure l'accès au capital quand elle en aura besoin ? Pas du tout. Il n'y a en effet aucun moyen permettant à l'entreprise d'exiger des détenteurs de warrants d'exercer leurs options, et de fournir ainsi du capital frais à l'entreprise, avant leur date d'expiration. Si, entre temps, l'entreprise désire procéder à une augmentation de capital, elle devra offrir des actions nouvelles, comme d'habitude, au cours du marché. Les warrants ne lui seront d'aucune aide; ils ne font que compliquer la situation en exigeant alors que leur prix d'exercice soit réévalué (abaissé) pour tenir compte des effets de dilution de l'augmentation de capital. Donc de ce point de vue aussi, nous affirmons encore que les

émissions de warrants ne servent aucun intérêt, si ce n'est de fabriquer une valeur de capitalisation ou valeur boursière qui ne repose sur rien.
L'argent de papier dont nous parlait Goethe dans son Faust n'est rien d'autre que ces fameux assignats français qui, en leur temps, étaient considérés comme de merveilleuses inventions, et finirent par perdre toute leur valeur, tout comme le fit le milliard de dollars des warrants d'American & Foreign Power. Certaines remarques du poète s'appliquent également bien à chacune de ces inventions, c'est le cas des suivantes :

Faust : L'imagination dans ses plus belles envolées se déploie mais n'attrape rien.
Méphistos (l'inventeur) : si quelqu'un veut des pièces de monnaie, le courtier est là pour ça.
Le Fou (enfin) : Le papier magique... !

Post-scriptum utile

Le seul crime des warrants est d'exister. Une fois nés, ils fonctionnent comme les autres formes de titres, offrant des chances de gains comme de pertes. Pratiquement tous les nouveaux warrants courent sur une période limitée, en général de cinq à dix ans. Les warrants d'autrefois étaient souvent perpétuels, et l'évolution de leur cours dans le temps était fascinante.

EXEMPLE : Les livres des records citeront les warrants de Tri-Continental Corp., datant de 1929, qui se sont vendus pour la somme dérisoire de 1/32 de dollar au plus bas de la dépression. De ces minuscules bas, ils se sont envolés jusqu'à 75 3/4$ en 1969, avancée exceptionnelle de 242.000%. Les warrants s'échangeaient alors à des prix considérablement supérieurs aux actions elles-mêmes, c'est le résultat d'opérations multiples de divisions du titre au cours des années. Un exemple instructif et plus récent est celui du warrant de Ling-Temco-Vought (LTV) qui passa au cours du premier semestre 1971 de 2 1/2$ à 12 1/2$ pour ensuite retomber à 4$.

Il ne fait pas de doute que des opérations fort lucratives peuvent être engagées de temps à autre sur les warrants, mais le sujet est trop technique pour être abordé dans cet ouvrage. Nous pouvons dire que les warrants ont tendance à s'échanger à un prix relativement plus élevé que les attributs équivalents liés aux privilèges de conversion dont sont munis des titres comme les obligations ou actions préférentielles convertibles. Et pour cette raison-là, on peut développer l'argument qu'il est préférable d'émettre des obligations à warrant plutôt que des titres convertibles créant le même facteur de dilution. Si la valeur totale des warrants émis est négligeable relativement à la capitalisation, alors nul besoin de s'inquiéter sur ces aspects négatifs. Si par contre les warrants sont importants par rapport au flottant, cela indique généralement que l'entreprise est grevée de lourdes dettes obligataires et qu'elle ferait mieux d'émettre de nouvelles actions. Ainsi l'objet de notre attaque contre les warrants en tant que mécanisme financier n'est pas tant d'en blâmer leur utilisation dans le cadre d'une émission obligataire limitée, que de nous élever contre la légèreté qui aboutit à la création de gigantesques monstruosités d'argent de papier.

(1) NDE : les titres seniors (obligations, emprunts bancaires..) ont un meilleur rang que les titres juniors (actions ordinaires) à savoir, ils ont une priorité de remboursement en cas de liquidation judiciaire, on dit aussi qu'ils jouissent d'une meilleure protection. Tout titre ayant préséance sur un autre sera dit senior. Par extension, une action préférentielle sera la senior d'une action simple en ce qui concerne aussi le paiement de ses dividendes.

(2) Ce point trouve une bonne illustration dans l'exemple suivant. Il s'agit de deux émissions de la Ford Finance Co. faite simultanément en novembre 1971. Il s'agissait d'une obligation non convertible à 20 ans rapportant du 7 1/2% ainsi que d'une obligation à 25 ans, subordonnée du premier degré (donc junior de la précédente) à 41 /2% et convertible en action Ford au prix (égal au cours de l'époque) de 68 1/2$. Ici le coût de ce privilège de conversion était double :

1) abandon de 40% des revenus,

2) acceptation d'une position de rang junior.

(3) Remarquez qu'en fin 1971 l'action Studbacker-Worthington était tombée à 38$ alors que la convertible se tenait à 77$. L'écart était donc passé de 2 à 20 en douze mois, illustrant bien l'intérêt de l'échange ainsi que le peu d'importance qu'accordent les marchés à la simple arithmétique. (Par ailleurs le léger premium de la convertible sur l'ordinaire avait déjà été récupéré en décembre 1970 grâce au différentiel sur les dividendes).

(4) NDE : les warrants sont l'équivalent des Bons de Souscription d'Actions qui ont fait un retour en force sur la scène financière française après 1987.

CHAPITRE 17

QUATRE ÉTUDES DE CAS EXTRÊMEMENT INSTRUCTIVES

Nous utilisons le mot extrêmement à double sens, étant donné que ces quatre cas sont extrêmes à plus d'un titre dans l'histoire récente de Wall Street. Ils représentent des mises en garde fort instructives pour quiconque s'intéresse de près ou de loin aux valeurs mobilières; et pas seulement pour l'investisseur ou le spéculateur indépendant, mais aussi pour des professionnels analystes de titres, gérants de fonds, gestionnaires de fortunes; jusqu'aux spécialistes du crédit aux entreprises des grandes banques commerciales. Les quatre sociétés que nous passerons en revue sont des cas extrêmes.

Penn Central (Railroad) Co. Illustration de la plus profonde négligence des signaux de détresse financière, par tous ceux qui détenaient des titres obligataires ou des actions de ce réseau de lignes de chemins de fer. Illustration aussi de la folie spéculative des marchés quand elle porte sur les titres d'un géant aux pieds d'argile.

Ling-Temco-Vought Inc. Illustration paroxystique de ces générations spontanées d'empires financiers bâtis sur des fondations de sable avec l'aide des banques et dont l'effondrement est inévitable.

NVF Corp. Exemple extrême de ces acquisitions d'entreprises où le petit entreprend de dévorer un géant de sept fois sa taille par un recours immodéré à l'endettement et à des artifices comptables hallucinants.

AAA Enterprise : Un exemple édifiant du financement par émission d'actions d'une petite société dont la valeur repose quasi exclusivement sur ce mot magique de franchise avec le parrainage complaisant d'importantes maisons de courtage. La faillite était au rendez-vous deux ans plus tard, après le doublement des cours sur un marché porté par l'inconscience générale.

Le cas de penn central

C'est la plus grande compagnie de chemins de fer du pays en termes à la fois d'actifs et de chiffre d'affaires. Elle a été mise en défaut de paiement sur la majorité de ses émissions obligataires et a frôlé la cessation d'activité pure et simple. Les cours de ses obligations se sont effondrés et ses actions ont chuté d'un haut de 86 1/2$ en 1968 à 5 1/2$ en 1970, et il ne fait pas de doute que les actions vont être laminées quel que soit le plan de réorganisation mis en place.

Notre propos est ici de tester combien les règles de base de gestion prudente appliquées à l'analyse de ces titres, auraient permis de déceler les énormes faiblesses de Penn Central bien avant sa mise en faillite. Les critères essentiels de l'investissement sain n'étaient certainement plus satisfaits dès 1968, époque pourtant où l'action s'échangeait à ses plus hauts historiques et où les obligations auraient pu être échangées sans pénalité contre des titres obligataires de sociétés de service public payant le même coupon. Voilà le commentaire que nous pouvions en faire dans un ordre chronologique :

1. Nous trouvions dans le *S&P Bond Guide*, que la charge d'intérêts était couverte par les bénéfices à concurrence de 1,91 fois en 1967 et 1,98 fois en 1968. Rappelons que le taux de couverture minimum requis dans notre ouvrage Security Analysis est, pour le secteur des chemins de fer, de 5 fois avant impôts sur les bénéfices et de 2,9 fois après impôts (calculé au taux normal). À notre connaissance, la validité de ces standards prudents n'a jamais été remise en cause par une quelconque autorité dans la profession. En se

basant donc sur nos exigences minima pour les bénéfices après impôts, Penn Central était loin de pouvoir passer la barre. Mais notre minimum exigé après impôts (normaux) est tiré d'un ratio avant impôts de 5. Or dans le cas de Penn Central, aucun impôt n'avait été payé depuis onze années ! Ce taux de couverture des charges d'intérêt avant impôts était donc inférieur à 2, nous sommes loin des 5 fois requises.

2. Le seul fait que la compagnie n'ait été soumise à aucun impôt sur les bénéfices depuis si longtemps aurait suffi à nous encourager à soulever quelques questions embarrassantes quant à la validité des résultats comptables publiés.

3. Les obligations de Penn Central auraient pu être échangées en 1968 et 1969, sans sacrifice ni sur le prix, ni sur le rendement, contre des titres bien mieux protégés. Par exemple, si l'obligation Pennsylvania RR 4 1/2% de 1994 (émise par Penn Central) s'est échangée dans une fourchette de prix de 61$ à 74 1/2$, l'obligation de Pennsylvania Electric Co à 4 3/8% due en 1994 valait alors entre 64 1/4$ et 72 1/4$. Cette dernière société de distribution électrique gagnait pourtant 4,20 fois sa charge d'intérêts avant impôts en 1968 (contre 1,98 fois seulement pour Penn Central); et en 69 ces critères comparatifs n'ont fait que se détériorer. Un échange de ce type était exigé par les faits et il aurait sauvé la vie du détenteur d'obligations Penn Central. Fin 1970 l'obligation à 4 1/2% en défaut de paiement ne valait plus que 18 1/2$, alors que celle de la société distributrice d'électricité s'échangeait à 66 1/2$.

4. Penn Central enregistra des bénéfices de 3,80$ par action en 1968, ce qui par rapport à ses plus hauts de l'année (86 1/2$), représentait un multiple de 24. Tout analyste qui se respecte ne pouvait qu'émettre des réserves quant à la réalité de ces revenus alors même que l'entreprise n'était redevable d'aucun impôt sur ceux-ci.

5. Dès 1966, la compagnie qui sortait d'une opération de fusion déclarait un résultat de 6,80$ par action, ce qui tira le titre jusqu'à 86 1/2$. Autrement dit, le marché fixait la capitalisation à 2 milliards de dollars. Combien d'actionnaires de l'époque savaient-ils que ces beaux résultats étaient donnés

avant déduction d'une charge exceptionnelle de fusion représentant 275 millions soit 12$ par titre à comptabiliser sur l'exercice de 1971 ? Il est à se demander si Wall Street ne vivait pas dans un conte de fée pour qu'une entreprise ait pu annoncer des profits de 6,80$ d'un côté et des pertes exceptionnelles de 12$ sans que cela ne provoque aucune réaction tant des investisseurs que des spéculateurs, sinon de se frotter les mains de satisfaction !

6. Tout spécialiste des chemins de fer savait depuis longtemps que la situation économique de Penn Central était critique comparée à celle d'autres compagnies similaires. Par exemple, sa marge d'exploitation était de 10 points inférieure à celle de Norfolk & Western qui desservait pourtant un marché voisin.

7. Et pendant ce temps, se déroulaient des transactions bizarres ayant des incidences comptables bien plus bizarres. Nous les laisserons de côté à cause de leur grande complexité (1).

CONCLUSION : Bien que l'on ait pu se demander si un changement de l'équipe de management aurait modifié quelque chose, il ne fait pas de doute qu'aucun titre de Penn Central n'aurait dû se trouver dans tout portefeuille géré professionnellement après 1968 au plus tard. Morale : les analystes financiers feraient mieux de s'occuper d'abord de leur travail élémentaire plutôt que de s'amuser à étudier les fluctuations du marché, consulter leurs boules de cristal, se lancer dans des calculs sophistiqués ou programmer des visites d'entreprise tous frais payés !

Ling-temco-vought Inc.

C'est l'histoire d'un développement incontrôlé au travers d'un endettement excessif qui s'acheva par d'énormes pertes et de nombreux autres problèmes financiers. L'histoire, tristement banale, est celle d'un wonder boy de la finance, un petit génie bâtisseur d'empire, qui devint le principal responsable d'un effondrement retentissant. Ceux qui l'ont aidé dans cette entreprise doivent pourtant partager le blâme de sa disgrâce.

Tableau 17-1. Ling-Temco-Vought Inc., 1958-1970 (En Millions de Dollars sauf Bénéfices par Action)

A.Résulats d'exploitation	1958	1960	1967	1969	1970
Ventes	6.9 $	143.	1,833	3750.0	374.0
Bénéf net avant intérêts et impôts	0.0552	7.287	95.6	124.4	88.0
Charges d'intérêt	0.1 (est)	1.5 (e.)	17.7	122.6	128.3
(couv int par bénéf)	(5.5 X)	(4.8 X)	(5.4 X)	(1.02 X)	(0.68 X)
Impôts sur les revenus	0.225	2.686	35.6	cr.15.2	4.9
Éléments exceptionnels				dr.40.6	dr.18.8
Net après élmts exceptionnels	0.227	3.051	34.0	dr.38.3	dr.69.6
Solde par action	0.202	3.051	30.7	r.40.8	dr.71.3
Bénéfice par action ordinaire	0.17	0.83	5.56	def.10.59	def.17.18
B.Position Financière					
Total des actifs	6.4	94.4	845.0	2,944.0	2,582.0
Dette exigible à 1 an	1.5	29.3	165.0	389.3	301.3
Dette à long terme	0.5	14.6	202.6	1,500.8	1,394.6
Capitaux propres	2.7	28.5	245.0(a)	def.12.0(b)	def.69.0(b)
Ratios					
Actif circulant/Passif exigible	1.27 X	1.45 X	1.80 X	1.52 X	1.45 X
Capitaux Propres/Dette à Lg terme	5.4X	2.0X	1.2X	0.17X	0.13X
Fourchette des cours		28-20	169.5-109	97.75-24.1	29.5-7.1

(a) Comme publié par la société.
(b) Excluant le discount de la dette en tant qu'actif et déduisant les actions préférentielles à leur valeur de remboursement.
cr = créditeur, dr = débiteur

L'envol et la chute de Ling-Temco-Vought peuvent être appréciés d'un coup d'oeil par l'étude condensée de l'évolution des comptes d'exploitation et des postes de bilan sur la période 1958-1970, comme nous les reprenons sur le tableau 17-1. La première colonne montre les débuts modestes de la société en 1958 qui réalisait alors seulement quelque 7 millions$ de ventes. En 1960, colonne suivante, elle avait multiplié ses ventes par 20, mais elle était toujours de taille modeste d'après les standards de Wall Street. Puis ont suivi les années dorées, 1967 et 1968, où le chiffre d'affaires fut de nouveau multiplié par 20 et où l'endettement explosa littéralement, passant de 44 millions de dollars à 1.653 milliards. 1969 fut l'année de nouvelles acquisitions, d'un nouveau bond

de la dette (qui atteint 1.865 milliards) et du commencement du déclin. L'entreprise enregistra une perte énorme après charges exceptionnelles, cette année-là. Par compassion le titre s'effondra d'un plus haut de 169 1/2$ atteint en 1967 à un plus bas de 24$, et le super génie fut renvoyé à ses études ! Ceci n'empêcha pas de voir les résultats se détériorer encore en 1970. La société dut absorber une perte nette de 70 millions de dollars, l'action glissa à 7 1 /8$, et l'obligation tomba jusqu'à 15 cents par dollar. Les plans d'expansion furent vite rangés et beaucoup d'actifs furent vendus afin d'abaisser rapidement le niveau de l'endettement.
Les chiffres parlent d'eux-mêmes, néanmoins ces quelques commentaires ne sont pas superflus :

1. La période d'expansion n'a pas été exempte de faux pas. Dès 1961, l'entreprise dut absorber une perte importante, conséquence de l'habitude dangereuse (qui deviendra courante dans les années soixante-dix), consistant à charger un mauvais exercice d'éléments exceptionnels et de provisions pour pertes imputables à d'autres exercices. Cette perte de 13 millions de dollars en 1961 était supérieure au cumul des profits réalisés au cours des trois exercices suivants. LTV était ainsi prêt à annoncer des résultats exceptionnels en 1962 et plus tard !

2. Fin 1966, la valeur comptable nette des actifs tangibles par action valait 7,66$ (après ajustement de 3 pour 2). Ainsi, le cours du titre en 1967, représentait 22 fois cette valeur comptable. Fin 1968, l'ensemble des actifs valait 286 millions$, ce qui représentait 77$ par action ordinaire de classe AA (pour un flottant de 3,8 millions de titres). Mais après déduction des actions préférentielles à leurs cours courants, des actifs intangibles (goodwill), et du discount sur les émissions obligataires (il apparaît dans un poste d'actif séparé) (2), il ne restait plus que 3 millions pour les actions simples, soit à peine 1$/action). Cet actif tangible allait vite être effacé par les pertes des exercices suivants.

3. En fin d'année 1967, deux grandes banques plaçaient 600,000 actions LTV à 111$. L'action atteint ensuite un haut de 169 1/2$ avant de tomber en moins de trois ans à 7 1/8$.

4. Fin 67 encore, les prêts bancaires s'élevaient à 161 millions de dollars, un an après ils atteignaient 414 millions de dollars ce qui n'était pas rassurant. De plus, la dette à long terme valait 1.237 millions de dollars, ce qui donnait, dès 1969, un montant d'endettement total à 1.869 millions de dollars. Ce chiffre représentait certainement le plus fort endettement absolu de toute entreprise industrielle et de tous les temps à l'exception notoire de la Standard Oil of New Jersey.

5. Les pertes enregistrées en 1969 et 1970 représentaient plus que l'ensemble des profits combinés de l'entreprise depuis son origine !

MORALE : La première question soulevée par la saga LTV est de savoir pourquoi les banques commerciales ont permis la création d'une telle montagne de dettes pendant si longtemps. Dès avant 1966, le taux de couverture des charges d'intérêt était inadéquat d'après toutes les règles de prudence. Il en était de même du ratio d'actif circulant sur passif exigible, et de celui des capitaux propres sur dette totale. Et pourtant, pendant les deux exercices suivants, ces banques n'ont cessé de financer la diversification de l'entreprise à concurrence de 400 millions de fonds supplémentaires. Ce n'était pourtant pas de leur intérêt commercial évident, et ce n'était certainement pas non plus de l'intérêt des actionnaires. Si nous pouvons espérer que cette histoire édifiante serve de leçon aux banquiers, complices objectifs d'une expansion incontrôlée, alors elle n'aura pas été inutile.

La prise de contrôle de sharon steel par NVF (un cas d'anthologie)

Fin 1968, NVF était une entreprise qui valait 4,6 millions de dollars de dettes, 17,4 millions de capitaux propres, 31 millions de ventes, et 502.000$ de bénéfices nets (avant crédit d'impôt exceptionnel de 374.000$). Son secteur d'activité était celui des plastiques et des fibres vulcanisées. Le management de NVF décida d'acquérir Sharon Steel Corp, entreprise qui à l'époque avait un endettement de 43 millions, 101 millions de capitaux propres, 219 millions de ventes, et 2,929 millions de revenus nets. La cible pesait donc sept fois plus lourd que la proie. Début 1969, une offre d'achat fut lancée sur l'ensemble des actions Sharon. Les termes de l'échange par action Sharon étaient les suivants : une obligation junior NVF à 5% à échéance 1994 et de valeur faciale (ou pair) de 70$ plus un warrant donnant le droit d'acheter une action et demi NVF à un prix de 22$/action. Le management de Sharon résista avec vigueur à l'attaque, mais en vain. NVF acquit donc 88% du flottant de Sharon suivant les termes de l'offre, émettant par conséquent 102 millions d'obligations à 5% et des warrants pour 2.197.000 actions. Si nous supposons que la structure consolidée avait opéré sur la totalité de l'exercice 1968, l'échange aurait apporté 163 millions de dettes pour à peine 2,2 millions de capitaux propres tangibles après dilution et 250 millions$ de chiffre d'affaires. Le calcul des bénéfices nets consolidés aurait été compliqué, mais par la suite l'entreprise nous les donna. Ils représentaient 50 cents de perte par action NVF avant crédit d'impôt, soit un résultat net positif de 3 cents après incorporation de ce crédit.

COMMENTAIRE : De toutes les OPA lancées en 1969, celle-ci était à n'en pas douter la plus excessive en termes de disproportion financière. La compagnie acheteuse assumait une énorme dette en obligations et transformait ses profits 1968 en pertes après la transaction. Une bonne mesure de la détérioration financière des comptes directement liée à la transaction est donnée par le fait que l'émission obligataire nouvelle à 5% n'était évaluée par le marché qu'à 42 cents par dollar (de valeur faciale) dès l'année d'émission. C'était bien là l'expression d'énormes doutes quant à la sécurité de ces obligations et aux perspectives futures de l'entreprise. Il n'empêche que le management retourna cette mesure de défiance à son avantage puisqu'il en tira un crédit d'impôt annuel de 1 million de dollars.

Fin 70, il apparaissait sur le *S&P Stock Guide* que les actions Sharon s'échangeaient à un multiple de moins de 2, soit le plus bas multiple sur 4500 titres suivis par le *Guide* ! Le ratio était tiré des cours de clôture de l'année (8 3/4$) et les résultats reportés de Sharon, soit 5,38$/action sur l'exercice clos en septembre 1970. D'après ces statistiques le multiple n'était que de 1,6; encore ne tenait-il pas compte ni de l'énorme facteur de dilution ni des mauvais résultats enregistrés sur le dernier trimestre 1970. Une fois ces derniers chiffres connus, le résultat 1970 ne se montait plus qu'à 2,03$/action avant dilution soit 1,80$ après décompte de l'impact de la dilution.

Remarquez enfin que la valeur en agrégat des actions et warrants se montait à seulement 14 millions, face à une dette obligataire de 138 millions$. Une position de fonds propres pour le moins serrée.

AAA ENTERPRISE

Historique

Il y a une quinzaine d'années un jeune étudiant au nom de Williams lança une entreprise de vente de mobil homes (appelés trailers à l'époque). En 1965, il transforma son affaire en Société Anonyme. Il vendit, cette année-là, pour 5.800.000$ de mobil homes et dégagea un profit de 61.000$ avant impôts. Dès 1968 il franchisait à tout va; autrement dit il vendait à des tiers le droit de vendre des mobil homes sous son enseigne. En parallèle, il lança une nouvelle affaire qui exploitait l'idée ingénieuse de préparer les déclarations d'impôts pour des tiers, en utilisant les locaux de son autre société. Il créa, pour l'occasion, une filiale appelée Mr Tax of America, qui bien entendu se développa grâce à la franchise de l'idée et de l'enseigne. Il avait alors quelque 2.710.000 parts sociales en sa possession, il était fin prêt pour une introduction en Bourse. De fait, une des principales sociétés de Bourse, en pool avec quelques autres, était prête à se charger de la souscription. C'est ainsi qu'en mars 1969, 500.000 actions de AAA Enterprise furent offertes au public au cours d'introduction de 13$ par action. De ce lot, 300.000 titres provenaient du compte personnel de Williams et 200.000 furent vendus pour le compte de l'entreprise, ce qui lui permit de recevoir 2.400.000$. Le cours du titre doubla vite à 28, ce qui valorisait l'entreprise à 84 millions de dollars, à rapporter à une valeur d'actif de 4.200.000$ et, disons, à pas plus de 690.000$ de bénéfices enregistrés. À l'évidence Mr Williams avait baptisé sa firme AAA Enterprise pour qu'elle puisse apparaître dans les premières pages des annuaires téléphoniques et des pages jaunes. Accessoirement, l'entreprise est apparue au premier rang dans les listings du *Standard & Poor's Stock Guide.* Avec Abu-Beb-Adhem, elle était en tête du peloton ! Raison de plus pour le choisir comme illustration particulièrement navrante à mettre au débit du compte des nouvelles introductions, et des titres en vogue de cette année 1969.

COMMENTAIRE : Ce n'était pas une mauvaise affaire pour Mr.Williams. Les 300.000 titres qu'il vendit avaient, en décembre 1968, une valeur comptable de 180.000$ et lui ont rapporté vingt fois plus, soit la coquette somme de 3.600.000$. Quant à ceux qui se sont chargé de la souscription et de la distribution, ils prélevèrent 500.000$ nets sur l'opération !

2. Par contre, l'affaire ne paraissait pas si brillante que cela pour les clients des maisons de courtage qui avaient introduit le titre en Bourse. On exigeait d'eux qu'ils paient quelque dix fois la valeur nette comptable par action après une opération qui ne fit que porter les capitaux propres par action de 59 cents à 1,35 dollars (grâce à leur argent d'ailleurs). Avant 1968, la meilleure année, les résultats n'avaient pourtant jamais dépassé 7 cents/action. Bien sûr, l'entreprise avait de hautes ambitions pour l'avenir, et le grand public devait payer très cher et à l'avance ces ambitions futures.

3. Malgré cela, le prix du titre doubla vite après la première introduction et chacun des clients de ces maisons de titre aurait pu alors en tirer profit. Cette possibilité altère-t-elle un tant soit peu la responsabilité des maisons de Wall Street face à leur clientèle et au vu des drames à venir ? La réponse est loin d'être simple, elle mérite cependant d'être posée tant par Wall Street que par les agences de régulation et de supervision des marchés.

La Suite de l'Histoire

Munie de ces nouveaux capitaux, AAA Enterprise se lança dans deux autres activités. Elle ouvrit en 1969 une chaîne de distribution de vente de moquette et elle acquit une usine de construction de mobil homes. Les résultats annoncés après 9 mois d'exploitation n'étaient pas vraiment brillants, bien que meilleurs que ceux de l'année précédente (22 cents par action au lieu de 14 cents). Ce qui se déroula ensuite défie l'imagination. L'entreprise perdit 4.365.000$, autrement dit 1,49$ par action. Cette perte consuma tout le capital apporté par l'introduction, ainsi que les 2.400.000$ reçus de la vente d'actions et les deux tiers des profits enregistrés sur l'exercice 1969. Il ne restait plus alors que 242.000$ ou 8 cents par action de capital pour les actionnaires privés qui avaient déboursé 13$ pour la nouvelle introduction à peine 7 mois plus tôt. Et pourtant l'action clôtura à 8 1/8$ offert ce qui fixait le prix de l'entreprise à 25 millions de dollars !

Commentaire supplémentaire :

1. Il est difficile de croire que la firme a vraiment gagné 686.000$ de janvier à septembre 1969, puis perdu 4.365.000$ le trimestre suivant. Il y avait quelque chose d'extrêmement fallacieux dans le rapport comptable du 30 septembre 1969 qui trahissait une grande malhonnêteté.

2. Le cours de clôture annuel à 8 1/4$ offert était un signe encore plus flagrant de la complète insouciance des marchés que ne l'était les 13$ de l'introduction ou encore les plus hauts enregistrés à 28 dollars. Ces cours-là pouvaient au moins trouver une justification dans les espoirs placés sur un titre, même s'ils étaient disproportionnés. Par contre l'évaluation boursière à 25 millions de dollars (en clôture de l'année) pour une société au bord de l'insolvabilité, et pour laquelle plus aucun espoir n'était permis, était tout simplement injustifiable. (Il est vrai que les résultats au 31 décembre ont été publiés plus tard, mais le travail des maisons de Wall Street ayant parrainé le titre est bien d'obtenir des comptes complets le plus tôt possible, de façon à avoir une idée précise sur l'état des affaires) (3).

Suite et fin...

L'entreprise enregistra, sur le premier semestre de 1970, une perte supplémentaire de 1 million de dollars. Elle évita la faillite grâce à des prêts personnels de Mr Williams qui se sont montés à 2.500.000$. Aucun autre rapport d'activité n'a, semble-t-il, été publié ensuite jusqu'en janvier 1971, c'est-à-dire au moment où AAA Enterprise remplit une requête en banqueroute. L'action est tombée en fin de mois à 50 cents offert (soit 1.500.000$ au total). Les titres ne valaient plus dès lors que le prix du papier. Fin de notre histoire.

Morale et Questions :

Le grand public des spéculateurs est incorrigible. Sur une note de 1 à 10, il ne vaut guère plus de 3. Il est prêt à acheter n'importe quoi à n'importe quel prix s'il a l'impression qu'il y aura de l'action. Il aura le coup de foudre pour n'importe quelle entreprise pourvu qu'elle soit dans la franchise, l'électronique, les sciences et technologies et quoi d'autre encore, pourvu que ce soit à la mode. Nos lecteurs, qui sont tous des investisseurs sensés, ne sombreront pas dans de telles folies. Une question demeure pourtant : est-ce que les sociétés de Bourse dignes de ce nom ne devraient pas mettre un point d'honneur à éviter de voir leurs noms associés à de telles entreprises qui sont condamnées dans 9 cas sur 10 à des faillites retentissantes ? Telle était la situation en 1914 lorsque l'auteur arriva à Wall Street. Et il semblerait que les règles d'éthique de Wall Street se soient dégradées depuis l'époque, et ce malgré la multiplication des réformes et des contrôles. La SEC devrait-elle avoir d'autres pouvoirs afin de protéger le public ? Pouvoirs qui iraient au-delà de celui dont elle est investie et qui se limite à exiger la publication de tous les faits pertinents dans le prospectus d'émission. Est-ce que les performances des nouvelles émissions devraient être diffusées avec les mises en garde d'usage ? Est-ce que tout prospectus, tout ordre d'exécution (ou avis d'opéré) devrait être accompagné d'une assurance contre le risque de payer plus cher que le prix moyen de titres de même qualité déjà sur le marché ? Au moment où nous écrivons ces lignes, un mouvement tendant à réformer les abus de Wall Street se développe. Il sera bien difficile d'imposer des changements autres que cosmétiques dans le domaine des nouvelles introductions, car ces abus sont en grande partie le résultat de l'insouciance et de l'avidité du grand public. Le sujet mérite tout de même d'être étudié avec un grand soin.

(1) Reportez-vous, par exemple, à l'article "Six Flags Half a Mast", de Dr. A. J. Briloff, *Barron's*, le 11 janvier 1971.

(2) NDE : c'est la différence entre la valeur de remboursement des obligations (en général, leur "pair" ou valeur faciale) et leur prix courant. Ce discount peut apparaître à l'émission, ou, et c'est le cas ici, après une chute prononcée des prix de ces titres.

(3) NDE : le lecteur français ne peut s'empêcher d'établir le parallèle avec quelques anges déchus du second marché, des sociétés comme SEDRI, ASYSTEL, TUFFIER, CONCEPT ou GOUPIL pour ne citer que les cas les plus connus ou les plus exemplaires.

CHAPITRE 18

HUIT CAS DE COMPARAISONS D'ENTREPRISES

Nous allons utiliser dans ce chapitre une nouvelle forme d'exposé en sélectionnant huit cas, chacun d'eux portant sur la comparaison de deux entreprises. Ces dernières ont été choisies car elles se suivaient alphabétiquement sur le tableau des cotations de la Bourse. Nous espérons ainsi vous faire voir de façon vivante et concrète quelques-uns des multiples profils existant :

1) au niveau des structures financières et des politiques d'investissement, des performances et des accidents économiques des entreprises industrielles,

2) ainsi qu'en ce qui concerne les attitudes, soit spéculatives, soit d'investissement, qui ont envahi la scène financière ces dernières années.

Pour chacune de ces comparaisons, nos commentaires porteront seulement sur les aspects ayant un intérêt général ou valeur d'exemple.

CAS N°1 : Real Estate Investment Trust ou REIC (immobilier commercial, de bureaux et industriel, etc) et Realty Equities Corp of New York ou REC (investissement immobilier et construction).

Dans la première comparaison, nous faisons une entorse à la méthode alphabétique afin de pouvoir intégrer d'un côté, un exemple de la façon conservatrice, stable et raisonnable de gérer l'argent que des tiers vous ont confié, et de l'autre, un cas reprenant tout ce qu'il ne faut pas faire : une expansion incontrôlée, des manipulations financières, des virages stratégiques à 180 degrés et d'autres abus bien courants de nos jours. Les deux sociétés ont des noms similaires et elles apparurent donc des années durant côte à côte sur la liste de l'American Stock Exchange. Leurs symboles boursiers (REI et REC) pouvaient être facilement confondus. Et pourtant l'une est une société très sérieuse et très conservatrice de gestion de fortune de la Nouvelle Angleterre. Administrée par trois partenaires, elle existe depuis pratiquement un siècle et a toujours payé des dividendes depuis 1889. Elle s'est limitée depuis son origine à des investissements prudents, muselant son expansion à un taux modéré et contenant son endettement dans des limites faciles à gérer.

L'autre est une de ces structures du type génération spontanée telle qu'il en existe beaucoup à New York. Elle a vu ses actifs exploser en huit années de quelque 6,2 millions à 154 millions de dollars. Son activité s'est déplacée d'opérations immobilières de facture classique à un ensemble hétérogène d'opérations incluant : la propriété et l'exploitation de deux champs de course, la gestion de 74 cinémas, trois agences littéraires, une société de relations publiques, des hôtels, des supermarchés et 26% d'une entreprise de cosmétique qui fut mise en règlement judiciaire en 1970. Ce panachage d'activités hétéroclites s'accordait parfaitement à un choix tout aussi étendu d'instruments financiers. Nous pouvons citer entre autres :

1. Une action préférentielle dotée de 7$ de dividendes annuels, mais ayant un pair de seulement 1 dollar, et portée en capital au bilan pour seulement 1 dollar par action.

2. Une valeur au bilan des actions ordinaires de 2,500,000$ (1 dollar par titre), qui est plus qu'effacée par une déduction de 5,500,000$ représentant le coût de rachat de 209,000 titres.

3. Trois séries de stock-option warrants, donnant le droit d'acquérir un total de 1.578.000 actions.

4. Au moins six formes différentes de dettes :
   - des crédits hypothécaires,
   - des dettes non cautionnées,
   - des bons industriels (public held notes) placés dans le public et auprès de banques,
   - des prêts,
   - des obligations et contrats à payer,
   - des prêts contractés auprès de la Small Business Administration,

le tout valant plus de 100 millions de dollars en mars 1969. Il faut y rajouter les comptes traditionnels de débiteurs divers et impôts à payer.

Laissez-nous vous présenter d'abord quelques statistiques empruntées à chacune des deux entreprises telles que nous les avons tirées de leurs rapports en 1960 (Tableau 18-1 A). Nous constatons que les actions de REI valent neuf fois plus en capitalisation boursière que celles de REC. REI avait un endettement relatif moins lourd, un meilleur ratio de rentabilité économique nette sur rentabilité économique brute, et son cours exprimé en nombre de fois les bénéfices par action était plus élevé.
Sur le tableau 18-1B nous reprenons la situation 8 ans après. REIT est resté sur ses sentiers conservateurs tout en faisant progresser à la fois son chiffre d'affaires et ses bénéfices par action de quelque 75%. Pendant ce temps Realty Equities s'était métamorphosé en quelque chose de monstrueux et de fragile. Quelle fut la réaction de Wall Street face à ces évolutions ? Les marchés n'ont marqué que peu d'intérêt pour REIT et par contre énormément pour Realty ! En 1968, ce dernier titre fusa de 10 à 37 3/4$ et ses warrants de 6 à 36 1/2$ pour un flottant total de 2.420.000 actions. Pendant que cette fièvre s'emparait de Realty, les actions du Trust avançaient calmement de 20 à 30 1/2$ dans des

Tableau 18-1 A. Cas N°1. Real Estate Investment Trust comparé à Realty Equities Corp. en 1960

	Rel Estate Investment Trust	Realty Equities Corp. of New York
Résultat brut	3,585,000 $	1,484,000 $
Résultat net	485,000	150,000
Bénéfices par action	0.66	0.47
Dividendes par action		0.10
Valeur cptable d'actf par act	20 $	4 $
Fourchette de transactions	20-12	5.37-4.75
Total de l'actif	22,700,000 $	6,200,000 $
Total du passif	7,400,000	5,000,000
Capitaux propres(a)	15,300,000	1,200,000
Cap boursière moy	12,200,000	1,360,000

(a) c'est-à-dire valeur des titres portée au bilan (actions ordinaires)

volumes modestes. Le bilan de Realties Equities en mars 1969, donnait une valeur comptable des actifs se montant à 3,41$ par action, moins d'un dixième de son prix cette année-là. La valeur comptable par action REIT quant à elle s'élevait à 20,85$.

L'année suivante, il devint clair que tout n'allait pas pour le mieux chez Equities; l'action chuta alors à 9 1/2$. À la publication du rapport annuel (mars 1970), les actionnaires ont dû être surpris de lire que l'entreprise avait subi une perte nette de 13.200.000$ soit 5,17$/action ce qui eut pour effet de faire disparaître virtuellement la faible valeur de leurs capitaux propres. (Ces chiffres désastreux incluaient 8.800.000$ de provisions pour pertes futures). Cela n'empêcha pas les directeurs d'annoncer bravement le versement d'un dividende exceptionnel de 5 cents à la clôture de l'exercice fiscal. Mais les vrais problèmes étaient devant eux. Les auditeurs comptables de l'entreprise refusèrent de certifier les comptes de l'exercice 1969-70, et la cotation du titre dut être suspendue sur l'American Stock Exchange. Sur le marché parallèle (over the counter ou OTC), le prix qui était offert chuta au-dessous de 2$.

Les actions de Real Estate Investment Trust ont eu depuis 1969 des fluctuations de prix normales. Le plus bas de 1970 a atteint 16 1/2$, puis il y eut une reprise qui porta le titre à 26 5/6$ début 1971. Les dernières

Tableau 18-1B. Paire N°1

	Real estate Investment trust	*Realty Equities Corp. of New York*
Cours au 31-12-1968	26.5	32.5
Nombre d'actions ordinaires	1,423,000	2,311,000
Valeur boursière des actions	37,800,000 $	75,000,000 $
Valr bours estm des warrants		30,000,000 (a)
Valr bours estimée des actions ordinaires et des warrants		105,000,000
Dette	9,600,000	100,800,000
Actions Préférentielles		2,900,000
Capitalisation boursière totale	47,400,000	208,700,000
Valeur boursière de l'action ordinaire après ajustement		45 (est.)
Valeur d'actif par action	20.85 $(nov)	3.41 $
	Novembre 1968	Mars 1969
Revenus	6,281,000 $	39,706,000 $
Résultat brut	2,696,000	11,182,000
Charges d'intérêt	590,000	6,684,000
Impôts sur bénéf	58,000 (b)	2,401,000
Dividendes préférentiels		174,000
Bénéf net à distribuer	2,048,000	1,943,000
Eléments excptionnels	245,000 cr.	1,896,000 dr.
Bénéf net final	2,293,000	47,000
Bénéf par action avant élmts exceptionnels	1.28 $	1.00 $
Bénéf par action après élmts exceptionnels	1.45	0.20
Dividendes par action	1.20	0.30
Couverture des charges d'intérêts	4.6 X	1.8 X

(a) Avaient été émis des warrants permettant l'achat de 1,600,000 actions (ou plus) à des prix d'exercice différents.

(b) En tant que "realty trust" (ou REIT), la société n'était pas soumise à l'impôt fédéral sur les sociétés en 1968.

statistiques de résultat donnaient 1,50$/action, et REIT s'échangeait alors légèrement au-dessus de sa valeur comptable d'actifs pour 1970 à 21,60$. Si le titre paraissait quelque peu surévalué à ses plus hauts enregistrés en 1968, au moins les intérêts des actionnaires avaient toujours été correctement servis par les partenaires gérants de l'entreprise.

CAS N°2 : Air Products and Chemical (Gaz industriel et médical, etc.) et Air Réduction Co (Gaz et équipement industriels, produits chimiques)

Plus encore que notre premier choix, ces deux entreprises ont de fortes ressemblances tant par leurs noms que par leurs secteurs d'activité. Les comparaisons qu'elles nous suggèrent sont donc d'un type plus conventionnel en termes d'analyse de titres que celles que nous établirons sur les autres exemples. Product, à l'activité plus hétéroclite, est une société plus jeune qu'Air Réduction, et ne pesait en 1969 que la moitié du volume de cette dernière. Il n'empêche que sa capitalisation valait 25% de plus que celle d'Air Réduction. Comme nous le voyons sur le tableau 18-2, nous en trouvons la raison à la fois dans la meilleure rentabilité d'Air Product qu'au niveau de ses meilleures performances de croissance. Nous voyons ici, dans les faits, les conséquences pratiques de meilleures performances sur les cours : Air Product s'échangeait à 16 fois et demi ses derniers résultats contre 9,1 fois seulement pour Air Réduction. De plus Air Product valait bien plus que sa valeur d'actifs, alors qu'Air Réduction pouvait être obtenu pour seulement 75% de sa valeur comptable nette. Si Air Product avait eu une politique de versement de dividendes moins généreuse que l'autre entreprise, cela aurait été considéré comme un plus par la Bourse car ses résultats supérieurs lui donnaient le droit de garder ses revenus dans l'entreprise au lieu de les distribuer. Air Product avait bien aussi un actif circulant net moins confortable que l'autre entreprise. Sur ce point encore, nous pouvons considérer qu'une entreprise en bonne santé pourra toujours financer ses besoins en fonds de roulement en faisant appel à diverses formes de financement permanent. Ceci étant, et sur nos seuls critères, Air Product était quelque peu surendetté.

Si on avait demandé aux analystes de faire un choix entre les deux firmes, la majorité aurait certainement conclu que les perspectives d'Air Product paraissaient plus prometteuses que celles d'Air Réduction. Mais est-ce que cela permettait de dire pour autant qu'Air Product était un meilleur choix qu'Air Réduction malgré un prix relatif plus élevé ? Nous doutons de pouvoir répondre à une telle question de façon catégorique. D'une façon générale, les professionnels à Wall Street donnent une prépondérance marquée aux critères qualitatifs. Ainsi, on peut supposer qu'une majorité d'analystes optera pour la valeur paraissant la meilleure mais aussi la plus chère : Air Product. Quant à savoir si cette préférence s'avérera justifiée, il est évident que cela dépendra beaucoup plus de ce que nous réserve le futur plutôt que des principes d'investissement logiques.

Tableau 18-2. Paire N°2

	Air Products & Chemicals 1969	*Air Reduction 1969*
Cours au 31-12-1969	39.5	16.37
Nombre d'actions ordinaires	5,832,000 (a)	11,279,000
Valeur Boursière des actions	231,000,000	185,000,000
Dette	113,000,000	179,000,000
Capitalisation boursière totale	344,000,000	364,000,000
Valeur d'actif par action	22.89 $	21.91 $
Revenus	221,500,000 $	487,600,000 $
Résultat net	13,639,000	20,326,000
Bénéfice par action, 1969	2.40 $	1.80 $
Bénéfice par action, 1964	1.51	1.51
Bénéfice par action, 1959	.52	1.95
Taux de distribution de dividende	.20	.80
Dividendes versés depuis	1954	1917
Ratios:		
Cours/Bénéfices	16.5 X	9.1 X
Cours/Valeur d'Actif	165.0 %	75.0 %
Rendement des Dividendes	0.5 %	4.9 %
Bénéf Net/Ventes	6.2 %	4.25%
Bénéfice/Valeur d'Actif	11.0 %	8.2 %
Actif Circulant/Passif Exigible	1.53 X	3.77 X
Besoin Fds de Rlt/Dettes	.32 X	.85 X
Croissance des bénéfices par action		
De 1964 à 1969	+ 59%	+ 19%
De 1959 à 1969	+362%	baisse

(a) Supposant la conversion des actions préférentielles.

Dans cette hypothèse, Air Réduction appartient, semble-t-il, au groupe des entreprises importantes dotées de faibles multiples. Si, comme les études dont nous avons déjà parlé semblent l'indiquer, ce type d'entreprise a toutes les chances de donner de meilleurs résultats de groupe que les titres à forts multiples, alors Air Réduction devrait logiquement être le meilleur choix, mais seulement en tant que partie d'un portefeuille diversifié.
Il est aussi possible qu'une étude approfondie des deux sociétés oriente l'analyste vers une conclusion opposée; mais il n'en serait ainsi qu'en fonction de raisons différentes de toutes celles qui peuvent être tirées de l'étude des performances historiques de ces deux titres.

Suite et Fin :

Air Products résista mieux qu'Air Réduction au retournement de marché de 1970 puisqu'elle ne perdit que 16% contre 24%. Cependant, Air Réduction enregistra une meilleure reprise début 1971, allant jusqu'à gagner 50% sur ses plus hauts antérieurs (1969) contre seulement 30% pour Product. Dans ce cas, c'est le titre à faible multiple qui prit la tête, du moins à ce moment-là.

CAS N°3 : American Home Products Co (médicaments, produits cosmétiques, produits ménagers, confiserie) et American Hospital Supply Co (fabricant distributeur de fournitures et d'équipements d'hôpitaux)

L'une et l'autre faisaient partie, fin 1969, de ces sociétés aux intangibles (goodwill) d'un milliard de dollars, positionnées sur différents segments d'une industrie en forte croissance et très lucrative : l'industrie de la santé. Nous les appellerons respectivement Home et Hospital. Des statistiques choisies sur ces deux entreprises apparaissent sur le tableau 18-3. Ces deux firmes partageaient les points forts suivants : croissance excellente, aucune baisse de bénéfice depuis 1958 (stabilité des résultats de 100%), et bonne santé financière. Le taux de croissance d'Hospital jusque fin 1969 était bien supérieur à celui de Home. À l'opposé, Home avait réussi à générer une meilleure rentabilité aussi bien sur le chiffre d'affaires que sur le capital investi. (Effectivement, la faible rentabilité du capital d'Hospital en 1969, tout juste 9,7%, soulève bien des questions sur la rentabilité réelle de cette activité au-delà de la croissance époustouflante tant du chiffre d'affaires que des bénéfices.)

Quand le prix relatif des deux titres est pris en compte, Home nous en donnait bien plus pour notre argent en termes de bénéfices (passés et courants) et de dividendes. La valeur d'actif très faible de Home illustre une ambigüité ou une contradiction essentielle apparaissant dans toute analyse de titres. Si une entreprise jouit d'un fort retour sur investissement cela est généralement considéré comme un signe de force et de prospérité, mais cela revient aussi à dire que ces cours élevés rendront le titre très vulnérable à tout retournement

Tableau 18-3. Cas N°3

	American Home Product (1969)	*American Hospital Supply (1969)*
Cours au 31-12-1969	72	45.2
Nombre d'actions ordinaires	52,300,000	33,600,000
Valeur Boursière des actions	3,800,000,000	1,516,000,000
Dette	11,000,000	18,000,000
Capi boursière totale	3,811,000,000	1,534,000,000
Valeur d'actif par action	5.73 $	7.84 $
Revenus	1,193,000,000 $	446,000,000 $
Résultat net	123,300,000	25,000,000
Bénéfice par action, 1969	2.32 $	.77 $
Bénéfice par action, 1964	1.37	.31
Bénéfice par action, 1959	.92	.15
Taux de distribution de dividende	1.40	.24
Dividendes versés depuis	1919	1947
Ratios:		
Cours/Bénéfices	31.0 X	58.5 X
Cours/Valeur d'Actif	1250.0 %	575.0 %
Rendement des Dividendes	1.9 %	0.55 %
Bénéf Net/Ventes	10.7 %	5.6 %
Bénéfice/Valeur d'Actif	41.0 %	9.5 %
Actif Circulant/Passif Exigible	2.6 X	4.5 X
Croissance des bénéfices par action		
De 1964 à 1969	+ 75%	+ 142%
De 1959 à 1969	+161%	+ 405%

de conjoncture. Étant donné qu'Hospital s'échangeait à plus de quatre fois sa valeur d'actif en 1969, cette remarque en forme de mise en garde s'adresse également à chacun des deux titres.

CONCLUSIONS : Notre appréciation évidente est que les deux entreprises étaient trop richement évaluées à leurs prix courants pour être retenues par l'investisseur qui aurait décidé de s'en tenir à nos préceptes de prudence de sélection. Cela ne veut pas dire que ces deux titres ne soient pas prometteurs, l'ennui étant plutôt que leurs cours intègrent trop d'espoirs et pas assez de performances réelles. La valorisation des intangibles s'élevait en 1969, pour les deux entreprises, à près de cinq milliards. Combien d'années d'excellents profits faut-il que le futur nous réserve pour réaliser ce facteur goodwill en termes de dividendes versés et d'actifs tangibles acquis ?

Suite et Fin...

Fin 1969, le marché semblait donner plus de valeur aux bénéfices d'Hospital qu'à ceux de Home étant donné que le premier cité était doté d'un multiple deux fois supérieur au dernier. Il s'avéra pourtant qu'Hospital enregistra une légère baisse de ses résultats pour l'exercice 1970, alors qu'Home vit les siens gagner 8%. Le cours d'Hospital réagit violemment à cette mauvaise surprise. Il tomba à 32$ en février 1971, soit une baisse de 30% par rapport à sa clôture de 1969, alors qu'Home fut coté nettement au-dessus de ses niveaux de fin 1969.

CAS N°4 : H & R Block, Inc (Service de préparation des résultats fiscaux) et Blue Bell, Inc, (fabricant de vêtements de travail, d'uniformes, etc.)

Si ces entreprises sont côte à côte sur les listes du New York Stock Exchange, elles représentent deux formes bien différentes de réussite. Blue Bell réussit à la sueur de son front et dans une industrie très compétitive à devenir un leader. Ses bénéfices ont fluctué au gré des conditions de l'industrie, ceci étant ils ont été tout à fait impressionnants depuis 1965. La société existe depuis 1916, et elle a versé des dividendes continuellement depuis 1923. Fin 1969, la Bourse ne montrait pourtant aucun intérêt particulier pour ce titre, lui donnant un price earning ratio de tout juste 11, contre une moyenne de 17 sur le S & P composite index.

À l'opposé, la progression de la société H & R Block a été météorique. Ses premiers comptes d'exploitation datent de 1961, année au cours de laquelle elle enregistra 83.000$ de bénéfices et un C.A de 610.000$. Huit ans plus tard, à la date de la comparaison, les revenus avaient explosé à 53,6 millions de dollars et les bénéfices nets à 6,3 millions. Le marché était fasciné par les résultats de ce champion. Son cours (55$ fin 1969), représentait plus de 100 fois les revenus annuels les plus récents, lesquels étaient, on s'en doute, à des niveaux historiques. La capitalisation totale du titre se montait à 300 millions de $ soit 30 fois le total des actifs tangibles. C'était une véritable première dans le livre des records d'évaluation boursière. (À l'époque IBM valait 9 fois sa valeur d'actif, et Xerox 11 fois.)

Le tableau 18-4 montre clairement au travers des chiffres et des ratios financiers, les extraordinaires contradictions entre les évaluations relatives de Block et de Blue Bell. Il est exact que Block avait un retour sur capital investi deux fois supérieur à celui de Blue Bell, et que son taux de croissance des résultats sur cinq années (à partir d'une base très étroite) était bien plus fort. Mais en capitalisation boursière, Blue Bell valait moins du tiers de Block, bien que son chiffre d'affaires représente quatre fois plus que celui de Block, qu'elle gagne 2 fois et demi ce que gagnait Block, qu'elle ait réalisé 5,5 fois plus d'investissements tangibles, et ait distribué 9 fois plus de dividendes.

CONCLUSIONS PROPOSÉES. Un analyste expérimenté aurait mis au crédit de Block un très fort *momentum*, ce qui impliquait de très belles perspectives de croissance pour le futur immédiat. Il aurait pu ajouter, pour faire bonne mesure, qu'il y avait des risques réels comme une détérioration des conditions de concurrence dans le secteur des services de traitement des impôts sur les revenus, où la superbe rentabilité de Block attirait bien des envieux (1). Ceci étant, connaissant des exemples de croissance forte et ininterrompue dans des secteurs compétitifs, comme par exemple Avon Products, il aurait tout de même hésité avant de décompter un tassement de la courbe de croissance de Block. La principale cause d'inquiétude serait de se demander si à 300 millions, le marché n'a pas déjà complètement intégré tout ce qu'on pourrait raisonnablement attendre de cette affaire au demeurant excellente. À l'opposé,

Tableau 18-4. Cas N°4

	H § R Block 1969	*Blue Bell 1969*
Cours au 31-12-1969	55	49.75
Nombre d'actions ordinaires	5,426,000	1,802,000 (a)
Valeur Boursière des actions	298,000,000	89,500,000
Dette		17,500,000
Capitalisation boursière totale	98,000,000	107,000,000
Valeur d'actif par action	1.89 $	34.54 $
Revenus	53,600,000 $	202,700,000 $
Résultat net	6,380,000	7,920,000
Bénéfice par action, 1969	.51 $	4.47 $
Bénéfice par action, 1964	.07	2.64
Bénéfice par action, 1959		1.80
Dividende courant	.24	1.80
Dividendes versés depuis	1962	1923
Ratios:		
Cours/Bénéfices	108.0 X	11.2 X
Cours/Valeur d'Actif	2920 %	142 %
Rendement des Dividendes	0.4 %	3.6 %
Bénéf Net/Ventes	11.9 %	3.9%
Bénéfice/Valeur d'Actif	27 %	12.8 %
Actif Circulant/Passif Exigible	3.2 X	2.4X
Besoin Fd de Rlt/Dettes	aucune dette	3.75 X
Croissance des bénéfices par action		
De 1964 à 1969	+ 630%	+ 68%
De 1959 à 1969		+148%

(a) Supposant la conversion des actions préférentielles.

l'analyste aurait eu peu de difficultés à reconnaître en Blue Bell une entreprise de qualité, évaluée prudemment par le marché.

Suite et Fin (mars 1971)

La petite panique boursière de 1970 effaça un quart du prix de Blue Bell et environ un tiers de celui de Block. Les deux titres participèrent pleinement par la suite à la reprise du marché. L'action Block atteignit 75$ en février 1971, mais Blue Bell eut une avancée bien plus forte qui porta son cours à 109$ (après ajustement pour distribution d'une action gratuite pour deux actions détenues). À l'évidence, fin 1969, Blue Bell s'avérait avoir été rétrospectivement un bien meilleur achat que Block. Mais le fait que Block ait progressé de 35% à partir d'une valeur apparemment exagérée, démontre combien il faut être prudent avant de se lancer dans une vente à découvert même sur des niveaux de cours paraissant complètement surévalués.

CAS 5 : International Flavors & Fragances (arômes et essences de parfums) et International Harvester Co. (constructeur de camions, machines agricoles et appareils de travaux publics)

Cette comparaison apportera plus d'une surprise. Chacun connaît International Harvester, l'un des trente géants du Dow Jones industrial Average. Combien, parmi nos lecteurs, ont déjà entendu parler d'International Flavors & Fragances, voisin immédiat d'International Harvester sur la liste de cotation du New York Stock Exchange ? Et pourtant, c'est admirable à dire, IFF s'échangeait fin 1969 pour une capitalisation totale supérieure à celle d'international Harvester : 747 millions$ pour le premier contre 710 millions ! pour le second. C'est d'autant plus surprenant quand on sait qu'Harvester avait 17 fois les capitaux propres de Flavors et réalisait 27 fois son chiffre d'affaire. En fait, à peine trois ans plus tôt, les résultats nets d'Harvester étaient encore supérieurs aux ventes réalisées par Flavors en 1969 !

Comment de telles disparités peuvent-elles se développer ? La réponse est dans les deux mots magiques de rentabilité et de croissance. Flavors eut un parcours remarquable dans ces deux catégories, alors que celui d'Harvester laissait plus qu'à désirer.

Toute l'histoire vous est contée par le Tableau 18-5. Nous y voyons que Flavors a enregistré un taux de marge brute d'exploitation de 23% (et 14,3% après impôt contre 2,6% pour Harvester) (2).De même Flavors avait gagné du 19,6% sur ses capitaux propres contre tout juste 5,5% pour Harvester. En 5 ans les bénéfices nets de Flavors ont pratiquement doublé, alors que ceux d'Harvester n'ont pas progressé. Sur la période 1959-1969, la comparaison donne les mêmes résultats. Ces différentiels de performances ont entraîné une divergence d'évaluation en Bourse tout à fait typique. Flavors s'échangeait en

1969 à 55 fois ses bénéfices les plus récents tandis qu'Harvester ne s'échangeait qu'à 10,7 fois les siens. De plus, Flavors était valorisée à 10,4 fois sa valeur comptable nette tandis que Harvester s'échangeait avec un discount de 41% sur ses capitaux propres.

COMMENTAIRES ET CONCLUSIONS :

La première remarque venant à l'esprit c'est que le succès boursier de Flavors repose entièrement sur la croissance de son marché principal et n'implique aucunement des manœuvres stratégiques comme des programmes d'acquisition, l'alourdissement de l'endettement et bien d'autres pratiques courantes à Wall Street ces dernières années. L'entreprise s'en tient au maillage qui a fait ses preuves et qui contient toute l'histoire du titre. Les performances d'Harvester soulèvent des questions fort différentes qui n'ont, là non plus, rien à voir avec la haute finance. Comment se fait-il qu'autant de grandes entreprises soient devenues si peu rentables en période de prospérité économique ? À quoi sert-il d'accumuler plus de 2,5 milliards de ventes annuelles si l'entreprise ne peut gagner suffisamment pour justifier l'investissement de l'actionnaire ? Ce n'est pas à nous d'apporter une réponse à ce problème. Mais nous insistons sur le fait que ce n'est pas seulement le management mais aussi l'actionnaire qui doit être conscient de l'existence du problème afin de le prendre à bras le corps. En ce qui concerne la méthode de sélection suivie, aucun de ces deux titres n'aurait passé nos critères de valeur définissant un investissement sain, raisonnablement attractif, et à cours modéré. Flavors est l'exemple typique de ces entreprises très brillantes et généreusement évaluées par les marchés tandis que les performances d'Harvester sont trop médiocres pour rendre l'action attractive, même au prix actuel. À l'évidence, on pouvait trouver de meilleures affaires en terme de valeur et de prix dans la classe des titres ayant des cours raisonnables.

Suite et Fin (1971) :

Le cours déprimé d'Harvester fin 1969 protégea le titre contre une chute importante à la suite du retournement du marché de 1970. Harvester perdit juste 10%, Flavors était plus vulnérable et se déprécia de 30% à 45$. Pendant

Tableau 18-5. Cas N°5

	International Flavor & Fragance 1969	International Harvester 1969
Cours au 31-12-1969	65.5	24.75
Nombre d'actions ordinaires	11,400,000	27,329,000
Valeur Boursière des actions	747,000,000	710,000,000
Dette	4,000,000	313,000,000
Capitalisation boursière totale	751,000,000	1,023,000,000
Valeur d'actif par action	6.29 $	41.70 $
Revenus	94,200,000 $	2,652,000,000 $
Résultat net	13,540,000	63,800,000
Bénéfice par action, 1969	1.19 $	2.30 $
Bénéfice par action, 1964	.62	3.39
Bénéfice par action, 1959	.28	2.83
Taux de distribution de dividende	.50	1.80
Dividendes versés depuis	1956	1910
Ratios:		
Cours/Bénéfices	55.0 X	10.7 X
Cours/Valeur d'Actif	1050.0 %	59.0 %
Rendement des Dividendes	0.9 %	7.3 %
Bénéf Net/Ventes	14.3 %	2.6%
Bénéfice/Valeur d'Actif	19.7%	5.5 %
Actif Circulant/Passif Exigible	3.7 X	2.0 X
Besoin Fds de Rlt/Dettes	élevé	1.7 X
Couverture des intérêts		3.9 X (avant impôts)
Croissance des bénéfices par action		
De 1964 à 1969	+ 93%	+ 9%
De 1959 à 1969	+326%	+ 39%

la reprise qui suivit, les deux titres avancèrent au-dessus de leurs hauts de 1969, mais Harvester ne tarda pas à retomber à 25$.

CAS N°6 : Me Graw Edison (producteur/distributeur E,G & E, équipement et produits ménagers). McGraw Hill, Inc. (livres, films, systèmes d'instruction, éditeur de journaux et magazines, services d'information).

Ce couple d'entreprises aux noms si proches, que nous appellerons dans ces lignes Edison et Hill, sont deux grandes sociétés de qualité aux champs d'activités très différents. Nous avons choisi le 31 décembre 1968 comme date de référence pour la comparaison développée sur le tableau 18-6. Les cours de ces deux titres étaient pratiquement identiques, et comme le flottant de Hill était beaucoup plus important, sa capitalisation boursière était égale au double de celle d'Edison. Cet écart pourrait surprendre, étant donné que le chiffre d'affaires d'Edison était de 50% supérieur à celui de Hill et que ses profits valaient 25% de plus aussi. Il en résulte que nous retrouvons Hill doté d'un ratio cours/bénéfices (ou multiple) deux fois supérieur à celui d'Edison. L'explication de ce phénomène est essentiellement à mettre sur le compte d'un enthousiasme persistant et d'une partialité marquée des marchés pour les actions des maisons d'édition, dont beaucoup ont été introduites en Bourse à la fin des années soixante.

En fait, fin 1968, il était devenu évident que cet enthousiasme avait été excessif. L'action Hill s'échangeait à 56$ en 1967 soit plus de 40 fois les revenus records de 1966. Depuis, Hill avait enregistré une baisse marginale de ses résultats : en 1967 et également en 1968. Il n'empêche que le multiple courant à 35 était bien élevé pour un titre ayant enregistré deux années de baisse des profits. L'action pourtant caracolait à plus de huit fois son actif tangible, ce qui indiquait une composante intangible proche du milliard de dollars ! Ainsi le prix courant semblait illustrer à la perfection le triomphe de l'espoir sur l'expérience pour emprunter la fameuse phrase du Docteur Johnson.

De façon bien contrastée, McGraw Edison semblait être apprécié par la Bourse à un prix raisonnable une fois rapporté au niveau général du marché (élevé à l'époque), à la position économique de l'entreprise ainsi qu'à sa position financière.

Suite et Fin (début 1971)

La détérioration des résultats de MacGraw-Hill se poursuivit en 1969 et 1970, son bénéfice par action chutant à 1,02$ puis à 0,82$. Lors de la débâcle de mai 1970, le titre subit une baisse dévastatrice à 10$, moins d'un cinquième de ce qu'il valait deux ans auparavant. Il profita ensuite d'une belle reprise mais son nouveau plus haut de mai 1971 à 24$ ne représentait pourtant que 60% de sa

Tableau 18-6. Cas N°6

	McGraw Edison 1968	McGraw-Hil 1968
Cours au 31-12-1969	37.62	39.75
Nombre d'actions ordinaires	13,717,000	24,200,000 (a)
Valeur Boursière des actions	527,000,000	962,000,000
Dette	6,000,000	53,000,000
Capitalisation boursière totale	533,000,000	1,015,000,000
Valeur d'actif par action	20.53 $	5.00 $
Revenus	568,600,000 $	398,300,000 $
Résultat net	33,400,000	26,200,000
Bénéfice par action, 1968	2.44 $	1.13 $
Bénéfice par action, 1963	1.20	.66
Bénéfice par action, 1958	1.02	.46
Taux de distribution de dividende	1.40	.70
Dividendes versés depuis	1934	1937
Ratios:		
Cours/Bénéfices	15.5 X	35.0 X
Cours/Valeur d'Actif	183.0 %	795.0 %
Rendement des Dividendes	3.7 %	1.8 %
Bénéf Net/Ventes	5.8 %	6.6 %
Bénéfice/Valeur d'Actif	11.8 %	22.6 %
Actif Circulant/Passif Exigible	3.96 X	1.75 X
Besoin Fds de Rlt/Dettes	élevé	1.75 X
Croissance des bénéfices par action		
De 1963 à 1968	+ 104%	+71%
De 1958 à 1968	+139%	+ 146%

(a) Supposant la conversion des actions préférentielles.

valeur de clôture en 1968. McGraw Edison enregistra une meilleure performance, commençant par tomber à 22$ en 1970, avant de tout reprendre à 41 1/2$ en mai 1971.

McGraw-Hill est toujours une entreprise forte et prospère. Mais l'historique de ses cours est exemplaire des risques spéculatifs que font peser les marchés sur de tels titres à cause de leurs vagues successives et irraisonnées d'optimisme et de pessimisme.

CAS N°7 : National General Corp (un important conglomérat) et National Presto Industries (appareils électriques, pièces de munition)

Ces deux entreprises invitent à la comparaison essentiellement parce qu'elles sont très différentes. Appelons-les pour simplifier General et Presto. Nous avons sélectionné la fin de 1968 pour notre étude car les charges exceptionnelles passées en 1969 déformaient trop les résultats de l'année. La diversité des champs d'activité de General ne pouvait encore être pleinement savourée en 1968. Ceci étant, l'entreprise se rapprochait déjà suffisamment d'un conglomérat pour pouvoir en dégager l'allure. Il était écrit à ce sujet sur le descriptif condensé du *Stock Guide* : *"Réseau national de salles de cinéma, société de productions TV et cinématographique, société de crédit hypothécaire (savings and loan association), éditeur de livres."* Ce à quoi nous pourrions ajouter : assureur, banque d'investissement, éditeur de disques, vendeur de services informatiques, promoteur immobilier et actionnaire de référence de Performance System Inc (nouveau nom pour Minnie Pearl's Chicken System Inc.). Presto avait aussi suivi un programme de diversification, mais bien modeste comparé à celui de General. Étant à l'origine le principal fabricant de cocottes minute, il s'était diversifié dans la fabrication de petits appareils ménagers et électriques. Dans un tout autre domaine, il participa aussi à de nombreuses adjudications militaires du gouvernement U.S.
Notre tableau 18-7 résume les performances de ces deux compagnies fin 1968. La structure du capital de Presto était très simple : il n'y avait que 1.478.000 actions ordinaires ayant une valeur boursière totale de 58 millions de dollars. Par contraste, General avait un flottant d'actions ordinaires valant plus de deux fois celui de Presto, ainsi que des actions préférentielles convertibles, plus trois émissions de warrants, et une énorme émission obligataire convertible (émise en échange des titres d'une société d'assurance venant d'être acquise), ainsi que bon nombre d'obligations non-convertibles. Tout ceci nous donnait une capitalisation boursière totale de 534 millions !, nette de l'émission obligataire convertible, et 750 millions$ après son intégration. Malgré sa capitalisation bien plus grande, National General était loin d'avoir fait le chiffre d'affaires de Presto sur l'année fiscale observée, quant à son résultat net, il se montait à 75% de celui de Presto.

La détermination de la valeur boursière réelle des actions ordinaires de General représente un problème intéressant pour un analyste de titres dont la résolution aura des implications importantes. L'action convertible à 4 1/2$ peut être traitée en supposant sa conversion totale en actions ordinaires une fois que ces dernières seront correctement évaluées par le marché. Nous avons fait cet ajustement sur le tableau 18-7. Mais les warrants exigent un traitement différent. En faisant un calcul sur la base d'une dilution totale, l'entreprise a supposé dans sa comptabilité l'exercice de tous les warrants, puis l'utilisation des revenus tirés de cet exercice pour retirer la dette. Le solde étant utilisé pour racheter des actions ordinaires sur le marché secondaire. Ce traitement n'eut, au total, pratiquement pas d'effet sur le chiffre des bénéfices par action pour l'exercice 1968 : ces derniers furent comptabilisés à 1,51$/action avant et après le traitement des provisions pour dilution. Cependant, nous considérons que le traitement comptable choisi par General est à la fois illogique et irréel. Pour nous, les warrants représentent une partie indissociable du package des actions simples. Leur valeur boursière est à associer à la valeur de capitalisation boursière des actions ordinaires incluses dans les capitaux propres. (Revenez p. 261 et suivantes sur l'évocation que nous en avons faite). La technique simple consistant à ajouter la capitalisation boursière (ou valeur boursière) des warrants à celle des actions ordinaires a un effet radical sur les chiffres réévalués de National General fin 1968. Vous pouvez le voir sur le tableau 18-7. En fait le vrai prix de marché des actions ordinaires ainsi calculé est multiplié par deux par rapport à leur cours officiel. Par conséquent, le multiple double aussi pour atteindre la valeur complètement absurde de 69 fois les revenus de 1968 ! La capitalisation boursière des actions et équivalents passe à 413 millions, soit plus de trois fois la valeur des actifs tangibles !
Le caractère disproportionné de ces chiffres paraît plus fort encore, une fois qu'ils sont comparés à ceux de Presto. On peut se demander pourquoi Presto est évalué à seulement 6,9 fois ses résultats courants alors que le multiple de General est lui de 69 (soit dix fois plus). Tous les ratios de Presto paraissent convenables. Ses chiffres de croissance sont d'ailleurs presque trop beaux et risquent de soulever des doutes. En fait, nous pensons que l'entreprise bénéficiait de commandes anormalement élevées de l'industrie de la défense, et donc que les actionnaires devaient s'attendre à une chute de la rentabilité de l'entreprise en temps de paix.

Tableau 18-7. Cas N°7

	National General 968	*National Presto Industries 1968*
Cours au 31-12-1968	44.25	38.12
Nombre d'actions ordinaires	4,330,000(a)	1,478,000
Valeur Boursière des actions	192,000,000	58,000,000
Valeur boursière de 3 émissions de warrants	221,000,000	
Total actions + warrant	413,000,000	
Dette	121,000,000	
Capitalisation boursière totale	534,000,000	58,000,000
(Valeur boursière des actions ordinaires après ajustement pour warrants)	(98)	
Valeur d'actif par action	31.50 $	26.30 $
Revenus	117,600,000 $	152,200,000 $
Résultat net	6,121,000	8,206,000
Bénéfice par action, 1968	1.42 $ (decembre)	5.61 $
Bénéfice par action, 1963	.96 (septembre)	1.03
Bénéfice par action, 1958	.48 (septembre)	.77
Taux de distribution de dividende	.20	.80
Dividendes versés depuis	1964	1945
Ratios:		
Cours/Bénéfices	69.0 X (b)	6.9 X
Cours/Valeur d'Actif	310.0%	142.0 %
Rendement des Dividendes	.5 %	2.4 %
Bénéf Net/Ventes	5.5 %	5.4 %
Bénéfice/Valeur d'Actif	4.5 %	21.4 %
Actif Circulant/Passif Exigible	1.63 X	3.40 X
Besoin Fds de Rlt/Dettes	.21 X	pas de dettes
Croissance des bénéfices par action		
De 1963 à 1968	+ 48%	+ 450%
De 1960 à 1968	+195%	+630%

(a) Supposant la conversion des actions préférentielles.

(b) Ajusté à partir de la valeur boursière des warrants

Mais, tout bien pesé, Presto satisfaisait à toutes nos exigences pour le qualifier d'investissement sain et raisonnablement évalué par le marché. Par contre, General avait toutes les marques du conglomérat typique de la fin des années soixante : plans stratégiques ambitieux, utilisation immodérée des nouveaux gadgets de Wall Street, mais manquant désespérément de valeur sous-jacente dans le cours.

Suite et Fin (jusqu'en 1971) :

National General poursuivit sa politique de diversification en 1969 grâce à une augmentation de sa dette. L'entreprise passa une énorme charge exceptionnelle effaçant du coup des millions provenant essentiellement de la dépréciation des actifs investis sur Minnie Pearl Chicken. Les chiffres définitifs laissent apparaître une perte de 72 millions$ avant crédit d'impôt, et de 46,4 millions de dollars après crédit d'impôt. L'action est tombée à 16 1/2$ en 1969 puis à 9$ en 1970, soit tout juste 15% des plus hauts de 1968 à 60$. Les résultats de 1970 après dilution se sont élevés à 2,33$/action ce qui permit aux cours de se reprendre à 28 1/2$ en 1971. National Presto entreprit d'augmenter ses bénéfices par action en 1969 et en 1970, enregistrant ainsi dix années ininterrompues de progression des profits. Cela n'empêcha pas ses cours de tomber à 21 1/2$ pendant la débâcle de 1970. Ce niveau était intéressant car il représentait moins de quatre fois les derniers résultats publiés, et moins que l'actif circulant net par action. Fin 1971 nous vîmes les cours de National Presto se rétablir fortement, gagnant 60% à 34$. Ceci étant, les nouveaux ratios étaient tout aussi intéressants. Le prix du titre valait autant que son actif circulant net, et moins de cinq fois et demi ses résultats courants. Si l'investisseur avait pu trouver dix autres titres partageant ces caractéristiques, il aurait été assuré, avec un tel portefeuille, d'enregistrer des résultats plus qu'honorables.

CAS N°8 : Whiting Corp. (équipement de manutention) et Willcox & Gibbs (petit conglomérat)

Voilà deux sociétés aux champs d'activité voisins, appartenant au tableau de cotation de l'American Stock Exchange. La comparaison, qui apparaît sur le

tableau 18-8 A, nous oblige une nouvelle fois à nous poser la question de savoir si Wall Street a bien toute sa raison. La société qui a les chiffres de ventes et de bénéfices les plus bas ainsi que deux fois moins d'actif tangible par action, se vendait presque quatre fois plus cher en agrégat que l'autre entreprise. Et pourtant celle qui était évaluée si généreusement était sur le point de reporter une perte record après charges exceptionnelles et n'avait pas payé de dividendes depuis treize années ! L'autre avait des performances satisfaisantes à long terme, elle avait versé des dividendes de façon continue depuis 1936, et jouissait d'un des meilleurs rendements enregistrés à New York. Pour que vous puissiez saisir de manière plus palpable encore les disparités qui existaient entre les deux titres, nous avons ajouté en appendice (tableau 18-8B) les performances prix et bénéfices de la période 1961-1970.
L'historique des deux compagnies jette une lumière intéressante sur la façon bien différente dont se sont développées les PME dans ce pays, ce qui contraste assez singulièrement avec ce que nous avons vu au sujet des plus grandes entreprises, autrement dit la majorité des exemples de ce livre. Whiting fut créé en 1896, c'est une entreprise qui a donc 75 ans. La société s'en est tenue fidèlement à son activité de fabricant de matériel de manutention tout au long des années. Willcox & Gibbs est une entreprise qui fut créée en 1866, et dont l'activité traditionnelle consistait à fabriquer des machines à coudre industrielles. La firme s'est lancée depuis dix ans dans une stratégie de diversification tous azimuts qui prit une forme bien spéciale. Si d'un côté tout s'est traduit par la création d'un très grand nombre de filiales (au moins 24), faisant toutes sortes de produits, vu d'un autre côté ce conglomérat d'activités ne semble pas significatif d'après les standards de Wall Street.
L'évolution des résultats de Whiting est classique des problèmes apparaissant de façon récurrente à Wall Street. Les chiffres démontrent une croissance régulière et non moins spectaculaire du BPA qui passa de 41 cents en 1960 à 3,63$ en 1968. Mais ils ne portaient pas l'assurance qu'une telle croissance se poursuivrait indéfiniment. Si la baisse marquée qui suivit, ramenant le BPA à 1,77$ sur l'année allant jusqu'en janvier 1971 pouvait être mis sur le compte du ralentissement général de l'économie, il n'empêche que le cours du titre réagit violemment en tombant de 60% entre ses plus hauts de 1968 à 43 1/2$ et son cours de clôture de 1969. Notre analyse indiquait que ce titre représentait un investissement sain et attractif pour une valeur secondaire. Il

Tableau 18-8 A. Cas N°8

	Whiting 969	*Willcox & Gibbs 969*
Cours au 31-12-1969	17.75	15.50
Nombre d'actions ordinaires	570,000	2,381,000
Valeur Boursière des actions	10,200,000	36,900,000
Dette	1,000,000	5,900,000
Actions Préférentielles		1,800,000
Capitalisation boursière totale	11,200,000	44,600,000
Valeur d'actif par action	25.39 $	3.29 $
Revenus	42,200,000 $	29,000,000 $
Résultat net avt elmnts exptnl	1,091,000	347,000
Résultat net après elmts exptnl	1,091,000	déficit (1,639,000)
Bénéfice par action, 1969	1.91 (octobre)	0.08 $ (a)
Bénéfice par action, 1964	1.90 (avril	0.13
Bénéfice par action, 1959	.42 (avril)	0.13
Taux de distribution de dividende	1.50	
Dividendes versés depuis	1954	(aucun depuis 1957)
Ratios:		
Cours/Bénéfices	9.3 X	très élevé
Cours/Valeur d'Actif	70.0 %	470.0 %
Rendement des Dividendes	8.4 %	
Bénéf Net/Ventes	3.2 %	0.10% a
Bénéfice/Valeur d'Acti	7.5 %	2.4 % a
Actif Circulant/Passif Exigible	3.0 X	1.55 X
Besoin Fds de Rlt/Dettes	9.0 X	3.6 X
Croissance des bénéfices par action		
De 1964 à 1969	constants	baisse
De 1959 à 1969	+354%	baisse

(a) Avant charges exceptionnelles.

constituait donc un produit adéquat pour un investisseur entreprenant et pouvait être intégré dans un groupe diversifié de produits semblables.

Suite et Fin...

Willcox & Gibbs enregistra une légère perte d'exploitation courante en 1970. Le prix du titre chuta sévèrement jusqu'à un bas de 4 1/2$, puis retourna à

Tableau 18-8 B. Performances prix et bénéfices sur 10 ans pour Whiting et Willcox & Gibbs

Année	*Whiting Corp.* Bénéfices Par Action(a)	Fourchette de Prix	*Willcox & Gibbs* Bénéfices Par Action	Fourchette de Prix
1970	1.81 $	22.5-16.2	.34 $	18.5-4.5
1969	2.63	37 -17.7	.05	20.6-8.7
1968	3.63	43.1-28.2	.35	20.1-8.3
1967	3.01	36.5-25	.47	11 -4.7
1966	2.49	30.2-19.2	.41	8 - 3.7
1965	1.90	20 - 18	.32	10.3-6.1
1964	1.53	14 - 8	.20	9.5 -4.5
1963	.88	15 - 9	.13	14 - 4.7
1962	.46	10- 6.5	.04	19.7-8.2
1961	.42	12.5 - 7.7	.03	19.5-10.5

(a) Année clôturée au 30 avril.

9 1/2$ en février 1971. Il était bien difficile de justifier ce prix d'après les statistiques financières et d'exploitation à notre disposition. Le titre Whiting avait subi une perte modérée en 1970 le ramenant à 16 3/4$. À ce prix-là, le titre s'échangeait seulement à la valeur de son actif circulant par action. Ses bénéfices ont bien résisté, enregistrant 1,85$ en juillet 1971. Début 1971, le cours reflua à 24 1/2$, un cours qui, sans plus être une affaire d'après nos standards, n'en demeurait pas moins raisonnable.

Observations générales

Les titres que nous avons utilisés dans ces comparaisons ont été choisis avec quelques arrière-pensées, ils ne peuvent donc être considérés comme étant le pur fruit du hasard. Nous avons aussi limité notre échantillon à des valeurs industrielles, ainsi n'apparaissent ni les distributeurs E,G & E, ni les transporteurs, ni les compagnies financières. Ceci étant, ces exemples sont assez différents en tailles respectives, champs d'activités, aspects qualitatifs et quantitatifs pour nous donner une idée non biaisée sur les multiples choix qui s'offrent à l'investisseur s'intéressant aux actions ordinaires.

Les relations entre prix et valeur estimée ont varié dans de grandes proportions d'un cas à l'autre. Dans la majorité des cas, les entreprises ayant démontré une meilleure croissance et une plus forte rentabilité se sont vendues à de plus forts multiples des bénéfices courants, ce qui paraît assez logique en général. Quant à savoir si les différentiels apparaissant sur les price earning ratios sont justifiés par les faits présents ou à venir, rien ne nous permet de l'affirmer avec une confiance inébranlable. Ceci dit, nous avons vu bon nombre de cas où nous pouvions tirer des jugements utiles. Il s'agit, par exemple, de tous ces cas mettant en scène une société dont l'activité montrait beaucoup de faiblesses et qui pourtant suscitait les convoitises du marché. De tels titres étaient non seulement très spéculatifs, autrement dit risqués, mais aussi, dans bien des cas, totalement surévalués par le marché. D'autres titres semblaient valoir plus que ne le suggéraient leurs cours car ils étaient affaiblis soit par une attitude négative de la part du marché, attitude que nous qualifierons de sous-spéculative ou passive, soit par un pessimisme exagéré provoqué par une baisse des résultats.

Sur le tableau 18-9, nous donnons un certain nombre de chiffres reprenant les fluctuations des cours sur un certain nombre de titres que nous avons couverts dans ce chapitre. Une majorité d'entre eux a subi de fortes baisses de 1961 à 1962, ainsi que de 1969 à 1970. Il est évident que chaque investisseur devrait être préparé à ce type d'accident qui peut apparaître à tout moment dans l'avenir. Sur le tableau 18-10, nous reprenons l'historique des prix annuels de l'action ordinaire McGraw-Hill pour la période 1958-1970. Nous remarquerons que chaque année ce titre a soit gagné, soit perdu, un tiers au moins de sa valeur par rapport à l'année précédente. Dans le cas de National General, les fluctuations de cette amplitude dans les deux sens pouvaient être décelées entre des périodes consécutives de deux années.

En étudiant la liste des actions S & P pour trouver matière à ce chapitre, nous avons été une fois de plus impressionnés par l'énorme différence qui existe entre, d'une part, les objectifs usuels d'une analyse de titres et, d'autre part, ceux de ces objectifs pouvant être qualifiés de fiables et utiles ou intéressants. La majorité des analystes de valeurs mobilières cherchera à sélectionner les valeurs qui donneront la meilleure performance dans le futur en fonction essentiellement de l'étude de leurs comportements boursiers respectifs et aussi de l'évolution de leurs résultats. Nous sommes très franchement sceptiques

Tableau 18-9. Les variations des cours de seize actions ordinaires (ajustées pour division de titre jusqu'en 1970)

	Fourchette de 1936 à 1970 ($)	Déclins de 1961 à 1962 ($)	Déclins de 1968-69 à 1970 ($)
Air Product & Chemicals	13.2 - 49	43.2-21.6	49 - 31.3
Air Reduction	9.3 - 45.7	22.5- 12	37 - 16
American Home Product	1 - 72	44.7 - 22	72 - 51.1
American Hospital Supply	.7 - 47.5	11.6- 5.7	47.5-26.7(a)
H & R Block	.25- 68.5		68.5-37.1(a)
Blue Bell	8.7-55	25 - 16	44.7-26.5
Internat Flavor & Fragance	4.7-67.5	8 - 4.5	66.3 -44.8
Internat Harvester	6.2-53	28.7-19.2	38.7-22
McGraw Edison	1.2 -46.2	24.3 -14 (b)	44.7-21.6
McGraw-Hill	.2 - 56.5	21.5- 9.2	54.6- 10.2
National General	3.6-60.5	14.8-4.7(b)	60.5 - 9
National Presto Industries	.5-45	20.6-8.2	45- 21.5
Real Estate Investment Trust	10.5-30.2	25.1-15.2	30.2-16.3
Realty Equities of N.Y.	3.7 -47.7	6.1 - 4.5	37.7- 2
Whiting	2.8-43.3	12.5- 6.5	43.3 -16.7
Willcox & Gibbs	4 -20.6	19.5-8.2	20.3- 4.5

(a) Plus haut et plus bas, l'un et l'autre en 1970.

(b) 1959 à 1960

Tableau 18-10. Les Grands Mouvements de McGraw-Hill d'une année à l'autre, 1958-1971 (a)

De	A	Avancées	Déclins
1958	1959	39 - 72	
1959	1960	54 - 109.7	
1960	1961	21.7- 43.1	
1961	1962	18.2- 32.2	43.1-18.2
1963	1964	23.3- 38.8	
1964	1965	28.3- 61	
1965	1966	37.5-79.5	
1966	1967	54.5-112	
1967	1968		56.2-37.5
1968	1969		54.6- 24
1969	1970		39.5- 10
1970	1971	10 -24.1	

(a) Prix non ajustés aux divisions de titres.

quant à la faisabilité d'une telle entreprise. Notre préférence, en ce qui concerne le travail d'un analyste, serait plutôt qu'il recherche ces cas exceptionnels et minoritaires pour lesquels il juge, avec suffisamment de confiance en ses calculs, que le prix du titre est bien inférieur à sa valeur. Il devrait être capable de faire ce travail avec assez de savoir-faire afin de délivrer des résultats moyens satisfaisants à long terme.

(1) Le lecteur se souvient (p.275) que AAA Enterprise a essayé de se développer dans ce secteur mais abandonna vite.

(2) NDE : Résultat économique brut = (valeur ajoutée moins charges de personnel)/ventes.

CHAPITRE 19

ACTIONNAIRES ET MANAGEMENT : POLITIQUE DE DISTRIBUTION DES DIVIDENDES

Depuis 1934, nous nous sommes fait fort, dans nos écrits, de défendre l'idée que les actionnaires ont tout intérêt à développer une attitude plus intelligente et dynamique face à l'équipe de management. Nous leur avons demandé d'exiger des explications honnêtes et complètes sur la gestion de l'entreprise quand les résultats sont moins bons qu'attendus. Nous leur avons aussi suggéré de soutenir toutes les actions cherchant à améliorer une équipe, ou à s'en débarrasser lorsqu'elle n'est pas à la hauteur de la tâche. Les actionnaires devraient se poser des questions sur la compétence du management lorsque les résultats sont :

1) soit insatisfaisants,
2) soit inférieurs à ceux d'autres entreprises se trouvant dans la même position concurrentielle,
3) soit la cause structurelle d'un mauvais comportement boursier de l'action.

Durant ces 36 dernières années, aucune action d'envergure et de qualité n'a été menée à bien par les actionnaires. Et de fait, quiconque se sentant l'âme d'un croisé et doté d'un minimum d'intelligence en tirerait la conclusion que se lancer sur de tels chemins est inutile. Mais la cause de la défense des actionnaires n'est pourtant pas une cause perdue car elle a été sauvée par un phénomène indépendant : celui des tentatives d'acquisitions ou d'OPAs inamicales. Nous avons affirmé au chapitre 8 qu'une équipe de gestionnaires médiocres entraîne des cours médiocres. Ces cours médiocres, à leur tour, vont susciter les convoitises de sociétés à la recherche de diversification externe bon marché, et elles sont nombreuses. Si un grand nombre de telles acquisitions s'est fait avec l'équipe en place, beaucoup d'autres ont été réalisées par accumulation sur le marché d'actions de la société visée débouchant sur une OPA lancée contre le management. Le prix offert se situe en général dans la fourchette d'estimation de la valeur de l'entreprise calculée dans l'hypothèse d'une gestion compétente. Ainsi dans ces cas, l'actionnaire passif est sorti par des outsiders qui sont, soit des entrepreneurs individuels, soit des groupes agissant pour leur propre compte.

On peut établir pour règle qui ne souffre que de peu d'exceptions qu'une équipe médiocre ne sera pas écartée par la volonté des actionnaires publics mais seulement par celle d'un groupe de contrôle homogène ou d'un seul homme. Cela est suffisamment fréquent de nos jours pour que le management (conseil d'administration inclus) de toute société cotée en Bourse comprenne bien que si les résultats d'exploitation et le comportement boursier du titre laissent à désirer, l'entreprise pourra faire l'objet d'une prise de contrôle réussie. À la suite de cette prise de conscience, les conseils d'administration ont mis plus de zèle qu'à l'accoutumée pour s'assurer (ce qui est pourtant leur devoir fondamental) que les dirigeants sont bien à la hauteur de la tâche. Ainsi, nous avons vu récemment beaucoup plus de démissions de directeurs que par le passé.

Malheureusement, toutes les sociétés mal gérées n'ont pû bénéficier de ces développements. De plus, ces départs sanctions ont généralement eu lieu après de trop longues années de mauvaise gestion, et ont dépendu essentiellement de la faiblesse des cours due au désintéressement du grand public. De telles situations ont encouragé des outsiders énergiques à prendre position sur ces titres. Ceci dit, croire que les actionnaires ont assez de pouvoir pour exercer une réelle influence sur la politique de l'entreprise ou sur la composition de l'équipe de management, est trop irréaliste pour que nous consacrions à l'idée plus de place dans ce livre. Les actionnaires individuels ayant assez d'énergie et de courage pour faire entendre leurs voix au cours des conseils d'administration, n'auront pas besoin de nos conseils quant au contenu des questions importantes à poser aux directeurs. Pour les autres, il est à parier que nos conseils ne serviraient pas à grand-chose. Néanmoins, permettez-nous de clore cette section par la supplique suivante. Que tous les actionnaires accordent la plus grande attention à toute proposition qui leur est soumise, au travers d'actions en pouvoir (1), par d'autres actionnaires cherchant à remédier aux difficultés de l'entreprise causées par la direction en place.

Les actionnaires et la politique de distribution des dividendes

La politique de distribution de dividendes a, dans le passé, été l'occasion de disputes fréquentes entre les actionnaires individuels et la direction. En général, les actionnaires appelaient de leurs vœux une politique de distribution de bénéfices plus généreuse, alors que les directeurs préféraient les garder dans l'affaire pour augmenter les fonds propres. Ils demandaient ainsi aux actionnaires de sacrifier leurs intérêts immédiats pour le bien de l'entreprise et pour leur véritable intérêt à long terme. Mais ces dernières années, l'attitude de l'investisseur face à la politique de distribution des dividendes a évolué de façon significative. La principale raison donnée pour justifier le paiement de faibles dividendes n'est plus que l'entreprise a besoin de cet argent, mais que cette politique servira de façon directe et immédiate l'intérêt des actionnaires qui participeront ainsi à l'expansion rentable de l'entreprise. Dans le passé, c'étaient souvent les entreprises en mauvaise posture qui étaient contraintes de garder leurs bénéfices plutôt que d'en distribuer une grande partie (60 à 70%) en dividendes. Mais il existait bon nombre de contre-arguments prétendant que les profits appartenaient à l'actionnaire, et lui étaient donc dus au moins dans le cadre des limites fixées par une saine gestion. Beaucoup d'actionnaires vivent sur ces versements; les revenus reçus en dividendes c'est de l'argent comptant, alors que l'on n'est pas sûr de voir réapparaitre plus tard les revenus non distribués sous la forme de valeur tangible pour les actionnaires. De tels arguments avaient une si grande force que les marchés développaient un biais positif persistant envers ceux qui avaient une politique généreuse de distribution des dividendes et désavantageaient les entreprises ne versant pas de coupon (2).

Sur ces vingt dernières années, la théorie vantant l'intérêt du réinvestissement des bénéfices a gagné du terrain. Ainsi, plus les investisseurs et les spéculateurs ont accepté facilement des politiques de faible distribution des dividendes, meilleures furent les performances de croissance des titres. Cela est si vrai, que dans le cas de bien des valeurs de croissance à la mode, les taux faibles de distribution, ou l'absence complète de dividendes, ne semblent plus avoir aucun effet négatif sur leurs cours.

Un exemple édifiant de ces développements peut être pris dans le parcours boursier de Texas Instrument Incorporated. Le prix de l'action simple est passé de 5$ en 1953 à 256$ en 1960 tandis que les revenus ont avancé de 43 cents à 3,91$ par action et qu'aucun versement de dividendes n'a été effectué pendant cette période. En 1962, les premières distributions de dividendes furent initiées, mais cette année-là les résultats étaient tombés à 2,14$ et le cours subit une chute sévère à 49$.

Un autre exemple extrême est donné par Superior Oil. En 1948, la compagnie publia des bénéfices de 35,26$ par action et versa 3$ de dividendes, alors que l'action valait 235$. En 1953 le dividende était réduit à 1$, par contre le titre s'échangeait alors à 660$. En 1967, aucun dividende ne fut payé ce qui n'empêcha pas le titre d'atteindre 2000$. Ce titre très particulier déclina ensuite à 795$ en 1962, pour 49 1/2$ de bénéfices par action, et 7 1/2$ de dividendes.

Le sentiment de l'investisseur est loin d'être uniforme sur cette question de politique de distribution des dividendes dans les entreprises de croissance. Des vues opposées sont bien illustrées par l'étude de deux de nos plus grandes entreprises : American Telephone & Telegraph et International Business Machines American Tel. & Tel. a historiquement été considéré comme un titre doté d'un fort potentiel de croissance, son multiple à 25 en 1961 le suggérait bien. Il n'empêche que la politique de distribution de dividendes de la société demeurait une considération de prime importance pour l'investisseur; les cours se ressentant de la moindre rumeur concernant par exemple une augmentation du taux de distribution. Comparativement, la politique de distribution de dividendes chez IBM ne parut pas attirer l'attention du marché. Après tout le titre n'avait qu'un rendement de 0,5% à ses plus hauts niveaux de 1960, et de 1,5% à sa clôture de 1970. Par contre pour les deux valeurs, les divisions des titres ont eu une influence sur les cours.

L'appréciation du marché sur la politique de distribution des dividendes dépend du facteur de croissance : dès lors que cet élément n'est pas essentiel, le titre est qualifié de valeur de revenus, et le taux de distribution garde alors son importance et devient la cause influente du comportement boursier. À l'autre extrémité, les titres largement acceptés comme des valeurs de croissance sont évalués essentiellement en termes de taux de croissance attendu sur les dix prochaines années, et le taux de distribution de dividendes est alors en grande partie négligé.

Alors que la dichotomie précédente décrit bien les tendances générales, elle n'est pas, et de loin, la grille applicable à toutes les situations et à une majorité de titres. D'une part, beaucoup de titres occupent une position intermédiaire entre valeur de croissance et valeur de rendement. Dans ces cas, il devient délicat de fixer l'importance relative que nous devrions attribuer au facteur croissance. De plus, l'appréciation que la Bourse en fera pourra changer radicalement d'une année à l'autre. Deuxièmement, il paraît quelque peu paradoxal d'exiger de la part d'entreprises démontrant une moins bonne croissance, d'être plus généreuses dans leurs politiques de distribution de dividendes. En effet, ces dernières sont en général les moins prospères. Autrefois, à l'inverse d'aujourd'hui, les espérances sur la progression des taux de distribution ou des versements étaient d'autant plus fortes que les compagnies étaient plus prospères.

Quant à nous, nous pensons que les actionnaires sont en droit d'exiger de l'équipe dirigeante, soit une politique de distribution normale (de l'ordre, disons, de 2/3), soit une démonstration claire et nette montrant que les profits réinvestis ont bien entraîné une croissance satisfaisante des bénéfices par action. Une telle démonstration est généralement possible dans le cas d'une valeur de croissance reconnue. Mais dans les autres cas, un faible taux de distribution entraîne souvent un prix moyen en Bourse au-dessous de la valeur intrinsèque. Dès lors, les actionnaires ont tout lieu de s'en plaindre.

Une politique de distribution mesquine est souvent imposée par une situation financière précaire, ou quand une entreprise a besoin de tous ses bénéfices (plus les amortissements) pour rembourser ses dettes et renforcer son fonds de roulement. Quand il en est ainsi, l'actionnaire n'a pas grand-chose à dire si ce n'est de critiquer la direction qui a laissé l'entreprise tomber si bas. Il n'empêche qu'il existe des cas où des entreprises relativement peu prospères ont diminué leurs dividendes dans le but avoué d'accroître leur activité. Nous pensons qu'une telle politique est à priori illogique, et qu'elle devrait être étayée par une explication sérieuse et convaincante avant que les actionnaires ne l'acceptent. Si on s'en tient aux performances passées, il n'y a pas de raison de croire que les actionnaires aient intérêt à financer une expansion sans changer de management, du moins dans le cadre d'un champ d'activité s'étant avéré non rentable.

Dividendes en actions et divisions de titres

Il est important que les investisseurs comprennent la différence existant entre un dividende en actions et une division de titres. La deuxième opération ne change pas la répartition du capital social puisqu'elle consiste en l'échange d'une action ancienne contre deux ou trois nouvelles. Ces actions nouvelles ne sont pas associées à des réserves précises provenant de résultats spécifiques du passé. L'objet d'une telle opération est simplement de permettre d'abaisser la valeur unitaire de l'action, car nous supposons qu'un cours plus bas recevra un meilleur accueil tant de la part des anciens que des nouveaux actionnaires. Une division de titre peut être réalisée au moyen :

1) d'une opération de versement de dividendes en actions mettant en jeu un transfert comptable des comptes de réserves sur des comptes de capitaux propres;
2) par un changement du pair (ou de la valeur nominale) des actions ordinaires, ce qui n'a aucun effet sur les comptes de réserves.

Ce que nous devrions appeler un dividende en actions n'est en fait que de nouvelles actions distribuées aux actionnaires. Elles sont la représentation tangible de certaines réserves qui ne sont autres que des revenus réinvestis dans l'entreprise dans un passé récent : disons un à deux ans. L'opération équivaut à un transfert de valeur d'un compte de réserves sur le compte de capitaux propres. Ainsi le montant d'un dividende en actions est peu important, en général pas plus de 5% (3). Un tel versement de dividendes en actions aura, par essence, le même effet que le versement de son équivalent en cash qui serait utilisé dans l'achat de nouvelles actions. Mais la première formule, celle du dividende en actions, a des avantages fiscaux importants sur la combinaison équivalente de versement d'argent avec droits de souscription. C'est pourtant cette dernière pratique que l'on retrouve très souvent chez les sociétés distributrices E,G & E américaines.

Le New York Stock Exchange a établi la règle des 25% pour faire la distinction entre des divisions de titres et des dividendes en actions. Tout versement de plus de 25% de la valeur par action n'aura pas besoin d'être accompagné de transfert spécifique d'un compte de réserves vers le compte de capital, et vice versa. Certaines sociétés, les banques en particulier, suivent toujours l'ancienne coutume de déclarer n'importe quel montant de dividendes en actions (par exemple d'un montant de 10% non lié à des réserves de bénéfices récents), ces firmes entretiennent ainsi une confusion financière néfaste.

Nous nous sommes fait depuis longtemps les avocats de la transparence au niveau des politiques de distribution de dividendes tant en argent qu'en titres. Si chacun s'en tient à ces règles de conduite, des dividendes en actions seront versés régulièrement pour capitaliser tout ou portion des résultats réinjectés dans l'entreprise. Une telle politique, couvrant 100% des bénéfices réinvestis, a d'ailleurs été suivie par Purex, Government Employées Insurance, et quelques autres entreprises.

Les dividendes en actions, quelle que soit la forme qu'ils aient revêtue, ont été désapprouvés par tous les chercheurs et universitaires ayant écrit sur le sujet. Ils prétendent que ce ne sont là que des morceaux de papier sans valeur, qui n'apportent rien de nouveau aux actionnaires et qui entraînent des frais inutiles. Cette opinion est pour nous absolument doctrinaire car elle passe complètement à côté des réalités pratiques et psychologiques de l'investissement. Exact, un dividende périodique en actions, disons de 5%, ne change que la forme de l'investissement pour l'actionnaire. Il se retrouve avec 105 actions au lieu de 100, mais, sans la distribution de dividendes en action, les 100 actions originales auraient quoiqu'il en soit représenté les mêmes intérêts que ceux qui appartiennent à ces 105 actions. Il n'empêche que ce changement de forme a une valeur indiscutable pour l'actionnaire. S'il désire encaisser la partie des bénéfices réinvestis qui lui appartient, il pourra le faire simplement en vendant les nouveaux certificats qui lui ont été distribués plutôt que d'avoir à casser ses actions originales. Ensuite, il peut compter recevoir le même rendement (taux de versement de dividendes en argent) sur ces 105 actions que sur les 100 précédentes, alors qu'un accroissement de 5% du rendement sur ses titres sans l'opération de distribution aurait été plus improbable.

Les avantages de cette pratique de versements périodiques de dividendes en actions sautent aux yeux quand on les compare à une autre pratique courante parmi les services publics, celle qui consiste à payer d'importants dividendes (en liquide) et à récupérer cet argent en vendant aux actionnaires de nouveaux titres au travers de droits de souscription. Comme nous l'avons déjà montré, l'actionnaire se trouverait dans la même position s'il avait reçu des dividendes en action au lieu de la combinaison courante de dividendes en liquide suivie de souscriptions d'actions; à une exception près : ils n'auraient pas eu à payer les impôts sur les dividendes reçus en liquide. Quant à ceux qui veulent ou désirent maximiser leurs revenus annuels en liquide sans nouvelles actions, ils obtiendront, en vendant leurs dividendes en action, le même résultat qu'en vendant leurs droits de souscription comme ils y sont habitués.

Le montant d'impôt qui pourra être économisé (en agrégat) par la simple substitution de dividendes en action à la place de dividendes en liquide plus droits de souscriptions, est tout simplement énorme. Nous exhortons toutes les sociétés de distribution E,G & E à le faire en dépit des conséquences négatives pour le Trésor Public. Nous sommes convaincus qu'il est complètement inéquitable d'imposer une double taxation des bénéfices qui ne sont pas reçus dans la pratique par les actionnaires, étant donné que l'entreprise récupère ces fonds par la vente de nouvelles actions.

Les entreprises performantes ne cessent de moderniser leurs locaux, leurs produits, leurs comptabilités, leurs programmes de formation du personnel, et leurs relations avec les employés. Peut-être serait-il temps qu'elles songent à moderniser aussi leurs pratiques financières et en particulier leurs politiques de distribution des dividendes.

(1) NDE : une "proxy fight" ou "action en pouvoir" est utilisée dans les entreprises américaines par un groupe d'actionnaires pour tenter de prendre le contrôle d'une entreprise mal gérée. Les actionnaires contestataires essaieront de convaincre la majorité des actionnaires que le management en place est

déficient et devrait être écarté et remplacé par de nouveaux directeurs. Si les actionnaires sont d'accord, ils signent des pouvoirs (proxy statement) donnant aux contestataires leurs droits de vote. Cette procédure de contrôle du management en place n'existe pas en France.

(2) Des études très poussées ont montré que dans le cas typique, un dollar payé en dividende avait jusqu'à quatre fois l'effet positif du dollar non distribué au niveau des cours. Cet élément est fort bien illustré par le comportement du groupe des sociétés de distribution E,G & E avant les années cinquante. Celles d'entre elles qui avaient une politique de faibles taux de distribution s'échangeaient avec de faibles multiples, elles se sont avérées être pourtant des achats particulièrement intéressants car elles ont par la suite augmenté leurs taux de distribution. Depuis 1950, les taux de distribution ont eu bien moins d'influence sur les cours des titres des sociétés de services publics.

(3) NDE : dans ce cas, un propriétaire de cent actions recevra 5 actions nouvelles.

CHAPITRE 20

CONCEPT ESSENTIEL POUR UNE DÉCISION D'INVESTISSEMENT : LA MARGE DE SÉCURITÉ

La légende dit que le grand sage réduisait l'histoire des mortels à cette simple phrase : "Et cela aussi passera." Face au défi aussi ambitieux auquel nous sommes confrontés pour distiller en trois mots les secrets de l'investissement sain, nous proposerions ces mots : MARGE DE SÉCURITÉ. C'est là le fil commun qui court tout au long de ce livre sur l'investissement, de façon plus ou moins explicite. Essayons maintenant de retracer rapidement ce concept dans le cadre d'une argumentation cohérente.

Tout investisseur expérimenté sait bien que l'idée de marge de sécurité joue un rôle déterminant dans ses choix de titres obligataires et d'actions préférentielles. Par exemple, une compagnie de chemins de fer devrait gagner cinq fois au moins sa charge financière (avant impôts) sur plusieurs années, avant d'être qualifié de valeur de première qualité ou "investment grade" chez les Américains. Cette capacité, établie dans le passé, à gagner nettement plus que ses charges financières, crée ce que l'on appelle une marge de sécurité sur laquelle l'investisseur peut compter pour le protéger contre une perte, même en cas de baisse des revenus nets de l'émetteur. (Cette marge au-dessus des charges diverses peut être appréhendée différemment, par exemple en prenant le pourcentage maximal de baisse des revenus ou des profits, permettant quand même d'absorber sa charge d'intérêt. Ceci étant, l'idée de base reste la même.)

L'acquéreur de titres obligataires ne s'attend pas à ce que les résultats de demain soient semblables à ceux d'hier, si c'était le cas il n'aurait pas besoin d'une bien grande marge de sécurité. Pas plus qu'il ne base l'essentiel de son jugement sur la question de savoir si les résultats futurs seront meilleurs ou pires que ceux du passé. Si c'était possible, il calculerait sa marge en fonction de projections précises des comptes d'exploitation à venir et pas en fonction des données historiques. La marge de sécurité remplit la fonction essentielle, à nos yeux, de nous laisser un droit à l'erreur tout en rendant inutile une estimation précise de l'avenir. Si la marge de sécurité est assez importante, alors il suffit d'admettre le fait que les revenus futurs ne tomberont pas bien plus bas que dans le passé pour avoir une protection suffisante contre les vicissitudes du temps.

La marge de sécurité des titres obligataires peut aussi être calculée en comparant la valeur totale de l'entreprise au montant de son endettement. (Un calcul du même genre peut être fait sur les obligations préférentielles.) Si une affaire doit 10 millions et vaut 30 millions, elle a assez de ressources pour se permettre de perdre deux tiers de sa valeur, au moins d'un point de vue théorique, avant que les détenteurs de titres obligataires n'aient à en pâtir. Le montant de cette marge, ou de cet amortisseur au-dessus de la dette, peut être évalué approximativement en utilisant le cours moyen des titres juniors, autrement dit les actions ordinaires, sur un certain nombre d'années. Ceci parce que les cours (en moyenne) sont liés à la capacité bénéficiaire (en moyenne aussi). Par conséquent, le calcul de la marge dégagée entre la valeur de l'affaire et ses dettes ainsi que celle des profits couvrant la charge de la dette mèneront dans la plupart des cas au même résultat.

Voilà pour l'application pouvant être faite de ce concept dans le cadre d'investissements sur des produits à revenus fixes. Peut-on l'élargir au domaine des actions ordinaires ? Oui, mais sous réserve de certaines modifications.

Il y a des cas où un investissement sur une action peut être qualifié de sain parce qu'il bénéficie d'une marge de sécurité aussi grande que celle qui peut être trouvée sur un bon titre obligataire. C'est ce qui arrive quand, par exemple, le flottant en actions ordinaires vaut, en période d'extrême sous-évaluation boursière, encore moins que ce que vaudrait une émission obligataire qui pourrait être placée en toute sécurité en se basant simplement sur la valeur des propriétés, biens et immobilisations, et de la capacité bénéficiaire de l'entreprise. C'était la situation commune à bon nombre de sociétés industrielles de qualité au plus bas des marchés de 1932-33. Dans ces cas-là, l'investisseur peut obtenir, à la fois, la marge de sécurité associée à des produits obligataires plus les potentiels de hausse (des bénéfices et de la plus-value du principal) inhérents aux actions ordinaires. La seule chose qui lui fera défaut sera partie du pouvoir légal qui protège les détenteurs d'obligations face au management, mais c'est marginal. Les actions ordinaires acquises dans de telles circonstances offriront un panachage idéal, bien que rare, entre sécurité et opportunité de profits. Pour prendre une illustration récente, nous pourrions parler du titre National Presto Industries qui se vendait pour une capitalisation totale de 43 millions de dollars en 1972. Enregistrant quelque 16 millions de dollars de bénéfices avant impôts, l'entreprise aurait facilement pu placer le même montant en émissions obligataires.

Dans le cas courant, celui d'actions acquises dans des conditions normales de marché, la marge de sécurité repose entièrement sur l'espoir de dégager une capacité bénéficiaire nettement supérieure aux taux courants de rémunération des obligations. Nous avons, au cours des éditions précédentes élucidé ce point avec les exemples chiffrés suivants :

Supposons dans le cas typique que la capacité bénéficiaire soit de 9% du cours de l'action et que le taux obligataire soit de 4%, ainsi l'actionnaire aura un surplus annuel cumulatif de 5% en sa faveur. Une partie de ce surplus lui sera payé en rendement (dividendes) et même s'il le dépense, il devra être réintégré dans son calcul de retour sur investissement total. Le solde non distribué sera réinvesti dans l'affaire. Dans bien des cas, de tels revenus réinvestis n'apporteront pas autant en capacité bénéficiaire et donc en valeur au titre. (C'est la raison pour laquelle le marché est réfractaire à une évaluation des bénéfices réinvestis aussi généreuse que celle des bénéfices distribués.) Pourtant, si on prend en compte tous les éléments, il y a une corrélation assez forte entre la croissance des réserves (au travers des bénéfices réinvestis) et la croissance de la valeur de l'entreprise.

Sur une période de dix années, l'excédent moyen de la capacité bénéficiaire d'une action sur le rendement d'une obligation peut s'accumuler au point de représenter 50% du prix payé. Un tel chiffre est suffisant pour offrir une réelle marge de sécurité. C'est cette dernière qui, en cas d'apparition de conditions défavorables, permettra d'éviter ou d'amoindrir la perte. Si une telle marge est présente sur une quelconque liste de 20 actions diversifiées ou plus, les probabilités de résultats favorables dans des conditions normales d'affaires deviennent très fortes. Voilà pourquoi toute politique consistant à investir sur un ensemble d'actions représentatives ne nécessite pas des qualités particulières de perspicacité ou de prévoyance pour être menée à bien. Si les achats sont passés à des niveaux moyens de marché (pris sur une longue période), les prix payés devraient être suffisamment bas pour permettre de dégager une marge de sécurité adéquate. Les dangers pour les investisseurs sont, soit de concentrer leurs achats sur des niveaux trop élevés des marchés, soit d'acquérir des actions non représentatives et qui portent plus que leur part de risque de voir tomber leurs capacités bénéficiaires.

Comme nous le voyons, tout le problème de l'investissement en actions dans les conditions actuelles (1972), repose sur le fait (pour ce qui est du cas typique) que la capacité bénéficiaire induite par les prix est aujourd'hui bien inférieure à ces 9%. Faisons l'hypothèse que nous pouvons arriver à nous concentrer sur les multiples faibles, et que dans le cadre d'un investissement dans une entreprise industrielle, l'investisseur puisse acquérir des titres à 12 fois leurs résultats récents (ce qui correspond à une capacité bénéficiaire de 8,33% ou 1/12). Avec un rendement de 4%, l'investisseur aura donc 4,33% de ces gains réinvestis dans l'affaire pour son compte. Même sur ces bases-là, l'excédent de la capacité bénéficiaire de l'action sur le rendement de l'obligation serait encore trop limité pour constituer une marge de sécurité adéquate. Voilà pourquoi nous pensons qu'à ce jour, il existe des risques bien réels à détenir des actions, même dans le cadre d'une liste diversifiée de titres de qualité. Le risque peut être balancé par les potentiels de profit de la liste, il se peut même que l'investisseur n'ait pas d'autres choix. Nous voulons dire que dans le cas contraire il courait un risque plus grand encore : celui de ne détenir que des titres à revenus fixes remboursables en dollars sans cesse dépréciés. Il est de l'intérêt de l'investisseur de reconnaître, et d'accepter aussi philosophiquement que possible, que le choix d'actions offrant de belles opportunités de profit à peu de risques, n'existe maintenant plus alors qu'il existait autrefois.

Le risque de payer trop cher un titre de qualité ne représente pas le principal danger auquel se trouve confronté l'actionnaire moyen. L'observation des marchés nous a, depuis longtemps, appris que le gros des pertes provient d'achats de titres de faible qualité en périodes économiques propices. Dans cet environnement, l'investisseur aura tendance à apprécier les bons résultats courants comme une vraie capacité bénéficiaire et à assumer le fait que prospérité est synonyme de sécurité. C'est pendant ces époques que des obligations et des actions préférentielles de mauvaise qualité peuvent être vendues au grand public autour du pair, tout simplement parce qu'elles portent une petite prime de rendement ou un privilège de conversion plutôt trompeur. C'est aussi en ces temps bénis que des titres ordinaires d'entreprises obscures sont placés à des prix nettement supérieurs à leur valeur d'investissement tangible. Cela seulement grâce à la force donnée par deux ou trois années de bonne croissance.

Ces titres n'offrent pas une marge de sécurité adéquate, quel que soit le sens donné au terme. La couverture des charges d'intérêt et des dividendes préférentiels doit être testée sur un grand nombre d'années, en incluant les périodes de récession comme les années 1970-71. Il en est de même pour les bénéfices par action si nous voulons qu'ils soient bien des indicateurs de capacité bénéficiaire. Il s'en suit que tous ces investissements en période faste, acquis à des prix intégrant beaucoup d'optimisme, sont destinés à subir de belles déprimes de cours quand les nuages apparaîtront à l'horizon, ce qui arrivera toujours plus tôt qu'on ne le pense. Et alors, l'investisseur ne pourra plus compter sur un rétablissement éventuel (même si c'est possible) car il n'aura plus aucune marge de sécurité qui soutiendra le titre en cas d'adversité.

La philosophie de base des investissements dans des valeurs de croissance va en partie dans le même sens que le concept de la marge de sécurité, et en partie carrément à l'opposé. L'acquéreur d'une valeur de croissance base son jugement sur l'espoir de voir la capacité bénéficiaire attendue de l'avenir être supérieure à la capacité bénéficiaire moyenne enregistrée dans le passé. Il peut donc prétendre substituer dans son calcul de la marge de sécurité ces résultats escomptés aux performances passées. Dans la théorie de l'investissement, rien n'indique qu'une estimation prudente des résultats futurs soit un guide moins fiable que le simple enregistrement du passé. De fait, l'analyse financière s'oriente de plus en plus vers une évaluation du futur pourvu qu'elle soit menée à bien avec toutes les compétences requises. Ainsi, l'approche du principe de croissance pourrait fournir un calcul de la marge de sécurité aussi sûr que l'approche classique (à condition que les projections soient faites de façon conservatrice, et à condition que ces calculs décèlent une marge suffisante par rapport au prix payé.)

Mais le danger, dans un programme d'investissement sur les valeurs dites de croissance, repose précisément là. En effet, quand il s'agit de titres très convoités, le marché a tendance à fixer des prix qui ne seront pas correctement protégés en fonction de projections prudentes des résultats futurs. (Une règle de base de gestion prudente est pourtant que toutes les estimations, quand elles s'éloignent des performances passées, devraient abonder, au moins un peu, dans le sens de la sous-estimation.) La marge de sécurité est toujours fonction du prix payé. Elle sera confortable à un prix donné, faible à un prix plus élevé, et carrément inexistante à un prix encore plus élevé. Si, comme nous le suggérons, les cours de la majorité des valeurs de croissance sont trop élevés pour offrir une marge de sécurité adéquate à l'acquéreur, alors une simple stratégie de diversification parmi ces valeurs de croissance ne fera pas plus l'affaire. Un très haut niveau de prévoyance et de juste appréciation seront indispensables pour que les investisseurs intelligents puissent pallier les risques inhérents de la sélection de tels titres sur les marchés habituels.

La logique du concept de marge de sécurité est encore plus évidente lorsqu'on l'applique au domaine des bonnes affaires autrement dit des titres sous-évalués. Nous aurons dans ces cas, grâce à la spécificité de tels titres, une forte différence positive entre le prix demandé d'une part et la valeur estimée d'autre part. Cette différence représente la marge de sécurité. Elle servira à absorber les risques d'erreurs, de calcul ou de malchance. L'acquéreur de ces bonnes affaires attache grand cas à la capacité que l'investissement aura à encaisser de mauvaises nouvelles ou de mauvaises conjonctures. Dans la plupart des cas, l'investisseur n'aura nul besoin de développer des sympathies particulières ou un enthousiasme spécial pour l'affaire choisie. Il est vrai, néanmoins, que si les perspectives sur un titre sont pessimistes, il préférera alors éviter le titre et cela malgré son faible prix. L'univers des titres sous-évalués est formé d'une majorité d'entreprises dont les perspectives économiques n'apparaissent ni particulièrement prometteuses, ni particulièrement sombres. Si ces derniers sont acquis en tant que bonnes affaires, alors même une baisse modérée de leur capacité bénéficiaire n'empêchera pas l'investissement de s'avérer satisfaisant. Et la marge de sécurité aura gagné sa raison d'être.

Théorie de la diversification

Il y a une relation étroite entre la logique du concept de marge de sécurité et celle du concept de diversification. Les deux principes sont liés. Même acquise avec une marge de sécurité, une valeur individuelle peut mal tourner. La marge ne garantit qu'une chose : l'investissement a plus de chance de donner une plus-value qu'une moins-value mais il n'y a pas de certitude. Au fur et à mesure que le nombre de ces engagements augmente, il devient de plus en plus probable que le cumul des profits sera supérieur au cumul des pertes. C'est sur de telles règles statistiques que repose par exemple tout le système des assurances dommages.

La diversification est un principe établi de l'investissement conservateur. Son acceptation universelle est également le signe de l'acceptation du principe voisin de marge de sécurité. Nous pouvons illustrer cette logique de manière plus explicite en prenant l'exemple de la roulette de casino. Si quelqu'un parie 1 dollar sur un chiffre (une case) de la roulette, il gagnera 35 dollars si le chiffre sort, mais il n'aura qu'une chance sur 37 de gagner. Il a donc une marge de sécurité négative. S'il parie simultanément un dollar sur chaque case (y inclus celle du 0 et du double 0), il sera sûr de perdre 2 dollars à chaque tour de roulette. Supposez un instant que le gagnant reçoive 39 dollars au lieu de 35. Il aura alors une petite marge de sécurité positive. Par conséquent, plus il prendra de paris et plus il aura de chances de gagner. Et il est assuré de gagner 2 dollars à chaque tour de roulette en pariant simplement 1 dollar sur toutes les cases. (Incidemment, les deux exemples que nous venons de donner reprennent les positions respectives des joueurs et de la banque au casino).

La différence entre investissement et spéculation

Étant donné qu'il n'existe pas une définition de l'investissement qui soit acceptée universellement, les autorités financières peuvent définir ce concept comme bon leur semble. Beaucoup se refusent à voir des différences utiles ou fiables entre les concepts de spéculation et d'investissement. Nous pensons qu'une telle attitude est dangereuse. Cela est nuisible car c'est pencher dans le sens des instincts naturels poussant les gens vers l'excitation et les plaisirs de la spéculation boursière. Nous suggérons que le concept de marge de sécurité soit utilisé de façon utile comme pierre de touche permettant de faire la distinction entre une opération d'investissement et une opération spéculative. Il est évident que beaucoup de spéculateurs sont persuadés que les chances sont en leur faveur, et ils peuvent donc prétendre avoir une marge de sécurité bâtie dans leurs jeux boursiers. Chacun a l'intuition qu'il faut acheter lorsqu'il le fait et chacun pense qu'il est meilleur que les autres, ou que son conseiller ou son système est plus digne de confiance que celui du voisin. De telles prétentions sont purement gratuites. Elles reposent sur un jugement subjectif qui ne peut être étayé par aucune preuve ou aucun raisonnement concluant. Nous doutons fortement que celui qui joue de l'argent sur sa conviction que le marché va monter ou baisser, puisse être considéré comme protégé par une quelconque marge de sécurité, quel que soit le sens donné à l'expression.

À l'opposé, le concept de marge de sécurité pour l'investisseur, comme nous l'avons vu plus haut, repose sur un raisonnement mathématique simple et précis tiré de données statistiques. Nous pensons aussi qu'il est fort bien étayé par l'expérience tirée de la pratique de l'investissement. Rien ne garantit que cette approche fondamentale et quantitative continuera à enregistrer des résultats favorables dans les conditions inconnues du futur. Mais pareillement, rien n'incite non plus au pessimisme sur ce point.

Ainsi, l'un dans l'autre, nous affirmons que pour parler de véritable investissement il faut qu'il y ait une indiscutable marge de sécurité. Nous qualifions d'indiscutables des marges qui peuvent être mises en évidence chiffres à l'appui par un raisonnement qui se tient, ou à la lumière de l'expérience des marchés.

L'extension du concept d'investissement

Pour compléter notre discussion sur le principe de la marge de sécurité, il nous faut faire maintenant la distinction entre les formes d'investissement conventionnelles et non-conventionnelles. Les investissements conventionnels sont les plus appropriés pour les portefeuilles classiques. Sous ce label nous trouvons toujours les obligations d'État U.S et les actions de première qualité payant des dividendes. Nous avons ajouté les obligations municipales pour ceux qui peuvent bénéficier de leurs exemptions fiscales. Nous incluons, par ailleurs, les obligations industrielles de première qualité quand, comme c'est le cas aujourd'hui, elles offrent un taux suffisamment supérieur à celui des obligations d'État.

Les formes d'investissement non conventionnelles sont celles qui ne sont appropriées que pour un investisseur entreprenant. Elles couvrent un vaste champ. La catégorie la plus courante est celle des actions ordinaires sous-évaluées d'entreprises secondaires que nous conseillons à l'achat quand elles peuvent être acquises aux deux tiers au plus de leurs valeurs indiquées. En outre, il y a souvent un grand choix d'obligations industrielles de catégorie ou de qualité moyenne et d'actions préférentielles qui s'échangent à des prix si déprimés qu'elles sont accessibles à très fort rabais sur leur valeur apparente. Dans ces cas-là, l'investisseur serait enclin à considérer ces investissements comme spéculatifs, car dans son esprit, ils ne font pas partie de ces investissements de première catégorie, les seuls dignes de porter le qualificatif d'investissement.

Nous soutenons l'argument prétendant qu'un prix suffisamment faible peut transformer une valeur mobilière de qualité médiocre en saine opportunité d'investissement, étant acquis que l'acquéreur est assez expérimenté et informé, et qu'il ne mise pas tout sur le même titre. Car, si le prix est assez bas il pourra dégager une marge de sécurité substantielle, et devenir d'après nos critères un investissement de qualité. L'illustration que nous préférons est tirée des obligations immobilières. Dans les années vingt, des milliards de dollars se sont portés sur ces titres vendus au pair et recommandés comme des investissements de qualité. Une grande partie de ces papiers avaient si peu de marge de sécurité (différence entre valeur et coût de la dette) que ce seul point les rendait particulièrement spéculatifs. Pendant la Grande Dépression des années trente, un grand nombre de ces émissions suspendirent le paiement de leurs intérêts et leurs prix se sont effondrés, allant parfois jusqu'à moins de 10 cents par dollar. Les mêmes conseillers qui en avaient recommandé l'achat au pair, les rejetaient maintenant comme des papiers de la pire espèce spéculative, alors que la baisse de leurs cours les rendait extrêmement intéressants et raisonnablement sûrs. À ces nouveaux prix, leurs cours ne représentaient plus que le quart ou le cinquième de leur valeur tangible.

Malgré leur apparence d'achat spéculatif, ces obligations partageaient pourtant les caractéristiques de qualité et de marge de sécurité des investissements conventionnels vendus à leur juste prix. Leur potentiel de profit spéculatif n'était autre que la récompense obtenue pour avoir fait un investissement particulièrement perspicace. Ces occasions peuvent fort bien être qualifiées d'opportunités d'investissement dès lors qu'il est évident, après analyse, qu'elles dégagent une importante marge de sécurité. Ainsi, ce type d'investissements qui en périodes fastes et d'optimisme injustifié sont sources de graves pertes pour l'acquéreur naïf, sont à même d'offrir de nombreuses opportunités de profit à l'opérateur avisé qui saura les acheter plus tard à bon prix.

Le domaine des situations spéciales entre aussi dans la définition que nous donnons des opérations d'investissement. Ici l'achat est toujours motivé par une analyse poussée qui laisse espérer une valeur de vente bien plus grande que le prix payé. Là encore, nous trouvons des facteurs de risque spécifiques à chaque situation dont il a été tenu compte dans les calculs et qui sont répartis dans le résultat global d'une opération correctement diversifiée.

Pour porter cette discussion à son terme logique, nous pourrions aller jusqu'à suggérer qu'une opération d'investissement défensive puisse être nouée en achetant des éléments aussi intangibles que peuvent l'être des option-warrants sur actions à conditions qu'ils s'échangent à des cours extrêmement bas. (Cet exemple est donné pour choquer). Toute la valeur de ces warrants repose sur la possibilité de voir l'action support dépasser un jour le prix d'exercice de l'option. À l'achat ils n'ont aucune valeur d'exercice. Et pourtant, étant donné que tout investissement s'estime en fonction d'espérances futures raisonnables, il est correct d'envisager la valeur de ces warrants en terme de probabilité de réalisation du scénario où un marché haussier futur permettra de créer une forte hausse sur leur valeur intrinsèque. Une étude de ce type peut fort bien aboutir à la conclusion qu'il y a beaucoup plus à gagner qu'à perdre sur une telle opération. Si tel est le cas, il y a bien une marge de sécurité incorporée dans cette forme de titre ne possédant pourtant aucun attribut de propriété. Un investisseur assez entreprenant pourrait fort bien inclure une opération sur option-warrants dans sa sélection d'investissements non conventionnels (1).

En résumé

L'investissement sera d'autant plus intelligent qu'il sera traité professionnellement. Il est toujours étonnant de voir combien d'hommes d'affaires capables tentent d'opérer à Wall Street en oubliant tous les principes simples du succès qu'ils ont appliqués avec bonheur dans leurs propres affaires. Pourtant, il n'existe pas un titre d'entreprise qui ne puisse pas être étudié d'abord comme un intérêt de propriété, ou une créance sur une entreprise précise. Et si un individu cherche à investir en Bourse, il se lance bien dans une entreprise comme une autre qui devra être gérée en accord avec les grands principes de gestion des sociétés.
Le premier de ces principes, le plus évident aussi, est le suivant : "Sachez ce que vous faites, connaissez bien votre business". Cela veut dire pour l'investisseur : n'essayez pas de dégager des bénéfices d'entreprise sur vos investissements, autrement dit un retour sur investissement supérieur aux revenus normaux des intérêts ou des dividendes, à moins que vous ne connaissiez aussi bien la valeur des titres que celle des marchandises que vous fabriquez.
Un second principe dans les affaires est : "*Ne laissez personne s'occuper de vos affaires à votre place, à moins que*

1) vous puissiez superviser sa performance avec suffisamment de soins et de savoir-faire ou
2) que vous ayez des raisons assez fortes pour faire confiance à ses capacités et à son intégrité."

Ce sont ces règles qui, chez l'investisseur, détermineront s'il peut déléguer ses pouvoirs ou non.

Troisième principe en affaires : "*Ne vous lancez pas dans une opération de fabrication ou de commercialisation d'un produit si un calcul digne de foi ne vous laisse pas espérer un profit raisonnable. En particulier, restez à l'écart des affaires où vous avez peu à gagner et tout à perdre.*" Pour l'investisseur entreprenant, tout cela veut dire que ses espoirs de profit devraient être basés non pas sur l'optimisme mais sur des calculs. Pour tout investisseur, cela veut dire que lorsqu'il se limite dans sa rentabilité à un taux faible (comme le rendement d'une obligation industrielle ou d'une action préférentielle) il doit exiger la preuve que le risque de pertes substantielles sur l'investissement (ou le principal) est inexistant.

Cette quatrième règle des affaires est plus positive : *"Ayez le courage de vos connaissances et de votre expérience. Si vous avez tiré vos conclusions à partir de faits et si vous savez que votre jugement est sain, agissez, même si d'autres hésitent ou remettent à plus tard."* Que la foule soit en désaccord avec vous ne vous donne ni raison ni tort. Vous avez raison parce que vos informations et votre raisonnement sont bons. De même, dans le monde des marchés financiers, le courage devient l'ultime vertu, une fois qu'une connaissance adéquate et un bon jugement éprouvés par les faits sont à votre disposition.

Fort heureusement pour l'investisseur moyen, il lui est possible dès lors qu'il limite ses ambitions à ses capacités et qu'il restreint ses activités au champ sûr et étroit des investissements défensifs standard, de tirer des résultats satisfaisants de ses investissements. C'est plus facile que beaucoup ne l'imaginent. Par contre, en tirer des résultats supérieurs est bien plus difficile qu'il n'y paraît.

Post-scriptum

Nous connaissons fort bien deux associés qui ont dédié leur vie à gérer leur argent et celui des autres. Ils ont appris d'expérience et parfois dans la douleur qu'il valait mieux être sauf et prudent plutôt que de s'essayer à gagner le gros lot. Ils ont mis au point une approche originale de l'investissement en titres qui permettait d'associer opportunités de profit et bon rapport qualité-prix. Ils se tenaient à l'écart de tout ce qui paraissait surévalué et se débarrassaient rapidement des titres qui étaient montés trop haut pour rester intéressants. Leurs portefeuilles étaient bien diversifiés et toujours composés d'au moins cent titres divers. En s'y prenant ainsi ils s'en sont bien tirés malgré les hauts et les bas de la Bourse. Ils gagnaient annuellement quelque 20% en moyenne sur les dizaines de millions de dollars qu'ils géraient, et leurs clients avaient tout lieu d'être satisfaits de leurs résultats.

L'année où la première édition de ce livre fut publiée, il fut proposé à nos associés d'acquérir un intérêt industriel de 50% dans une affaire de croissance. Pour une raison quelconque, cette industrie n'avait pas à l'époque les faveurs de Wall Street et beaucoup de banques d'investissement refusèrent cette offre. Nos deux associés étaient pourtant fort impressionnés par le potentiel de l'entreprise. L'élément déterminant fut que le prix demandé était modéré par rapport aux bénéfices courants et à la valeur des actifs. C'est ainsi qu'ils se sont engagés sur une acquisition qui allait représenter pourtant un cinquième des fonds qu'ils géraient. Ils devinrent très étroitement associés à cette nouvelle affaire, laquelle prospéra rapidement. Tout marcha si bien, que le prix des parts fut multiplié par plus de 200 par rapport à leur coût d'acquisition. La hausse des parts distança vite la progression des profits, et très vite les cours parurent bien trop élevés à nos partenaires, une fois ramenés à leurs standards habituels d'investissement. Mais, étant donné qu'ils considéraient cette opération comme une affaire de famille, ils décidèrent cependant de ne pas se dégager malgré l'énorme avancée des cours. Un grand nombre de leurs clients firent de même, et ils devinrent tous millionnaires grâce à ce seul investissement.

De façon assez ironique, il s'avéra que les profits découlant de cette unique décision d'investissement ont très largement dépassé la somme de tous les autres qui ont été enregistrés en vingt ans sur un très grand nombre d'opérations dans diverses catégories d'investissements, impliquant de nombreuses enquêtes, des pondérations sans fin et un nombre incalculable de décisions individuelles d'investissement.

Y a-t-il des morales à tirer de cette histoire pour l'investisseur intelligent ? L'une, évidente, est qu'il y a plusieurs voies à Wall Street permettant de faire et de conserver beaucoup d'argent. Une autre, moins évidente, est qu'un coup de chance ou une décision suprêmement perspicace (peut-on différencier d'ailleurs l'une de l'autre ?) peut rapporter plus qu'une vie d'efforts quotidiens (2). Mais derrière la chance, ou la décision cruciale, il existe en général tout un environnement de préparation et de talent discipliné. Il faut aussi être suffisamment établi et reconnu, pour que de telles opportunités frappent à votre porte. De plus, il faut être pourvu de moyens de discernement et de courage pour savoir saisir cette chance.

Bien sûr, nous ne pouvons pas promettre une expérience aussi heureuse à tout investisseur intelligent qui aurait su rester à la fois alerte et prudent pendant de longues années. Nous n'allons pas clore ce livre par le slogan de J.J. Raskob dont nous nous sommes gentiment moqués au début : "Tout le monde peut être riche", mais les possibilités intéressantes d'enrichissement abondent sur la scène financière, et l'investisseur intelligent et entreprenant devrait être capable de trouver à la fois du plaisir et des profits dans ce monde. Les émotions sont garanties.

(1) Cet argument est défendu par Paul Hallingby, Jr, dans "Spéculative Opportunités in Stock-Purchase Warrants" Analyst's Journal, 3ième trimestre 1947.

(2) La vérité exige que nous admettions que cette transaction faillit ne pas aboutir car les associés voulaient l'assurance que le prix d'achat était bien couvert à 100% par la valeur des actifs. C'est ainsi que les plus-values à venir de 300 millions$ et plus, dépendaient de discussions sur quelque 50.000$ de comptes d'actifs. C'est purement par chance qu'ils ont obtenu ce qu'ils voulaient, et que l'affaire s'est enfin conclue.

APPENDICES

1. Le Super-investisseur de Graham-and-Doddsville

Par Warren Buffett

Note de l'Éditeur : Cet article est tiré d'un discours donné à la Columbia University en 1984 pour commémorer le cinquantième anniversaire de la parution du livre Security Analysis, *écrit par Benjamin Graham et David L. Dodd. Cet ouvrage fut le premier à présenter les concepts qui furent vulgarisés plus tard dans* The Intelligent Investor. *Le discours de Buffett offre une fascinante étude sur la façon dont les disciples de Graham ont exploité sa philosophie de l'investissement par la valeur pour obtenir un succès phénoménal en Bourse.*

L'approche de Graham en matière d'analyse de titres (rechercher des titres ayant une marge de sécurité significative par rapport à leurs prix) est-elle démodée ? Aujourd'hui, beaucoup de professeurs d'université dans leurs ouvrages nous disent que oui. Ils prétendent que les Bourses sont efficientes; autrement dit, que les prix des actions reflètent tout ce qui est connu tant des perspectives futures des entreprises que de l'état des économies. Il n'y a pas de titres sous-évalués, prétendent ces théoriciens, car il existe une multitude d'analystes financiers capables qui mettent à profit toute l'information connue pour permettre l'émergence, sans risque d'erreur, du juste prix. Quant à ceux qui semblent, année après année, battre le marché, c'est juste parce qu'ils ont de la chance.

"Si les prix reflètent pleinement toute l'information disponible, ce type d'habileté est hors de question," écrit l'auteur d'un de ces livres de façon péremptoire. Eh bien, oui, peut-être. Mais j'aimerais vous présenter un groupe d'investisseurs qui ont réussi, plusieurs années de suite, à obtenir de meilleures performances que le Standard & Poor's 500 stocks index. L'hypothèse que seul le hasard les a aidés mérite d'être examinée. Il faut savoir, tout de même, que tous étaient des personnes que je connaissais bien et que je considérais comme de grands investisseurs depuis longtemps. En l'absence de cette condition, autrement dit si j'avais récemment passé en revue des milliers de performances individuelles pour sélectionner les quelques noms que je vous présente ce matin, je serais le premier à reconnaître que ce n'est pas la peine que vous m'écoutiez plus longtemps. Je préciserai que toutes les performances présentées ont été soumises à des audits complets. J'ajouterai aussi que j'ai connu beaucoup de ceux qui ont fait confiance à ces gérants, et que les chèques, que ces derniers ont bel et bien tirés, correspondaient bien aux états de performances qui ont été dressés.

Avant que nous ne commencions cet examen, j'aimerais que vous vous imaginiez un concours national de pile ou face. Supposons que nous demandions à 225 millions d'Américains, demain matin, de jouer un dollar à pile ou face. Au lever du soleil, ils se lèvent et placent tous leurs paris. Chaque perdant donnera un dollar au gagnant. Tous les jours, les perdants sont sortis de la compétition et les gagnants remettent en jeu tous leurs gains le lendemain. Au dixième jour, il restera quelques 220.000 Américains qui auront correctement parié dix fois de suite. Chacun d'eux aura déjà gagné un peu plus de 1000$.

Voyons, la nature humaine étant ce qu'elle est, il est prévisible que ces gagnants commenceront à se faire mousser. Même s'ils demeurent modestes, il n'est pas exclu qu'à l'occasion de réceptions, ils se vantent auprès de membres de l'autre sexe de la belle intuition dont ils ont fait preuve à ce jeu.

En supposant que les gagnants continuent à gagner tout l'enjeu, il ne faudra pas plus de 10 jours pour que se dégagent 215 individus ayant gagné 20 fois de suite et, ce faisant, ayant transformé un dollar en un million de dollars. Globalement 215 millions$ auront été perdus et 215 millions gagnés.

À ce moment, il est probable que les heureux élus commenceront à perdre la tête. Ils se mettront à écrire des livres du genre “Comment ai-je gagné en 20 jours, 1 million de dollars avec 1 dollar en poche et en n'y passant pas plus de trente secondes par jour.” Pire encore, ils organiseront conférences et séminaires dans tout le pays sur l'art du pile ou face, s'en prenant aux sceptiques et aux scientifiques en déclinant sur tous les modes un argument du genre : “Comment se fait-il, si c'est impossible, que nous soyons 215 à y être arrivés ?”

C'est alors que des professeurs d'écoles de gestion nous rappelleront, sarcastiques, que si 225 millions d'orangs-outangs s'étaient engagés sur le même challenge, le résultat aurait été le même : 215 orangs-outangs à l'ego démesuré parce qu'ils auraient gagné 20 fois de suite.

De tout cela, je dirais que les exemples que je vais vous soumettre diffèrent sur biens des points de la parabole précédente car,

a) si vous aviez pris 225 millions d'orangs-outangs représentatifs de la population américaine,
b) s'il ne restait que 215 gagnants après 20 jours,
c) et vous vous rendiez compte que 40 d'entre eux provenaient d'un même zoo à Omaha (1),

vous penseriez bien avoir découvert quelque chose. La première chose que vous feriez, serait d'aller voir le gardien du zoo et de l'interviewer sur les habitudes des orangs-outangs : que mangent-ils, font-ils des exercices précis, quels livres ont-ils lus et Dieu sait quoi encore. Autrement dit, si vous déceliez une concentration extraordinaire de succès, vous chercheriez d'abord à savoir si ces succès ne partagent pas une même caractéristique ou un facteur commun pouvant être la cause de cette concentration.

Une analyse scientifique suivrait naturellement une telle méthodologie. Si vous essayez d'étudier les causes possibles d'une forme rare de cancer, avec disons 1500 cas par an aux USA, et que cela vous mène à trouver que 400 cas ont été décelés dans une même petite communauté minière du Montana, vous vous intéresseriez immédiatement à l'analyse de l'eau courante, à l'occupation de ceux qui sont affectés par la maladie et à bien d'autres paramètres. Vous savez de façon sûre qu'une telle concentration de cas n'est pas le fruit du hasard. Ainsi, vous ne connaîtriez peut-être pas la cause mais vous sauriez dans quelle direction chercher.

Je me permets de soumettre à votre sagacité le fait qu'il y a bien des manières de définir une origine autre que géographique. On peut citer, en particulier, une même origine intellectuelle. Je pense que vous ne tarderez pas à découvrir qu'un nombre disproportionné de joueurs gagnants dans le monde de l'investissement sont originaires d'un bien petit village intellectuel que j'appellerai Graham-and-Doddsville. L'origine d'une concentration qui ne peut être simplement expliquée par le hasard peut être retrouvée dans ce village intellectuel particulier.

Il existe pourtant des hypothèses qui ôteraient toutes significations à cette concentration. Après tout, on pourrait imaginer que sur ces 215 individus, une centaine n'aient fait qu'imiter les paris passés par une personnalité particulièrement persuasive. Qu'il joue pile, et nos cent suiveurs joueraient pile aussi... Et si ce leader était un de nos 215 qualifiés, le fait que 100 d'entre eux proviennent d'une même origine intellectuelle ne prouverait plus rien. Vous ne feriez que ramener cent cas à un seul. De même, supposons que nous vivions ici aux USA dans une société très patriarcale où, par simplicité, tout foyer serait composé de 10 membres. Prétendons aussi que cette culture patriarcale soit si forte, que sur les 225 millions de joueurs du premier jour, tous les membres d'un même foyer suivraient le pari du chef du foyer. Maintenant, si après 20 jours nous nous retrouvons avec 215 gagnants, nous nous rendons compte qu'ils sont issus de 21,5 foyers différents. Les naïfs prétendront alors que ce résultat est la preuve que le succès du pile ou face est explicable par l'hérédité, ce qui est bien sûr une absurdité. En fait l'explication est qu'au lieu de nous retrouver avec 215 gagnants nous nous retrouvons avec 21,5 familles gagnantes distribuées parfaitement au hasard.

Pour en revenir à notre groupe d'investisseurs individuels auquel je me réfère, il y eut un patriarche intellectuel commun : Ben Graham. Mais dans ce cas, les enfants qui sont partis très tôt de ce foyer intellectuel, ont joué à pile ou face tout à fait indépendamment et ont fait des paris fort différents les uns des autres. Ils ont suivi des chemins divers, acheté et vendu des valeurs différentes et pourtant leur performance combinée est tellement bonne qu'elle ne peut être mise sur le compte de la chance. Elle ne peut certainement pas être expliquée par le fait qu'ils passent les mêmes paris que leur leader. Ici, le patriarche a simplement élaboré la théorie intellectuelle permettant de prendre des décisions, mais chaque étudiant décida d'appliquer cette théorie à sa façon.

Le fil intellectuel commun partagé par tous les investisseurs venant de Graham-and-Doddsville est le suivant : ils recherchent tous des différences entre la valeur d'une affaire et le prix de chacune des pièces de l'affaire fixé par le marché. Ils ne font qu'exploiter ces différences, sans trop se soucier de ce que disent les théoriciens des marchés efficients, sans se préoccuper d'acheter le lundi plutôt que le vendredi, ou de savoir si on est en janvier ou en juillet etc... Est-il utile de préciser que lorsque des hommes d'affaires achètent des sociétés, ce que font exactement nos investisseurs à la Graham & Dodd au travers des Bourses, ils se moquent bien d'intégrer dans les paramètres dictant leurs décisions le jour ou la semaine ou l'année pendant laquelle la transaction aura lieu. S'il nous est égal de savoir quel jour une affaire est achetée, je suis alors très étonné de voir combien de chercheurs et d'universitaires investissent autant de temps et d'efforts pour décider quand il faut acheter ces affaires en pièces détachées. Est-il utile de préciser que nos investisseurs à la Graham & Dodd ne s'intéresseront ni aux bêtas des actions, ni aux modèles de Sharp ou de Markowitz, ni à la covariance des rentabilités entre les titres. Ces sujets ne les intéressent absolument pas, et je pense que nombre d'entre eux auraient même du mal à définir tous ces termes. Ces investisseurs se concentrent exclusivement sur deux paramètres : le prix et la valeur de l'affaire.

Je suis toujours également étonné de voir le nombre d'études consacrées à l'observation des comportements des prix ou des volumes et de toutes ces astuces qui passionnent les chartistes. Pouvez-vous vous imaginer un seul instant décider d'acquérir une affaire parce que son prix a fortement augmenté la semaine dernière ou il y a deux semaines ? Il est évident que la raison pour laquelle ces études de prix et de volumes se sont multipliées, c'est qu'à l'ère des ordinateurs il devient facile de manipuler toutes les statistiques de marchés. Et ce n'est pas forcément parce que ces études offrent un intérêt quelconque qu'elles se sont multipliées, c'est plus prosaïquement que les données sont là et que les chercheurs ne se sont épargnés aucun effort pour obtenir la compétence mathématique nécessaire pour en faire usage. Une fois ces compétences acquises, n'est-ce pas un péché de ne pas les exploiter ? Quant à savoir si un tel usage offre un intérêt quelconque, et ne représente pas un danger; je rappellerai ce que disait souvent un de mes vieux amis : "Pour un homme qui tient un marteau, tout ressemble à un clou".

Je pense que ce groupe qui appartient à la même chapelle intellectuelle, mérite une étude sérieuse. D'ailleurs malgré le nombre de recherches universitaires portant sur l'étude de variables comme les prix, les volumes, les variations saisonnières, la capitalisation et autres pour expliquer les performances des actions, aucune ne s'est chargée d'étudier les méthodes utilisées par ce groupe atypique de gagnants appartenant tous à l'école des investissements par la valeur.

Je commencerai cette étude de performances en revenant à un groupe de quatre individus ayant travaillé ensemble à la Graham-Newman Corporation entre 1954 et 1956. Nous n'étions que quatre, vous voyez donc que ces noms n'ont pas été choisis parmi des milliers. Je m'étais proposé de travailler pour rien chez Graham-Newman après avoir suivi un de ses cours. Pourtant Graham refusa mon offre de services disant que j'étais surévalué. Il prenait ce machin de valeur particulièrement à cœur ! Après pas mal de tergiversations, il se résolut enfin à me prendre avec lui. Graham-Newman était alors composé de trois associés, et de nous quatre qui avions le rang de simples assistants. Nous sommes tous partis entre 1955 et 1957, l'époque où l'agence fut fermée. Il m'a été possible de retrouver les performances d'investissement de trois d'entre nous.

Le premier exemple est celui de Walter Schloss. Walter n'est jamais allé en fac, mais il prit un jour un cours du soir avec Ben Graham. C'était en 1955 et depuis, il réalisa en l'espace de 28 ans des performances époustouflantes.

Voilà ce que dit Adam Smith de Walter dans son livre *Supermoney* (1972) après que je le lui ai présenté :

Il n'a pas de relation, aucun accès privilégié à l'information, pratiquement personne ne le connaît à Wall Street et personne ne l'aide. Dans les livres et les rapports annuels qu'il étudie, il ne s'intéresse qu'aux chiffres; c'est à peu près tout ce qu'il fait ! Après qu'il me l'eut présenté (Schloss), Warren m'avait dit : "Il n'oublie jamais qu'il gère de l'argent qui ne lui appartient pas, ce qui ne fait que renforcer l'aversion qu'il a de perdre." Il est d'une intégrité totale et il connaît parfaitement ses limites. Pour lui l'argent et les titres sont plus que du papier, c'est pour cela qu'il est attiré par le concept de marge de sécurité.

Walter est le champion de la diversification, il n'est pas inhabituel qu'il détienne plus de 100 titres simultanément en portefeuille. Il sait parfaitement comment identifier ces titres qui se vendent beaucoup moins cher que la valeur qu'ils représentent auprès d'opérateurs industriels. Il s'en tient à cela. Il se fiche bien de savoir si on est en janvier, si c'est lundi, ou si c'est une année d'élections. Tout ce qu'il dit c'est que si une affaire vaut 1 dollar et qu'il peut l'acheter pour 40 cents, il ne peut lui arriver que de bonnes choses. Il a beaucoup plus d'actions que moi, et il est bien moins intéressé que je ne le suis par la nature des affaires qu'il détient. Pour tout dire, cela n'a pas l'air de beaucoup l'influencer. Là est d'ailleurs l'une de ses forces : rien ni personne ne semble l'influencer.

Notre deuxième exemple est celui de Tom Knapp, qui a aussi travaillé chez Graham-Newman avec moi. Tom est sorti de Princeton un diplôme de chimie en poche juste avant d'être envoyé à la guerre. Lorsqu'il en revint, il était devenu un vrai zonard des plages. C'est alors qu'un beau jour, il apprit que David Dodd allait donner un cours du soir à Columbia. Tom suivit ce cours en auditeur libre, et ce qu'il y apprit l'intéressa tellement qu'il s'inscrivit dans la foulée à la Columbia Business School où il obtint un MBA. Il suivit alors de nouveau le cours de Dodd ainsi que celui de Graham. Il y a quelque temps, alors que je préparais cet exposé, j'appelai Tom au téléphone pour vérifier certains points avec lui. Je le retrouvais encore une fois à la plage mais la plage, maintenant, lui appartenait !

En 1968, Tom Knapp et Ed Anderson, un autre disciple de Graham, ainsi que deux autres individus issus de la même école de pensée, ont formé Tweedy, Browne Partners; leurs performances de gestion sont impressionnantes. Tweedy, Browne enregistra ces performances avec beaucoup de diversification. Le cabinet prenait occasionnellement le contrôle des affaires qu'il portait en portefeuille. Ceci étant, la performance sur portefeuille passif est aussi bonne que celle obtenue sur les affaires contrôlées.

Le troisième membre de ce groupe (NDE : l'auteur), forma en 1957 le Buffett Partnership. Il eut certainement raison d'en partir en 1969. Depuis lors, d'une certaine manière sa nouvelle structure opérationnelle Berkshire Hathaway fut la continuité de ce partnership. Aucun indice individuel de performance n'est à mon avis suffisant pour juger complètement des résultats de Berkshire. Ceci étant, quel que soit l'indicateur retenu, sa lecture sera toujours bonne.

Le Séquoia Fund était géré par un homme que j'ai bien connu en 1951 dans le cours de Graham : Bill Ruane. Ce fonds enregistra une rentabilité brute annuelle capitalisée de 18,2% entre 1970 et 1984, alors que l'appréciation moyenne du S & P 500 Index ne fut que de 10%. Le parcours de Ruane fut plutôt original : après être sorti de la Harvard Business School, il immigra à Wall Street. C'est là qu'il réalisa qu'il lui manquait la pratique de l'investissement. Il prit pour cette raison le cours de Ben à la Columbia, c'est là que nous nous sommes rencontrés. Ses performances, enregistrées entre 1951 et 1970 sur des fonds relativement peu importants, sont bien supérieures à la moyenne. Quand je travaillais à la mise en route du Buffett Partnership, je proposai à Bill de lancer un autre fonds pour s'occuper de l'argent des associés, c'est ainsi que démarra le Séquoia Fund. Il le lança au plus mauvais moment, alors que je décidai de me retirer du marché. Il débuta sur une Bourse à deux vitesses, ce qui représente les conditions de travail les plus difficiles qui soient en terme de performance comparative pour l'investissement à la valeur. C'est avec plaisir que je dois reconnaître qu'au vu des résultats, cela n'empêcha pas mes partenaires de lui renouveler leur confiance en le dotant de fonds supplémentaires.

Il n'y a aucun jugement a posteriori ici. Bill a été le seul gérant que je me sois permis de recommander à mes partenaires. J'aimais dire à l'époque que s'il gagnait annuellement quatre points de plus que le Standard & Poor's, ce serait une fort bonne performance. Bill fit bien mieux, bien qu'il en vint à gérer des sommes de plus en plus importantes ce qui rend les choses d'autant plus difficiles. La taille du fonds est un facteur clef pour la performance, aucun doute là-dessus. En clair, plus vous grandissez et plus vos performances doivent se rapprocher de la moyenne. Et si jamais vous en veniez à gérer deux mille milliards de dollars, ce qui est la capitalisation boursière de l'ensemble des Bourses mondiales, je ne pense pas qu'alors vous parviendriez à faire mieux que la moyenne !

Je pourrais ajouter que les performances que nous avons passées en revue ont été obtenues sur des portefeuilles fort différents et sans duplications. Tous ces hommes sélectionnent les titres de leurs portefeuilles lorsque des contradictions apparaissent entre le cours et la valeur, ceci étant ils font leur sélection très différemment les uns des autres. Les investissements les plus lourds ont été portés chez Walter sur les outsiders des pages financières tels que Hudson Pulp & Paper et Jeddo Highland Coal ou New York Trap Rock Company et bien d'autres titres de la même renommée. La sélection de Tweedy Browne est tombée à un plus faible niveau encore en termes de notoriété. Par contre, Bill s'est concentré sur les grands noms. Les doublons entre ces portefeuilles n'ont pas été très fréquents. On est loin de l'histoire où l'un fait le jeu et cinquante autres s'empressent de le suivre.

Le cinquième exemple est celui d'un de mes amis, diplômé en droit d'Harvard, qui fut longtemps à la tête d'un important cabinet d'avocats. Quand je l'ai retrouvé en 1960 je lui ai dit que le droit c'est bien pour les loisirs mais qu'il y avait mieux à faire pour utiliser son temps. Et de fait, il ne tarda pas à lancer un fonds de gestion qui se situe à l'opposé de ce que fit Walter. Son portefeuille était composé de très peu de titres et par conséquent ses performances furent bien plus volatiles, néanmoins ses choix étaient eux aussi dictés par le concept d'achat à discount par rapport à la valeur. Il s'accommodait fort bien d'une plus grande fluctuation des résultats, c'était d'ailleurs un garçon dont les penchants psychologiques l'entraînaient à rechercher toujours une plus grande concentration. Ses résultats furent époustouflants (rendement annuel de 19.8% de 1962 à 1975 alors que le D.J n'a progressé que de 5%). À propos, ces performances sont celles de Charlie Munger, mon vieux complice de Berkshire Hathaway. À l'époque où il gérait son partnership, ses participations étaient presque complètement différentes des miennes ou de celles des autres personnes dont nous avons parlé.

Ensuite, j'aimerais reprendre les performances d'un garçon qui fut l'ami de Charlie Munger, encore un homme qui n'était pas issu du sérail des business schools, mais diplômé de USC (University of Southern California) en mathématiques. Il travailla après la fac pour IBM où il fut vendeur d'ordinateurs des années durant. Après que j'ai réussi à passer le virus à Charly, ce dernier le lui refila. Je veux parler de Rick Guerin. Rick enregistra de 1965 à 1983 une performance composée de 22.200%, contre un gain de 316% pour le Standard & Poor's sur la même période. Différence qu'il considère comme statistiquement significative, mais peut-être est-ce simplement parce qu'il lui manque le bagage intellectuel donné par une bonne business school !

Ouvrons ici une parenthèse : j'ai toujours été surpris que l'idée consistant à chercher à acheter un billet d'un dollar pour 40 cents, arrive à prendre immédiatement chez les gens ou pas du tout. C'est comme une inoculation. Si elle ne prend pas tout de suite, vous avez beau faire tous les efforts et montrer toutes sortes de preuves, elle ne prendra jamais. Il semble que certains n'arrivent tout simplement pas à appréhender le concept. Un confrère comme Rick Guerin, qui n'a aucune instruction financière, comprend tout de suite une approche orientée sur la valeur et peut l'appliquer en cinq minutes. Je n'ai jamais connu personne qui se soit converti progressivement à cette approche. Et il semblerait que cela n'ait rien à voir avec le quotient intellectuel ou le niveau d'instruction universitaire. C'est instantané ou ce n'est pas !

Si nous reprenons la performance de Stan Perlmeter, nous voyons que le partnership qu'il dirigea enregistra un gain de 4277% de 1965 à 1983 soit 23% en rentabilité annuelle capitalisée contre 7% pour le Dow Jones. Stan est un diplômé des Beaux-Arts de l'Université du Michigan et fut longtemps un associé dans l'agence de publicité Bozell & Jacobs. Il se trouve que nos bureaux respectifs sont dans le même immeuble à Omaha. C'est en 1965 donc qu'il se rendit compte que j'avais un meilleur métier que lui et qu'il décida de laisser tomber la publicité. Là encore, il ne fallut pas plus de cinq minutes à Stan pour qu'il se convertisse à l'approche par la valeur.

Perlmeter n'a pas les mêmes titres dans son portefeuille que Walter Schloss, ou bien que Bill Ruane. Toutes ces performances sont parfaitement indépendantes les unes des autres. Mais chaque fois que Perlmeter achète une action c'est parce qu'il obtient plus pour son argent que ce qu'il paie. C'est la seule chose qui l'intéresse. Il ne s'intéresse pas aux projections trimestrielles des résultats, il ne regarde pas les prévisions pour l'année, il ne se préoccupe pas de savoir quel jour ou quelle semaine il achète, il ne lui importe aucunement de connaître ce que pensent les départements de recherche financière de Wall Street, il ne porte aucune attention au *momentum* des prix ou des volumes, ou à quoi que ce soit d'autre... Il se demande simplement : combien vaut l'affaire ?

Je vous parlerai enfin des performances tout à fait exceptionnelles de deux fonds de pensions dont je me suis occupé. Je ne les ai pas choisis à partir de douzaines de fonds pour lesquels j'aurai pu avoir mon mot à dire; non, ce sont les seuls fonds que j'ai influencés. Dans les deux je n'ai fait qu'encourager leurs sociétés de gestion respectives à faire appel à des gérants partageant l'approche d'investissement par la valeur. Extrêmement peu de fonds de pension sont dirigés d'un point de vue de valeur. Le premier était le fonds de pension des salariés du Washington Post. Il était géré par une grande banque il y a quelques années, et j'ai suggéré au comité qu'il ferait mieux de sélectionner un manager ayant une orientation par la valeur.

Depuis lors, leurs performances générales les placent dorénavant dans le premier centile (un pourcent) de l'univers de comparaison composé de plusieurs centaines de fonds de pension. Le Post demanda aux gérants de conserver au moins 25% de la valeur du fonds en obligations, ce qui n'était pas forcément leur choix. Ainsi, leurs performances décomptent l'amortisseur de la composante en obligations, alors que ces gérants n'avaient jamais prétendu avoir d'expérience particulière dans ce domaine. Malgré ce handicap, ils se retrouvaient dans le premier centile de tous les fonds gérés. Si cette performance ne prend pas en compte beaucoup d'années, elle est le résultat de très nombreuses décisions d'investissement prises par trois gérants, qui là encore, n'ont pas été identifiés rétroactivement.

Le tableau de performances du fonds de pension de la FMC Corporation est tout aussi éloquent. Si je ne gère pas un seul centime de ce fonds, je suis à l'origine du choix de leurs gérants qui ont tous une approche de l'investissement par la valeur. Ils se retrouvent dorénavant classés en tête dans le guide des performances de fonds de pension édité par Becker qui classe des fonds comparables sur la même période. L'an dernier, ils avaient fait appel à 8 gérants en titres ayant au moins un an d'ancienneté chez eux. 7 d'entre eux avaient enregistré une performance cumulée supérieure à celle du Standard & Poor's, et l'ensemble avait une performance pour l'année supérieure au S & P. La différence nette entre la performance moyenne de l'univers des fonds et la performance réelle du FMC se montait, en cumul sur la période et les sommes gérées, à 243 millions de dollars. FMC l'explique uniquement par le critère retenu pour la sélection des gérants. Si ces managers ne sont pas forcément ceux que j'aurais sélectionnés, ils ont un dénominateur commun : celui de sélectionner leurs titres sur la base de la théorie de la valeur.

Ces performances sont donc celles de joueurs de pile ou face venant tous de Graham-and-Doddsville. Je ne les ai pas sélectionnées a posteriori parmi mille. Ce n'est pas comme si je récitais la liste des gagnants du loto dont je n'avais jamais entendu parler avant le tirage. J'ai sélectionné ces hommes il y a des années, seulement sur la base de leur philosophie d'investissement. Je savais ce qu'on leur avait enseigné et j'avais de plus une connaissance directe de leur intellect, de leur caractère et de leur tempérament. Il est essentiel que chacun comprenne que ce groupe a encouru des risques bien moindres que la moyenne. Il suffit de voir pour cela leurs bonnes performances les années où le marché était baissier. Bien que ces gérants aient pu avoir des styles différents, ils font toujours comme s'ils achetaient une affaire, pas une action. Certains d'entre eux achètent d'ailleurs à l'occasion toute l'affaire. Bien plus souvent, ils n'en achètent que des parts. Leurs attitudes, qu'ils achètent tout ou partie, sont les mêmes. Certains détiennent des portefeuilles de centaines de titres, d'autres préfèrent se concentrer sur une poignée de titres. Mais tous exploitent les différences existant entre le cours et la valeur intrinsèque de l'affaire.

Je suis convaincu qu'il y a de nombreuses lacunes sur le marché. Et que les investisseurs de Graham & Doddsville n'ont fait que combler les fossés qui s'étaient creusés entre le cours et la valeur. Car le prix des titres peut être influencé à Wall Street par un instinct grégaire. Quand on sait que le cours coté n'est que le prix marginal déterminé suivant les cas soit par l'opérateur le plus cupide soit par le plus anxieux ou le plus déprimé; il est difficile de prétendre que le marché fixe les prix de façon rationnelle. De fait les prix de marché n'ont bien souvent aucun sens.

Je voudrais signaler un fait important concernant le couple risque rentabilité. Il est des cas où les éléments de risque et de rentabilité sont liés de façon positive. Si quelqu'un venait à me dire : j'ai un pistolet avec un barillet à 6 balles et j'y ai mis juste une balle. Voulez-vous faire tourner le barillet et tirer ? Si vous survivez, je vous donnerai 1 million de dollars; je pense que je déclinerais son offre, prétextant peut-être que ma vie vaut plus que cela. Il pourrait alors m'offrir 5 millions pour tirer la gâchette deux fois. Ainsi nous aurions une corrélation positive entre le risque et la récompense !

L'exact opposé est vrai quand il s'agit d'investissement à la valeur. Si vous achetez un billet d'un dollar pour 60 cents, cela est plus risqué que si vous l'achetiez pour 40 cents. Pourtant l'espérance de récompense est plus grande dans le deuxième cas que dans le premier. Plus le potentiel de gain est important en gestion de portefeuille par la théorie de la valeur, et moins le risque est important.

Prenons un exemple court. En 1973, le Washington Post Co pouvait être acquis en bourse pour 80 millions de dollars. Le même jour, vous auriez pu vendre ses actifs à plus de dix acheteurs potentiels pour un minimum de 400 millions de dollars, et certainement bien plus. Des titres comme le Washington Post ou Newsweek, et plusieurs stations de télévision servant des marchés porteurs appartenaient à la société. Ces mêmes propriétés valent au bas mot 2 milliards de dollars aujourd'hui. Ainsi ceux qui les auraient acquises pour 400 millions de dollars, savaient parfaitement ce qu'ils faisaient.

Ceci étant, si le cours de l'action avait chuté plus encore de façon à ce que la capitalisation tombe à 40 millions de dollars au lieu de 80 millions de dollars, son bêta aurait mathématiquement augmenté. Et pour ceux qui pensent que le bêta mesure le risque, ce meilleur prix n'aurait rendu l'investissement que plus risqué. C'est Alice au Pays des Merveilles ! Je n'ai jamais compris pourquoi il est plus risqué d'acheter 400 millions de dollars d'actifs à 40 millions de dollars plutôt qu'à 80 millions de dollars.

Il vous faut aussi acquérir le savoir-faire vous rendant capable de mener à bien I estimation de la valeur de l'affaire. Cette dernière n'a pas besoin d'être au centime près. C'est ce que Benjamin Graham voulait dire en parlant de marge de sécurité. Vous ne chercherez pas à acquérir des affaires valant 83 millions de dollars pour 80 millions de dollars. Vous vous octroierez une marge beaucoup plus large. Si vous envisagez de construire un pont supposé soutenir des charges de 30 tonnes, vous ferez en sorte qu'il puisse supporter jusqu'à 60 tonnes de charge. Ce même principe est utilisé dans le monde de l'investissement.

En conclusion, les plus cyniques d'entre vous se demanderont bien pourquoi j'écris un tel article. Car plus il y aura de convertis à l'approche de la valeur et plus cela réduira l'écart entre cours et valeur. Je ne peux que vous dire que le secret est connu maintenant depuis 50 ans, époque où Ben Graham et David Dodd ont écrit *Security Analysis*. Pourtant, je n'ai pu déceler aucune recrudescence de l'utilisation de cette forme d'investissement, et cela fait 35 ans que je suis à Wall Street. C'est comme s'il y avait chez l'homme un trait pervers qui l'encouragerait à rendre difficiles les choses les plus faciles. Le monde universitaire, pour ne parler que de lui, s'est rétracté chaque fois qu'il fut question depuis trente ans d'enseigner les méthodes d'investissement par la valeur, et il est probable que cela continuera dans l'avenir. Les navires peuvent faire le tour de la terre, cela n'empêchera pas le Cercle des Adorateurs de La Terre Plate de prospérer. Il y aura pour longtemps encore, d'énormes écarts entre le cours et la valeur sur les marchés, et ceux qui auront lu leur Graham & Dodd continueront à prospérer.

(1) NDE : l'école d'investissement basée sur les méthodes de Ben Graham et comptant Warren Buffett comme chef de file est aussi appelée "école d'Omaha". Berkshire Hathaway, le véhicule d'investissement de W. Buffett, est domicilié dans cette ville du Middle West.

2. LA NOUVELLE SPÉCULATION BOURSIÈRE

Présentation de Benjamin Graham lors de la Convention annuelle de la National Fédération of Financial Analysts Societies, mai 1958.

Je vais tâcher de vous exposer le fruit de nombreuses années d'expérience à Wall Street. Une des caractéristiques de la vie des marchés est que l'arrivée récurrente de nouvelles conditions est un challenge continu à la valeur de l'expérience. En effet, ce qui distingue l'économie, la finance et l'analyse de titres des autres sciences appliquées, c'est qu'ici personne n'est jamais sûr de la validité des phénomènes passés pour expliquer le présent et l'avenir. Cependant, il nous est interdit de rejeter les leçons du passé au moins avant de les avoir étudiées et comprises. Mon propos aujourd'hui est justement de comprendre ces leçons dans un domaine bien particulier : celui tentant de dévoiler l'évolution historique de certaines relations qui ont trait à nos attitudes respectives face aux activités d'investissement et de spéculation.

Laissez-moi commencer par vous faire un résumé de ma théorie. Dans le passé la composante spéculative d'une action d'entreprise était exclusivement fonction de la société elle-même. Elle émanait soit des incertitudes inhérentes à la vie économique, soit du potentiel de faiblesse ou de force du secteur d'activité, soit enfin de la position concurrentielle de l'entreprise étudiée. Ces éléments d'incertitude ou de spéculation existent toujours aujourd'hui, mais on peut dire que leur importance relative s'est sensiblement amenuisée avec l'arrivée d'un certain nombre de nouveaux éléments. À l'opposé des éléments précités, les nouvelles causes d'incertitude n'émanent plus, de nos jours, de l'entreprise ou de l'économie. Elles proviennent d'attitudes et de comportements nouveaux qui se sont développés chez le grand public et chez leurs conseillers, en particulier dans notre profession, celle d'analystes financiers. Ces attitudes peuvent être décrites en une seule phrase : le plus grand cas accordé dorénavant aux espérances futures.

Rien ne peut paraître plus logique à cet auditoire que de penser qu'une action de société doive être estimée essentiellement en fonction de ses performances futures attendues. Et pourtant ce concept, qui paraît simple et limpide à première vue, cache bien des paradoxes et bien des pièges. D'abord, il obscurcit beaucoup la distinction que nous faisions autrefois entre une opération d'investissement et de spéculation. Le dictionnaire nous dit que spéculer vient du latin spécula autrement dit un guet ou une vigie. C'était donc le spéculateur qui guettait les évolutions futures et les voyait venir avant les autres. Mais de nos jours si l'investisseur est plein de discernement ou bien conseillé, il doit aussi guetter le futur, ou plutôt il devra partager son guet côte à côte avec le spéculateur.

Deuxièmement, nous nous rendons compte de façon générale que de plus en plus, les firmes dotées des meilleurs attributs d'investissement (meilleur niveau de crédit) sont celles qui auront le plus de chances d'attirer un grand intérêt spéculatif car tout le monde pense qu'un avenir brillant leur est garanti.

Troisièmement, le concept de perspectives futures, et plus particulièrement l'attitude qui consiste à croire que la croissance sera prolongée dans l'avenir, est une invitation à l'utilisation de formules mathématiques complexes afin de calculer la valeur actualisée des titres favoris de la Bourse. Mais la combinaison de formules précises et d'hypothèses vagues pourra toujours être utilisée pour établir, ou plutôt pour justifier, n'importe quel niveau de prix dès qu'il s'agira d'un titre de qualité. C'est justement ce raisonnement qui explique, de façon paradoxale, qu'en y regardant de plus près, il n'existe aucune valeur (ou fourchette de valeurs) minimale sur laquelle on puisse compter pour soutenir le cours d'une valeur de croissance quelle qu'elle soit. On peut donc craindre qu'il arrive parfois que le marché n'évalue la composante de croissance d'un titre qu'à un niveau extrêmement bas.

Pour en revenir à ma distinction entre les anciens et nouveaux attributs à caractère spéculatif des actions, nous pourrions les définir au moyen de deux termes bizarres mais bien pratiques, ceux d'endogènes et d'exogènes. Laissez-moi vous décrire rapidement la valeur spéculative typique d'autrefois (à opposer au titre à caractère d'investissement) en prenant ces exemples d'American Can et de Pennsylvania Railroad de 1911 à1913 (1).

Sur ces trois années-là, Penn cota entre 53$ à 65$ ou en multiples entre 12,2 à 15 fois les résultats moyens de la période. Pendant cette période, l'entreprise enregistra des profits stables, versa un dividende sûr de 3$, l'investisseur savait que le cours était soutenu par la valeur comptable nette de ses actifs tangibles à 50$. À l'opposé, le prix d'American Can eut de plus amples fluctuations entre 9$ et 47$. Ses bénéfices ont fluctué entre 7 cents et 8,86$. Son ratio de prix sur les résultats moyens à trois ans oscilla entre 1,9 fois et 10 fois; le titre ne payait aucun dividende et l'investisseur sophistiqué disait alors que la valeur déclarée des actifs à 100 dollars par action ne représentait que du vent (2). American Can était sans conteste une valeur hautement spéculative car l'entreprise était financée de façon spéculative et elle opérait dans un secteur fluctuant et incertain. En fait, American Can avait un avenir à long terme bien plus brillant que celui de Pennsylvania Railroad, mais ces perspectives étaient loin d'être suspectées par les spéculateurs et les investisseurs de l'époque. Même dans le cas où elles l'auraient été, il est probable que ces perspectives n'auraient eu aucun effet sur les cours car elles étaient considérées comme non pertinentes d'après les critères et les programmes d'investissement de l'époque.

Maintenant, pour vous faire sentir l'évolution des mentalités en ce qui concerne l'importance donnée aux perspectives à long terme dans les évaluations des investisseurs, je voudrais prendre pour exemple l'une des plus importantes sociétés industrielles du pays, IBM, qui l'an dernier a intégré le cercle exclusif des entreprises ayant un chiffre d'affaires supérieur au milliard de dollars. Laissez-moi avant, ouvrir une parenthèse personnelle au sujet d'IBM. En 1912, j'ai quitté la fac durant un semestre pour participer à un projet de recherche dans une société de transport de colis express : la U.S Express Company. Nous cherchions à évaluer les bénéfices que pouvait tirer l'entreprise de l'utilisation d'une machine révolutionnaire permettant de calculer automatiquement tous les barèmes des envois express. Pour cela, nous utilisions des machines appelées Hollerith qui nous étaient louées par celle qu'on appelait encore alors Computing-Tabulating-Recording Company. Ces machines étaient composées de perforateurs de cartes, de trieuses, de tabulateurs etc, matériels quasiment inconnus à cette époque en dehors des services du recensement. Je suis ensuite arrivé à Wall Street en 1914 et l'année suivante on vit apparaître les premiers listings d'obligations et d'actions de C.-T.-R. Company sur le New York Stock Exchange. J'avais une petite attirance sentimentale pour l'entreprise depuis ce fameux stage, de plus je me considérais un peu comme un expert dans ces produits étant l'un des rares financiers à avoir eu l'occasion de les utiliser. Dès 1916 j'en profitais pour aller voir mon patron que j'appellerai Mr. A.N et lui fis remarquer que C.-T.-R. valait autour de 45$ avec un flottant de 405.000 actions, que l'entreprise avait gagné 6,15 dollars en 1915 et que ses actifs, avec peut-être quelques intangibles difficiles à faire ressortir, valaient autour de 130 dollars par action. J'ajoutais que l'entreprise avait commencé à distribuer un dividende de 3$ et que j'étais très positif sur les perspectives de ventes et les nouveaux produits. Mr A.N me regarda l'air empreint de pitié. Ben, dit-il, "ne me parlez plus de cette entreprise. Je n'y toucherais même pas avec une perche de 10 mètres (c'était là son expression favorite). Ses obligations à 6% ne valent pas plus de 80 cents par dollar, c'est du papier de mauvaise qualité. Alors comment l'action pourrait-elle être bonne ? Chacun sait qu'il n'y a rien que du vent dans cette société."

Ainsi châtié, je retournai penaud dans ma retraite. En effet Mr A.N. n'était pas seulement expérimenté et très respecté, il était également plein de discernement. Je fus tellement impressionné par la condamnation sans appel qu'il me fit de la Computing-Tabulating-Recording que jamais de ma vie je n'ai acheté une seule de ses actions. Pas même après que son nom ait été changé en International Business Machines en 1926 !

Revenons à l'entreprise nouvellement baptisée IBM telle que nous la retrouvons en 1926, une année de hausse sur les marchés. À cette époque IBM fit apparaître pour la première fois un élément intangible sur son bilan, pour une somme à l'époque importante de 13 millions de dollars. Mr A.N n'avait pas eu tort. Pratiquement tous les dollars d'actifs qui apparaissaient au bilan en 1915 n'étaient que du vent. Cependant depuis cette époque, IBM avait enregistré des performances époustouflantes sous la présidence de T.L Watson, Sr. Son bénéfice net avait été multiplié par 5 passant de 691.000$ à plus de 3,7 millions de dollars. Ce taux de croissance ne sera d'ailleurs jamais plus égalé par IBM sur les périodes subséquentes de onze années. Ses revenus avaient permis de bâtir des actifs tangibles pour soutenir l'action ordinaire qui avait été successivement divisée par 3,6. L'entreprise avait lancé une politique de distribution de 3$ de dividendes sur l'action nouvelle, pour des revenus de 6,39$. Je suis certain que vous vous attendez à ce que le superbe marché de 1926 réserve un accueil enthousiaste à un titre ayant accumulé de telles performances commerciales et de croissance. La fourchette des cours fut cette année-là de 31$ (le plus bas) à 59$ (le plus haut). À sa médiane annuelle à 45$, le titre s'échangeait pour un multiple de 7 avec un rendement de 6,7%, soit à peu de choses près les mêmes chiffres depuis 1915. À ses plus bas de 31$, le titre n'était plus très loin de ses actifs tangibles, et, vu sous cet angle, était évalué de façon bien plus conservatrice qu'au cours des onze années précédentes.

Ces données illustrent autant que faire se peut, comment étaient perçus autrefois les investissements. Cette perception des choses que nous venons de décrire a bien perduré jusqu'à l'apogée du marché haussier des années vingt. Ce qui s'est passé depuis, peut être visualisé en comparant les évaluations boursières d'IBM sur plusieurs périodes consécutives de 10 ans. En 1936, les bénéfices nets étaient deux fois supérieurs à ceux de 1926, et le multiple moyen du titre était passé de 7 à 17,5. De 1936 à 1946 la progression des bénéfices fut de 2,5 fois mais le multiple moyen resta à 17,5. C'est ensuite que le rythme s'est accéléré. Les résultats nets de 1946 valaient près de 4 fois ceux de 1936, et le multiple moyen atteint 32 1/2. L'an dernier, alors que le net enregistra une progression supplémentaire, le multiple atteignit 42 en valeur moyenne si nous excluons les capitaux propres non consolidés de ses filiales étrangères.

Quand nous examinons ces chiffres récents et les comparons à ceux d'antan, il y a quarante ans, nous pouvons tirer des analogies et des oppositions intéressantes. Le caractère fictif de certains actifs comptables des sociétés industrielles (le vent) a disparu complètement des bilans, mais d'autres sont apparues dans les nouveaux modes d'évaluation des marchés. Quand IBM s'échange maintenant à 7 fois sa valeur comptable nette au lieu de 7 fois ses bénéfices, cela revient au même que de dire qu'il n'y a pratiquement aucune valeur d'actif pour soutenir le cours. Ou cette portion marginale de valeur d'actif fondue dans le cours peut être assimilée à une mini-action préférentielle étant donné que l'autre composante du cours était basée sur du vent. On retrouve là l'équivalent des engagements que faisaient les spéculateurs d'antan lorsqu'ils achetaient Woolworth ou U.S Steel exclusivement sur la base de leurs capacités bénéficiaires et leurs perspectives à venir.

Il est utile de remarquer au passage, qu'en trente années d'histoire des Bourses qui ont vu la transformation d'une action IBM valant 7 fois ses bénéfices à une action valant 40 fois ses bénéfices, une majorité de ces facteurs endogènes de spéculation ont eu tendance à disparaître ou, du moins, à diminuer fortement. Les positions financières des sociétés sont maintenant solides, leurs structures du capital conservatrices et elles sont gérées par des mains à la fois plus expertes et plus honnêtes qu'auparavant. Qui plus est, les obligations d'informations légales ont fait disparaître un des éléments spéculatifs les plus importants d'antan : celui qui découlait de l'ignorance et du mystère.

Laissez-moi donc ouvrir une deuxième parenthèse personnelle. À l'époque de mes vertes années à Wall Street, un des titres mystères favoris du temps était Consolidated Gaz of New York, aujourd'hui Consolidated Edison. Cette société avait une filiale très rentable, New York Edison Company, mais elle ne comptabilisait que les dividendes versés par cette filiale et non ses bénéfices comptables. Cette partie des résultats était bien ce qui représentait le mystère ou la valeur cachée d'Edison. À mon grand étonnement, je découvris un beau jour que ces chiffres tant convoités étaient donnés chaque année à la Commission des Services Publics de l'État. Il suffisait tout simplement de consulter ces dossiers et de publier les bénéfices consolidés dans un magazine financier. La contribution de cet élément aux profits était loin d'ailleurs d'être spectaculaire. Un de mes meilleurs amis me dit alors : "Ben, tu te crois génial de pouvoir donner ces chiffres inconnus, mais pourtant Wall Street ne va pas te remercier. Consolidated Gaz avec ce mystère est une firme plus intéressante et a plus de valeur qu'une fois le pot aux roses découvert. Vous les jeunes qui fouinez partout, vous allez ruiner Wall Street !"

Il est vrai que les trois M qui fournissaient leur gaz aux incendies spéculatifs ont aujourd'hui disparu. Il s'agissait du Mystère, de la Manipulation et des Marges (ou déposit). Mais nous, analystes financiers, nous avons créé depuis des approches d'évaluation qui sont tellement spéculatives, qu'elles n'ont fait que prendre la place de ces facteurs spéculatifs d'antan. N'avons-nous pas notre propre 3M aujourd'hui, ce n'est autre que Minnesota Mining & Manufacturing. Ce titre n'illustre-t-il pas parfaitement bien la nouvelle spéculation par opposition à l'ancienne ? Considérez un instant ces quelques chiffres : quand l'action ordinaire de 3M s'échangeait à 101$ l'an dernier, le marché estimait l'entreprise à 44 fois ses bénéfices de 1966, lesquels au demeurant n'avaient pas progressé en 1967. La société était alors valorisée à 1,7 milliard de dollars dont 200 millions seulement étaient couverts par des actifs tangibles, le reste, un généreux 1,5 milliard, représentait l'évaluation boursière du goodwill. Nous n'avons aucune idée de la méthode d'évaluation ayant mené à ce chiffre, ce que nous savons par contre c'est que quelques mois plus tard le marché révisa cette évaluation à la baisse de quelque 450 millions soit -30%. Il est évidemment impossible de calculer précisément la composante intangible d'une superbe entreprise comme celle-ci. Il en découle, un peu comme pour une loi mathématique, que plus le facteur de goodwill ou de capacité bénéficiaire future est important, plus la vraie valeur de l'entreprise devient incertaine, et plus son action devient spéculative (facteur exogène).

Il est peut-être bon de reconnaître une différence capitale apparue dans l'estimation de ces facteurs intangibles quand nous comparons hier à aujourd'hui. Il y a une génération, la règle naturelle était de reconnaître que dans les prix des actions aussi bien que dans des estimations plus formelles ou légales, les intangibles devaient être évalués sur des bases plus conservatrices que les facteurs tangibles. On exigeait alors d'une bonne société industrielle qu'elle gagne du 6 ou du 8% sur ses actifs tangibles, autrement dit ceux qui étaient financés d'habitude par les titres obligataires et les actions préférentielles. Les bénéfices au-dessus de ces chiffres ou les actifs intangibles auxquels ils donnaient naissance, étaient évalués sur une base d'environ 15% de rentabilité. (Vous retrouverez approximativement ces ratios dans les cours d'introduction des obligations et des titres préférentiels de Woolworth en 1911 ainsi que sur bien d'autres émissions.) Mais que s'est-il passé depuis les années vingt ? Aujourd'hui, les relations anciennes se sont inversées. Une entreprise se doit maintenant de gagner du 10% sur ses capitaux propres pour qu'elle puisse les voir appréciés par un marché typique à 100% de la valeur comptable nette. Mais les bénéfices au-dessus de ce seuil (au-dessus des 10%), seront en général estimés plus généreusement, autrement dit à un plus fort multiple, que les résultats de base qui servent à soutenir la valeur comptable dans le cours. Ainsi une entreprise gagnant du 15% sur ses capitaux propres pourra fort bien s'échanger à 1 fois et demi ses bénéfices, ou deux fois sa valeur comptable nette. Cela revient à dire que les premiers 10% gagnés sur le capital sont valorisés à seulement 10 fois les bénéfices, mais les 5% suivants que nous appelons "en excès" seront évalués à 20 fois.

Il y a bien sûr une logique à ce retournement de processus d'estimation par les Bourses, elle est liée à l'importance toute nouvelle qui est donnée aux perspectives de croissance. Les entreprises qui obtiennent un fort retour sur capital (ou ayant une forte rentabilité du capital) ont droit à des évaluations généreuses qui sont justifiées non seulement par ces belles rentabilités, mais plus encore parce qu'un bon retour sur capital va de pair, en général, avec de belles performances et de belles espérances de croissance de résultats. Donc ce que le marché est prêt à payer de nos jours dans le cas de ces entreprises très rentables, ce n'est pas tant le goodwill dans sa définition ancienne et étroite (marque établie et affaires florissantes) mais plutôt l'espérance supposée de voir les bénéfices s'accroître dans l'avenir.

Tout cela m'amène à vous présenter un ou deux aspects mathématiques qui sous-tendent la nouvelle attitude concernant le procédé d'évaluation des actions. Je les aborderai simplement sous la forme d'une brève suggestion. Si, comme nous le montrent de nombreux tests, le multiple des bénéfices a tendance à augmenter avec la rentabilité, alors que le taux de rentabilité sur la valeur comptable nette augmente aussi en fonction des bénéfices, la conséquence purement mathématique sera que la valeur intrinsèque aura tendance à croître en fonction directe du carré des bénéfices, et fonction inverse de la valeur d'actif. Ainsi, de façon tout à fait cruciale et tout à fait réelle, les actifs tangibles sont devenus une résistance à l'avance des cours sur un marché typique, plutôt qu'une source de hausse. Prenez une illustration loin d'être extrême. Si la société A gagne 4$ par action sur une valeur comptable de 20$, et la société B gagne aussi 4$ sur 100$ de valeur comptable nette, la société A aura toutes les chances de se vendre à un plus fort multiple et donc à un prix plus élevé que la société B. Nous aurons les actions de A autour de 60$ et celles de B à 35$. Il n'est donc pas faux de dire que les 80$ supplémentaires d'actifs par action pour B sont responsables d'un cours inférieur de 25$ à celui de A.

Mais plus important peut-être encore que tout ce qui précède, est la nouvelle relation entre les modèles mathématiques et la méthode courante d'évaluation des actions. Dès lors que les trois ingrédients suivants existeront ou seront envisagés :

a) des espérances optimistes du taux de croissance des bénéfices,
b) une projection suffisamment longue dans le futur de ce taux de croissance
c) le miracle des taux composés,

l'analyste aura à sa disposition une nouvelle forme de pierre philosophale qui pourra produire ou justifier n'importe quelle évaluation désirée pour une "belle valeur". J'ai commenté dans un récent article de l'*Analysts Journal*, ce regain de vogue pour les mathématiques avancées apparaissant chaque fois que les marchés se retournent à la hausse. J'ai aussi cité l'exposé de David Durand sur l'analogie frappante existant entre les calculs de valeur des titres de croissance et le fameux Paradoxe de Petersburg, lequel défia et troubla nombre de mathématiciens depuis plus de deux cents ans. Il y a bien un vrai paradoxe dans les relations existant entre les mathématiques et les attitudes régissant les investissements en actions. Ce paradoxe est le suivant : la science mathématique est supposée habituellement nous donner des résultats précis et sûrs, mais en matière de Bourse, plus les formulations mathématiques utilisées sont sophistiquées et obscures, et plus les conclusions tirées sont incertaines et conjecturales. En quarante-quatre années d'observation et d'expérience de Wall Street, je n'ai jamais vu d'estimations fiables sur les valeurs des actions (ou sur les politiques d'investissement qui leurs sont liées), qui n'aient utilisé autre chose que l'arithmétique la plus simple ou de l'algèbre la plus élémentaire. Chaque fois qu'il est fait appel aux mathématiques avancées ou à l'algèbre complexe, c'est qu'on essaie de substituer la théorie à l'expérience ou de donner à la spéculation l'apparence trompeuse de l'investissement.

Les vieux préceptes de l'investissement en actions peuvent sembler bien naïfs à l'analyste sophistiqué d'aujourd'hui. L'accent était alors mis sur ce que l'on appelle aujourd'hui les aspects défensifs de la valeur comme, par exemple, l'assurance que le versement des dividendes sera quasiment garanti même pendant les époques difficiles. Les compagnies de chemins de fer saines qui constituaient l'investissement en action classique pendant un demi-siècle, étaient ainsi estimées comme le seront plus tard les titres des sociétés de distribution E, G & E. Si les performances passées démontraient de la stabilité, la principale exigence était alors satisfaite, et peu d'efforts étaient dès lors dépensés pour essayer d'évaluer les risques de disparition de cette caractéristique essentielle dans l'avenir. À l'opposé, les bonnes surprises que pouvait nous réserver l'avenir, bien que souhaitées, n'étaient pas payées à l'avance par l'actionnaire.

En fait, tout cela revenait à dire que l'investisseur n'avait pas à payer quoi que ce soit de substantiel pour acquérir des perspectives supérieures à long terme. Il les obtenait, en quelque sorte, sans virtuellement aucun débours supplémentaire, en récompense de l'intelligence dont il avait fait preuve pour choisir les meilleures sociétés. Les titres ayant la même position financière, les mêmes performances de résultats passées et la même stabilité prouvée des versements de dividendes, se vendaient approximativement pour le même taux de rendement (ou retour sur dividendes).

C'était là, bien sûr, un point de vue très étroit, mais il avait l'avantage de rendre l'investissement en actions dans le temps non seulement simple mais aussi sain et fort rémunérateur. Laissez-moi ouvrir une dernière parenthèse personnelle. Je me souviens que dans les années vingt, la société pour laquelle je travaillais avait distribué à ses clients une série de livrets dont le titre était Leçons pour les Investisseurs. Il fallait bien sûr toute l'arrogance d'un jeune analyste de moins de trente ans pour trouver un titre aussi prétentieux. Il n'empêche que dans l'un des numéros j'émis l'affirmation suivante : "Si une action ordinaire est un bon support d'investissement, c'est aussi un bon support de spéculation". En effet, ai-je raisonné, si une action est tellement saine qu'elle ne porte qu'un très faible risque de perte, elle sera en général si bonne qu'elle ne pourra que posséder aussi d'excellentes chances de gains futurs. C'était là une découverte tout à fait exacte et tout à fait utile, mais qui n'était vérifiée que pour la simple raison que jamais personne n'y avait porté attention. Quelques années après, quand le grand public s'est tout d'un coup ouvert aux mérites historiques des investissements en actions, ces mêmes mérites eurent tôt fait de disparaître. En effet, l'enthousiasme même du public permit l'émergence de nouveaux niveaux de prix qui ont enlevé aux actions la marge de sécurité, laquelle était fondue en quelque sorte dans les anciens prix.

Ainsi ces titres furent purement sortis de la catégorie des investissements. Puis, bien sûr, l'autre extrême prit le dessus et nous eûmes tôt fait de voir une des autorités les plus respectées de l'époque déclarer (en 1931) que les actions ne pourraient jamais plus être considérées comme des investissements.

Quand nous reprenons cette expérience à long terme avec du recul, nous retrouvons une autre série de paradoxes en ce qui concerne le changement d'attitude des investisseurs qui ont glissé de la recherche de la sécurité vers celle de plus-value à long terme. C'est un truisme que de dire que l'investissseur de la vieille école était peu concerné par la plus-value. Il achetait des titres presque exclusivement pour la sécurité des revenus qu'ils lui assuraient, laissant aux spéculateurs le soin de s'intéresser aux plus-values. De nos jours, nous aurions tendance à dire que plus l'investisseur est sagace et expérimenté, moins il portera d'attention aux rendements et plus il s'intéressera à l'appréciation à long terme. On pourrait d'ailleurs argumenter, de façon assez perverse, que c'est précisément parce que l'investisseur d'antan ne portait pas d'attention aux plus-values potentielles qu'il se les garantissait du moins dans le domaine des valeurs industrielles. Et, à l'opposé, c'est parce que l'investisseur actuel est intéressé par l'anticipation du futur qu'il paye actuellement beaucoup par avance. Ainsi ce qu'il a projeté avec grand soin et force études, peut fort bien se produire sans qu'il en tire les profits attendus. Si ces anticipations n'arrivent pas à se matérialiser autant qu'escompté, l'investisseur pourrait alors avoir à faire face à des pertes sérieuses de façon temporaire, voire même permanente.

Quelles leçons, pour reprendre le titre prétentieux de notre pamphlet, l'analyste de 1958 peut-il tirer de ce lien entre les attitudes passées et présentes ? Pas beaucoup, serions-nous enclins à répondre ! Nous ne pouvons que nous souvenir avec nostalgie d'un passé où nous ne payions que pour le présent et pouvions avoir l'avenir pour rien; une combinaison paradisiaque en quelque sorte ! Et hochant la tête avec tristesse nous murmurons : ces jours bénis ont disparu à jamais. Tous ces investisseurs et ces analystes, n'ont-ils pas tiré de l'arbre du savoir tout ce que l'avenir nous promettait de bon et de mauvais ? Et ce faisant, ne se sont-ils pas écartés de façon permanente de cet Eden où des valeurs pleines de promesses accessibles à des prix raisonnables se cachaient derrière le moindre buisson ? Ne sommes-nous pas condamnés dès lors à prendre le risque de payer un prix déraisonnable pour la bonne qualité et l'optimisme ou de n'avoir que de la petite qualité et des espoirs limités si nous payons un prix paraissant raisonnable ?

Il semblerait bien que oui, et pourtant on ne peut même pas en être sûr. Il y a peu, je me suis lancé dans une analyse historique sur General Electrics car je fus frappé par la vision du graphe reprenant ses résultats et ses dividendes à long terme dans le rapport annuel de 1957. Ces chiffres révélaient de belles surprises, même pour un analyste expérimenté. Ils montraient qu'avant 1947, le taux de croissance de G.E. était plutôt modeste et irrégulier. Les résultats de 1946 une fois ajustés n'étaient que de 30% supérieurs à ceux de 1902 (52 cents contre 40 cents par action) et pas une fois pendant la période on ne vit un doublement des bénéfices par rapport à la base de 1902. Et pourtant nous avons vu le price earning ratio passer de 9 en 1910 et 1916 à 29 en 1936 ainsi qu'en 1946. On pourrait bien sûr supposer que le multiple de 1946 reflétait la préscience bien connue de tout fin investisseur. Nous, les analystes, étions-nous alors capables de voir la brillante période de croissance qui planait sur la décennie à venir ? Peut-être bien que oui. Mais certains d'entre vous se souviennent certainement que l'année suivante, 1947 donc, année où le titre établit un nouveau record des bénéfices par action, fut aussi marqué par une chute extraordinaire de son multiple de capitalisation. À ses plus bas de 1947 à 32$ (avant division de 3 pour 2), G.E s'échangeait alors à 9 fois ses résultats courants et son cours moyen pour l'année n'escomptait qu'un multiple de 10. Notre boule de cristal s'était complètement obscurcie en l'espace de douze mois. Ce retournement étonnant s'est passé il y a tout juste 11 ans. Et cela jette quelques doutes dans mon esprit quant à la totale confiance en cette croyance courante que les sociétés prometteuses et prééminentes ne peuvent que s'échanger à de très forts multiples. C'est un fait fondamental, pense-t-on, et les investisseurs feraient mieux de l'accepter et de l'apprécier à sa juste valeur. Tout ce que je peux en dire c'est que ce n'est ni clair ni évident pour moi et que c'est à chacun d'en juger par lui-même.

Malgré tout, je pense enfin pouvoir apporter dans cette conclusion un élément clair et net sur le comportement du marché et sur la façon dont il tient compte des attributs d'investissement et de spéculation. Dans le bon vieux temps, la caractéristique d'investissement d'une action simple était plus ou moins identique ou proportionnelle au niveau de crédit de l'entreprise (ou à sa notation). Plus les rendements sur ses obligations ou ses actions préférentielles étaient bas, et plus il était probable que l'action simple puisse satisfaire tous les critères de l'investissement sain, et moins l'élément de spéculation de l'achat était important.

Cette relation entre le standing spéculatif de l'action et le standing de crédit de la société pouvait être illustrée graphiquement par une droite à pente descendante. Aujourd'hui nous décririons ce graphe comme une courbe en forme de U. Sur la gauche du graphe, point où la société est en soi spéculative et avec une mauvaise notation (crédit rating), l'action sera on s'en doute extrêmement spéculative tout comme c'était le cas dans le passé. À l'extrémité droite, par contre, zone où la société jouit de la meilleure notation de crédit car à la fois ces performances passées et ses perspectives futures sont les meilleures; on remarquera que le marché aura aussi presque toujours tendance à intégrer un élément extrêmement spéculatif dans ses cours. Dans ce cas, le marché fixe un prix tellement élevé pour le titre qu'il donne à l'achat un caractère très risqué.

Je ne peux m'empêcher ici de vous livrer une citation tout à fait adéquate, même si elle est exagérée. Je l'ai trouvée, il y a peu de temps, dans un sonnet de Shakespeare. Il écrit :

> *N'ai-je jamais vu des habitants respectés et distingués*
> *Perdre tout et plus encore en louant trop cher ?*

Pour en revenir à mon graphe imaginaire, c'est dans sa partie centrale que l'élément spéculatif inclus dans l'achat d'actions devrait être le moins fort. C'est là que nous trouverons de nombreuses entreprises de qualité, ayant pignon sur rue et dont la performance de croissance passée et les perspectives futures s'approcheraient des performances et des perspectives de l'économie nationale. Ces titres pourraient être acquis pratiquement à tout moment, excepté dans la phase finale des marchés haussiers, à des prix modérés par rapport à leur valeur intrinsèque induite. De fait, à cause du travers que développent investisseurs et spéculateurs, d'hier et d'aujourd'hui, qui consiste à favoriser les titres à la mode, je me hasarderais à dire que ces valeurs moyennes auront tendance à se vendre dans l'ensemble plutôt au-dessous de leur valeur objective. Elles ont ainsi un facteur supplémentaire de marge de sécurité offert par ces mêmes préférences et préjudices qui ont tendance à laminer la marge de sécurité des entreprises les plus prometteuses. De plus, dans ce vaste univers des sociétés moyennes, nous aurons de grandes possibilités de filtrage, à partir d'une analyse fine des performances passées ainsi que des perspectives futures. Ajouté à cela, la diversification nous permettra de gagner en sécurité.

Lorsque Phaëton insistait pour conduire le char du Soleil, son père en homme d'expérience, donna quelques conseils au néophyte, que ce dernier, pour son malheur, s'empressa d'oublier. Ovide résuma à Phébus les conseils d'Apollon par ces trois mots :

> *Médius tutissimus ibis*
> (Vous aurez le plus de sécurité en empruntant la voie moyenne)

J'ai la conviction que ce conseil est tout aussi valable pour les investisseurs et leurs conseillers, analystes financiers.

(1) Ces exemples sont repris dans le livre de Benjamin Graham et de David L. Dodd, *Security Analysis,* McGraw-Hill, 1940.

(2) Vocabulaire : à cette époque, c'était l'insulte suprême. Cela voulait dire que les actifs comptabilisés étaient essentiellement fictifs. De nombreuses sociétés industrielles, notamment U.S Steel, malgré la valeur faciale de leurs actions (souvent à 100$) ne représentaient rien que du vent (littéralement "de l'eau" en anglais). Étant donné qu'elles n'avaient rien pour les "soutenir" si ce n'est leur capacité bénéficiaire et les espérances dans l'avenir, aucun investisseur digne de ce nom ne leur aurait donné un tant soit peu de crédit.

3. Une étude de cas : Aetena Maintenance Co

La première partie de l'histoire est tirée de notre édition de 1965, où elle est apparue sous le titre : Un Exemple Terrible. La deuxième partie résume bien la métamorphose récente de l'entreprise.

Nous pensons que de citer dans le détail un terrible exemple d'investissement, pourrait avoir des effets salutaires sur l'attitude de nos lecteurs dans l'avenir face aux nouvelles introductions en Bourse. L'exemple est tiré de la première page du *Standard & Poor's Stock Guide.* C'est une illustration poussée à l'extrême à la fois des faiblesses manifestes des introductions placées entre 1960 et 1962, des surévaluations extraordinaires données par la Bourse, et des effondrements qui ont suivi.

En novembre 1961, 154.000 actions ordinaires d'Aetena Maintenace Co ont été introduites à 9 dollars pièce; leurs cours s'apprécièrent rapidement jusqu'à 15$. Avant l'émission, la valeur comptable nette se montait à quelques 1,20$/action et l'argent levé sur l'introduction la porta légèrement au-dessus de 3$/action. Les ventes et les résultats avant l'introduction étaient les suivants :

Exercice Clos	Ventes	Net/action	BPA (a)
juin 1961	3,615,000	187,000	0.69
juin 1960 (b)	1,527,000	25,000	0.09
décembre 1959	2,215,000	48,000	0.17
décembre 1958	1,389,000	16,000	0.06
décembre 1957	1,083,000	21,000	0.07
décembre 1956	1,003,000	2,000	0.01

(a) Bénéfice Par Action

(b) sur 6 mois

Les chiffres réajustés après refinancement étaient les suivants :

juin 1963	4,681,000	42,000(def)	0.11 (def)
juin 1962	4,234,000	149,000 0.36	

En 1962, les prix sont tombés à 2 2/3$, et en 1964 le titre s'est vendu à un plus bas de 7/8$. Aucun dividende n'a été payé pendant la période.

COMMENTAIRE :

C'était une trop petite affaire pour que l'on fasse appel à l'épargne publique. Les titres ont été vendus et achetés sur la base d'une seule bonne année, les résultats antérieurs ayant été dérisoires. Rien dans la nature de cette activité très compétitive ne garantissait une stabilité future quelconque. À ses plus hauts, atteints vite après l'introduction, un public insouciant payait beaucoup plus par dollar de bénéfices ou d'actifs que pour nos entreprises les plus grandes et les plus saines. Cet exemple est bien entendu poussé à l'extrême, mais il est loin d'être unique. Les occasions de surévaluations moins flagrantes, quoique tout aussi inexcusables, sont légions.

Suite et fin 1965-1970

En 1965, l'entreprise changea d'activité. Les affaires peu rentables de maintenance immobilière furent cédées, et la société se lança dans une activité tout à fait différente : la fabrication d'appareils électroniques. Elle en profita pour transformer son nom en Haydon Switch and Instrument Co. Les résultats ne furent pas impressionnants. Au cours des cinq années 1965 à 1969, l'entreprise dégagea des bénéfices moyens de 8 cents par action (ancienne), avec un record à 34 cents en 1967. Il n'empêche que d'une manière très à la mode, la société exécuta une division du titre par 2 en 1968. Le parcours du titre, lui aussi, suivait bien les habitudes de Wall Street. Il avança de 7/8$ en 1964 à un équivalent de 161/2$ en 1968 (après division). En ce point, le prix dépassait ses hauts de 1961, mais ici la surévaluation s'avérait bien plus grave qu'autrefois. Le titre valait maintenant 52 fois les bénéfices de sa seule bonne année, et quelque 200 fois ses bénéfices moyens. Cette fois encore, l'entreprise était sur le point d'enregistrer un déficit l'année même ou l'action avait établi son nouveau plus haut historique. En 1969, le cours offert s'effondra à 1$.

QUESTIONS :

Les sots qui ont acheté le titre à plus de 8$ connaissent-ils quelque chose des antécédents de cette société ? Connaissaient-ils ses performances des cinq dernières années ou bien encore sa valeur comptable nette par action (dérisoire) ? Avaient-ils la moindre idée de ce qu'ils allaient obtenir de leur argent ? Tout cela les intéressaient-ils au moins ? Y avait-il quelqu'un à Wall Street ayant une quelconque responsabilité sur le retour régulier de la spéculation sur ces produits, spéculation sans cervelle, allant jusqu'à l'écœurement et menant tout droit à la catastrophe ?

4. L'investissement dans des sociétés technologiques

Dans le Standard & Poor's des sociétés de service de juin 1971, nous avons trouvé plus de 200 firmes dont les noms commençaient par Compu-, Data, Electro-, Scien-, Techno-. Une bonne moitié de ces dernières faisaient partie du secteur de l'électronique. Toutes étaient cotées en Bourse ou étaient sur le point de l'être.

46 d'entre elles apparaissaient sur le *Standard1 & Poor's Stock Guide* de septembre 1971. Parmi celles-ci, 26 avaient enregistré des pertes, 6 seulement gagnaient plus d'un dollar par action, et seules 5 d'entre elles payaient des dividendes.

Sur le Stock Guide de décembre 1968 nous avions 45 sociétés partageant des noms high-tech. En les recherchant sur le Stock Guide de septembre 1971, nous avons pu tracer le tableau suivant :

Nbre Total	Prix en Hausse	Prix en baisse de moins de 50%	Prix en baisse de plus de 50%	N'apparaît plus sur le Stock Guide
45	2	8	23	12

COMMENTAIRE :

Il est pratiquement certain que les sociétés technologiques que nous n'avons pas retrouvées dans le Guide de 1968 ont eu des performances moins bonnes que les sociétés qui y apparaissaient. De même, la douzaine de titres qui ont disparu entre 1968 et 1971 ont dû faire moins bien que les autres. Les résultats navrants enregistrés par notre échantillon sont sans aucun doute une bonne indication sur le comportement historique (qualité, prix) du groupe des valeurs technologiques. Le succès phénoménal d'IBM et d'une poignée d'autres valeurs ne pouvait qu'encourager l'arrivée d'une nuée de nouvelles introductions dans le même secteur à des cours pour lesquels, dès le départ, de lourdes pertes étaient virtuellement garanties.

Collection de livres d'investissement

Secrets pour gagner en Bourse
Stan Weinstein

L'investisseur intelligent
Benjamin Graham

Découverte de l'analyse technique
Antoine Dublanc

Les nouveaux maîtres de l'argent
John Train

Le guide des indicateurs de marchés
Antoine Dublanc et Florent Barrioz

Les secrets des grands traders
Jack Schwager

Le momentum par Martin Pring
Martin Pring

Les chandeliers japonais
Steve Nison

L'alchimie de la Finance
Georges Soros

Et si vous en saviez assez pour gagner en Bourse
Peter Lynch

Acheter en Bourse au bon moment
Martin Zweig

L'investisseur visuel
John Murphy

Le portefeuille de Warren Buffett
Robert Hagstrom

Actions ordinaires et profits extraordinaires
Philip Fisher

Dow 36.000
James K. Glassman et Kevin A. Hassett

Comment gagner avec les actions
William O'Neil

Exubérance irrationnelle
Robert Shiller

Vivre du trading
Alexander Elder

Le day trading en action
Marc Friedfertig et George West

Chandeliers et autres techniques d'Extrême-Orient
Steve Nison

Guide d'exercice du livre « Vivre du trading »
Alexander Elder

L'analyse technique de A à Z
Steven B. Achelis

Investir dans la valeur
Bruce C.N. Greenwald, Judd Kahn, Paul D. Sonkin et Michael van Biema

L'analyse graphique des tendances boursières
Robert D. Edwards et John Magee

L'analyse technique expliquée
Martin J. Pring

Les écrits de Warren Buffett
Warren Buffett et Lawrence Cunningham

Réussir en trading
Van K. Tharp

Les bandes de Bollinger
John Bollinger

L'analyse technique des marchés financiers
John J. Murphy

L'interprétation des états financiers
Benjamin Graham et Spencer B. Meredith

L'investisseur aventurier
Jim Rogers

Entrez dans ma salle de trading
Alexander Elder

Mémoires d'un spéculateur
Edwin Lefèvre

Traders : entrez dans la zone
Mark Douglas

Histoire mondiale de la spéculation financière
Charles P. Kindleberger

Maximisez vos profits avec les chandeliers
Stephen W. Bigalow

Le Maître Swing Trader
Alan S. Farley

Le boom des matières premières
Jim Rogers

Une marche au hasard à travers la Bourse
Burton G. Malkiel

Nouvelles approches en analyse technique
Rick Bensignor

Le trading directionnel
Michael Covel

Trading gagnant
Marcel Link

Trading sur le Forex pour des gains maximum
Raghee Horner

Stratégies de trading à court terme
Linda Bradford Raschke et Laurence A. Connors

Leçons des maîtres de la Bourse
John Boik

Le graphique en Points et Figures
Thomas J. Dorsey

Capture des mouvements historiques à court terme
Jeff Cooper

Maîtriser le trade
John F. Carter

Hedge Funds Story
Steven Drobny

Entrées et sorties
Alexander Elder

Faire de l'argent avec les options
Lee Lowell

La stratégie des Tortues
Curtis M. Faith

Le petit livre pour investir à bon prix
Christopher H. Browne

Le petit livre pour investir avec bon sens
John Bogle

Le déclin du dollar
Addison Wiggin

Le guide d'exercices sur les chandeliers japonais
Steve Nison

Un investisseur en Chine
Jim Rogers

Secrets de long terme pour du trading à court terme
Larry Williams

Le grand krach du crédit
Charles R. Morris

Cinq points pour réussir en trading
A.J. Monte et Rick Swope

Le petit livre pour s'enrichir
Louis Navellier

Le petit livre pour investir en temps de crise
Peter D. Schiff

Le swing trading par Dave Landry
Dave Landry

Le petit livre pour réussir en Bourse
Pat Dorsey

L'encyclopédie des configurations graphiques
Thomas N. Bulkowski

Débâcle
Thomas E. Woods Jr.

Leçons d'investissement d'un père à ses enfants
Jim Rogers

Comment j'ai gagné 2.000.000 $ en Bourse
Nicolas Darvas

Volatilité et pricing des options
Sheldon Natenberg

Le guide d'initiation au day trading online
Toni Turner

L'effet boule de neige
Alice Schroeder

Stratégies de trading à fortes probabilités de gains
Robert C. Miner

Battre les professionnels du Forex à leur propre jeu
Agustin Silvani

Les magiciens des marchés
Jack D. Schwager

Trader avec les niveaux de DiNapoli
Joe DiNapoli

Gagner en Bourse avec Jesse Livermore
Jesse Livermore

Le petit livre pour battre le marché
Joel Greenblatt

Super Trader
Van K. Tharp

Le Market Profile
James F. Dalton, Eric T. Jones, Robert B. Dalton

Un bon trade
Mike Bellafiore

Vous pouvez être un génie de la Bourse
Joel Greenblatt

Les indicateurs de Tom DeMark
Jason Perl

Plus riche que Dieu
Sebastian Mallaby

Vendre et vendre à découvert
Alexander Elder

Journal d'un trader professionnel sur matières premières et Forex
Peter L. Brandt

Scalping de l'action des prix sur le Forex
Bob Volman

Le mythe des marchés efficicents
Justin Fox

Les magiciens des hedge funds
Jack Schwager

Perles de sagesse
Carol J. Loomis

Sites internet

www.valor-editions.fr • www.valor-editions.es

Création de la couverture et mise en page par :
Concept Finance - 12 rue Vivienne 75002 Paris (France)

Impression par :
Gráficas 94 - Hermanos Molina Polí gono Can Casablancas.
c/ Garrotxa, nave 5 08912 Sant Quirze del Vallès (Espagne)

Dépôt légal 2eme trimestre 2014